W0344340

LES 15 ANS DE LA FIDUCIE

Bilan et perspectives de réforme

LES 15 ANS DE LA FIDUCIE

Bilan et perspectives de réforme

Sous la direction scientifique de

Aline Cheynet de Beaupré
Professeur à l'Université d'Orléans

Patrice Hoang
Agrégé des Facultés de droit privé
Professeur à l'Université d'Orléans

Sabrina Le Normand-Caillère
Maître de conférences HDR en droit privé à l'Université d'Orléans
Co-directrice du Master Droit des affaires et fiscalité
et DU « Fiducie : former les acteurs de demain »

Bruno Robin de Malet
Avocat Associé – Vice-Président Conseil de surveillance FTPA

Projet de réforme de la fiducie. Aspects civils et fiscaux
sous la direction de Michel Grimaldi et Claire Farge

FNDP Fédération Nationale Droit du Patrimoine

inafon

Association Droit & Commerce

Université d'Orléans

CRJ Pothier — Centre de Recherche Juridique Pothier EA 1212

LexisNexis

LexisNexis SA
141, rue de Javel – 75015 Paris

Avertissement de l'Éditeur

Toute utilisation ou traitement automatisé, par des tiers, de données personnelles pouvant figurer dans cet ouvrage sont formellement interdits.

DANGER
LE
PHOTOCOPILLAGE
TUE LE LIVRE

Le logo qui figure sur la couverture de ce livre mérite une explication. Son objet est d'alerter le lecteur sur la menace que représente pour l'avenir de l'écrit, tout particulièrement dans les domaines du droit, de l'économie et de la gestion, le développement massif du photocopillage.
Le Code de la propriété intellectuelle du 1er juillet 1992 interdit en effet expressément la photocopie à usage collectif sans autorisation des ayants droit. Or, cette pratique s'est généralisée dans les établissements d'enseignement supérieur, provoquant une baisse brutale des achats de livres au point que la possibilité même pour les auteurs de créer des œuvres nouvelles et de les faire éditer correctement soit aujourd'hui menacée.

© LexisNexis SA, 2023
Siège social : 141, rue de Javel - 75015 Paris

Cette œuvre est protégée dans *toutes ses composantes* (y compris le ***résultat*** des savoirs mis en œuvre, des recherches, des analyses et des interprétations effectuées et, de manière générale, des choix de fond et de forme opérés dans le cadre de la ***consolidation*** des textes reproduits) par les dispositions du Code de la propriété intellectuelle, notamment celles relatives aux droits d'auteur. Ces droits sont la propriété exclusive de LexisNexis SA. Toute reproduction intégrale ou partielle, par quelque moyen que ce soit, non autorisée par LexisNexis SA ou ses ayants droit, est strictement interdite. LexisNexis SA se réserve notamment tous droits au titre de la reproduction par reprographie destinée à réaliser des copies de la présente œuvre sous quelque forme que ce soit aux fins de vente, de location, de publicité, de promotion ou de toute autre utilisation commerciale conformément aux dispositions de l'article L. 122-10 du Code de la propriété intellectuelle relatives à la gestion collective du droit de reproduction par reprographie.

ISBN 978-2-7110-3735-3

Liste des auteurs

Antoine ARSAC
Docteur en droit
Directeur Juridique Immobilier chez BPCE Lease

Bruno BERGER-PERRIN
Ancien Bâtonnier

Alexandre BORDENAVE
Avocat associé, CMS Francis Lefebvre

Stéphan CATOIRE
Président du Conseil de surveillance, Equitis

Garance CATTALANO
Professeure à l'Université d'Orléans

Marceau CLERMON
Notaire et membre FIDNOT

Michel COLLET
Avocat associé CMS Francis Lefebvre
Chargé d'enseignement à l'Université d'Orléans

Dominique DAVODET
Avocat, Fidal

Éléonore DELPLANQUE DE MANDELOT
Directrice adjointe, Equitis

Yaëll EMERICH
Professeure à la Faculté de droit de l'Université McGill
Titulaire de la Chaire de recherche du Canada en droit des biens transsystémique et communautés durables

Florence ESTIENNY
Docteur en droit
Avocat à la Cour, Paris

Claire FARGE
Docteure en droit
Avocate, Cabinet d'avocats Fidal

Sarah FARHI
Maître de conférences à la Faculté de droit de Toulon
Responsable du Master I de droit des affaires
Directrice adjointe du CERC (EA 3164)

Éric FONGARO
Professeur des Universités
Université de Bordeaux

Théophile FORNACCIARI
Avocat fiduciaire – FHB Fiducie

Benoît FOURNIER
Avocat, CMS Francis Lefebvre

Marie GORÉ
Professeur à l' Université Paris-Panthéon-Assas
Directrice de l'Institut de droit comparé

Michel GRIMALDI
Professeur émérite à l'Université Paris-Panthéon-Assas
Président de la commission de réforme du droit des sûretés

Daniel GUTMANN
Professeur de droit fiscal à l'Université Paris 1 Panthéon-Sorbonne

Patrice HOANG
Agrégé des Facultés de droit privé
Professeur à l'Université d'Orléans

Daniela KOTZEVA
Responsable du département Fiducie, Equitis

Romain LANTOURNE
Avocat – FTPA

Jean-Marie LELOUP
Avocat
Ancien Bâtonnier de l'Ordre des avocats de Poitiers

Sabrina LE NORMAND-CAILLÈRE
Maître de conférences HDR en droit privé à l'Université d'Orléans
Co-directrice du Master Droit des affaires et fiscalité
et DU « Fiducie : former les acteurs de demain »

Johann MICHEL
Avocat

Renaud MORTIER
Professeur agrégé de droit et de sciences criminelles
Co-président de la Fédération Nationale Droit du Patrimoine (FNDP)
Directeur du Centre de Droit des Affaires de Rennes

Nathalie PETERKA
Professeur à l'Université Paris-Est Créteil (UPEC, Paris 12)

Bruno ROBIN DE MALET
Avocat associé – FTPA
Avocat fiduciaire – Robin de Malet Fiduciaire

Sophie SCHILLER
Professeur à Paris-Dauphine PSL
Directrice de l'École Droit Dauphine
Co-présidente de la Fédération Nationale Droit du Patrimoine (FNDP)

Thibault SOLEILHAC
Docteur en droit de l'environnement
Avocat associé Hélios Fiducie

Silvestre TANDEAU DE MARSAC
Avocat au barreau de Paris
FTMS
Président de l'AFIDU

Sylvain THEUX
Family officer

Daniel TRICOT
Agrégé des Facultés de droit
Président honoraire de la chambre commerciale, financière et économique de la Cour de cassation
Professeur honoraire des Universités
Avocat honoraire

Antoine TRIFFAULT MOREAU
Juriste structuration fiducies

David VITTORI
Notaire associé

Marie WAECHTER
Avocat, Deloitte Société d'Avocats

Claude WITZ
Professeur émérite de l'Université de la Sarre

Sommaire

TROISIÈME PARTIE

FIDUCIE PATRIMONIALE ET FIDUCIE-SURETÉ IMMOBILIÈRE

TITRE 1

FIDUCIE FAMILIALE

TITRE 2

FIDUCIE DE BIENS ET DROITS IMMOBILIERS

QUATRIÈME PARTIE

FIDUCIE : INTERNATIONAL ET STRATÉGIES

TITRE 1

EXPÉRIENCES ÉTRANGÈRES

TITRE 2

DÉMEMBREMENT/DROITS RÉELS DE JOUISSANCE SPÉCIALE/FIDUCIE

CONCLUSION

ANNEXE

Préface

Au moment où vous lirez cet ouvrage, la fiducie à la française aura atteint sa seizième année, l'âge de la construction de toutes les espérances avant d'entrer dans tous les possibles.

Les Français avaient un vieux complexe envers le trust du droit anglais et c'est la crainte de ne pas disposer d'outils comparables à ceux d'autres systèmes juridiques qui les a poussés à franchir le pas. La compétitivité favorise l'audace et l'attractivité développe l'humilité. Les souvenirs du droit romain ont été précieux et les convergences se sont renforcées. Chacun s'accorde aujourd'hui sur l'utilité de la fiducie sûreté, sur l'extension nécessaire de la fiducie gestion et sur le besoin d'une fiducie libéralité.

Ces convergences sont le fruit des engagements unissant l'action du législateur, les pensées de la doctrine et les besoins de la pratique. Le colloque d'Orléans a montré à quel point la fiducie a été conquise par la pratique ; le diplôme d'université créé par Mme Sabrina Le Normand-Caillère stimule la créativité des projets, des expérimentations et des réalisations. J'ai eu le privilège d'en être le témoin ébloui lors de séminaires époustouflants.

Désormais grâce à des précurseurs inspirés – au premier rang desquels se trouve le Professeur Claude Witz auquel font échos les lumineux propos conclusifs de notre collègue Michel Grimaldi – la pratique est à même de stimuler la réflexion, de provoquer les réformes et d'interroger la jurisprudence pour poursuivre l'exploration des immenses terrains de conquête de la fiducie.

Le projet de réforme en cours d'évolution va aider puissamment ce mouvement et nous sommes parvenus à un moment où doit s'organiser une nouvelle profession juridique, celle de fiduciaire. Déjà des réseaux se constituent, en particulier chez les avocats, et c'est un phénomène indispensable. Mais, dans le temps de cette maturation, il faut veiller avec lucidité et fermeté à se tenir à l'écart des privilèges cachés. Attention aux conflits d'intérêts entre les fiduciaires et les conseils des constituants ou des financeurs trop attirés par les facilités de l'entre-soi. Attention à la multiplication des services rendus et échangés de façon occulte qui nuirait à l'indépendance du fiduciaire. À l'instant où se développe cette nouvelle profession, il appartient à ces professionnels de mettre en place des règles déontologiques sans lesquelles la pratique se dévoiera et aux pouvoirs publics de fixer des principes clairs et transparents propres à développer la confiance envers la fiducie qui permet d'organiser tant d'activités fructueuses pour la vie économique et la paix sociale.

Daniel TRICOT
Agrégé des Facultés de droit
Président honoraire de la chambre commerciale,
financière et économique de la Cour de cassation
Professeur honoraire des Universités, Avocat honoraire

Avant-propos

« La fiducie est l'opération par laquelle un ou plusieurs constituants transfèrent des biens, des droits ou des sûretés, ou un ensemble de biens, de droits ou de sûretés, présents ou futurs, à un ou plusieurs fiduciaires qui, les tenant séparés de leur patrimoine propre, agissent dans un but déterminé au profit d'un ou de plusieurs bénéficiaires » (C. civ., art. 2011).

Plus de quinze ans après l'introduction de cette définition et de l'institution qu'elle porte par la loi n° 2007-211 du 19 février 2007 (C. civ., art. 2011 à 2030), le présent ouvrage, actes du colloque[(1)] tenu le 30 septembre 2022 en la magnifique salle de l'Institut du conservatoire d'Orléans, sous l'orchestration de notre collègue Sabrina Le Normand-Caillère, dresse le bilan et ouvre les perspectives de ce monument né il y a plus de deux millénaires[(2)] sous le ciel de Rome, avant de tomber en désuétude, puis dans un oubli rythmé, dès le Moyen Âge et en diverses contrées[(3)], de phases de redécouvertes.

On doit à l'un des contributeurs, Claude Witz, d'avoir, aux lumières d'autres cieux[(4)], réveillé la belle endormie[(5)] sur notre sol national. Au pays d'Aubry et Rau, bercé par le dogme de l'unicité du patrimoine, ce réveil fut timide, à l'image d'un législateur ancré dans sa crainte de brutaliser l'ordre juridique et surtout l'ordre fiscal[(6)] établis. La partition inaugurale fut manifestement inachevée[(7)], de sorte qu'une bien nommée « loi de modernisation de l'économie » intervînt rapidement pour qu'au deuxième temps de la fiducie la musique devînt plus nerveuse : accès, assorti d'une garantie financière[(8)], des avocats à la qualité de fiduciaire[(9)] ; ouverture aux personnes physiques[(10)] ; validation sous conditions de la fiducie sans dépossession[(11)] ; allongement de durée[(12)] de 33 à 99 ans[(13)].

Pour autant, il n'y eut pas de troisième temps. La libéralisation de la fiducie se cantonna à cette courte liste. Sauf rare exception issue de la réforme du droit des

(1) V. précédemment les actes du colloque intitulé *Fiducie, trust et gestion de patrimoine*, organisé par le cabinet Fidal le 12 mai 2022, à l'Institut de droit comparé (Paris), in *Ing. patr.* 4/2022, p. 81 à 138.

(2) Sur l'impossibilité de situer l'exacte période d'apparition de la fiducie, V. R. Jacquelin, *Droit romain de la fiducie*, thèse Paris, 1891, tout spéc. p. 35 et s.

(3) V. dans le présent ouvrage la contribution de Y. Emerich, *La fiducie québecoise : une perspective comparative*, p. 209. V. égal. en dernier lieu, S. Schiller, *La fiducie au secours de la Polynésie française*, p. 221.

(4) C. Witz, *La fiducie en droit privé français*, thèse Strasbourg, 1979.

(5) C. Champaud, *La fiducie ou l'histoire d'une belle juridique au bois dormant du droit français : RD aff. int.* 1991, p. 689.

(6) Sur ce point, V. dans le présent ouvrage la contribution de F. Estienny, *La fiducie et l'article 13 de la loi du 11 février 2007 : la notion de résidence*, p. 77. La peur de l'évasion fiscale a été décisive dans le processus de cantonnement de la fiducie. R. Mortier et F. Le Mentec, *Fiscalité de la fiducie : la neutralité à tout prix : Dr. & patr.* 2008, n° 171.

(7) G. Blanluet et J.-P. Le Gall, *La fiducie, une œuvre inachevée : JCP G* 2007, II, 169.

(8) V. dans le présent ouvrage la contribution de S. Tandeau de Marsac, *La réforme de la garantie financière de l'avocat fiduciaire*, p. 21.

(9) L. n° 2008-776, 4 août 2008 ; C. civ., art. 2015. V. dans le présent ouvrage la contribution de B. Berger-Perrin, *L'avocat fiduciaire*, p. 17.

(10) L. n° 2008-776, 4 août 2008 : abrogation de l'article 2014 du Code civil, lequel réservait alors la qualité de constituant à certaines personnes morales.

(11) L. n° 2008-776, 4 août 2008 ; C. civ., art. 2018-1.

(12) V. dans le présent ouvrage la contribution de G. Cattalano, *La durée de la fiducie*, p. 37.

(13) L. n° 2008-776, 4 août 2008 : C. civ., art. 2018.

sûretés[14], les modifications ultérieures visèrent à rendre, registre des bénéficiaires effectifs aidant[15], le dispositif plus transparent[16], ainsi qu'à renforcer la protection des parties et des tiers au contrat de fiducie[17]. Dans ce contexte, les praticiens n'ont pas démérité dans le jeu de la partition, la neutralité fiscale (qu'il faudra cependant amender dans l'optique d'une consécration inéluctable et souhaitable de la fiducie-libéralité[18]) si caractéristique de la fiducie mettant en sourdine tant les obstacles fiscaux pouvant l'entraver que l'optimisation fiscale menaçant de la discréditer[19]. Dans un cadre protecteur[20] très balisé, les musiciens de la fiducie ne se sont pas contentés de tourner la manivelle de l'orgue de barbarie ; exerçant pleinement leur art de l'interprétation, avec la liberté contractuelle pour muse[21], ils ont su délivrer des notes inédites[22], tout en étouffant les dissonances des conflits d'intérêts[23]. La fiducie-sûreté[24], offrant la propriété en garantie[25] dans un cadre sécurisé (C. civ., art. 2372-1 à 2372-5), est rapidement devenue – selon l'expression consacrée – la « reine des sûretés », démontrant son efficacité face à (presque)[26] toutes les

(14) Ord. n° 2021-1192, 15 sept. 2021, modifiant C. civ., art. 2372-2 afin de supprimer l'obligation d'indiquer la valeur du bien ou du droit transféré pour sûreté dans le patrimoine fiduciaire.

(15) C. mon. fin., art. L. 561-2-2.

(16) Ord. n° 2020-115, 12 févr. 2020 renforçant le dispositif national de lutte contre le blanchiment de capitaux et le financement du terrorisme, et modifiant not. l'article 2019 (ajout d'un alinéa 4 aux termes duquel : « La désignation d'un tiers en application de l'article 2017 et l'information sur l'identité du ou des bénéficiaires effectifs de la fiducie mentionnés à l'article L. 561-2-2 du code monétaire et financier doivent également, à peine de nullité, donner lieu à un acte écrit établi par le fiduciaire et enregistré dans les mêmes conditions ») du Code civil.

(17) Ord. n° 2009-112, 30 janv. 2009, ajoutant douze nouveaux articles (2372-2 à 2488-2) au Code civil obligeant à déterminer à peine de nullité du contrat de fiducie-sûreté, d'une part les obligations garanties par la fiducie, et d'autre part la valeur estimée des biens et des droits au jour de la conclusion du contrat. L'ordonnance a également ajouté un alinéa deux à l'article 2012 (« Si les biens, droits ou sûretés transférés dans le patrimoine fiduciaire dépendent de la communauté existant entre les époux ou d'une indivision, le contrat de fiducie est établi par acte notarié à peine de nullité ») ainsi qu'à l'article 2017 (« Lorsque le constituant est une personne physique, il ne peut renoncer à cette faculté [faculté de désigner un tiers-protecteur] ») du Code civil ; Ord. n° 2020-115, 12 févr. 2020 ajoutant un alinéa 3 à l'article 2017 (« Le constituant doit informer le fiduciaire de la désignation de ce tiers [tiers-protecteur] ») ; L. n° 2008-776, 4 août 2008 instituant les articles 2018-1 (régime de la conservation, par le constituant, de l'usage ou de la jouissance du fonds de commerce ou de l'immeuble à usage professionnel transférés dans le patrimoine fiduciaire) et 2018-2 (régime de la cession de créances réalisée dans le cadre d'une fiducie).

(18) V. dans le présent ouvrage, S. Le Normand-Caillère et M. Collet, *La fiducie : appel à la rénovation de son régime fiscal*, p. 89.

(19) R. Mortier et F. Le Mentec, *Fiscalité de la fiducie : la neutralité à tout prix* : *Dr. & patr.* 2008, n° 171. – S. Le Normand-Caillère et M. Collet, *Les aspects fiscaux de la fiducie française*, in Actes précités du colloque intitulé *Fiducie, trust et gestion de patrimoine* : *Ing. patr.* 4/2022, p. 86.

(20) V. not., dans le présent ouvrage, la contribution de M. Clermon, *Le tiers-protecteur : « homme-clé » de la fiducie*, p. 157.

(21) V. dans le présent ouvrage la contribution de E. Delplanque de Mandelot et A. Triffault Moreau, *Fiducie et pérennisation de la liberté contractuelle*, p. 49.

(22) Nous songeons ici bien évidemment aux nombreuses utilités dont les praticiens ont su doter la fiducie, et que le législateur, confronté à la tâche impossible de tout prévoir, n'avait pas envisagées ; nous pensons également à toutes les questions techniques qui ne trouvent pas de réponse expresse dans la loi (pour illustrations, V. dans le présent ouvrage la contribution de D. Vittori, *Les difficultés de la fiducie-sûreté immobilière*, p. 189. V. égal. T. Fornacciari et R. Lantourne, *La réalisation de la fiducie-sûreté*, p. 109).

(23) V. dans le présent ouvrage la contribution de S. Theux et J. Michel, *Prévenir et gérer les conflits d'intérêts dans la fiducie*, p. 25.

(24) V. dans le présent ouvrage les contributions de E. Delplanque de Mandelot et A Triffault Moreau, *Fiducie et pérennisation de la liberté contractuelle*, p. 49 et B. Robin de Malet, *De la fiducie en garantie d'une obligation autre que de payer une somme d'argent*, p. 57.

(25) Malgré les limites posées par le contrat de fiducie à la propriété transférée, ce droit n'est pas un ersatz de propriété mais bien la propriété elle-même. La propriété fiduciaire constitue simplement une nouvelle incarnation des restrictions posées par l'article 544 du Code civil (P. Crocq, *Propriété et garantie*, préf. M. Gobert, LGDJ, coll. « Bibl. dr. privé », t. 248, 1995, n°s 235 et s.).

(26) V. dans le présent ouvrage, pour une analyse nuancée rendant à tempérer l'enthousiasme suscité par la fiducie-sûreté, la contribution de P. Hoang, *L'appréciation de la disproportion en matière de fiducie-sûreté. Le cas de la responsabilité du dispensateur de crédit à l'égard du débiteur en procédure collective*, p. 125.

épreuves, même et peut-être surtout sous la tempête des procédures collectives[27]. Largement modelée par le contrat[28], la fiducie-sûreté, bien que pouvant être améliorée lorsqu'elle porte sur des titres de société[29], est mise désormais au service de l'environnement, encore que sur ce terrain la fiducie gestion puisse également faire merveille[30]. C'est bien en effet la fiducie-gestion qui catalyse la plupart des usages nés de l'imagination des praticiens[31], et dont on trouvera ici un bel échantillon, qu'il s'agisse de la protection des personnes vulnérables[32] que sont le mineur ou le majeur protégé[33], de la fiducie-*equitization*[34] et plus largement de la fiducie sur titres. Lorsqu'au début de l'année 2023, le constructeur automobile Renault a voulu équilibrer au taux de 15 % sa participation croisée avec Nissan, il a choisi de neutraliser les droits de vote afférents à l'excédent tout en préparant la cessions des actions correspondantes en les apportant non à un *trust* mais à une fiducie[35].

Le choix ne s'imposait pas de lui-même, car précisément l'imagination, dont le Droit est la plus belle école, a été fertilisée par la pratique ancestrale, par près d'un tiers de l'humanité, du *trust*[36], que le droit français s'est résolu tant bien que mal à valider, reconnaître et acclimater[37]. Reconnaissons que la fiducie à la française, en ce qu'elle repose sur une forme de patrimoine d'affectation[38], emprunte davantage au *trust* qu'à la fiducie de droit romain[39] ; or, en ce premier quart du XXIe siècle

(27) V. dans le présent ouvrage la contribution de M. Waechter, *Bilan et perspectives de la fiducie en matière de procédures collectives*, p. 101. V. égal. S. Farhi, *La convention de mise à disposition fiduciaire et le régime des contrats en cours*, p. 115. – S. Farhi, *Fiducie-sûreté et droit des entreprises en difficulté. Étude de l'efficacité du mécanisme*, préf. P.-M. Le Corre, LGDJ, coll. « Bibl. dr. entr. diff. », t. 6, 2016, p. 91 et s., nos 135 et s.

(28) V. dans le présent ouvrage la contribution de Messieurs Bordenave et Fournier, *La fiducie-sûreté, condamnée au sur-mesure contractuel ?*, p. 141.

(29) V. dans le présent ouvrage la contribution de M. Arsac, *Propositions d'axes d'amélioration de la fiducie sûreté sur titres de sociétés*, p. 147.

(30) V. dans le présent ouvrage la contribution de Th. Soleilhac, *La fiducie, instrument de garantie de l'effectivité des obligations environnementales*, p. 227.

(31) B. Robin et R. Lantourne, *Osons la fiducie gestion : Actes prat. strat. patrimoniale* 2018, n° 1, dossier 2. – H. Letellier, *La fiducie en droit de la famille*, in *Mél. J. Prieur*, LexisNexis, 2014, p. 322. – C. Farge, *Des techniques fiduciaires au service de la gestion du patrimoine du mineur : JCP N* 2020, 1115. – J.-F. Desbuquois et C. Farge, *La fiducie-gestion : un élément clé de l'ingénierie patrimoniale dédiée aux dirigeants d'entreprise : RFP* 2018, 8. – C. Farge, S. Weisgerber, B. Berger-Perrin et D. Davodet, *La fiducie à effet différé, complément du mandat de protection future dans le pack prévoyance du dirigeant : JCP N* 2021, 1288.

(32) V. égal. N. Peterka, A. Caron-Déglise, H. Peisse, C. Farge et B. Berger-Perrin, *Fiducie et protection des personnes vulnérables*, *in* Actes précités du colloque intitulé *Fiducie, trust et gestion de patrimoine : Ing. patr.* 4/2022, p. 89.

(33) V. dans le présent ouvrage les contributions de N. Peterka, *Argumentaire en faveur de la fiducie au service de la protection des personnes vulnérables (majeures ou mineures)*, p. 171 et de C. Farge, *Transmission, fiducie et incapables*, p. 165.

(34) V. not. Delta Drone – Émission de BSAE complémentaires en vue de l'*equitization* des obligations simples émises les 15 juill. et 15 sept. 2022, Avis du 22 févr. 2023. V. dans le présent ouvrage la contribution de S. Catoire et A. Triffault-Moreau, *La fiducie-equitization : instrument novateur de désendettement des sociétés cotées*, p. 137.

(35) D. Belmon, *Renault et Nissan signent l'accord-cadre définissant leur alliance pour 15 ans*, investir.lesechos.fr, 6 févr. 2023.

(36) E. Fongaro, J. Tron, P. Tour-Sarkissian, P. Delas, M. di Terlizzi, M. Dupas et F. Barrière, *Les* trusts *et fiducies dans un contexte international*, *in* Actes précités du colloque intitulé *Fiducie, trust et gestion de patrimoine : Ing. patr.* 4/2022, p. 110.

(37) M. Goré, E. Fongaro, S. Godechot-Patris, H. Peisse, S. Auféril, M.-L. Henry et M. Quévreux, *Droit international privé*, *in* Actes précités du colloque intitulé *Fiducie, trust et gestion de patrimoine : Ing. patr.* 4/2022, p. 122.

(38) C. Larroumet, *La loi du 19 février 2007 sur la fiducie, Propos critiques : D.* 2007, p. 1350, n° 5 : « À la différence de la fiducie romaine, ce qui est la caractéristique essentielle du *trust* tient à ce que les biens *in trust* n'intègrent pas le patrimoine personnel du *trustee*. Certes, le trustee est propriétaire des biens qui lui sont transférés dans l'intérêt du *settlor* ou du bénéficiaire, mais ils ne font pas partie de son patrimoine. Ils en demeurent séparés. Le *trustee* est propriétaire dans l'intérêt d'autrui et non pas dans son propre intérêt. En réalité, la situation est proche de celle qui résulte d'un patrimoine d'affectation ».

(39) On lira à cet égard avec intérêt la comparaison prospective faite dans le présent ouvrage : É. Fongaro, *Le fiduciaire, un trustee en devenir ?*, p. 201.

les propos quasi centenaires de Lepaulle sont plus que jamais vérifiés : « Si l'on demande à quoi sert le *trust*, on peut répondre : à tout ! Il est plus indispensable que le thé à la vie anglaise et le base-ball à la vie américaine (...). Le *trust* est l'ange gardien de l'Anglo-Saxon, il le suit partout, impassible depuis son berceau jusqu'à sa tombe. Il est à son école comme à son association sportive, il le suit le matin à son bureau comme le soir à son club ; il est à ses côtés le dimanche à l'église ou au comité de son groupe politique ; il soutiendra sa vieillesse jusqu'à son dernier jour, puis il veillera au pied de son tombeau et étendra encore sur ses petits-enfants, l'ombre légère de ses ailes »[(40)].

Dire que la fiducie vole aussi haut serait mentir...

Dans le même mouvement, le *trust* a acquis une réputation sulfureuse née de ses excès. Ces derniers n'ont pas affaibli l'institution, car les autorités ont opportunément su riposter. La jurisprudence a fait émerger sur la tête du *trustee* des devoirs fiduciaires qui, plus tard, furent étendus aux dirigeants de sociétés, au premier rang desquels figure le fameux devoir de loyauté (*duty of loyalty*), que la Cour de cassation imposera sur nos terres 250 ans plus tard[(41)]. Le législateur a pris sa part dans cette grande œuvre d'assainissement. Ainsi se souvient-on de la manière dont *John Davison Rockefeller*, fondateur de la *Standard Oil Company*, put bâtir un empire monopolistique sans équivalent dans le monde moderne, en exerçant ès qualités de *trustee* le droit de vote dans les sociétés concurrentes, dont les petits actionnaires avaient placé *in trust* leurs droits[(42)]. Le *Sherman Anti-Trust Act* (1890) vint subséquemment interdire les monopoles, et les *trusts* furent démantelés (celui de la *Standard Oil* en trente-quatre sociétés indépendantes) dans le sillage de la création, en 1914, de la *Federal Trade Commission* (FTC). On ne sera guère étonné de constater que le placement des titres en fiducie pose aujourd'hui des problèmes comparables et tout aussi passionnants que ceux que le trust a dû affronter hier[(43)].

Avec le recul que le temps dispense aux retardataires, le législateur français a voulu tenir à distance les abus identifiés ailleurs et, par un luxe de précautions, il semble y être parvenu[(44)]. La fiducie n'exhale pas l'entêtant parfum du scandale, et

(40) P. Lepaulle, *Traité théorique et pratique du trust en droit interne, droit fiscal et en droit international privé*, Rousseau, 1932.

(41) Dès 1742, un très important arrêt, impulsé par le magistrat anglais Lord Hardwicke, avait consacré un tel devoir, étendant dans une logique implacable aux dirigeants de sociétés tous les devoirs jurisprudentiels jusqu'ici mis à la charge du gérant de trust, c'est-à-dire le *trustee* (*Charitable Corporation v. Sutton, [1742] 26 E. R. 642* ; V. D. Campbell et Ch.-T. Campbell, *Lability of Corporate directors*, Austria, Lloyd's of London Press Ltd, 1993). Ce n'est que beaucoup plus tardivement, et timidement, que le devoir de loyauté a émergé dans les pays de tradition civiliste : Québec, Argentine, Belgique, Espagne... En France, le devoir de loyauté du dirigeant de société n'a fait son apparition qu'en 1996 à la faveur d'une jurisprudence révolutionnaire de la Cour de cassation (K. Grévain-Lemercier, *Le devoir de loyauté en droit des sociétés*, thèse Univ. Rennes 1, 2011, ss dir. H. Le Nabasque. – K. Grévain-Lemercier, *Le devoir de loyauté des dirigeants sociaux : le retour* : *Gaz. Pal.* 11 févr. 2012, p. 7 et s. ; *Les défis actuels de la gouvernance des sociétés cotées* : *Dr. sociétés* 2013, étude 10. – L. Nurit-Pontier, *Devoir de loyauté* : *JCl. Sociétés Traité*, Fasc. 45-10. – H. Le Nabasque, *Le développement du devoir de loyauté en droit des sociétés* : *RTD com.* 1999, p. 273. – J.-J. Caussain, *À propos du devoir de loyauté des dirigeants de société*, in *Mél. Mercadal*, Francis Lefebvre, 2002, p. 303). Au nom du devoir de loyauté, le dirigeant est tenu de placer les intérêts de la société et de ses associés au-dessus des siens chaque fois qu'ils entrent en conflit (J. Moret-Bailly, *Définir les conflits d'intérêts* : *D.* 2011, p. 1100).

(42) R. Chernow, *Titan, The life of John D. Rockefeller Sr*, Random House, New York, 2nd ed., 2004.

(43) F. Barrière, B. Berger-Perrin, S. Theux et D. Davodet, *Fiducie et titres sociaux*, *in* Actes précités du colloque intitulé *Fiducie, trust et gestion de patrimoine* : *Ing. patr.* 4/2022, p. 106.

(44) Exposant lesdites précautions, V. dans le présent ouvrage la contribution de B. Berger-Perrin, *Argumentaire à l'appui de propositions d'améliorations du régime de la fiducie*, p. 183.

son amorce timide n'a pas entravé une expansion constante et progressive. Doit-on cependant se satisfaire de ce que la fiducie, en comparaison du *trust*, fasse figure de nain juridique ? Poser la question, c'est y répondre.

Ainsi faut-il espérer que la prochaine phase de la fiducie sera celle de la conquête ou, pour qui préfère un vocabulaire moins exalté, de la maturité. Pour l'atteindre, il faudra d'abord lever les incompréhensions. Prenons celle ayant trait à l'identification du propriétaire. Aussi étonnant que cela puisse paraître de prime abord, on conteste encore parfois au fiduciaire sa qualité de propriétaire, laquelle serait en quelque sorte retenue par le constituant. L'idée n'aurait jamais dû prospérer : d'abord parce que la fiducie figure dans le livre troisième du Code civil intitulé « Des différentes manières dont on acquiert la propriété ». Ensuite parce qu'il ressort nettement de l'article 2011 du Code civil définissant la fiducie que le fiduciaire acquiert la propriété (du moins, en cas de transfert de biens), sans que le fait de la tenir séparée de son propre patrimoine, son caractère temporaire, ou encore l'existence d'un bénéficiaire et des contraintes liées, ne puissent contredire le constat. Comme l'écrit justement Claude Witz : « la fiducie ne saurait prospérer que si la réalité de la position du fiduciaire, pleinement propriétaire des biens qui lui ont été confiés, est reconnue »(45).

Comment dès lors expliquer que l'idée selon laquelle le constituant de la fiducie resterait propriétaire des biens affectés puisse prospérer ? L'explication nous vient du *trust*. Sous le régime du *trust* le *trustee* a certes la « propriété légale » (*legal property*), mais le *beneficiary* a la « propriété économique » (*equity ownership* or *equitable ownership*). De là à conclure que cette propriété économique est la seule véritable propriété, dont serait privé par contrecoup le *trustee*, il n'y a qu'un pas... Un pas qu'il faut s'interdire de franchir. On ne dira jamais assez les ravages sur un esprit français de cette formule « propriété économique »(46). La « propriété économique » est au *trust* et à la fiducie ce que la « propriété commerciale »(47) est au bail commercial : ce n'est pas une propriété au sens juridique de l'article 544 du Code civil, mais une prérogative relevant du droit de créance, et c'est là ce qui en fait une expression trompeuse. Dans la revue de référence *Trusts and trustees*, un auteur l'a très récemment rappelé : « Les bénéficiaires d'un *trust* de *common law* n'ont pas un droit de propriété au sens du droit civil, en dépit de l'emploi par les juristes du mot "*equitable ownership*". Même mot, signification différente »(48). La démonstration en fut faite dès la fin du XIXe siècle par « celui qui est considéré comme le "père

(45) V. dans le présent ouvrage la contribution de C. Witz, *Retour sur les premières tentatives de codification de la fiducie*, p. 3.

(46) Ainsi qu'a pu l'écrire le professeur Michel Grimaldi : « Certes, il serait possible, en empruntant à la *common law*, de parler de la propriété juridique du fiduciaire et de la propriété économique du bénéficiaire, la première conférant le pouvoir et l'autre la richesse ; mais le droit continental est rebelle à cette distinction » (M. Grimaldi, *La fiducie en droit interne français* : *Ing. patr.* 4/2022, p. 85).

(47) Formule apparue sous la plume de Ripert pour marquer la puissance du droit du locataire commerçant résultant du droit au renouvellement du bail, sauf indemnisation, que lui confère la loi. V. C. Prieto, note ss Cass. 3e civ., 27 mars 2002, n° 00-20.732 : *RGD* 2002 : « Définie comme le droit pour le commerçant locataire d'un immeuble d'être indemnisé en cas de non-renouvellement du bail, la propriété commerciale n'est en définitive qu'un droit de créance ».

(48) F. Noseda, *Equitable ownership, butter and donkeys : Setting out a vision for the future of the Hague Trust Convention*, p. 931 : « Beneficiaries of a common law trust do not have a proprietary right in the civil law sense of the term, despite common lawyers using the word "equitable ownership". Same word, different meaning ».

fondateur" de l'histoire du droit anglais, et l'un de ses plus grands historiens »(49) : Frederic William Maitland. Maitland (dans les cours qu'il dispensa à l'Université de Cambridge pendant dix-huit ans, cours publiés après sa mort et maintes fois republiés)(50), ainsi que l'a rappelé en 2017 la Cour suprême britannique, a « analysé les intérêts équitables créés par un *trust* de *common law* non en une propriété, mais en des droits personnels ou "obligationnels" »(51). Ainsi affirma-t-il : « On dira parfois à un observateur que, alors que la *common law* disait que le *trustee* était le propriétaire, l'*equity* disait que le bénéficiaire était le propriétaire. Eh bien ici, en toute conscience, il semble y avoir suffisamment de conflits. Pensez à ce que cela signifierait si c'était rigoureusement exact. Il y a deux tribunaux issus de deux ordres de juridictions – l'un dit que A est le propriétaire, l'autre dit que B est le propriétaire. Cela aboutirait à une guerre civile et à une anarchie totale. Bien sûr, la déclaration est extrêmement grossière, c'est une déclaration trompeuse et dangereuse – combien trompeuse, combien dangereuse, nous le verrons quand nous en viendrons à examiner la nature des successions équitables. L'*equity* n'a pas dit que le *cestui que trust* était le propriétaire du terrain, mais que le *trustee* était le propriétaire du terrain, mais a ajouté qu'il était tenu de détenir le terrain au profit du *cestui que trust*. Il n'y avait pas de conflit ici »(52). On comprend ainsi que seul le *trustee* est propriétaire des biens *in trust*. Il en va de même du fiduciaire. Cette propriété permet d'ancrer les pouvoirs de gestion et de disposition conférés au *trustee* (fiduciaire), sans qu'il soit nécessaire à cette fin de recourir au mécanisme dérivatif du mandat, ainsi qu'ont pu le faire par le passé certaines juridictions(53) induites en erreur.

Sous cet éclairage, il est possible que le candidat à la constitution d'une fiducie, craignant de se dépouiller des biens transférés au fiduciaire, souhaite finalement y renoncer. Cette crainte doit être dissipée. Il y a bien longtemps que l'apport en

(49) Wikipedia, Frederic William Maitland.

(50) F. W. Maitland, *Equity, a course of lectures*, A. H. Chaytor and W. J. Whittaker ed., 1st éd., 1909 (reprinted seven times) ; then Cambridge University Press, 1st ed., 1936 and 2nd ed., 1949, p. 17.

(51) *Akers* v. *Samba* [2017] UKSC 6 at paragraphs 15 and 24, in the words of Lord Mance, delivering the leading speech : « (...) analyses the equitable interests created by a common law trust not as proprietary, but as personal or obligational, even as against third parties ».

(52) « An examiner will sometimes be told that whereas the common law said that trustee was the owner of the land, equity said that the cestui que trust was the owner. Well here in all conscience there seems to be conflict enough. Think what this would mean were it really true. There are two courts of co-ordinate jurisdiction – one says that A is the owner, the other says that B is the owner of Black-acre. That means civil war and utter anarchy. Of course the statement is an extremely crude one, it is a misleading and a dangerous statement – how misleading, how dangerous, we shall see when we come to examine the nature of equitable estates. Equity did not say that the cestui que trust was the owner of the land, it said that the trustee was the owner of the land, but added that he was bound to hold the land for the benefit of the cestui que trust. There was no conflict here. »

(53) À la fin du XIXe siècle et au début du XXe siècle, le *trustee* a été souvent qualifié de mandataire par la jurisprudence française, et ce que le *trust* ait pour objet de faciliter le paiement d'une pension à une femme séparée (T. civ. Seine, 26 déc. 1894 : *JDI* 1895, 587), d'organiser la masse des obligations d'une société britannique (Toulouse, 18 juill. 1905 : *JDI* 1906, 451. – Sur pourvoi, Cass. 1re civ., 19 févr. 1908 : *JDI* 1912, 243), de gérer une succession au-delà des obligations normales d'un exécuteur testamentaire (T. civ. Seine, 19 déc. 1916 : *JDI* 1917, 1069), ou encore de gérer la fortune d'une femme mariée (Paris, 18 avr. 1929 : *Rev. crit. DIP* 1935, 149). Cependant, ainsi que l'a très bien dit M. Beraudo, « la qualification de mandat occulte le droit de propriété du trustee. À la lecture des décisions citées, on sent que le souci des magistrats a été de préserver toute atteinte éventuelle aux droits des tiers. Mais il est préférable de reconnaître dans leur vérité les droits qui découlent d'un trust quitte à en limiter les effets dangereux pour les tiers plutôt que de dénaturer l'institution. Comme il a été indiqué, la révocabilité du mandat ou la fin de celui-ci par le décès du mandant ne se rencontrent pas dans un trust. La confusion des institutions est également préjudiciable en droit anglais où le mandat coexiste avec le trust. Le choix par le constituant de faire un trust plutôt que de conclure un contrat de mandat a sans doute de bonnes raisons... ne serait-ce que de ne pas voir engager sa responsabilité par les actes d'un mandataire qu'il ne se sent pas apte à contrôler » (J.-P. Beraudo, *in Rép. dr. int.* Dalloz, V° *Trust*, § 43).

société n'effraie plus ceux qui s'y livrent, et pourtant par là même ils transfèrent la propriété à un tiers. L'apporteur se console alors de la remise en échange de parts ou actions dans ladite société. En matière de fiducie, les droits que le constituant tient du contrat qu'il contribue à écrire devraient jouer une fonction équivalente, pour peu qu'on sache bien l'expliquer. Comparatif tout aussi éclairant : la « crainte [est] infondée quand on songe que les contrats d'assurance-vie, très répandus chez les Français, opèrent également un transfert de propriété avec des garanties moindres que celles offertes par la fiducie »(54).

Malgré la dissipation des brumes, la ligne d'horizon du paysage fiduciaire français reste obscurcie par la loi. Au premier rang des textes à abroger figure l'article 2013 du Code civil, lequel pose depuis l'origine que « [l]e contrat de fiducie est nul s'il procède d'une intention libérale au profit du bénéficiaire », ajoutant que « [c]ette nullité est d'ordre public ». Il a été maintes fois démontré que l'interdiction de la fiducie-libéralité(55), ou fiducie-transmission, repose sur de fausses raisons(56), le législateur n'ayant pas su, ainsi qu'y invitait Portalis, se libérer de « l'esprit de superstition (...) qui tend à tout respecter »(57). La fiducie-libéralité sonne son propre glas (nullité) sur fond de requiem fiscal(58). Sur la scène internationale, la prohibition de la fiducie-transmission suffit à placer la fiducie française en situation d'infériorité vis-à-vis du *trust*(59). D'autant que l'article 2029 du Code civil dispose que « le contrat de fiducie prend fin par le décès du constituant personne physique », ce qui interdit la transmission du contrat de fiducie (gestion) lui-même. Qu'il faille « déverrouiller » la fiducie nous semble difficilement contestable(60). De nombreux autres articles du Code civil pourraient chemin faisant être abrogés ou à tout le moins modifiés : 2028 (« Le contrat de fiducie peut être révoqué par le constituant tant qu'il n'a pas été accepté par le bénéficiaire »), 2029 (« Le contrat de fiducie prend fin par le décès du constituant personne physique »), 408-1 (« Les biens ou droits d'un mineur ne peuvent être transférés dans un patrimoine fiduciaire ») ou encore 509 (« Le tuteur ne peut, même avec une autorisation (...) transférer dans un patrimoine fiduciaire les biens ou droits d'un majeur protégé »). La fiducie dispose d'une belle marge de progression(61)...

(54) V. dans le présent ouvrage, la contribution de S. Theux et J. Michel, *Prévenir et gérer les conflits d'intérêts dans la fiducie*, p. 25, note 1.

(55) S. Godechot-Patris, M. Grimaldi, A. Navaud, C. Farge et S. Comparot, *Fiducie et transmission à titre gratuit*, *in* Actes précités du colloque intitulé *Fiducie, trust et gestion de patrimoine* : *Ing. patr.* 4/2022, p. 98.

(56) F. Tripet, *La prohibition de la fiducie-libéralité : pourquoi une telle démesure ?* : *Gaz. Pal.* 21 oct. 2006, p. 6. – D. Louis-Caporal, *La fiducie-libéralité, réflexion sur une opération prohibée* : *RTD civ.* 2016, p. 49.

(57) J.-É.-M. Portalis, *Discours de présentation du Code civil*, réédition des Discours, rapports et travaux inédits sur le Code civil, éd. Joubert, 1844, CPPJ, coll. « Bibl. de philosophie politique et juridique », 1989, p. 94.

(58) En cas de transmission dans une intention libérale de biens ou droits faisant l'objet d'un contrat de fiducie ou des fruits tirés de leur exploitation, les droits de mutation à titre gratuit s'appliquent au tarif prévu pour les transmissions entre étrangers (60 %), avec une majoration de 80 % (CGI, art. 792 bis et 1729).

(59) V. Rotaru, *La fiducie et le trust : une concurrence inégale* : *D.* 2018, p. 1763.

(60) C. Farge, *Déverrouiller la fiducie patrimoniale (avis de la FNDP)* : *JCP N* 2019, 1286. – C. Farge et J.-F. Desbuquois, *Permettre la transmission de la fiducie-transmission (avis de la FNDP)* : *JCP N* 2016, 1284. – F. Tripet, *La prohibition de la fiducie-libéralité : pourquoi une telle démesure ?* : *Gaz. Pal.* 21 oct. 2006, p. 6. – D. Louis-Caporal, *La fiducie-libéralité, réflexion sur une opération prohibée* : *RTD civ.* 2016, p. 49.

(61) V. dans le présent ouvrage la contribution de B. Berger-Perrin, *Argumentaire à l'appui de propositions d'améliorations du régime de la fiducie*, p. 183.

Un groupe de travail, dont font partie de nombreux praticiens et universitaires ayant pris part au colloque du 30 septembre 2022, a prolongé la réflexion et, espérons-le, nourrira la réforme qui, tôt ou tard, ne manquera pas de voir jour. Le lecteur trouvera en annexe du présent ouvrage le projet de réforme qui en est issu[62]. Puisque la fiducie, comme le *trust*, puise dans la confiance sa source et son nom, il est grand temps que le législateur, conscient des grands enjeux qui bousculent notre monde, l'arrache définitivement aux terres de l'enfance et la propulse vers l'âge mûr de sa belle destinée.

Renaud MORTIER
Professeur agrégé de droit et de sciences criminelles
Co-président de la Fédération Nationale Droit du Patrimoine (FNDP)
Directeur du Centre de Droit des Affaires de Rennes

(62) V. *infra*, Annexe : *Projet de réforme sous la direction de M. Grimaldi et C. Farge.*

INTRODUCTION

Retour sur les premières tentatives de codification de la fiducie

Claude WITZ

Professeur émérite de l'Université de la Sarre[1]

Introduction

1. Curieuse institution que celle de la fiducie ! Elle fascine et dérange à la fois. Par l'origine étymologique du mot et les pouvoirs du fiduciaire, elle véhicule des valeurs positives, la confiance ou la bonne foi. Elle dérange en mettant à mal les institutions classiques du droit privé, dont elle montre les limites ou les insuffisances, telles que le mandat, les sûretés ou les libéralités. Son histoire est mouvementée. Institution à éclipses successives, la fiducie romaine disparaît à la fin du Bas-Empire, pour renaître sous une forme édulcorée dans l'Ancien Droit, alors que le Code civil l'ignore[2]. Elle réapparaît en France à l'époque contemporaine. Cette renaissance s'était manifestée, dans divers pays de tradition civiliste, dès la fin du XIXe siècle[3]. Et l'on sait que sa lointaine parente, le *trust*, est une institution clé de la *common law* qui puise ses racines au Moyen Âge[4].

2. La loi du 19 février 2007, dont nous célébrons aujourd'hui les quinze ans d'existence, n'est pas née d'un coup de baguette magique. La gestation d'une fiducie modernisée, qui a rendu possible sa consécration légale, a été longue et difficile. En témoigne notamment la position prise par deux grands maîtres du droit

(1) Le style oral de l'intervention a été conservé.

(2) A. Mages, *La fiducie-gestion : aspects historiques*, in *La fiducie-gestion : état des lieux et perspectives*, colloque Dijon, 17 mai 2018 : *RLDC* mars 2019, n° 168, p. 33.

(3) V., pour l'Allemagne, grâce à la doctrine et à la jurisprudence, H. Coing, *Die Treuhand kraft privaten Rechtsgeschäfts*, Munich, 1973 ; sur sa réception en Suisse, Cl. Reymond, *Essai sur la nature et les limites de l'acte fiduciaire*, thèse, Lausanne, Montreux, 1948 ; sur cette renaissance, V. Cl. Witz, *Les caractères distinctifs de la fiducie, in* J.-M. Tirard (ss dir.), *Trust & Fiducie : concurrents ou compléments ?*, colloque Paris, 13 et 14 juin 2007, Académie & Finance, Genève, 2008, p. 63, spéc. p. 65 et s.

(4) M.-F. Papandréou-Deterville, *Le droit anglais des biens*, avant-propos Cl. Witz, préf. G. Samuel, LGDJ, 2004, spéc. p. 409 à 679 ; *Droit des trusts et droit des biens*, in *Trust et droit français : les frères ennemis ?* : *RLDC* mars 2006, p. 57 ; sur le trust et la fiducie, V. F. Barrière, *La réception du trust au travers de la fiducie*, préf. M. Grimaldi, LexisNexis, coll. « Bibl. dr. entr. », 2004. – J.-P. Béraudo et J.-M. Tirard, *Les trusts anglo-saxons et les pays de droit civil*, Genève, Academy & Finance, 2006. – M. Elland-Goldsmith, *Fiducie et trust, Éléments d'une comparaison* : *Banque et droit* nov.-déc. 1990, n° 14, p. 241 ; du même auteur, *Le trust : ses emplois bancaires et financiers*, in Cl. Witz (ss dir.), *La fiducie et ses applications dans plusieurs pays européens* : *BJS*1991, n° 4 bis, p. 69. – Y. Emerich, *Les fondements contractuels de la fiducie française face au trust de la* common law, *entre droit des contrats et droit des biens* : *RID comp.* 2009, p. 49. – V., dans le présent ouvrage, la contribution de É. Fongaro, *Le fiduciaire, un* trustee *en devenir ?*, p. 201. – D. Hayton, *The distinctive characteristics of the Trust in Anglo-Saxon Law*, *in* A. Prüm et Cl. Witz (ss dir.), *Trust & Fiducie, La Convention de La Haye et la nouvelle législation luxembourgeoise*, Actes du colloque de Luxembourg du 11 décembre 2003, Montchrestien, coll. « Grands Colloques », 2005, p. 1. – D. Waters, *The distinctive characteristics of the Anglo-Saxon trust*, *in* J.-M. Tirard (ss dir.), *Trust & Fiducie : concurrents ou compléments ?*, *op. cit.*, p. 23.

privé français à l'occasion de la Semaine internationale de droit qui s'est tenue à Paris en 1937[(5)]. Parmi les sujets figurait la fiducie en droit moderne. René Savatier devait constater que la fiducie n'avait pas d'existence propre en tant qu'institution autonome[(6)]. René Demogue devait souligner quant à lui que « la fiducie sous sa forme romaine n'est nullement interdite dans le droit actuel, mais elle offre peu d'intérêt. Pourquoi, en effet, concéder à un tiers un droit plus étendu qu'il n'est nécessaire ? »[(7)]. Quant au *Vocabulaire juridique* Capitant, la fiducie s'y voyait définie comme « le contrat par lequel l'acquéreur apparent d'un bien s'engage à le restituer à l'aliénateur quand celui-ci aura rempli les obligations qu'il a envers lui »[(8)]. Il va de soi que la fiducie et la simulation sont antinomiques : la fiducie ne saurait prospérer que si la réalité de la position du fiduciaire, pleinement propriétaire des biens qui lui ont été confiés, est reconnue.

3. C'est à la fin des années 1970 qu'une fiducie modernisée a connu en France un éveil doctrinal[(9)], rapidement doublé d'un vif intérêt des praticiens, principalement pour la fiducie-sûreté dont des applications législatives en matière de cessions de créances, notamment la fameuse loi Dailly[(10)], ont montré l'efficacité, alors que la reconnaissance de l'opposabilité de la clause de réserve de propriété en cas de faillite avait révélé les vertus de la propriété retenue à titre de garantie[(11)].

4. Les prémices d'une consécration législative de la fiducie se dessinent une décennie plus tard. Notre collègue Sabrina Le Normand-Caillère nous a suggéré de consacrer le rapport introductif aux premières tentatives de codification. Ayant pu suivre de près les premiers pas accomplis par les pouvoirs publics en vue de la consécration légale de la fiducie, nous nous livrons volontiers à cet exercice. La loi du 19 février 2007 doit beaucoup aux premières tentatives de codification de la fiducie.

5. En décembre 1989, le ministère de la Justice dévoila un avant-projet de loi relatif à la fiducie, assez rapidement modifié en 1990, puis en 1991[(12)], qui devait aboutir à un projet de loi déposé sur le Bureau de l'Assemblée nationale le 20 février 1992[(13)]. Faute de volonté politique suffisante, le projet de loi ne fut jamais mis en discussion devant le Parlement. Fin 1994, le Premier ministre a entendu réactualiser le projet de 1992, mais en condamnant la fiducie-libéralité, pour couper court aux difficultés de droit civil et de droit fiscal liées à l'emploi de la fiducie dans le domaine des actes à titre gratuit. Ainsi privé d'une partie de son champ d'application, le

(5) Travaux de la Semaine internationale de droit, Paris, 1937, t. V, *De la fiducie en droit moderne*.
(6) R. Savatier, Travaux préc., p. 58.
(7) R. Demogue, Travaux préc., p. 7.
(8) H. Capitant, *Vocabulaire juridique*, Paris, 1936.
(9) V. les deux thèses suivantes : E. Seel-Viandon, *La fiducie en droit comparé et en droit international privé français*, thèse dactyl., Paris II, ss dir. B. Goldman, 1979 : l'auteure envisage la fiducie sous l'angle du droit comparé, propose une conception large de la fiducie coiffant le trust anglo-américain et la fiducie de plusieurs pays de l'Europe continentale, et s'attache à résoudre les difficultés de droit international privé se posant aux juridictions françaises. – Cl. Witz, *La fiducie en droit privé français*, préf. D. Schmidt, Economica, 1981 : l'auteur pose les jalons d'une fiducie renouvelée, dans la tradition romano-germanique, détachée de la simulation et échappant dans le domaine des sûretés notamment à la prohibition de principe du pacte commissoire.
(10) L. n° 81-1, 2 janv. 1981, facilitant le crédit aux entreprises.
(11) L. n° 80-335, 12 mai 1980, relative aux effets des clauses de réserve de propriété dans les contrats de vente.
(12) V. M. Grimaldi, *La fiducie : réflexions sur l'institution et sur l'avant-projet de loi qui la consacre* : *Defrénois* 1991, art. 35085.
(13) L'initiative des pouvoirs publics avait été précédée d'une proposition de loi relative à l'affidation, présentée par M. Étienne Dailly et demeurée sans suite (V. Sénat, première session extraordinaire de 1988-1989, n° 212, procès-verbal de la séance du 22 décembre 1988, enregistré à la Présidence du Sénat le 14 février 1989).

texte a finalement été retiré de l'ordre du jour du dernier Conseil des ministres du gouvernement d'Édouard Balladur qui avait précédé les élections présidentielles d'avril-mai 1995.

La préparation des premières tentatives de codification de la fiducie s'est faite au sein du ministère de la Justice, à la Direction des affaires civiles, alors que le volet fiscal avait été préparé par la Direction générale du Trésor. Responsable du bureau de droit commercial, Mme de Guillenchmidt n'a pas manqué de recueillir l'avis d'universitaires et de praticiens, de faire connaître les versions successives de l'avant-projet et de présenter les textes dans le cadre de conférences et de colloques, nombreux à l'époque[(14)].

6. Les faits déclencheurs de l'avant-projet ont été doubles. D'une part, la volonté de doter la France d'« une institution connue de la plupart de ses partenaires, européens ou non, sous peine de voir s'amplifier la délocalisation des opérations économiques et financières les plus importantes »[(15)]. D'autre part, la perspective de la ratification par la France de la Convention de La Haye du 1er juillet 1985 relative à la reconnaissance internationale des effets des trusts : cette ratification aurait eu pour conséquence paradoxale d'entraîner la reconnaissance en France des effets d'un trust constitué à l'étranger sans permettre pour autant de constituer directement une institution comparable sous l'égide du droit français[(16)]. Le premier facteur devait jouer plus tard un rôle décisif dans l'adoption de la loi du 19 février 2007 instituant la fiducie[(17)], alors que le second est demeuré à l'arrière-plan[(18)].

7. Dans notre bref rapport introductif, nous aimerions mettre en lumière ceux des points saillants des premiers textes de codification qui sont susceptibles d'éclairer la loi de 2007. Ils ont trait à la définition de la fiducie, à la typologie des contrats fiduciaires en fonction de leurs finalités, et à la portée du transfert de biens constitutif de la fiducie.

I. – Définition de la fiducie

8. Le projet de loi de 1992 définit la fiducie comme un contrat par lequel « un constituant transfère tout ou partie de ses biens et droits à un fiduciaire qui, tenant ces biens et droits séparés de son patrimoine personnel, agit dans un but

(14) J. de Guillenchmidt et A. Chapelle, *L'avant-projet de loi sur la fiducie*, doc. dactyl., in *Trusts, Business Trusts et Fiducie*, colloque Paris, 5-6 déc. 1989, ss dir. J.-Cl. Goldsmith, et reproduit *in LPA* 25 juin 1990, n° 76, p. 4 ; *adde* J. de Guillenchmidt, *Présentation de l'avant-projet de loi relatif à la fiducie*, in *La fiducie, Pour quoi faire ?*, colloque ss dir. Bl. Sousi, 5 avr. 1990, Lyon, *RD bancaire et bourse* mai-juin 1990, p. 105 ; du même auteur, *La France sans la fiducie ?* : *RJ com.* 1990, p. 49.

(15) V. J. de Guillenchmidt, *Présentation de l'avant-projet de loi relatif à la fiducie*, préc., p. 105 ; l'opération de *defeasance* réalisée par le groupe Peugeot en 1987 avait fait grand bruit.

(16) V. J. de Guillenchmidt, *ibid.*

(17) V., à titre d'illustrations, le recours au trust par Alstom dans le cadre de sa restructuration et par la Société française des jeux à propos du lancement de son nouveau jeu « Euromillions » (H. de Richemont, Sénat, Rapport au nom de la commission des lois, n° 11, 11 oct. 2006, p. 12).

(18) V. les rarissimes références qui y sont faites, X. de Roux, Rapp. AN n° 3655, au nom de la Commission des lois, 1er févr. 20007, p. 7 (*La France ne pourra éternellement repousser son échéance*) ; les principales difficultés soulevées par le trust se posent dans le domaine des successions et des libéralités, champ étranger à la fiducie (V. C. civ., art. 2013), ce qui explique sans doute l'absence d'évocation de la Convention de La Haye lors des travaux préparatoires ; sur le trust et le droit des successions, V. S. Godechot, *L'articulation du trust et du droit des successions*, préf. Y. Lequette, éd. Panthéon-Assas, 2004. – M. Goré, *Le trust en droit international privé*, *in* J. Herbots et D. Philippe (ss dir.), *Le Trust et la Fiducie, Implications pratiques*, Bruylant, 1997, p. 83.

déterminé au profit d'un ou plusieurs bénéficiaires conformément aux stipulations du contrat » (art. 2062).

9. Cette définition a donné lieu à d'intéressants échanges de points de vue lors de sa préparation, même s'il était hors de question d'accueillir la fiducie testamentaire, ni de permettre à un constituant de se déclarer unilatéralement fiduciaire, comme peut le faire le *settlor* d'un trust. Nous avions suggéré au ministère une définition plus souple, afin que le patrimoine fiduciaire puisse naître d'un transfert de biens acquis par le fiduciaire auprès de tiers, dans le cadre par exemple d'opérations de portage de titres, mais sans succès, principalement pour des raisons fiscales(19). S'inspirant de la définition que nous avions donnée de la fiducie(20), le règlement grand-ducal luxembourgeois du 19 juillet 1983 relatif aux contrats fiduciaires des établissements de crédit avait défini le contrat fiduciaire comme étant « le contrat par lequel une personne, le fiduciant, convient avec un établissement de crédit, le fiduciaire, que le fiduciaire sera rendu titulaire de droits patrimoniaux, l'actif fiduciaire, mais que l'exercice de ces droits patrimoniaux sera limité par des obligations, le passif fiduciaire, déterminées par le contrat fiduciaire »(21). « Rendu titulaire », énonce le texte, le fiduciaire a pu l'être par un transfert de biens qui lui aurait été fait par un tiers. La Convention de La Haye de 1985 sur la loi applicable au trust et à sa reconnaissance devait ultérieurement adopter une définition de la même veine, en raison de la souplesse de la constitution du trust(22).

10. Faudrait-il regretter que l'article 2011 du Code civil issu de la loi de 2007 soit resté fidèle au projet de loi de 1992 en exigeant un transfert de biens par le constituant au fiduciaire ? La définition actuelle s'opposerait-elle par exemple à ce que des opérations de portage de titres puissent entrer dans le champ d'application de la loi ? La réponse devrait être négative(23). Une avance partielle de fonds destinés à l'acquisition des titres par le donneur d'ordre devrait suffire à caractériser un transfert de biens existants, même si les titres sont financés en grande partie par le fiduciaire. Tel est d'autant plus le cas que l'article 2011 vise aussi, parmi les biens pouvant servir d'assiette à la fiducie, des biens présents ou « futurs ».

(19) V. J. de Guillenchmidt et A. Chapelle, *loc. cit.* (V. *supra*, note 14), spéc. p. 7.

(20) Thèse préc. (V. *supra*, note 9), p. 15 : « La fiducie est l'acte juridique par lequel une personne, le fiduciaire, rendue titulaire d'un droit patrimonial, doit l'exercice de son droit limité par une série d'obligations, parmi lesquelles figure généralement celle de transférer le droit au bout d'une certaine période soit au fiduciant, soit à un tiers bénéficiaire ».

(21) Sur ce règlement, V. Association luxembourgeoise des établissements de crédit en droit luxembourgeois, *La fiducie des établissements de crédit en droit luxembourgeois (Règlement grand-ducal du 19 juillet 1983)*, *in* Cl. Witz (ss dir.), *Les opérations fiduciaires (pratiques, validité, régime juridique dans plusieurs pays européens et dans le commerce international)*, colloque de Luxembourg des 20 et 21 septembre 1984, préf. Br. Oppetit, Feduci et LGDJ, 1985, p. 355. – Cl. Witz, *Un texte exemplaire : le règlement grand-ducal du 19 juillet 1983 relatif aux contrats fiduciaires des établissements de crédit* : *DPCI* 1984, p. 139 ; le règlement du 19 juillet 1983 a été abrogé par la loi luxembourgeoise du 27 juillet 2003 relative au trust et aux contrats fiduciaires ; V. l'article 5 de la loi de 2003 définissant le contrat fiduciaire en ces termes : « Un contrat fiduciaire au sens du présent titre est un contrat par lequel une personne, le fiduciant, convient avec une autre personne, le fiduciaire, que celui-ci, sous les obligations déterminées par les parties, devient propriétaire de biens formant un patrimoine fiduciaire » ; sur cette loi, V. A. Prüm et Cl. Witz, *La nouvelle fiducie luxembourgeoise*, *in* Trust & Fiducie, *La Convention de La Haye et la nouvelle législation luxembourgeoise*, Actes du colloque de Luxembourg du 11 déc. 2003, Montchrestien, coll. « Grands Colloques », 2005, p. 65.

(22) V., art. 2 : « Aux fins de la présente Convention, le terme "trust" vise les relations juridiques créées par une personne, le constituant – par acte entre vifs ou à cause de mort – lorsque des biens ont été placés sous le contrôle d'un *trustee* dans l'intérêt d'un bénéficiaire ou dans un but déterminé » (al. 1er), l'alinéa 2 énonçant une liste de caractéristiques essentielles du trust.

(23) V. aussi Fr. Barrière, *La fiducie, Commentaire de la loi n° 2007-211 du 19 février 2007, 1re partie* : *BJS* avr. 2007, p. 440 et s., spéc. n° 11.

II. – Typologie des contrats fiduciaires

11. À propos de la typologie du contrat fiduciaire, reflet des finalités des contrats fiduciaires, aucun des avant-projets ou projet ni la loi de 2007(24) n'ont consacré la *summa divisio* « fiducie-sûreté », « fiducie-gestion », visant uniquement le « but déterminé » dans lequel le fiduciaire est appelé à agir ou sa mission. Pourtant, dès le milieu des années 1980, les ouvrages de droit civil(25) et le dictionnaire Capitant(26) ont fait sienne cette distinction pédagogique et convaincante(27), d'autant qu'elle rappelle la distinction romaine entre la *fiducia amico* et la *fiducia cum creditore* et qu'elle renforce l'ancrage de la fiducie française dans la tradition romano-germanique.

Les seules mentions aux finalités de la fiducie, plus précisément à la fiducie conclue à des fins de garantie, figurent dans le projet de loi de 1992. Le texte énonce en effet que « lorsque la fiducie est conclue à des fins de garantie, le fiduciaire peut être le bénéficiaire dans les conditions fixées au contrat » et ne manque pas d'encadrer le dénouement de la fiducie à des fins de garantie en cas de défaillance du débiteur(28). La fiducie-sûreté se voit ainsi consacrée. Sa légitimation est également éclairante par rapport aux sources d'inspiration du projet, car le *trustee* ne peut pas être bénéficiaire exclusif du trust. Il en résulte que le *trust* n'est pas en mesure de concurrencer les sûretés traditionnelles de la *common law* britannique, tels le *mortgage* ou le *pledge*(29), ou encore le *security interest* de l'*Uniform Commercial Code* américain. Il en va de même pour la fiducie québécoise(30), qui ne saurait se substituer à l'hypothèque mobilière que consacre le Code civil québécois.

12. Tout compte fait, cette position des rédacteurs de l'avant-projet et du projet de loi de 1992, ainsi que celle des auteurs de la loi de 2007, ont été prudentes lorsqu'on songe à diverses objections doctrinales émises ultérieurement à propos du binôme « fiducie-gestion / fiducie-sûreté ». Selon divers auteurs, la *summa divisio* adoptée par la doctrine majoritaire serait réductrice, car les parties peuvent imaginer toutes sortes d'utilités qu'elles pourront retirer du fait de confier à autrui la propriété d'un bien dans un but déterminé, comme le séquestre ou le dépôt(31).

(24) La proposition de loi instituant la fiducie, d'origine sénatoriale (Ph. Marini), dont est issue la loi de 2007, visait le contrat « à des fins de gestion, de garantie ou de transmission à titre onéreux, exclusivement ou cumulativement » (art. 2062). Cette distinction devait être abandonnée par le Sénat en première lecture, V. Prop. de loi n° 178, session 2004-2005, Sénat, annexe au procès-verbal de la séance du 8 février 2005 ; V. sur cet abandon, X. de Roux, rapport au nom de la Commission des lois, Doc. AN n° 3655, p. 18.

(25) V. not. Ph. Malaurie et L. Aynès, *Droit civil, Les contrats spéciaux*, Cujas, 1re éd., 1986, n° 753 ; *Droit civil, Les sûretés*, Cujas, 1986, n° 543.

(26) *Vocabulaire juridique*, Assoc. H. Capitant, ss dir. G. Cornu, 1re éd., 1987, V° *Fiducie* (fiducie à fins de sûreté, fiducie à fins de libéralités, fiducie à fins de gestion) ; l'auteur opte pour des expressions moins ramassées (« à fins de ») ; en faveur de ces termes, G. Cornu : *RTD civ.* 1982, p. 363 (compte-rendu de la thèse *La fiducie en droit privé français*).

(27) V. aussi les fréquentes références au cours des travaux préparatoires, par ex., Th. Breton, ministre de l'Économie, des Finances et de l'Industrie, Assemblée nationale, première séance du 7 févr. 2007, Archives de la XIIe Législature, Les comptes rendus intégraux (Session ordinaire 2006-2007).

(28) Projet de loi instituant la fiducie, art. 2065.

(29) Seule la gestion de sûretés par le *trustee* est envisageable, V. M. Elland-Goldsmith, *Fiducie et trust, Éléments d'une comparaison*, préc. (V. *supra*, note 4), p. 243.

(30) Sur la fiducie québécoise, V. dans le présent ouvrage la contribution de Y. Emerich, *La fiducie québécoise : une perspective comparative*, p. 209.

(31) V. Fr. Zenati Castaing et Th. Revet, *Les biens*, PUF, 3e éd., 2008, n° 263. – P. Puig, *La fiducie et les contrats nommés* : *Dr. & patr.* juin 2008, n° 171, p. 68 et s., spéc. p. 70 ; par ailleurs, la crainte a été émise que la distinction entrave les opérations de fiducie poursuivant à la fois des finalités de gestion et de garantie (V. par ex., X. de Roux, Rapport préc., p. 18).

Ces critiques nous semblent peu fondées, le terme « gestion » étant suffisamment souple pour couvrir les formes les plus diverses de gestion, qu'elle soit statique ou dynamique. Ces objections auraient néanmoins pu entraver le développement de l'institution, d'autant que le projet de loi de 1992 tout comme plus tard la loi de 2007 règlent le sort des créances « nées de la conservation ou de la gestion des biens » par le fiduciaire[32], laissant entendre qu'une simple conservation ne relèverait pas de la gestion.

13. Le grand mérite du projet de loi de 1992, mais dont l'avant-projet de 1995 s'est démarqué, est d'avoir autorisé, à la suite de l'avant-projet de 1989, « le contrat de fiducie conclu à des fins de transmission à titre gratuit »[33]. Seule la fiducie testamentaire était prohibée. Ces textes pourraient donc être invoqués en renfort par les universitaires et praticiens qui plaident aujourd'hui en faveur d'une réforme du dispositif mis en place par la loi de 2007.

14. Fiducie-gestion, fiducie-sûreté, fiducie-libéralité, voilà un triptyque parfaitement adéquat pour viser de manière synthétique les finalités de la fiducie. L'expression « fiducie-transmission » désormais solidement ancrée dans les usages n'apparaît pas des plus heureuses. Cette expression trouve sa source dans le projet de loi de 1992[34]. Elle a été relayée plus tard au cours des travaux préparatoires de la loi de 2007 parallèlement à l'emploi de l'expression « fiducie-libéralité ». Pour être précis, il faudrait pointer systématiquement « la fiducie-transmission à titre gratuit », car la transmission ultérieure des biens peut avoir lieu à titre onéreux. De plus, la fiducie au profit du constituant s'achèvera en règle générale également par une transmission finale des biens dans le patrimoine du constituant. Par ailleurs, les termes « transmission » et « transfert » sont très proches[35], ce qui peut être une source de confusion entre la transmission et le transfert constitutif de la fiducie dont il convient de mesurer la portée.

III. – Portée du transfert constitutif de fiducie

15. La portée du transfert constitutif de la fiducie doit être appréciée à un double point de vue, par rapport à sa nature tout d'abord – s'agit-il d'un transfert de propriété ? –, puis au regard de la constitution du patrimoine fiduciaire.

A. – Nature du transfert constitutif de fiducie

16. Le rappel du projet de loi de 1992, fidèle sur ce point comme tant d'autres à l'avant-projet de 1989, est particulièrement utile dans l'actuel débat autour du transfert de propriété des biens et des droits par le constituant au fiduciaire. Selon un courant doctrinal minoritaire, qui gagne en audience, le fiduciaire n'acquiert pas la propriété des biens composant le patrimoine fiduciaire. L'un des arguments avancés est d'ordre textuel. De l'ensemble des dispositions de la loi de 2007, « il n'est

(32) V. Projet de loi de 1992, art. 2069, al. 2 *in fine*. – Avant-projet relatif à la fiducie de 1980, art. 2067, al. 3.

(33) V. art. 2063, al. 2 ; Projet de loi de 1992, art. 2070-6.

(34) V., art. 2064 : « Lorsque le contrat de fiducie a pour objet la transmission de biens et droits à un ou des bénéficiaires autres que le constituant, la désignation de ce ou de ces bénéficiaires ne peut être modifié ».

(35) V. aussi les difficultés de traduction dans les langues qui ignorent la dualité de termes.

jamais dit que le fiduciaire est devenu propriétaire ; tout au contraire, la loi semble bâtie sur l'idée d'une propriété mais tenue entre les mains du constituant »[(36)]. On serait dès lors en présence, en cas de fiducie-gestion, d'un pouvoir sans transfert de propriété au fiduciaire.

17. De puissants arguments militent toutefois en faveur d'une fiducie reposant *de lege lata* sur un transfert de propriété par le constituant au fiduciaire, même si le fiduciaire n'est pas riche des biens qui figurent dans le patrimoine, selon l'expression éloquente employée par notre rapporteur de synthèse[(37)]. En effet, il n'est nullement de l'essence de la propriété que celle-ci confère au titulaire les bénéfices économiques de la propriété. L'exercice des prérogatives attachées au droit de propriété demeure entre les mains du seul fiduciaire, même si le droit de propriété dont le fiduciaire est titulaire est finalisé, asservi ou dégradé selon les qualificatifs employés en doctrine ou par les parlementaires. Le droit français offre d'ailleurs d'autres exemples de droits de propriété dont le titulaire est privé en substance de *l'usus, fructus, abusus*, comme la libéralité avec charge au profit d'un tiers bénéficiaire lorsque les charges absorbent l'intégralité de l'émolument de la donation ou du legs. C'est à juste titre qu'un puissant courant doctrinal s'abstient de remettre en cause la conception traditionnelle de la fiducie fondée sur l'acquisition par le fiduciaire des biens qui lui sont confiés[(38)], même si la propriété fiduciaire n'apparaît pas, d'un point de vue économique, comme une propriété ordinaire[(39)]. Ce dernier constat vaut pour la fiducie-gestion et encore davantage pour la fiducie-sûreté[(40)].

18. Aux arguments de fond qui viennent d'être esquissés s'ajoute celui des travaux préparatoires de la loi de 2007. Aucun indice ne donne en effet à supposer que les auteurs de la loi aient entendu se démarquer des projets initiaux sur ce point essentiel, touchant aux fondements mêmes de la fiducie. Or il ne fait pas de doute que dans l'esprit des rédacteurs des premiers projets de codification de la fiducie, le fiduciaire devienne propriétaire des biens transférés. La réunion au sein d'un même texte de la fiducie-gestion et de la fiducie-sûreté tout comme la précision, dans l'avant-projet de loi de 1989, que les biens et droits transférés au fiduciaire forment une masse séparée dans son patrimoine, de même enfin que la mention, dans le projet de loi de 1992, qu'en cas de décès du fiduciaire, « les biens et droits objet

(36) R. Libchaber, *Les aspects civils de la fiducie dans la loi du 19 février 2007, 1re partie : Defrénois* 2007, art. 38631, n° 19 ; du même auteur, *Une fiducie française, inutile et incertaine…*, in *Mél. en l'honneur de Ph. Malaurie*, Defrénois, 2005, p. 303. – V. aussi, C. Gouret, *L'administration fiduciaire, Contribution à l'étude de la fiducie*, avant-propos M.-L. Mathieu, préf. Ch. Albiges et Fr. Pérochon, Defrénois, 2022, dénonçant la position de la « doctrine propriétariste ». – B. Mallet-Bricout, *Fiducie et propriété*, in *Liber amicorum C. Larroumet*, Economica, 2010, p. 297 ; du même auteur, *Le fiduciaire propriétaire ?* : *JCP* E 2010, 1191. – M. Nicolle, *La fiducie sans transfert de propriété au fiduciaire* : *D.* 2014, p. 2071. – I. Tosi-Dupriet, *La fiducie-gestion, un cas de pouvoir sans propriété*, in *Études en l'honneur du Professeur M.-L. Mathieu*, Bruylant, 2019, p. 819.

(37) V. M. Grimaldi, *loc. cit.* (V. *supra*, note 12), spéc. p. 919.

(38) Outre les positions exprimées dans les manuels et traités, V. not. Fr. Barrière : *Rép. civ.* Dalloz, V° *Fiducie*, nos 67 et s. – C. Berger-Tarare, *Le fiduciaire défaillant, Regards croisés en droit des biens et droit des obligations*, préf. B. Mallet-Bricout, LGDJ, 2015, spéc. nos 132 et s. – P. Crocq, *Propriété fiduciaire, propriété unitaire*, in Assoc. H. Capitant (ss dir.), *La fiducie dans tous ses états*, Journée nationale, t. XV, Dalloz, 2011, p. 9. – F. Estienny, *La fiducie : aspects juridiques et fiscaux, Contribution à l'étude du patrimoine fiduciaire*, préf. A. de Bissy, Defrénois, 2018, t. 60, spéc. nos 65 et s.

(39) V. M. Grimald, *La propriété fiduciaire*, in *La fiducie dans tous ses états*, *op. cit.* (V. *supra*, note 38), p. 5. – S. Le Normand-Caillère, *Droit et fiscalité du transfert temporaire de valeurs mobilières*, préf. Y. Sérandour, avant-propos D. Tricot, LexisNexis, 2015, spéc. nos 238-289, l'auteure se prononçant en faveur d'un démembrement entre la propriété économique et la propriété juridique.

(40) V. C. Gijsbers, *Sûretés réelles et droit des biens*, préf. M. Grimaldi, Economica, 2016, spéc. nos 317-385, l'auteur dénonçant l'inadaptation du régime de la propriété à la fonction de sûreté.

de la fiducie ne font pas partie de sa succession », en sont des signes éclatants. Si l'avant-projet de 1989 tout comme le projet de 1992 visent, dans la définition de la fiducie, le transfert sans préciser qu'il s'agit d'un transfert de propriété, la raison en est d'ordre purement terminologique. En effet, ces textes envisagent comme objet du transfert les biens et droits. Le terme de transfert de propriété se serait avéré inapproprié si on avait voulu l'étendre aux droits de créance, lesquels font l'objet, selon la terminologie traditionnelle(41), d'une cession, et non d'un transfert de propriété. D'où l'emploi du terme neutre de « transfert », utilisé par les premiers textes de codification pour viser à la fois les biens et les droits, auxquels il convient d'ajouter aujourd'hui le transfert de sûretés(42).

B. – Constitution du patrimoine fiduciaire

19. Il est de la nature du contrat fiduciaire, sans pour autant être de son essence – que l'on songe aux fiducies innommées – de faire naître un patrimoine fiduciaire, doté d'un actif et d'un passif propres. Les premières tentatives de codification l'ont admis, tout en s'abstenant de faire ressortir cet effet par le concept de patrimoine fiduciaire qu'utilisera la loi de 2007 dans d'autres dispositions que celle définissant la fiducie.

Mieux que ne l'aura fait ultérieurement la loi de 2007, ces premiers textes ont parfaitement mis en musique les canons du patrimoine d'affectation en énonçant que « sans préjudice des droits des créanciers du constituant titulaires d'un droit de suite attaché à une sûreté publiée antérieurement au contrat de fiducie et hors le cas de fraude aux droits des créanciers du constituant, les biens transférés au fiduciaire ne peuvent être saisis que par les titulaires de créances nées de la conservation ou de la gestion de ces biens par le fiduciaire ». L'étanchéité du patrimoine fiduciaire par rapport au passif était ainsi parfaite ou quasi parfaite.

Ce modèle n'a pas été suivi par la loi de 2007. L'article 2025 du Code civil prévoit en effet un recours subsidiaire au patrimoine du constituant en cas d'insuffisance du patrimoine fiduciaire, sous réserve d'une stipulation contraire du contrat mettant tout ou partie du passif à la charge du fiduciaire – encore faut-il que celui-ci l'accepte – ou que le contrat de fiducie limite l'obligation au seul patrimoine fiduciaire, cette clause n'étant opposable qu'aux créanciers qui l'ont expressément acceptée.

Il est permis de se demander s'il est judicieux que le constituant soit ainsi tenu par principe d'un passif né du chef d'un tiers, le fiduciaire, qui est nécessairement un professionnel, à l'occasion de la gestion de biens qui ne sont plus sa propriété et qui peuvent être destinés à un tiers bénéficiaire, aujourd'hui à titre onéreux, et demain peut-être à titre gratuit.

(41) La position du courant doctrinal en faveur de l'élargissement du droit de propriété aux créances n'est pas suffisamment ancrée pour remettre en cause la terminologie traditionnelle.
(42) V. C. civ., art. 2011.

PREMIÈRE PARTIE

FIDUCIE ET DÉONTOLOGIE, TECHNIQUE CONTRACTUELLE ET GESTION DU CONTRAT

Introduction

Pour l'ouvrage de l'Université d'Orléans consacré au colloque de la Fiducie.

Nous allons maintenant entrer dans la technique, examinant dans une première partie la déontologie fiduciaire et les techniques contractuelles de la Fiducie.

Pour cette raison, nous nous trouvons dans une Faculté dont la raison d'être est la formation des étudiants, c'est aux étudiants que je veux m'adresser : Mesdames et Messieurs les étudiants, vous êtes venus ici chercher une culture juridique et les techniques usitées dans la vie des affaires, aussi bien sûr le diplôme qui répond de votre aptitude à manier ces techniques.

Mais vous êtes également entrés dans une communauté, la communauté des juristes français, à laquelle vous devez vous intégrer par votre engagement dans les diverses et efficaces Associations qui contribuent à la vie de notre communauté juridique nationale.

Jugez-en plutôt : l'attention des milieux juridiques français a été attirée en 2013 sur la qualité de celle qui est aujourd'hui l'organisatrice et l'âme de ce colloque, Madame Sabrina Le Normand-Caillère, qui a reçu cette année-là le prix de l'Association Droit et Commerce, que nous représentons devant vous avec Daniel Tricot, pour son remarquable ouvrage « *Droit et Fiscalité du transfert temporaire de valeurs mobilières* ».

Dans cette communauté juridique l'apport des universitaires est capital et le Président fondateur de l'Université d'été des Avocats est heureux d'adresser ses remerciements à des Maîtres de nos universités dont le nom est évoqué aujourd'hui ou qui dans ce colloque nous donnent des contributions exceptionnelles. Je veux citer par ordre d'entrée en scène dans nos semaines d'Université d'Été des avocats les professeurs Dominique Schmidt, Claude Witz, Michel Grimaldi.

Mesdames et Messieurs les étudiants, il va vous appartenir dans quelques années d'apporter à la communauté juridique française votre propre concours, remerciez-la de ce que vous lui devez par votre propre apport et faites en sorte qu'elle pèse efficacement sur notre vie nationale, car le Droit est source d'équilibre et d'unité et notre France en a besoin.

Sept contributeurs vont se succéder :

– Maître Bruno Berger Perrin : « l'avocat fiduciaire » ;

– Me Silvestre Tandeau de Marsac : « La réforme de la garantie financière de l'avocat » ;

– M. Sylvain Theux : « Les conflits d'intérêts dans le cadre de la fiducie » ;

– Le Professeur Garance Cattalano : « La réforme de la durée du contrat de fiducie » ;

– Mesdames Kozeva et Delplanque et M. Triffault Moreau : « Fiducie et pérennisation de la liberté contractuelle ».

Pour l'heure, c'est l'instant de la technique à découvrir et à maitriser et je suis heureux de donner la parole à Monsieur le Bâtonnier Bruno Berger-Perrin, qui va nous entretenir de « *l'avocat fiduciaire* ».

Jean-Marie LELOUP
Docteur en droit
Ancien Bâtonnier de l'Ordre de Poitiers

TITRE 1

DÉONTOLOGIE DU FIDUCIAIRE

L'avocat fiduciaire

Bruno BERGER-PERRIN
Ancien Bâtonnier

La loi du 19 février 2007 instituant la fiducie dans notre droit national disposait initialement que seuls les établissements de crédit, les entreprises d'investissement, les entreprises d'assurance, La Poste, la Banque de France et la Caisse des dépôts et consignations pouvaient avoir la qualité de fiduciaire.

C'est la loi du 4 août 2008 de modernisation de l'économie qui a ajouté que les membres de la profession d'avocat pouvaient également avoir cette qualité :

- article 2015 du Code civil

Des dispositions spécifiques régissant cette nouvelle activité offerte aux avocats ont été introduites dans la loi du 31 décembre 1971 portant réforme de certaines professions judiciaires et juridiques ainsi que dans le décret du 27 novembre 1991 organisant la profession d'avocat :

– articles 27, 53, 66-5 de la loi ;

– articles 123, 205, 209-1, 210-1, 216-1, 231, 233, 235-3 du décret.

À cela s'ajoutent des dispositions particulières du Règlement intérieur national de la profession d'avocat :

- article 6.5 du RIN

Toutes ces dispositions visent à adapter l'exercice de leur profession par les avocats, personnes physiques ou personnes morales, aux missions de fiduciaire qu'ils entendent assurer : responsabilité et garanties, correspondances, comptabilité, conflits d'intérêts, etc.

Mais le plus intéressant se trouve dans le Rapport au Président de la République relatif à l'ordonnance du 30 janvier 2009 portant diverses mesures relatives à la fiducie.

Voici en effet ce qu'il y est dit à propos des dispositions de cette ordonnance relatives à la profession d'avocat :

> « Alors que la qualité de fiduciaire était uniquement réservée (*sic*) aux établissements bancaires, financiers et aux entreprises d'investissement et d'assurance, il est apparu que son ouverture aux avocats présenterait de multiples avantages.
>
> Leur très bonne connaissance du droit des obligations leur permettra d'élaborer des contrats de fiducie innovants, gage de croissance de ce mécanisme juridique.
>
> Leur déontologie constituera une importante garantie pour les constituants et bénéficiaires ».

Outre le caractère inhabituellement flatteur de ces propos pour les avocats, on voit bien qu'ils constituent un encouragement à la profession non seulement à exercer des missions de fiduciaire, mais aussi à contribuer avec tous leurs talents au développement de cet instrument juridique exceptionnel qu'est la fiducie :

– comme conseils des parties et concepteurs de telles opérations ;

– comme rédacteurs des contrats de fiducie et, le cas échéant, des conventions de mise à disposition ;

– comme tiers protecteurs des constituants ;

– comme agents des sûretés des bénéficiaires.

Mais c'est évidemment d'abord la qualité de fiduciaire qui permet à l'avocat d'apporter sa compétence juridique, son expertise et son savoir-faire, ainsi que sa déontologie et les garanties qui en découlent, au service des parties à l'opération de fiducie.

Aujourd'hui, l'avocat fiduciaire est une espèce encore rare mais en voie de développement et qui n'a pas démérité jusqu'à présent.

Certains auteurs se sont pourtant interrogés sur la capacité des avocats à accomplir valablement de telles missions.

Leur premier motif de doute tient à l'absence supposée d'un contrôle suffisant, contrairement à celui qui s'impose par exemple aux banques.

Mais c'est oublier que les avocats appartiennent à une profession libérale réglementée, qu'ils sont soumis à ce titre à une déontologie stricte – rappelée à juste titre dans le rapport précité du ministère de la Justice au Président de la République – et à un contrôle étroit de leur Ordre tel qu'organisé par les textes législatifs et réglementaires déjà évoqués, notamment sur les points essentiels suivants :

– exigence d'une compétence assurée par l'obligation de suivre une formation spécifique dans les matières liées à l'exécution de leurs missions de fiduciaire ;

– tenue d'une comptabilité distincte susceptible de faire l'objet d'un contrôle ordinal ; étant rappelé que la comptabilité autonome que le fiduciaire doit établir pour chaque opération est elle-même le plus souvent contrôlée par un commissaire aux comptes de la fiducie ;

– prévention de tout risque de conflit d'intérêts, ce qui interdit par exemple à un avocat de cumuler la qualité de fiduciaire avec celle de tiers protecteur et avec celle de bénéficiaire pourtant autorisée par la loi.

L'autre objection soulevée par ces mêmes auteurs repose sur la prétendue incompétence des avocats fiduciaires à effectuer certaines opérations réservées aux établissements de crédit, en particulier la gestion pour compte de tiers.

Mais c'est oublier :

– que le fiduciaire gère les biens qui lui sont confiés par le constituant en tant que propriétaire temporaire ès qualités desdits biens ;

– et que c'est d'ailleurs bien pourquoi la loi interdit à l'avocat fiduciaire de déposer les fonds, effets ou valeurs qui lui ont été confiés en cette qualité sur son compte CARPA, précisément parce qu'il n'agit pas alors pour le compte d'un tiers mais pour celui de la fiducie qu'il représente.

On voit donc bien que les craintes exprimées par certains n'ont aucun fondement.

Partant, la seule question qui doit se poser lors de la constitution d'une fiducie est de savoir quel fiduciaire choisir dans l'intérêt des parties et de la bonne exécution de sa mission, en fonction de la nature de l'opération et des particularités du dossier.

Les avocats présentent à ce sujet des atouts propres, puisque « leur très bonne connaissance du droit des obligations leur permettra d'élaborer des contrats de fiducie innovants, gage de croissance de ce mécanisme juridique » et que « leur déontologie constituera une importante garantie pour les constituants et bénéficiaires ».

Pour conclure, retenons qu'il n'y a toujours pas de jurisprudence significative en matière de fiducie et que les avocats fiduciaires partagent donc avec tous les autres intervenants le mérite de la fiabilité et de l'efficacité de ce type d'opérations.

La réforme de la garantie financière de l'avocat fiduciaire

Silvestre TANDEAU DE MARSAC
Avocat au barreau de Paris
FTMS
Président de l'AFIDU

On sait que la possibilité d'exercer l'activité de fiduciaire a été ouverte aux avocats par la loi n° 2008-776 du 4 août 2008 de modernisation de l'économie (dite « LME »), complétée par l'ordonnance n° 2009-112 du 30 janvier 2009.

C'est ainsi que les règles applicables aux avocats ont été adaptées, notamment en matière de secret professionnel(1).

Cette nouvelle possibilité offerte aux avocats a été encadrée par l'obligation pour ces derniers de constituer une garantie financière, distincte de l'assurance de responsabilité civile professionnelle, et couvrant la restitution des biens, des droits ou sûretés confiés à l'avocat désigné en qualité de fiduciaire.

I. – La garantie financière de l'avocat fiduciaire : une exigence de protection des parties au contrat de fiducie

Conçue à l'origine sous la forme d'une obligation spécifique d'assurance, prise pour le compte de qui il appartiendra dans des conditions similaires à celles que les avocats connaissaient sous l'appellation « d'assurance maniements de fonds », le législateur a modifié la loi pour permettre de remplacer l'assurance pour le compte de qui il appartiendra par une garantie financière(2).

Depuis cette modification, l'avocat exerçant une activité fiduciaire doit justifier d'une assurance ou d'une garantie financière destinée à garantir la restitution des biens et droits fiduciaires correspondants à 5 % de la valeur des biens immeubles et à 20 % de la valeur des autres biens, droits ou sûretés, cette valeur étant appréciée au jour de leur transmission.

L'avocat fiduciaire peut souscrire des garanties financières supplémentaires ou une assurance complémentaire(3).

(1) Insertion d'un nouvel article 6.2.1 au Règlement intérieur national.
(2) L. n° 2010-1249, 22 oct. 2010, art. 70 (*JO* 23 oct.), modifiant l'article 27 de la loi n° 71-1130 du 31 décembre 1971.
(3) L. n° 91-1197, 27 nov. 1991, art. 216-1.

Ces garanties financières ont bien pour objet de garantir la restitution des biens, droits ou sûretés fiduciaires. Elles couvrent le risque de détournement, mais non les risques de mauvaise gestion (4).

Le décret du 27 novembre 1991 modifié pose une obligation pour l'avocat fiduciaire de souscrire cette garantie spécifique afin d'assurer la représentation des valeurs qui doivent être retransmises au terme du contrat de fiducie et qui auraient connu une perte.

La garantie ne peut résulter que d'un engagement de caution pris par une banque, un établissement de crédit, une société de financement, une entreprise d'assurance ou une société de caution mutuelle habilité à donner caution (5).

Cette caution prend la forme d'une convention écrite qui en fixe les conditions générales et précise, notamment, le montant de la garantie accordée, les conditions de rémunération, les modalités de contrôle comptable, ainsi que les contre-garanties éventuellement exigées par le garant (6).

Il s'agit clairement d'une obligation impérative à laquelle l'avocat exerçant en qualité de fiduciaire ne peut se soustraire.

La doctrine a fait observer que la qualification de garantie financière est source de confusion (7). En effet, la garantie financière s'étend à toute créance ayant pour origine un versement de fonds ou une remise d'effets ou de valeurs effectués à l'occasion des actes ou des opérations mentionnés à l'article 212 du décret du 27 novembre 1991. Elle s'applique sur la seule justification que la créance soit certaine, liquide et exigible et que la personne garantie soit défaillante, sans que le garant puisse opposer aux créanciers le bénéfice de discussions.

Aussi, la qualification de cautionnement reprise par le décret apparaît inutile, puisque la garantie financière fournie semble plutôt s'apparenter à une garantie présentant un caractère autonome par rapport à la dette principale. De fait, le client bénéficie d'une action directe contre le garant, même s'il a omis de déclarer sa créance de restitution au passif de la procédure collective du professionnel concerné (8).

Toutefois, cette exigence de garantie financière qui avait pour but de renforcer les garanties offertes aux parties au contrat de fiducie s'est avérée avec le temps comme un frein au développement de l'activité d'avocat fiduciaire.

II. – La garantie financière : un frein au développement de l'activité fiduciaire des avocats

Certes, diverses initiatives ont vu le jour pour faciliter l'accès des avocats fiduciaires à la garantie financière. Ainsi, une convention de partenariat a été signée en 2012 entre l'Ordre des Avocats au Barreau de Paris et BNP Paribas afin de proposer une offre spécifiquement dédiée aux avocats fiduciaires.

(4) Introduction au décret n° 2011-1319 du 18 octobre 2011, relatif à l'exercice de l'activité fiduciaire des avocats.
(5) D. n° 2011-1319 préc., art. 211.
(6) *Ibid.*
(7) D. Legeais, *Garanties financières des avocats fiduciaires : RD bancaire et fin.* 2 mars 2012, comm. 54.
(8) Cass. ass. plén., 4 juin 1999, n° 96-18.094, n° 440P.

Mais, dans la pratique, cette garantie financière n'est délivrée qu'après la constitution en amont d'une garantie réelle ou personnelle auprès du garant, en général sur les fonds propres de l'avocat, ce qui renforce bien entendu les difficultés d'accès.

Le Conseil national des barreaux (CNB), saisi des difficultés rencontrées par les avocats, a pu souligner le coût exorbitant des garanties financières[(9)]. Il relève également que « certaines obligations notamment en termes d'assurance et de garantie sont lourdes voire inadaptées ». Finalement, le CNB conclut que la fiducie par les avocats se heurte à des contraintes que ne connaissent pas d'autres professionnels (comme les banques et organismes associés auxquels sont imposés des ratios de solvabilité).

Ces contraintes pénalisent les avocats exerçant en qualité de fiduciaire, alors qu'il « existe un marché et une attente réelle ».

C'est pourquoi, face à ces problèmes d'accès à la garantie financière imposée à l'avocat fiduciaire, le groupe de travail « Avocat Fiduciaire » de la Commission des Règles et des Usages du CNB a rendu en 2017 un rapport sur les nécessaires modifications des règles relatives à la garantie financière de l'avocat fiduciaire. Le rapport souligne « l'impérieuse nécessité pour l'avocat de pouvoir développer des activités de fiducie qui passe notamment par une baisse drastique, voire la suppression de certaines contraintes d'assurance et de garantie ».

C'est ainsi que le CNB, dans une résolution adoptée en assemblée générale, a donné mandat au même groupe de travail « Avocats Fiduciaires » de la Commission des Règles et Usages de porter auprès des pouvoirs publics ses propositions de modification des dispositions du décret n° 91-1197 du 27 novembre 1991 et du Règlement intérieur national relatif aux garanties financières, dans le respect des principes essentiels de la profession, et de poursuivre ces travaux en lien avec les associations et les organismes techniques de la profession intéressés, notamment avec l'Union nationale des CARPA (UNCA), sur la faisabilité de la création d'un nouveau service au sein des caisses autonomes des règlements pécuniaires des avocats (CARPA), permettant aux avocats fiduciaires de déposer à la CARPA les fonds, effets ou valeurs dont ils sont propriétaires ès qualités[(10)].

De fait, le groupe de travail du CNB propose de créer trois cas d'exemption à l'obligation de contracter une garantie financière :

– Cas 1 : Le constituant de la fiducie est un professionnel au sens de l'article 238 quater B, I, 1° du Code général des impôts

• Le constituant peut alors dispenser l'avocat fiduciaire de l'obligation de contracter une garantie financière pour l'opération qui le concerne[(11)].

– Cas 2 : Le constituant n'est pas un tel professionnel

• Le constituant peut dispenser l'avocat fiduciaire de l'obligation de contracter une garantie financière pour l'opération qui le concerne.

(9) CNB, Résolution sur « Les nécessaires modifications de règles financières de l'avocat fiduciaire », 6 et 7 sept. 2019.

(10) CNB, Résolution sur « Les nécessaires modifications des règles relatives à la garantie financière de l'avocat fiduciaire » adoptée par l'assemblée générale des 6 et 7 septembre 2019.

(11) CGI, art. 238 quater, B, I, 1° : « 1° Le constituant exerce une activité relevant des articles 34 ou 35, une activité agricole au sens de l'article 63, une activité professionnelle au sens du 1 de l'article 92 ou une activité civile soumise à l'impôt sur les sociétés ».

• Une condition est requise : le contrat de fiducie contenant cette renonciation doit être conclu en la forme authentique ou par acte d'avocat, ce dernier ne pouvant pas être l'avocat fiduciaire.

– Cas 3 : Les fonds, effets ou valeurs transférés en fiducie sont déposés dans une caisse spéciale

• Les fonds, effets ou valeurs transférés en fiducie doivent être déposés dans une caisse créée à cette fin par chaque barreau ou en commun par plusieurs barreaux par un avocat désigné comme tiers protecteur de la fiducie, auquel l'avocat fiduciaire a donné un mandat en exécution du contrat de fiducie.

Dans ces trois cas d'exemptions, l'avocat fiduciaire est dispensé de souscrire une assurance ou une garantie financière couvrant la restitution des fonds, effets, titres et valeurs, dans les conditions prévues par les articles 209-1 et 210-1 du décret n° 9197 du 27 novembre 1991 (12).

Malgré ces résolutions prises par le CNB, les pouvoirs publics n'ont toujours pas modifié les règles relatives à la garantie financière de l'avocat fiduciaire. Espérons, pour que les activités de fiducie exercées par les avocats fiduciaires puissent se développer, qu'ils prendront rapidement conscience de la nécessité d'adapter ces règles relatives à la garantie financière de l'avocat fiduciaire, ce dernier étant, du fait de sa déontologie et de sa compétence juridique, particulièrement bien placé pour offrir aux parties au contrat de fiducie une protection adaptée et nécessaire.

(12) Un rapport a été présenté à l'assemblée générale des 6 et 7 septembre 2019, par le groupe de travail « Avocats Fiduciaires » de la Commission des Règles et Usages sur les nécessaires modifications des règles relatives à la garantie financière de l'avocat fiduciaire. Ce rapport a été adopté par l'assemblée.

Prévenir et gérer les conflits d'intérêts dans la fiducie

Sylvain THEUX
Family officer

Johann MICHEL
Avocat

Quinze ans après son instauration dans notre droit, et même si son utilisation est plus fréquente aujourd'hui, la fiducie demeure anecdotique dans la gestion de patrimoine des familles et ce, alors même qu'elle dispose d'atouts majeurs, principalement la neutralité fiscale et la liberté contractuelle.

Apporter un bien à une société civile immobilière (SCI) est un fait générateur de l'imposition de la plus-value constatée. Si cette opération ne bénéficie pas d'une exonération spécifique, les acteurs vont souvent renoncer à la mise en société de leur bien. C'est pourquoi la neutralité fiscale du transfert des biens en fiducie rend possible le projet d'affectation du patrimoine là où sans elle, il aurait été abandonné. La liberté contractuelle permet par ailleurs aux rédacteurs d'un pacte fiduciaire de tailler une gouvernance sur mesure sans les contraintes du droit des sociétés et son formalisme parfois inadapté.

Ces qualités innovantes sont pourtant éclipsées par la crainte que suscite le transfert de propriété[1] du patrimoine en fiducie. Les familles acceptent plus facilement les contrats standards, ceux auxquels on adhère sans en discuter les termes, parce qu'elles supposent que les conditions qu'ils comportent sont visées par une autorité légitime – ce qui est parfois illusoire. Dans un pacte fiduciaire en revanche, la personnalisation des prérogatives de chacun des acteurs et la définition des relations obligent à contrôler en détail tous les termes du pacte, ce qui rebute parfois les acteurs inexpérimentés.

Il est vrai que le fiduciaire et, parfois, le tiers protecteur, sont détenteurs de prérogatives dont ils font usage au nom et pour le compte d'une ou plusieurs autres personnes. Ils se trouvent ainsi dans une situation assimilable à celle de la représentation qui peut faire craindre le conflit d'intérêts.

Proposer des règles afin de prévenir et gérer les conflits d'intérêts dans la fiducie peut paraître superfétatoire. En effet, les effets du conflit d'intérêts sont d'ores et déjà régis par différents domaines du droit. Le fait, par exemple, pour une personne

(1) Crainte infondée quand on songe que les contrats d'assurance-vie, très répandus chez les Français, opèrent également un transfert de propriété avec des garanties moindres que celles offertes par la fiducie.

privée de faire prévaloir un intérêt autre que celui dont elle a l'obligation d'assurer la protection relève notamment :

– du dol (C. civ., art. 1137) ou de la fraude et de l'adage *Fraus omnia corrumpit* en droit des obligations ;

– de l'abus de majorité, de minorité ou d'égalité en droit des sociétés ;

– de l'abus de position dominante ou de la concurrence déloyale en droit de la concurrence ;

– de l'abus de biens sociaux, de la corruption ou encore de l'abus de faiblesse en droit pénal.

Or la complexité de la notion de conflit d'intérêts réside en premier lieu dans la survenance de cette « situation » : si elle n'avait pas été placée dans cette position, la personne fautive n'aurait pas eu la possibilité d'agir. Autrement dit, la situation de conflit d'intérêts est la condition nécessaire et antérieure à l'acte sanctionné par le droit.

La gestion des conflits d'intérêts a donc une finalité prophylactique : prévenir les conséquences préjudiciables d'un éventuel abus de l'acteur économique placé dans une telle situation, et sécuriser les effets du contrat. Elle répond à un impératif de protection des tiers et des parties au contrat ainsi que de l'ordre public économique.

L'absence de prise en compte des conflits d'intérêts dans le cadre de la fiducie présente un risque d'insécurité juridique fort. Bien plus que le développement des situations d'abus, c'est la crainte de la survenance de ces situations mal identifiées qui risque de limiter la confiance que les acteurs privés placeront dans ce mécanisme.

Le *corpus* de normes existant prend insuffisamment en considération les particularités provenant de la variété des acteurs susceptibles d'intervenir à la fiducie (I). Toutefois, en s'appuyant sur les modèles déjà existants, il est possible et souhaitable, à droit constant, d'encadrer plus spécifiquement ces situations de conflits et leurs spécificités (II).

I. – Les règles encadrant les situations de conflits d'intérêts applicables au contrat fiduciaire

Notre droit contient des textes visant à prévenir et gérer les situations propices à la survenance de conflits d'intérêts. Ces règles, bien que pour partie applicables à la fiducie, sont trop générales ou inadaptées à cet outil pour être suffisantes (A). Les règles produites par les organismes représentant les professions fiduciaires complètent assez efficacement, mais partiellement, les dispositions législatives (B).

A. – L'encadrement juridique des conflits d'intérêts

1° L'insuffisance des dispositions légales pour gérer les conflits d'intérêts

L'article 1161 du Code civil apparaît comme le texte pilier de notre droit des conflits d'intérêts puisqu'il prévoit qu'« en matière de représentation des personnes physiques, un représentant ne peut agir pour le compte de plusieurs parties au contrat en opposition d'intérêts ni contracter pour son propre compte avec le représenté.

En ces cas, l'acte accompli est nul à moins que la loi ne l'autorise ou que le représenté ne l'ait autorisé ou ratifié ».

On notera d'emblée que ce texte n'est pas applicable à l'ensemble des pactes fiduciaires puisqu'il ne concerne que ceux dont les constituants sont des personnes physiques à l'exclusion de ceux créés par des sociétés alors même que ces dernières forment la très large majorité des personnes qui constituent des fiducies. Il y a là un premier frein à l'applicabilité de cet article à la fiducie dans son ensemble. Il convient certes d'ajouter que les personnes physiques pourraient plus fréquemment utiliser demain la fiducie[(2)] dans le cadre de la gestion de leur patrimoine, mais quand bien même cette hypothèse se vérifierait, il n'est pas certain qu'elles puissent prétendre à la protection de l'article 1161.

Le deuxième frein à cette applicabilité vient de ce qu'il n'est pas établi que le constituant est considéré ou non « représenté » par le fiduciaire et/ou le tiers protecteur[(3)] au sens de cet article.

Pour ce qui est du fiduciaire, les prérogatives dont il dispose sont contraintes et l'obligation qui lui est faite d'agir en déclarant systématiquement son statut de fiduciaire[(4)] implique peut-être, par déduction, de le considérer comme « représentant » une autre personne. Il resterait à déterminer si cette personne est le constituant lui-même ou le bénéficiaire, ou les deux (en espérant qu'il s'agit bien toujours de personnes physiques).

En ce qui concerne le tiers chargé de préserver les intérêts du constituant, l'article 2017 du Code civil prévoit qu'il peut « disposer des pouvoirs que la loi accorde au constituant ». Le tiers protecteur, lorsqu'il lui est confié les mêmes prérogatives que celles que le constituant se sera réservées, pourra ainsi très certainement se voir appliquer les dispositions de l'article 1161 au motif qu'il paraît représenter celui dont il tire ses pouvoirs. C'est en revanche moins certain pour le tiers qui ne serait chargé que de contrôler les actes du fiduciaire.

L'application de l'article 1161 aux acteurs de la fiducie sera ainsi vraisemblablement en grande partie dépendante de situations de fait et sera fonction des missions qui auront été attribuées à chacun d'eux au terme du pacte fiduciaire.

S'il semble insuffisant pour le considérer comme une arme efficace contre les conflits d'intérêts dans le cadre de la fiducie, il faut reconnaître à cet article 1161 le mérite de présenter de façon claire deux schémas typiques du conflit d'intérêts que l'on rencontre dans des structures fiduciaires : le premier est le fait d'agir pour deux parties qui se font face dans un même dossier, le second est le contrat avec soi-même.

À titre d'illustration, la première situation est constituée lorsque le courtier d'un contrat d'assurance intégré au patrimoine fiduciaire est également nommé tiers protecteur du constituant. Il sera d'un côté mandaté par la compagnie d'assurances

(2) Notamment si la fiducie-libéralité venait à être autorisée.

(3) Tiers éventuellement désigné dans le cadre de l'article 2017 du Code civil pour préserver les intérêts fiduciaires du constituant.

(4) C. civ., art. 2021.

(courtier), et de l'autre chargé de préserver les intérêts d'une personne pouvant, à un moment ou à un autre de la vie du contrat, être en conflit avec la compagnie qui l'aura émis.

À titre plus accessoire, et plus spécifiquement au sein des dispositions du Code civil consacrées à la fiducie, l'article 2022 du Code civil concernerait la gestion des conflits d'intérêts : « Le fiduciaire rend compte de sa mission au bénéficiaire et au tiers désigné en application de l'article 2017, à leur demande, selon la périodicité fixée par le contrat ». Ce texte peut être interprété comme un devoir général d'information. Toutefois, à notre sens, il contient implicitement l'obligation spéciale faite au fiduciaire d'informer le bénéficiaire et le tiers protecteur des situations de conflits d'intérêts dont il a eu à connaître.

On peut ainsi penser que l'imprécision et la modestie des dispositions contenues dans ces deux articles traduisent la difficulté pour le législateur d'encadrer par des normes générales et impersonnelles un dispositif qui y est particulièrement rétif.

Cela peut s'expliquer par le fait que la survenance d'une situation de conflit d'intérêts n'est par elle-même jamais créatrice de droit : elle apparaît avant la conclusion de l'acte qu'elle est susceptible de vicier. En outre, elle ne matérialise aucune manœuvre frauduleuse de son auteur et moins encore d'intention malveillante de sa part.

Ainsi, légiférer afin d'encadrer la phase précédant la conclusion d'un contrat de fiducie reviendrait à introduire des contraintes susceptibles de limiter de manière inopportune la liberté contractuelle de ses protagonistes.

Imaginons que le législateur impose au fiduciaire et/ou au tiers protecteur, en plus des diligences qu'ils doivent respecter dans le cadre de l'exercice de leur profession, une obligation générale de recueil de l'autorisation du bénéficiaire et/ou du constituant pour chaque acte susceptible d'être pris en situation de conflit d'intérêts ; cette contrainte viendrait si considérablement alourdir l'outil fiduciaire qu'il dissuaderait ses utilisateurs.

2° La bonne foi et la loyauté au soutien du dispositif légal consacré aux conflits d'intérêts

La nature des relations entre les différentes parties à la fiducie donne aux conflits d'intérêts des aspects pratiques très variés auxquels le texte principal du Code civil peine à s'appliquer. Il est dès lors intéressant d'évaluer un texte encore plus général pour voir s'il parvient à embrasser la diversité des situations possibles. L'article 1104 du Code civil prévoit ainsi que : « Les contrats doivent être négociés, formés et exécutés de bonne foi ».

Ce texte couvre les différentes phases du contrat, de la négociation à son exécution en passant par sa conclusion de sorte qu'il apparaît comme le dispositif permettant de mieux prévenir et gérer les conflits d'intérêts puisqu'il impose la loyauté et de la bonne foi dans les rapports entre les parties à un contrat.

La jurisprudence relative aux conflits d'intérêts repose d'ailleurs parfois[5] sur ces fondements. Elle rapproche, notamment en matière de mandat, le devoir de

(5) Manque à son obligation de bonne foi l'assureur qui, dans un contrat d'assurance-vie multisupport, supprime unilatéralement certains supports pour préserver ses seuls intérêts et priver l'assuré de la possibilité de placer des fonds

bonne foi de l'exigence de loyauté pour sanctionner les conflits d'intérêts manifestes : « Manque à son obligation de loyauté l'agent commercial qui exerce, pendant son mandat, une activité concurrentielle à l'insu de son mandant, nonobstant l'absence d'engagement d'exclusivité »(6).

Bonne foi et loyauté semblent ainsi empêcher d'agir autrement que dans une communauté d'intérêts, elles fondent l'article 1104 à s'appliquer à l'ensemble des situations de conflits lorsque celles-ci donnent lieu à des manœuvres déloyales.

Les lacunes de l'article 1161 du Code civil ne seront cependant pas parfaitement comblées par l'article 1104 du même code, pour deux raisons :

– l'efficacité d'un dispositif permettant d'encadrer les conflits d'intérêts commence par l'identification des situations à risque. Or, l'application de l'article 1104 se fait sans connaître les circonstances ayant favorisé le conflit. L'article se concentre sur l'intentionnalité de la faute alors que le droit des conflits d'intérêts se caractérise par une volonté du régulateur de prévenir certains acteurs qui ignorent se trouver dans une situation défavorable ;

– l'autre point qui rend l'article 1104 difficile à désigner comme le dispositif roi est qu'il est d'ordre public et a pour conséquence la nullité des actés passés en violation des principes qu'il édicte, quand la sécurité juridique que recherchent les praticiens fait parfois prévaloir l'information et le consentement éclairé des parties pour préserver la validité des actes.

On peut enfin regretter le renoncement du législateur à insérer dans le dispositif de la fiducie un article visant spécifiquement les conflits d'intérêts. La Haute Assemblée souhaitait en effet intégrer dans les dispositions relatives aux missions du fiduciaire, les principes de « diligence et loyauté » et l'obligation d'« éviter tout conflit d'intérêts personnel » sauf stipulation expresse lui « permettant dans les cas expressément visés par le contrat, d'exercer sa mission malgré un conflit d'intérêts »(7).

Cette proposition n'a finalement pas été incluse dans la loi de 2007.

On peut supposer que le législateur a choisi de déléguer aux fiduciaires la tâche de l'autogestion des conflits d'intérêts dont il avait à connaître, ne souhaitant pas créer de redondance avec les règles encadrant leur activité et voulant laisser le champ le plus large possible aux parties en matière de liberté contractuelle.

B. – Les règles encadrant les professions fiduciaires : un modèle pour la gestion des conflits d'intérêts au sein de la fiducie

Si les professions réglementées connaissent déjà un encadrement assez précis des situations de conflits d'intérêts, elles ne peuvent cependant pas couvrir l'ensemble des pratiques et relations mises en œuvre par le pacte fiduciaire.

---

sur les supports les plus performants, faisant ainsi perdre tout intérêt à la clause d'arbitrage à cours connu (Cass. 2e civ., 8 nov. 2007 : *JCP* G 2008, II, 10034, note Grynbaum).

(6) Cass. com., 15 mai 2007, n° 06-12.282 P : *D.* 2007, act. jurispr. 1592, obs. Chevrier ; *JCP* E 2007, 2395, note Perruchot-Triboulet ; *Contrats, conc. consom.* 2007, n° 202, note Malaurie-Vignal.

(7) Rapp. Sénat n° 11, 11 oct. 2006, Proposition de loi instaurant la fiducie, p. 40.

1° Le développement par les professions réglementées d'un modèle de gestion des situations de conflits d'intérêts

Le Sénat, dans ses travaux préparatoires, a souhaité réserver l'accès à la qualité de fiduciaire à : « des personnes soumises à des règles de contrôle et de transparence strictes » qui disposent donc d'un *corpus* de normes professionnelles encadrant les conflits d'intérêts.

Parmi les principales professions pouvant exercer la fonction fiduciaire, on peut citer les banques, compagnies d'assurance, sociétés de gestion et les avocats.

Les règles applicables aux trois premiers sont inspirées des directives européennes (MiFID II[(8)] et DDA[(9)]) et visent de façon générale à informer le consommateur de services financiers et de prévoyance.

Les obligations qu'elles contiennent et qui ont été largement transposées en droit interne français s'inscrivent dans le cadre d'une politique générale de prévention et de gestion des conflits d'intérêts que le professionnel doit personnellement adapter à sa structure et rendre accessible à ses clients.

Ces obligations ont pour point commun d'imposer à chaque professionnel l'examen régulier de l'ensemble de ses activités afin d'y détecter les potentielles situations de conflit d'intérêts pour en prévenir et circonscrire les effets nocifs. Elles l'obligent ainsi à réduire les risques susceptibles de limiter son indépendance. Ce régime préventif semble efficace puisqu'il incite chaque acteur à l'autodiscipline *via* l'adaptation de lignes directrices générales aux particularités de son activité.

À noter également que ces différentes professions font prévaloir l'information du client sur la prohibition systématique des interventions en situation de conflit d'intérêts.

Pour l'avocat en revanche, le dispositif est différent en ce que le règlement de la profession (Règlement intérieur national de la profession d'avocat [RIN], art. 4) énumère lui-même les activités constituant un conflit d'intérêts en ciblant principalement les situations équivalentes à une double représentation.

Il est notable que la gestion des conflits d'intérêts apparaît au centre des préoccupations de la profession d'avocat. Elle s'inscrit dans le cadre d'un *corpus* déontologique strict au sein duquel désintéressement, indépendance et dévouement complètent l'humanité, l'honneur et la confraternité. Assez idéalistes, ces principes forment pourtant les règles déontologiques générales auxquelles se soumettent les professionnels anglo-saxons sous le terme général de *fiduciary duties* abordées *infra*.

Ces principes édictés par le RIN forment un *corpus* très dissuasif pour l'avocat de s'engager dans la gestion d'intérêts en opposition.

De manière générale, et quels que soient les choix opérés par chacune des autorités encadrant les professions énumérées, la réglementation encadrant l'activité des fiduciaires eux-mêmes offre des mesures pertinentes pour prévenir et gérer les situations propices à garantir la primauté des intérêts de leurs clients.

(8) PE et Cons. UE, dir. 2014/65/UE, 15 mai 2014, dite « MiFID II », transposée en droit interne dans le Code monétaire et financier et de son règlement délégué (UE) n° 2017/565 de la Commission du 25 avril 2016.
(9) PE et Cons. UE, dir. (UE) 2016/97, 20 janv. 2016 sur la distribution d'assurances.

2° Les risques de conflits d'intérêts des autres protagonistes au contrat de fiducie

Le fiduciaire n'est cependant pas le seul intervenant à la fiducie. Il n'est donc pas le seul à pouvoir se trouver en situation de faire prévaloir d'autres intérêts que ceux promus par le contrat.

Pour les praticiens, il est envisageable de se trouver confronté à l'hypothèse d'un tiers désigné par le constituant (V. *supra*, I, A, 1°) pour défendre ses intérêts et qui serait par ailleurs – ou deviendrait plus tard – actionnaire du fiduciaire. À la différence du fiduciaire, ce tiers peut être désigné librement dès lors qu'il dispose de la capacité juridique et peut donc n'être soumis à aucune réglementation spécifique encadrant son intervention. Dans la situation ici décrite, le tiers qualifié usuellement de « protecteur », car il lui appartient de « préserver les intérêts » du constituant, n'est plus en mesure d'exercer sa mission de façon totalement indépendante puisqu'il a intérêt au maintien du fiduciaire dans le pacte.

La protection légale dont pourra bénéficier le constituant lésé par la situation, si tant est que les articles 1104 et 1161 du Code civil puissent s'appliquer, risque d'être insuffisante pour protéger ses intérêts.

Enfin, le constituant peut également se placer dans une situation qui s'apparente au contrat avec lui-même, car la fiducie interpose un acteur dont il pourrait prétendre être ignoré. L'actualité a donné une large publicité à l'affaire dite « Pécresse » en décrivant la fiducie comme un outil ayant permis à une élue « d'invisibiliser » les actions qu'elle détenait indirectement dans une entreprise avec laquelle elle était susceptible de contracter en qualité de responsable de services publics. Cette situation, dont la réalité n'a pas été établie, met en scène un constituant dont les obligations en matière de conflit d'intérêts sont contrôlées par la Haute Autorité pour la transparence de la vie publique en raison de ces fonctions. Toutefois, elle pourrait aisément concerner un constituant ne faisant pas l'objet d'un tel contrôle et qui voudrait éviter le libre fonctionnement de la concurrence qu'espèrent ses clients, en simulant des offres factices.

En conséquence, les règles encadrant les professions fiduciaires ne peuvent garantir un cadre parfait à même de prévenir et gérer la survenance de conflits d'intérêts, ne serait-ce que parce qu'elles ne concernent qu'un nombre limité de professionnels.

II. – Pour l'élaboration d'un régime particulier de gestion des situations de conflits d'intérêts applicable au contrat fiduciaire

Le niveau adéquat de gestion des conflits d'intérêts dans le cadre de la fiducie est probablement le niveau contractuel, puisqu'il est naturellement celui où pourront être définis les intérêts à protéger et qu'il y fait adhérer toutes les parties. Il faudra cependant aux rédacteurs, quand les textes généraux peineront à traiter la disparité des situations, formaliser certains principes éthiques et pratiques pour consolider les pactes. Il nous paraît dès lors opportun voire indispensable que ces recommandations soient réunies au sein d'un livre blanc afin d'offrir un régime sinon uniforme, au moins homogène, propre au contrat fiduciaire.

A. – Les clauses contractuelles : outil de définition et de gestion des situations de conflits d'intérêts

Le contrat devra, dans un premier temps, définir les intérêts susceptibles de faire l'objet de conflits ainsi que leurs modes de gestion.

1° La définition contractuelle des situations de conflits d'intérêts

Il apparaît nécessaire que le pacte fiduciaire comprenne une définition des intérêts à défendre et une description des situations susceptibles de les menacer. Cette nécessité s'impose d'autant plus qu'aucun texte ne les définit, pas même les quelques chartes déontologiques des professionnels habilités à exercer la fonction fiduciaire.

La pratique nous offre, il est vrai, des exemples d'intérêts qui, mis en opposition, présentent une telle diversité qu'il semble difficile d'en extraire des généralités. Nous pouvons citer le cas d'un fiduciaire, très engagé personnellement dans un mouvement conservateur, qui a été proposé pour recevoir le patrimoine d'un organe de presse connu pour la promotion d'idées libertaires. Il n'est pas certain qu'il aurait été le meilleur garant des intérêts de ce média.

Cet exemple nous montre que la souplesse qui caractérise la fiducie permet de l'utiliser dans des situations variées, inédites, tenant aussi bien à des enjeux matériels que moraux. Son usage pourra donner lieu à des conflits d'intérêts difficilement prévisibles par anticipation, de sorte qu'une clause définitoire au sein du contrat pourrait s'avérer indispensable.

Si le contrat de fiducie peut mettre aux prises des intérêts de natures diverses, il est possible, à titre de simplification pratique, que les rédacteurs se concentrent *a minima*, sur les situations les plus prévisibles et typiques que nous avons évoquées *supra* : celles qui sont assimilables au contrat avec soi-même et celles qui relèvent de la double représentation.

2° Les clauses de gestion des situations de conflits d'intérêts

Nous avons vu que les conflits d'intérêts pouvaient, d'une part, préexister à la création de la fiducie ou survenir dans le cours de son existence. Les modes de gestion de ces conflits peuvent être divisés en quatre familles :

– la cessation de la situation de conflit d'intérêts ;

– le consentement de la partie dont les intérêts sont menacés ou lésés ;

– la nullité de l'acte litigieux ;

– la rupture ou l'amendement du pacte fiduciaire qui comprend l'éventuel remplacement de la partie concernée.

Il s'agit là de l'arsenal basique mis à la disposition des parties pour gérer les différents conflits d'intérêts pouvant naître dans le cadre de leurs relations.

La mise en œuvre de l'une ou l'autre de ces modalités dépendra bien entendu de l'information qu'auront reçue les différentes parties au pacte.

Cela signifie que les clauses visant à gérer les conflits d'intérêts devront également comprendre la façon dont l'information dévoilant une situation ou la conclusion d'un acte leur est communiquée.

B. – Le livre blanc, outil d'encadrement des pratiques fiduciaires

Autant la gestion des situations de conflit d'intérêts doit être définie au niveau contractuel, autant les principes qui encadrent l'action des cocontractants à la fiducie doivent être les mêmes pour tous. Sur le modèle des *fiduciaries duties*, nous préconisons qu'ils fassent l'objet d'une définition commune au sein d'un livre blanc qui aura également vocation à uniformiser les règles de gestion des situations de conflit d'intérêts.

1° Les *fiduciaries duties*, source d'inspiration pour les principes applicables à l'action des acteurs de la fiducie

Les *fiduciary duties* sont un ensemble de règles non écrites visant à ce que les missions confiées à un professionnel sur la base d'une confiance spécifique soient exécutées dans un esprit de bonne volonté, de bonne foi et d'indépendance. Ces devoirs moraux peuvent avoir des applications concrètes notamment en ce qui concerne l'engagement de confidentialité, la délivrance d'informations régulières et claires, et la franchise.

S'obliger au secret quant à la nature des opérations passées et des accords conclus ainsi que sur les informations disponibles dans le cadre de la fiducie peut apparaître naturel chez l'avocat, le notaire ou le conseil en investissements financiers (CIF), il ne l'est cependant pas forcément lorsque le tiers protecteur est désigné parmi une profession dont les statuts ne prévoient pas le secret professionnel.

De même, nous avons vu que l'article 2022 du Code civil pose une obligation peu contraignante au fiduciaire vis-à-vis des bénéficiaires. Il nous apparaît indispensable au bon fonctionnement de la fiducie que les informations données aux bénéficiaires soient régulières et visent aussi bien à l'exhaustivité qu'à la synthèse de sorte que les destinataires puissent choisir le niveau d'informations qu'ils désirent pour apprécier le travail des différentes parties au pacte. Cette obligation d'information « renforcée » peut s'accompagner d'une obligation de communiquer à toutes les parties les faits ou données pouvant apparaître suffisamment significatifs pour altérer les décisions que chacun peut être amené à prendre dans le cadre de la fiducie.

Enfin, les *fiduciary duties* comprennent parfois l'obligation pour les professionnels de révéler les erreurs qu'ils ont éventuellement commises sans qu'il soit nécessaire de procéder à des examens spécifiques pour les faire apparaître.

Agir avec raison ou prudence (ce que l'on appelait auparavant « en bon père de famille »), l'obligation de formation continue ou encore faire prévaloir les intérêts de la personne représentée sur les siens propres peuvent également être ajoutés à la liste des devoirs compris sous la notion générale de *fiduciary duties*. Ces devoirs vont dans le sens d'une moralisation formelle et progressive des affaires « à l'anglo-saxonne ». On voit par exemple une tendance nouvelle visant à intégrer à ces *fiduciary duties* l'engagement d'exercer ses fonctions avec le souci de la préservation de l'environnement, et qui est déjà largement répandue dans le monde de la gestion d'actifs.

Bien évidemment, certains de ces principes figurent déjà dans les codes déontologiques des professionnels acteurs de la fiducie. Malheureusement, ils n'y figurent pas tous et encore une fois, ils ne concernent pas tous les acteurs.

2° Le livre blanc : outil d'uniformisation de la gestion des situations de conflits d'intérêts

La solution du livre blanc nous paraît le bon outil para-normatif pour inviter les différents acteurs de la fiducie à rassembler dans un même ouvrage les principes généraux devant gouverner leurs missions.

En restant le plus économe possible en nouvelles normes, il pourrait reprendre les règles qui figurent de façon dispersée dans les différents règlements applicables aux professions fiduciaires :

– reprendre une définition du contrat avec soi-même et de la double représentation sans avoir à s'interroger sur le point de savoir si les différentes parties à la fiducie agissent en qualité ou non de représentant ;

– adapter les *fiduciary duties* qui figurent déjà dans le RIN ;

– préciser les caractéristiques de l'information prévue à l'article 2022 du Code civil ;

– soumettre les tiers protecteurs à ces obligations ;

– etc.

Cette initiative ne viendrait pas alourdir la fiducie ni accroître les obligations professionnelles des praticiens, elle présenterait les trois avantages suivants.

En premier lieu, elle harmoniserait les règles de prévention et de gestion des conflits d'intérêts que chaque profession définit de façon spécifique de sorte à correspondre aux missions traditionnelles du métier concerné. Ces spécificités perdent de leur justification lorsque les différents professionnels interviennent sur un sujet, comme la fiducie, qui leur est commun.

Par ailleurs, le livre blanc justifierait auprès des médias et des pouvoirs publics que les professionnels de la fiducie ont le souci d'utiliser cet outil avec une rigueur déontologique irréprochable.

Enfin, dès lors qu'il clarifierait (il est vrai, sans garanti d'être suivi) les difficultés d'interprétation concernant certaines règles légales et préciserait la nature des relations entre les parties à la fiducie, ce livre blanc diminuerait le sentiment de fragilité juridique dont le public pense qu'il souffre.

Ce livre blanc pourrait ainsi non seulement constituer le socle d'une déontologie propre à la fiducie, mais devenir également un ouvrage pédagogique pour les personnes et professionnels s'interrogeant sur l'économie générale d'un pacte fiduciaire.

TITRE 2

TECHNIQUES CONTRACTUELLES

La durée de la fiducie

Garance CATTALANO
Professeure à l'Université d'Orléans

Le contrat est une « tête de pont jeté vers le futur »[1] ; or, en matière de fiducie, le futur peut-être lointain ; trente-trois ans d'abord, un siècle moins un an ensuite, si la durée maximale de la fiducie a pu varier[2], un point n'a pas changé : la fiducie organise un transfert finalisé et nécessairement temporaire[3]. Le contrat de fiducie doit ainsi obligatoirement comporter l'indication de la durée du transfert, durée elle-même limitée, puisque l'article 2018 du Code civil prévoit qu'elle « ne peut excéder quatre-vingt-dix-neuf ans à compter de la signature du contrat », et ce à peine de nullité.

Pourquoi ce temps ? La justification est double. D'abord parce que la fiducie est un contrat et qu'il s'agit là de lutter contre un engagement perpétuel[4] : le fiduciaire, propriétaire obligé, ne saurait être débiteur à jamais[5]. Ensuite parce que la fiducie doit permettre à un propriétaire de trouver ou retrouver un jour la plénitude de ses droits ; on connaît en effet la réticence du droit français à l'existence de biens de mainmorte[6]. Cette durée n'est d'ailleurs pas inconnue : elle rappelle celle des baux emphytéotiques[7] ou des sociétés[8] ; l'aliénation ne doit pas dépasser trois générations.

(1) J. Carbonnier, *Flexible droit*, LGDJ, 6e éd., 1988, p. 175.

(2) La durée de la fiducie avait été fixée par la loi n° 2007-211 du 19 février 2007 instituant la fiducie, mais cette durée a été portée à quatre-vingt-dix-neuf ans par la loi n° 2008-776 du 4 août 2008.

(3) On connaît ainsi les abondants débats que cette forme de propriété dérogatoire a pu susciter dans la doctrine. V. ainsi, soulignant la nature de cette « propriété pour autrui » : F. Danos, *Propriété, possession et opposabilité*, préf. L. Aynès, Economica, 2007, n° 43. – L. Kaczmarek, *Propriété fiduciaire et droits des intervenants à l'opération* : *D.* 2009, chron. 1845. Certains ont même pu douter qu'il s'agisse là d'une véritable propriété : R. Libchaber, *Les aspects civils de la fiducie dans la loi du 19 février 2007* : *Defrénois* 2007, art. 38631. Toutefois, la doctrine majoritaire y voit bien un transfert de propriété d'une nature différente de la propriété ordinaire, il s'agit d'une propriété fiduciaire : C. Albigès, *La constitution de la fiducie* : *Dr. & patr.* juin 2008, 46. – A. Delfosse et J.-F. Peniguel, *Première vue sur la fiducie* : *Defrénois* 2007, 581. – M. Grimaldi, *La fiducie : réflexions sur l'institution et sur l'avant-projet de loi qui la consacre [1re partie]* : *Defrénois* 1991, 897. – C. Kühn, *Une fiducie française* : *Dr. & patr.* avr. 2007, 32. – C. Witz, *La fiducie française face aux expériences étrangères et la Convention de La Haye relative au « trust »* : *D.* 2007, chron. 1369.
F. Zénati-Castaing et T. Revet, *Les biens*, PUF, 3e éd., 2008, n° 261. – S. Bros et B. Mallet-Bricout, *Fiducie et propriété*, in *Liber amicorum C. Larroumet*, Economica, 2009, p. 297.

(4) Sur lesquels V. not. R. Libchaber, *Réflexions sur les engagements perpétuels et la durée des sociétés* : *Rev. sociétés* 1995, 437. – J. Ghestin, *Existe-t-il en droit positif français un principe de prohibition des engagements perpétuels ?*, in *D'ici, d'ailleurs : harmonisation et dynamiques du droit* : *Mél. en l'honneur de D. Tallon*, SLC, 1999, p. 251 et s.

(5) W. Dross, *Les choses*, LGDJ, 2012, n° 112-1. – M. Latina, *Les mesures du temps*, in *Le temps et le droit*, Dalloz, 2014, p. 87.

(6) F. Zénati-Castaing et T. Revet, *Les biens*, PUF, 3e éd., 2008, n° 284. *Adde* : F. Zenati-Castaing, *La propriété collective existe-t-elle ?*, in *Mél. en l'honneur du Professeur G. Goubeaux*, Dalloz-LGDJ, 2009, p. 607.

(7) C. rur., art. L. 451-1 dont l'origine remonterait à la loi du 18-29 décembre 1790.

(8) C. civ., art. 1838. V. R. Libchaber, *Réflexions sur les engagements perpétuels et la durée des sociétés* : *Rev. sociétés* 1995, 437.

Imposer une durée permet donc d'abord de lutter contre la perpétuité[9]. Mais imposer une durée offre également l'avantage d'organiser une stabilité de la fiducie : contrat à durée nécessairement déterminée, le contrat de fiducie ne peut en principe être unilatéralement rompu avant son terme. La fiducie est, à cet égard, bien plus stable que ne l'est le mandat[10]. Alors que ce dernier est révocable *ad nutum*, les facultés de rupture de la fiducie prévues par la loi sont rares : aucune pour le fiduciaire et quelques-unes seulement pour le constituant.

Le législateur a donc pris soin d'encadrer l'empire temporel de la fiducie[11]. Se pose alors la question que soulève en vérité tout contrat spécial – ce qu'est la fiducie si en on croit sa place au sein du Code civil : ce cadre est-il rigide ou les parties peuvent-elles s'en affranchir ? En matière contractuelle, le principe est la liberté, à condition de ne pas se heurter à des règles d'ordre public. Cet ordre public peut être de plusieurs niveaux. Ordre public du paysage dans lequel la fiducie gravite, en fonction de son utilisation : ordre public successoral, ordre public des sûretés, ordre public des sociétés, ordre public des incapacités... les règles peuvent être nombreuses. Mais l'ordre public peut aussi résulter d'un cœur intangible de la fiducie elle-même – résulter donc de la physionomie du contrat spécial qu'est la fiducie –, ou résulter du droit commun des contrats. À ce titre, ce sont surtout deux règles qui risquent de limiter le jeu des stipulations contractuelles en matière de fiducie : d'abord l'article 1170 du Code civil qui prohibe dans tous contrats la clause qui « prive de sa substance l'obligation essentielle du débiteur » ; et l'article 1171 du même code, ensuite, qui répute non écrites les clauses créant un déséquilibre significatif entre les droits et obligations des parties dans un contrat d'adhésion. Encore faut-il, pour que ce dernier texte puisse jouer, que le contrat de fiducie puisse être qualifié de contrat d'adhésion, ce qui ne devrait advenir que dans l'hypothèse rare où le contrat comporte un ensemble de clauses non négociables dans les rapports entre constituant et fiduciaire[12]. Dans cette hypothèse, les parties doivent se montrer prudentes lorsqu'elles s'écartent des dispositions légales, en particulier pour introduire une stipulation plus favorable à l'une des parties, sans contrepartie : car le droit supplétif dessine une sorte d'équilibre idéal des rapports dont il est dangereux de dévier trop nettement[13].

Sauf dispositions d'ordre public, les parties peuvent donc faire usage de leur liberté contractuelle pour modeler à leur guise la fiducie, et singulièrement sa

(9) F. Barrière : *Rép. civ.* Dalloz, oct. 2013, V° *Fiducie*, n° 62.

(10) V. W. Dross, *Les choses*, LGDJ, 2012, n° 110-1.

(11) Sur les rapports complexes entre le temps et le contrat, V. A. Etienney-de Sainte Marie, *Le temps et le contrat*, in *Le temps et le droit*, Dalloz, 2014, p. 43.

(12) La fiducie pourrait-elle être considérée comme un contrat d'adhésion pour le bénéficiaire ? En effet, s'il n'est pas partie lors de la constitution de la fiducie et qu'il se borne à accepter un contrat déjà formé, ce contrat comporte dès lors un « ensemble de clauses non négociables », critère du contrat d'adhésion (C. civ., art. 1110). Il paraît cependant délicat d'admettre que le contrat puisse porter ainsi une double qualification, contrat de gré à gré entre le constituant et le fiduciaire, et d'adhésion à l'égard du bénéficiaire (V. sur une question proche : J. Heinich, *Des clauses fragilisées dans les conventions entre associés ?*, *RJC* 2017, 119 ; A. Tadros, *L'adhésion du cessionnaire de droits sociaux au pacte d'associés. Contrat d'adhésion ou cession de contrat ?*, *D.* 2017, 171). On peut d'ailleurs se demander s'il s'agirait bien là d'un contrat dont les conditions ont été « déterminées à l'avance par l'une des parties » selon les termes de l'article 1110 du Code civil, dans la mesure où il a été négocié entre deux parties (le constituant et le fiduciaire). La fiducie ne nous semble donc pouvoir être un contrat d'adhésion que lorsque tel est le cas *ab initio*, dans les rapports constituant-fiduciaire.

(13) C'est ainsi que la règle supplétive est celle « jugée en droit préférable entre toutes » (C. Pérès-Dourdou, *La règle supplétive*, LGDJ, 2004, n° 458, p. 439).

durée. Deux tentations opposées peuvent animer les parties en la matière : elles peuvent ainsi vouloir prétendre à cette perpétuité que le législateur essaie d'écarter, ou à l'inverse vouloir échapper à l'inexorable durée du contrat à durée déterminée pour rompre plus tôt que prévu. Faire durer la fiducie (I), ou tenter d'en réduire la durée (II), suppose donc de tracer les contours délicats de l'impératif et du supplétif au sein du contrat de fiducie.

I. – Faire durer la fiducie

Faire durer la fiducie invite à se poser deux questions : les parties peuvent-elles prolonger la fiducie au-delà du terme prévu par le contrat (A) ? Ou, plus modestement, peuvent-elles sécuriser la durée stipulée de façon à éviter que l'une des parties ne mette fin à l'opération avant le terme prévu (B) ?

A. – Prolonger la durée

Durée de 99 ans. L'article 2018 du Code civil prévoit que : « Le contrat de fiducie détermine, à peine de nullité : (...) 2° La durée du transfert, qui ne peut excéder quatre-vingt-dix-neuf ans à compter de la signature du contrat ». Le texte impose ainsi tout à la fois la détermination de la durée de la fiducie ainsi qu'une limite maximale, de quatre-vingt-dix-neuf ans, que les parties ne peuvent dépasser. Le point de départ de ce délai mérite d'ailleurs d'être souligné, car il s'agit du jour de conclusion du contrat et non pas du jour du début du transfert si la fiducie est à effet différé[14]. Plusieurs conséquences peuvent être déduites de cette règle : quelle durée peut-on prévoir, et peut-on prolonger la durée prévue ?

Interdiction de stipuler une durée supérieure à 99 ans. D'abord, les parties ne peuvent indiquer dans le contrat une durée dépassant la limite ainsi fixée. Cette durée est déjà longue et il n'est pas fréquent que les parties aient besoin d'aller au-delà, mais qu'adviendrait-il si la durée indiquée dans le contrat dépassait la limite des quatre-vingt-dix-neuf ans ? Quelle serait la sanction ? La règle est impérative, le texte de l'article 2018 du Code civil prévoit que la mention est obligatoire « à peine de nullité », mais cette sanction s'applique-t-elle au défaut total de mention ou à une mention qui ne respecterait pas la limite légale ? Trois raisonnements sont envisageables : soit le contrat de fiducie est nul – mais la sanction est-elle adaptée ? Ne risque-t-elle pas de décourager toute velléité de dénoncer l'illicite ? Soit on applique le droit commun des contrats qui sanctionne les contrats perpétuels en les transformant en contrats à durée indéterminée[15]. En effet, le vice de perpétuité entache les contrats à durée déterminée dépassant les limites légales. Mais on tomberait alors dans une fiducie précaire pouvant être rompue unilatéralement par l'une ou l'autre des parties, ce qui semble incompatible avec l'esprit de la fiducie.

(14) Le texte limite la durée du *transfert* organisé par le contrat de fiducie, autrement dit le contrat de fiducie lui-même pourrait théoriquement n'être pas concerné par cette limite. Toutefois, il relèverait de la protection de droit commun prohibant les contrats perpétuels. Sur cette distinction entre contrat de fiducie et transfert des droits, F. Zenati et Th. Revet, *Droit des biens*, PUF, 3e éd., 2008, n° 266. Pour un exemple d'intérêt de la fiducie à effet différé, V. Cl. Farge, S. Weisgerber, B. Berger-Perrin et D. Davodet, *La fiducie à effet différé, complément du mandat de protection future dans le pack prévoyance du dirigeant* : JCP N 2021, n° 38-39, 1288.

(15) C. civ., art. 1210.

Soit, en dernière analyse, on raisonne par analogie avec le bail emphytéotique et toute durée dépassant quatre-vingt-dix-neuf ans serait ramenée à la limite légale[16], ce qui semble donc la solution la plus acceptable.

Ainsi les parties doivent-elles limiter la durée du transfert à 99 ans maximum mais elles peuvent évidemment prévoir une durée moins longue, pourvue qu'elle soit déterminée.

Modalités de prolongation. Ensuite, si les parties doivent limiter la durée du transfert à quatre-vingt-dix-neuf ans maximum, elles peuvent aussi évidemment prévoir une durée moins longue. Or, voyant le terme se profiler, que peuvent faire les parties ? Peuvent-elles prolonger la relation de la même façon que pour tous les contrats, c'est-à-dire prévoir un renouvellement du contrat de fiducie, voire une tacite reconduction, ou encore une prorogation du terme prévu[17] ?

Renouvellement et tacite reconduction. Le choix de la tacite reconduction ou du renouvellement du contrat de fiducie pose plusieurs difficultés. Car ces modes de prolongation s'ordonnent autour de la conclusion d'un nouveau contrat qui prend immédiatement le relais du précédent. Ce nouveau contrat doit donc être enregistré dans le mois par les parties, aux termes de l'article 2019 du Code civil, ce qui amoindrit l'utilité de la tacite reconduction. Mais surtout, la conclusion d'un nouveau contrat pose le problème du sort du patrimoine fiduciaire. En effet, à l'échéance du terme, le fiduciaire doit le restituer ou le transmettre. Le renouvellement comme la tacite reconduction imposeraient donc de retransférer les droits au fiduciaire pour que la fiducie se poursuive.

Prorogation. À ce titre la prorogation, qui se borne à reporter le terme du contrat initial, se révèle plus utile car elle évite cet inconvénient. Il n'y a aucune difficulté lorsque les parties ont choisi une durée inférieure à la limite légale, mais peuvent-elles la dépasser en prorogeant le terme ? La question n'est donc plus ici de dépasser 99 ans *ab initio*, mais de dépasser cette limite à force de prorogations : une première fiducie de 60 ans par exemple, pourrait-elle voir son terme prorogé au bout de 59 ans jusqu'à la faire durer 120 ans ? Évidemment, quatre-vingt-dix-neuf ans c'est presque un siècle, c'est déjà long et probablement suffisant dans la majorité des cas, mais on peut imaginer que les parties aient besoin d'un temps plus long comme en matière de fiducies environnementales. Or la plupart des auteurs, prenant appui sur la vigueur des termes de l'article 2018 du Code civil selon lequel le transfert « ne peut dépasser quatre-vingt-dix-neuf ans », estiment que le contrat ne peut être prorogé au-delà de cette limite[18]. Et l'on sait en effet que le droit

(16) Cass. civ., 22 nov. 1932 : *DH* 1933, 1, p. 51. V. égal., pour une réduction de la durée d'un bail d'emplacement publicitaire dépassant la limite légale : Cass. 1re civ., 13 nov. 2002, 99-21.816, Publié au bulletin. Par ailleurs, en droit des sociétés, la durée excessive n'est pas visée par l'article 1844-10 du Code civil comme une cause de nullité, mais la règle peut se justifier par à l'esprit général de la matière qui limite les causes de nullité des sociétés (V. de même pour les sociétés commerciales : C. com., art. L. 235-1).

(17) A. Bénabent, *La prolongation du contrat* : *RDC* janv. 2004, p. 117.

(18) V. ainsi, F. Zenati et Th. Revet, *Droit des biens*, PUF, 3e éd., 2008, n° 284 ; de même C. Witz, *Fiducie – Effets* : *JCl. Banque-Crédit-Bourse*, fasc. 786, 2012, n° 64. Semble aller dans le même sens : M. Bourrassin et V. Brémond, *Droit des sûretés*, Sirey, 7e éd., 2019, n° 749 : « À l'issue de cette durée ou de celle, plus courte, stipulée entre les parties, le fiduciaire doit nécessairement, soit retransférer la propriété des biens détenus au constituant, soit les transmettre à un tiers bénéficiaire, soit encore, dans le cadre d'une fiducie sûreté dont il est le bénéficiaire, en conserver la propriété si le débiteur est défaillant ».

français voit d'un mauvaise œil la dislocation de la propriété. Néanmoins, d'un autre côté, on peut peut-être opposer qu'en matière de sociétés, la prorogation est possible par périodes de quatre-vingt-dix-neuf ans[19]. Certes, un texte le prévoit. Mais finalement est-ce qu'il ne s'agit pas surtout de veiller à ce qu'un nouveau consentement à l'aliénation fiduciaire ait lieu tous les quatre-vingt-dix-neuf ans au moins ? Auquel cas, la prorogation pour une nouvelle période inférieure ou égale à quatre-vingt-dix-neuf ans serait envisageable.

Ainsi les parties devraient-elles pouvoir prolonger la durée que le contrat de fiducie prévoit. Mais elles peuvent aussi vouloir échapper aux causes d'extinction en cours de fiducie que la loi prévoit et sécuriser ainsi la durée du transfert.

B. – Sécuriser la durée

Bien que le contrat de fiducie soit à durée déterminée et qu'il doive donc, en principe, être exécuté jusqu'à son terme, le législateur a prévu un certain nombre de causes d'extinction automatiques ou volontaires de la fiducie. Reste à savoir si ces causes d'extinction sont d'ordre public ou si les parties peuvent les écarter pour renforcer la durée de la fiducie.

Causes automatiques. – Réalisation de l'objet de la fiducie. Les causes d'extinction automatiques, pour commencer, sont prévues par l'article 2029 du Code civil. Le texte prévoit d'abord l'extinction de la fiducie en cas de survenance du terme ou de réalisation du but poursuivi par la fiducie si celle-ci a lieu avant terme. Il est à cet égard de bonne politique que le contrat prévoie un double encadrement temporel de la fiducie : une durée fixe longue qui enferme l'ensemble des rapports liée aux liens contractuels sous-jacents, et une extinction suspendue à un événement à la réalisation incertaine (durée de la société constituante par exemple, ou réalisation de l'objet prévu, par exemple le paiement de l'obligation garantie[20]). Si la réalisation de l'objet est assez évidente en matière de fiducie-sûreté puisque la fiducie s'éteint en cas de satisfaction des créanciers, les parties auront garde, en matière de fiducie-gestion, à prévoir les circonstances dans lesquelles la mission du fiduciaire est considérée comme accomplie afin d'éviter toute difficulté d'interprétation sur l'extinction de la fiducie.

Causes automatiques. – Décès du constituant. Toujours au titre des causes d'extinction automatique, l'article 2029 du Code civil prévoit encore que la fiducie s'éteint au décès du constituant personne physique. Fort heureusement, cette règle ne vaut que pour la fiducie-gestion. Elle est écartée pour la fiducie-sûreté sans quoi la situation des créanciers serait bien inconfortable, puisqu'ils verraient disparaître leur sûreté en cas de décès du débiteur[21]. La disposition est assez problématique, spécialement lorsque le bénéficiaire de la fiducie est un tiers. En cas de

(19) Mais il est vrai toutefois que la prorogation des sociétés est expressément prévue par les textes. L'article 1844-7 du Code civil précise ainsi que « la société prend fin : 1° Par l'expiration du temps pour lequel elle a été constituée, sauf prorogation effectuée conformément à l'article 1844-6 ». L'article 1844-6 précise ainsi que la société « peut être prorogée une ou plusieurs fois sans que chaque prorogation puisse excéder quatre-vingt-dix-neuf ans ».

(20) Attention dans ce cas à prévoir une durée fixe suffisamment longue au risque sinon de voir le terme de la fiducie survenir avant même que l'obligation garantie ne soit éteinte.

(21) L'article 2372-1 en matière de sûreté mobilière et l'article 2488-1, alinéa 2 en matière de sûreté immobilière écartent ainsi la règle de l'extinction en cas de décès du constituant.

décès du constituant, le patrimoine fiduciaire revient à sa succession [22]. Cette règle supprime ainsi l'intérêt principal de la fiducie qui réside dans la transmission au bénéficiaire, alors même que ce dernier a payé puisque la fiducie ne peut être une libéralité [23]. Une clause contraire est-elle possible ? La réponse est incertaine et les auteurs divisés [24]. À l'encontre d'une telle clause, on peut souligner que la loi a pris soin d'écarter la règle pour la fiducie-sûreté. En outre, si le législateur précise pour certaines causes d'extinction que la clause contraire est possible [25], il n'en dit rien pour la règle de l'extinction en cas de décès du constituant. À l'inverse, le parallèle avec le mandat pourrait fournir des arguments en faveur de la supplétivité de la règle. En effet, le mandat s'éteint en principe au décès des parties [26], mais la jurisprudence y a vu une disposition supplétive [27]. Par ailleurs, le principe en matière contractuelle demeure celui de la liberté sauf disposition d'ordre public, or, il n'est pas évident de saisir l'impérieuse raison qui imposerait l'extinction de la fiducie au décès du constituant. À défaut, une solution plus sûre – mais plus lourde – consiste à intercaler une société entre le constituant et le fiduciaire. Les biens à donner en fiducie sont apportés par la personne physique à la société qui les place en fiducie ce qui permet au contrat de fiducie de se maintenir en dépit du décès de la personne physique celle-ci n'étant plus directement constituante [28].

À notre avis donc, les parties pourraient prévoir conventionnellement que la fiducie se maintient en dépit du décès du constituant. Elle se poursuivrait alors pour la durée prévue puis serait ensuite transmise au bénéficiaire [29].

Causes d'extinction automatiques liées à la situation du fiduciaire. L'article 2029, alinéa 2 du Code civil prévoit enfin des causes d'extinction automatiques du contrat de fiducie pour des événements affectant le fiduciaire. Tel est le cas si celui-ci fait l'objet d'une « liquidation judiciaire ou d'une dissolution ou disparaît par suite d'une cession ou d'une absorption et, s'il est avocat, en cas d'interdiction temporaire, de radiation ou d'omission du tableau ». Ces causes supposent donc la disparition du fiduciaire ou l'impossibilité pour lui de poursuivre l'exercice de son

(22) C. civ., art. 2030.

(23) V. en ce sens, W. Dross, *Les choses*, LGDJ, 2012, n° 113-3 : « Si la règle se comprend lorsqu'il [le constituant] est le bénéficiaire de la fiducie, on peine à comprendre en revanche en quoi elle demeure fondée lorsqu'il n'a pas vocation à retrouver les biens fiduciés ». De même, F. Masson, *La fiducie plurale : Dr. & patr.* janv. 2017, p. 40, pour qui : « Une solution serait de prévoir que les droits du bénéficiaire deviennent immédiatement exigibles en cas de décès du constituant. Mais cette clause suffit-elle à vaincre le retour à la succession ? ».

(24) Pour la supplétivité de la règle : P. Berger, *La fiducie-gestion : Actes prat. strat. patrimoniale* 2011, n° 1, dossier 4. – Cl. Farge et J.-Fr. Desbuquois, *Permettre la transmission de la fiducie-gestion : JCP* N 2016, n° 39, 1284. – D. Parent, *La fiducie, outil patrimonial de gestion et de transmission : RLDC* 2019, n° 168. – Q. Prim, *La fiducie, instrument de transmission du patrimoine successoral : JCP* N oct. 2022, n° 41-42, 1238. V. cependant *contra*, y voyant à regret une disposition d'ordre public : C. Brenner, *La fiducie-libéralité : Actes prat. strat. patrimoniale* 2022, n° 2, dossier 10, n° 15. – C. Witz : *JCl. Banque-Crédit-Bourse*, fasc. 786, *Fiducie*, 2012, n° 65.

(25) Par ex. C. civ., art. 2029, al. 2.

(26) C. civ., art. 2003.

(27) Cass. 1re civ., 28 juin 1988 : *D.* 1989, 181, note I. Najjar ; *JCP* G 1989, II, 21366, note D. Martin ; *JCP* N 1989, II, 74, note Salvage ; *Defrénois* 1990, 40, note Beaubrun ; *RTD civ.* 1989, 116, obs. Patarin.

(28) V. par ex. C. Farge et *al.*, *La fiducie à effet différé, complément du mandat de protection future dans le pack prévoyance du dirigeant*, *JCP* N, nos 38-39, sept. 2021, 1288.

(29) Il est également envisageable de prévoir une cession du contrat de fiducie à cause de mort, la cession permettant au cessionnaire de prendre la place du constituant en tant que partie au contrat qui se poursuit ainsi en dépit du décès du premier constituant. On se montrera plus réservé sur la possibilité d'opérer une telle cession à titre gratuit, car la prohibition de la fiducie-libéralité (C. civ., art. 2013) laisse planer sur l'opération l'ombre de la fraude (V. notamment en ce sens, Cl. Brenner, *La fiducie-libéralité, actes prat. Strat. Patrimoniale* 2022, n° 2, dossier 10, n° 8).

activité. Il est ici encore tout à fait possible d'écarter dans ces hypothèses l'extinction automatique de la fiducie. Une clause peut ainsi prévoir la survie du contrat mais, puisque le fiduciaire ne peut plus exercer sa mission, le contrat de fiducie doit aménager les conditions dans lesquelles il se poursuit, comme le précise expressément l'article 2029, alinéa 2 du Code civil. Autrement dit, les parties doivent avoir soin de désigner un fiduciaire alternatif, ou de stipuler que la fiducie ne prend pas fin avec la disparition du fiduciaire dès lors que celui-ci est remplacé dans un délai d'un mois par exemple.

Ainsi, aucune des causes d'extinction automatique de la fiducie – avec plus d'incertitude pour l'extinction liée au décès du constituant – ne nous semble devoir être considérée comme étant d'ordre public. Les parties peuvent donc les écarter pour renforcer la stabilité du contrat de fiducie pendant la durée prévue. Au-delà de ces causes d'extinction automatiques, le législateur a également créé des causes d'extinction volontaires en offrant à certaines des parties la possibilité de sortir du contrat de fiducie en cours de route.

Causes volontaires. – Révocabilité de la fiducie par le constituant. C'est d'abord le constituant qui bénéficie d'une faculté de rupture volontaire du contrat(30). Il peut ainsi révoquer la fiducie tant qu'elle n'est pas acceptée par le bénéficiaire(31). Cette disposition peut paraître à première vue dangereuse en cas de fiducie-sûreté, mais la difficulté est aisément contournée puisqu'il suffit au bénéficiaire de donner son accord concomitamment à la création de la fiducie et de bloquer ainsi le jeu de la révocation(32). Par ailleurs, les parties peuvent-elles, au moyen d'une clause, priver le constituant de sa faculté de révocation et rendre ainsi la fiducie irrévocable(33) ? Là encore, nulle raison d'ordre public ne nous paraît imposer que le constituant puisse rompre unilatéralement la fiducie. Certes, un parallèle avec le mandat, qui même stipulé irrévocable peut toujours être rompu par le mandant(34), pourrait faire craindre le contraire. Toutefois, la proximité des deux contrats ne doit pas être exagérée. Dans le mandat en effet, les actes du mandataire engagent personnellement le mandant, justifiant la rupture si la confiance s'efface, tandis que les pouvoirs du fiduciaire sont triplement limités : limités par le contrat, limités par la durée de la fiducie et limités au patrimoine fiduciaire. Il paraît donc raisonnable d'admettre la figure d'une fiducie irrévocable avant même l'acceptation du bénéficiaire si les parties le souhaitent(35). Elles devront alors probablement investir le fiduciaire de larges pouvoirs sur le patrimoine fiduciaire pour garantir une gestion optimale.

(30) F. Barrière : *Rép. civ.* Dalloz, oct. 2013, V° *Fiducie*, n° 55.
(31) C. civ., art. 2028.
(32) V. en ce sens, J.-D. Pellier : *JCl. Contrats-Distribution*, fasc. 3300, *Fiducie*, 16 oct. 2019.
(33) À l'image du trust, V. L. Chambaz, *Le mandat posthume, le trust et la fiducie* : RLDC 1er déc. 2006, n° 33.
(34) Sur la révocabilité du mandat même lorsqu'il est conclu à durée déterminée et même lorsqu'il contient une stipulation d'irrévocabilité, V. not. P. Malaurie, L. Aynès et P.-Y. Gautier, *Droit des contrats spéciaux*, LGDJ, 12e éd., 2022, nos 391 et 392.
(35) En ce sens, C. Witz, *Fiducie – Effets* : *JCl. Banque-Crédit-Bourse*, fasc. 786, 2012, n° 12. V. égal., le sous-entendant : G. Blanluet et J.-P. Le Gall, *La fiducie, une œuvre inachevée. Un appel à une réforme après la loi du 19 février 2007* : *JCP* N 7 sept. 2007, n° 36, 1241. V. cependant, plus réservés ou proposant de soumettre cette clause aux mêmes limites que les clauses d'inaliénabilité : Cl. Farge et J.-Fr. Desbuquois, *Permettre la transmission de la fiducie-gestion* : *JCP* N 2016, n° 39, 1284. – D. Parent, *La fiducie, outil patrimonial de gestion et de transmission* : RLDC 2019, n° 168.

Causes volontaires. – Renonciation de la totalité des bénéficiaires. Le ou les bénéficiaires disposent également d'une faculté de sortie volontaire de la fiducie. En effet, l'article 2029, alinéa 2 du Code civil prévoit que la fiducie prend fin en cas de renonciation de la totalité des bénéficiaires. Ici encore, il est probable que le contrat puisse priver le bénéficiaire de cette faculté de renonciation. Du reste, le texte réserve expressément la possibilité pour les parties de sauver le contrat de l'extinction si les bénéficiaires renoncent, en prévoyant la manière dont le contrat se poursuit : le contrat peut par exemple indiquer un bénéficiaire subsidiaire, ou offrir au constituant la possibilité de désigner un nouveau bénéficiaire sous un certain délai.

Causes volontaires. – Le cas particulier du constituant bénéficiaire. Il arrive que le constituant soit aussi bénéficiaire, par exemple en cas de donation avec charge de constituer une fiducie le temps que le donataire ait fini ses études. Dans ce cas, le donataire est à la fois constituant et bénéficiaire. Il pourrait user de sa faculté de renonciation pour bénéficier immédiatement du patrimoine fiduciaire sans jouer le jeu de la fiducie[36]. Peut-on paralyser dans cette configuration la faculté de renonciation[37] ? À tout le moins, peut-on l'encadrer dans le temps pour stabiliser le contrat de fiducie, en prévoyant par exemple qu'il est impossible de renoncer à la fiducie avant cinq années ? Assortie d'une clause d'irrévocabilité de la fiducie, une telle fiducie ne pourrait être rompue avant son terme par aucune volonté unilatérale : ni celle du fiduciaire (qui ne dispose pas en principe de faculté de rupture unilatérale), ni celle du constituant bénéficiaire privé de sa faculté de révocation et de sa faculté de renonciation. Seule l'extinction de la durée prévue ou l'accord des parties pourra mettre fin au contrat de fiducie. Aucun obstacle ne paraît se heurter à cette fiducie sécurisée. Cependant, il faut prendre garde à l'ordre public successoral. Ainsi, une donation avec cette charge de constituer une fiducie ne peut porter sur la réserve puisque celle-ci doit être libre de charge[38], et on peut envisager que même en dehors, cette charge de constituer une fiducie irrévocable doit demeurer justifiée par un intérêt légitime et temporaire, à l'image d'une clause d'inaliénabilité[39].

Après avoir vu comment les parties pouvaient tenter de faire durer la fiducie et de stabiliser le transfert fiduciaire, voyons à l'inverse comment elles peuvent tenter d'en réduire la durée, c'est-à-dire mettre fin de façon anticipée au contrat de fiducie.

II. – Réduire la durée de la fiducie

La fiducie est un contrat à durée nécessairement déterminée ; toutefois, la difficulté de devoir se tenir à un terme éventuellement lointain peut être contournée

(36) V. en ce sens, H. de Richemont, Rapp. Sénat n° 11, Session 2006-2007, Annexe au procès-verbal, séance 11 oct. 2006, p. 66 : « Il doit être permis au bénéficiaire, dans le cadre d'une fiducie-gestion dans laquelle il est également constituant, de révoquer la fiducie pour avoir accès au patrimoine fiduciaire, par exemple pour faire face à un imprévu ». V. cependant *contra* pour qui l'esprit de la fiducie est d'assurer au fiduciaire une certaine stabilité : C. Grimaldi, *Droit des biens*, LGDJ, 3e éd., 2021, n° 434.

(37) En faveur d'une telle clause, V. Cl. Witz, *Fiducie – Effets* : *JCl. Banque-Crédit-Bourse*, 2012, fasc. 786, nos 12 et 69.

(38) Art. 912 du Code civil. Sauf si les héritiers renoncent par anticipation à agir en réduction.

(39) Art. 900-1 du Code civil. V. en ce sens, Cl. Brenner, *La fiducie-libéralité : Actes prat. strat. Patrimoniale* 2022, n° 2, dossier 10, n° 9 ; D. Louis-Caporal, *La fiducie libéralité, réflexions sur une opération prohibée*, *RTD* civ. 2016, p. 49. Plus hésitant : H. Fabre, *La fiducie comme alternative au mandat de protection future*, *Dr. & patr.* 2012, p. 212.

en ajoutant une condition résolutoire soumettant la survie de la fiducie à la survenance d'un élément incertain (par ex., la cession de la participation du constituant dans une société tierce).

Cependant, les parties pourraient vouloir faire cesser la fiducie par l'effet de leur seule volonté. Elles peuvent évidemment décider ensemble de mettre fin à l'aventure commune plus tôt que prévu, soit par l'accord du constituant et du fiduciaire lorsque le bénéficiaire n'a pas encore accepté la fiducie, soit avec l'accord de ce dernier lorsqu'il l'a acceptée. Mais les choses se compliquent un peu lorsqu'il s'agit de savoir si une partie peut unilatéralement mettre fin au contrat de fiducie. Et elles se compliquent beaucoup lorsque cette partie n'est pas une mais plusieurs. Dans ce cas, l'unilatéralisme solitaire se mue en un unilatéralisme plural : le pouvoir unilatéral appartient à une pluralité de constituants, une pluralité de fiduciaires ou une pluralité de bénéficiaires. L'unilatéralisme solitaire, d'une part (A), s'oppose ainsi à l'unilatéralisme plural – ou unilatéralisme conjonctif –, d'autre part (B).

A. – L'unilatéralisme solitaire

Les parties peuvent prévoir des pouvoirs unilatéraux de rupture au profit de l'une ou l'autre des parties au contrat de fiducie.

Pouvoirs unilatéraux prévus par la loi. La loi d'ailleurs offre aux parties certains pouvoirs de rupture anticipée : le pouvoir de renonciation prévus pour le bénéficiaire[40], ou le pouvoir de révocation au profit du constituant lorsque la fiducie n'a pas encore été acceptée par le bénéficiaire[41], en fournissent des illustrations. Or, libre aux parties d'étendre ce pouvoir après l'acceptation du bénéficiaire. Dans ce cas, le consentement du bénéficiaire au contrat emporterait également consentement par avance à une éventuelle révocation postérieure par le constituant prévue par le contrat. Les parties auront alors garde de prévoir le sort du patrimoine fiduciaire, car la révocation par le constituant emporte en principe retour du patrimoine fiduciaire entre ses mains – ce qui est plus logique avec l'idée d'une « révocation ». Mais peut-être les parties préféreraient-elles offrir au constituant un vrai droit de résiliation, c'est-à-dire la possibilité de mettre fin à la fiducie selon sa volonté et de déclencher ainsi la transmission du patrimoine au bénéficiaire.

Pouvoirs offerts par le contrat. Les parties peuvent ainsi librement créer des clauses de résiliation anticipées là où la loi ne les prévoit pas. Elles peuvent par exemple offrir une telle faculté au fiduciaire. Attention cependant lors de l'exercice de cette liberté contractuelle aux bornes du droit commun des contrats des articles 1170 voire 1171 si tant est dans ce dernier cas que le contrat de fiducie puisse être qualifié de contrat d'adhésion[42]. Il sera probablement sage dans cette hypothèse de ne pas prévoir de clauses de sorties trop déséquilibrées (une sortie payante, l'autre non par exemple). Il faudra probablement prévoir un préavis raisonnable à ces clauses de résiliation anticipée ou alors veiller à bien justifier une rupture sans préavis.

(40) C. civ., art. 2029, al. 2.
(41) C. civ., art. 2028.
(42) V. *supra*.

On constate donc la grande souplesse de l'outil contractuel pour offrir aux parties des facultés de rupture anticipée du contrat de fiducie, ou étendre celles que la loi leur offre déjà. Toutefois, les choses se compliquent lorsqu'une partie n'est pas seule, mais qu'elle est plurale, qu'il y a plusieurs fiduciaires, ou plusieurs bénéficiaires, ou plusieurs constituants qui disposent chacun de ces prérogatives de rupture anticipée.

B. – L'unilatéralisme plural

Comment donc se répartissent les pouvoirs unilatéraux lorsque les parties au contrat de fiducie se conjuguent au pluriel[(43)] ? Schématiquement, trois lignes sont défendables[(44)] : l'unanimité – tous ensemble –, un pour tous – le choix de l'un vaut pour tous –, ou enfin, l'individualisme – chacun pour soi et l'aventure fiduciaire continue avec les autres[(45)]. À côté de cela, les parties sont libres de prévoir par contrat des règles de majorité ou de minorité comme en matière de sociétés.

Pluralité de constituants. Comment s'exerce par exemple la faculté de révocation avant acceptation, ou postérieure si les parties l'ont étendue, en cas de pluralité de constituants ? La loi est muette. En matière contractuelle la jurisprudence est hésitante pour le jeu des facultés de rétractation exigeant tantôt l'unanimité, tantôt admettant qu'un seul puisse sortir du contrat[(46)]. Mieux vaut ainsi aménager les pouvoirs de révocation pluraux par contrat. Du reste, une difficulté particulière se pose par ailleurs lorsque le constituant a nommé un tiers protecteur, puisque la loi prévoit que ce dernier peut disposer des pouvoirs du constituant[(47)]. Ici encore une clause d'organisation des pouvoirs sera bienvenue : le constituant et le tiers protecteur doivent-ils agir conjointement ? Individuellement ?

Pluralité de bénéficiaires. La loi en revanche a envisagé l'hypothèse de la pluralité de bénéficiaires. On croit comprendre que le principe en la matière est plutôt l'individualisme. En effet, l'article 2029 du Code civil précise que la fiducie prend fin si l'ensemble des bénéficiaires renoncent. Autrement dit, la renonciation de l'un ne vaut que pour lui, dès lors, si l'autre veut continuer, la fiducie se maintient, avec, ici encore, la possibilité de stipuler différemment. Par ailleurs, le contrat peut offrir aux bénéficiaires la faculté de mettre un terme à la fiducie et donc de déclencher le transfert du fiduciaire au bénéficiaire (une clause résolutoire qui dépendrait de la volonté des bénéficiaires). Mais attention alors à aménager l'exercice de ce pouvoir de rupture s'il est exercé à plusieurs, sans quoi la règle de l'unanimité prévaut probablement[(48)]. Le contrat pourrait de même prévoir que l'exercice de ce

(43) F. Masson, *La fiducie plurale* : *Dr. & patr.* janv. 2017, p. 40.

(44) V. plus largement sur ces questions: R. Cabrillac, *L'acte juridique conjonctif en droit privé français*, LGDJ, 1990.

(45) Pour plus de développement sur l'exercice d'une prérogative contractuelle en cas de partie plurale, V. L. Molina, *La prérogative contractuelle*, LGDJ, 2022, n°s 322 et s.

(46) Par ex., admettant l'exercice d'une faculté de rétractation par l'épouse co-acheteuse seule et produisant un effet commun aux époux : Cass. 3e civ., 4 déc. 2013 : *Bull. civ.* III, n° 156 ; *Dr. & patr.* 2014, n° 239, p. 38, J. Laurent. – *Constr.-Urb.* 2014, comm. 37, note Ch. Sizaire ; *Dr. & patr.* 2014, n° 239, p. 38, J. Laurent. – Inversement, la faculté de rupture anticipée du bail peut être exercée par un locataire sans effet sur les autres : L. n° 89-462, 6 juill. 1989, art. 8-1 : *JO* 8 juill. 1989. – V. encore, refusant le jeu d'une condition résolutoire qui n'était pas remplie à l'égard de l'un des co-emprunteurs : Cass. 1re civ., 29 juin 2022, n° 21-11.690 : *JurisData* n° 2022-010748 ; *Constr.-Urb.* 2022, comm. 113, note Ch. Sizaire.

(47) C. civ., art. 2017.

(48) On peut encore compliquer la figure si les parties plurales sont des époux soumis au régime de la communauté légale. Les prérogatives de rupture pourraient alors être vues comme des actes de disposition soumises aux règles idoines du régime communautaire.

pouvoir se fait à l'unanimité, sous réserve d'un éventuel abus qui pourrait être surmonté judiciairement.

Pluralité de fiduciaires. La pluralité de fiduciaires pose un dernier problème car, si la fiducie est bien translative de propriété, il y a alors plusieurs propriétaires du patrimoine fiduciaire. Faut-il y voir une indivision sur le patrimoine fiduciaire ? Cela pourrait être très gênant : l'application des règles de l'indivision offrirait à chacun des fiduciaires serait en droit de provoquer le partage[(49)]. Le jeu d'une telle règle serait toutefois probablement peu conforme à l'esprit de stabilité qui anime la constitution du patrimoine fiduciaire. C'est pourquoi certains auteurs préfèrent y voir une forme de propriété collective innommée qui ne serait pas une indivision[(50)]. Les parties ont donc tout à intérêt à organiser la répartition des pouvoirs en cas de pluralité de fiduciaires puisque celles prévues par l'indivision ne seront alors d'aucun secours.

Ainsi, bien que les dispositions relatives à la durée de la fiducie soient des dispositions largement supplétives, les questions soulevées sont nombreuses. Reste à se saisir de tout l'éventail des possibilités offertes par l'outil contractuel pour anticiper les difficultés.

(49) C. civ., art. 815.
(50) F. Masson, *La fiducie plurale* : *Dr. & patr.* janv. 2017, p. 40.

Fiducie et pérennisation de la liberté contractuelle

Éléonore DELPLANQUE DE MANDELOT
Directrice Adjointe Equitis

Antoine TRIFFAULT MOREAU
Juriste structuration fiducies

Il y a désormais quinze ans, l'esprit de la loi instituant la fiducie présentée par le sénateur Philippe Marini était de limiter au maximum les règles impératives afin de garantir à cette nouvelle institution en germe la plus grande liberté contractuelle possible. L'intention du législateur était à l'époque de renforcer l'attractivité du droit français et de concurrencer le trust « dans un contexte caractérisé par une internationalisation croissante des échanges économiques et financiers »[(1)].

Pourtant, cette liberté contractuelle promise a, par certains aspects, été sacrifiée sur l'autel de la prudence, les craintes liées à l'utilisation de la fiducie à des fins d'évasion fiscale et/ou de blanchiment de capitaux ayant pris le dessus. La fiducie naît ainsi enfermée dans un champ d'application extrêmement limité et encadrée par de nombreuses restrictions laissant une partie de la doctrine parler alors d'une « réforme de poche »[(2)].

Néanmoins, la fiducie a mué au gré des réformes successives[(3)]. De façon non exhaustive, son champ d'application a été étendu à toutes les personnes physiques et morales sans restriction[(4)], sa durée a été allongée, la profession de fiduciaire s'est élargie, le régime de la fiducie-sûreté a été largement précisé et les régimes fiscaux des groupes de société ont été rendus compatibles avec sa mise en place.

Ces évolutions législatives invitent à s'interroger sur la nécessité de maintenir les mentions obligatoires du contrat de fiducie avec le souci d'assurer la sécurité juridique des opérations, ou au contraire de libéraliser davantage la mise en place des fiducies afin d'en renforcer l'attractivité.

(1) H. de Richemont, Rapp. Sénat n° 11, fait au nom de la commission des lois sur la proposition de loi de M. Philippe Marini instituant la fiducie, déposé le 11 octobre 2006.

(2) G. Blanluet et J.-P. Le Gall, *La fiducie, une œuvre inachevée* : *JCP* G 4 juill. 2007, n° 27, II, 169.

(3) Pas moins de six en quinze ans : L. n° 2008-776 de modernisation de l'économie ; Ord. n° 2008-1345 portant réforme du droit des entreprises en difficulté ; Ord. n° 2009-112 portant diverses mesures relatives à la fiducie ; L. n° 2009-526, 12 mai 2009, de simplification et de clarification du droit et d'allègement des procédures ; L. fin. rect. 2014, n° 2014-1655, 29 déc. 2014 ; Ord. n° 2020-115, 12 févr. 2020, renforçant le dispositif national de lutte contre le blanchiment de capitaux et le financement du terrorisme.

(4) L. n° 2007-211, 19 févr. 2007, instituant la fiducie, art. 13 : cependant le constituant, personne physique ou morale, doit être résident d'un État de la Communauté européenne ou d'un État ou territoire ayant conclu avec la France une convention fiscale en vue d'éliminer les doubles impositions qui contient une clause d'assistance administrative en vue de lutter contre la fraude ou l'évasion fiscale. Cet article n'est pas codifié dans les dispositions du Code civil propres à la fiducie.

Aujourd'hui, nous pouvons saluer ces avancées et le développement de la fiducie guidé en grande partie par ses acteurs. Malgré un formalisme originel qui reste strict, les dernières évolutions de la réglementation relative aux mentions obligatoires (I) participent de cette tendance à la libéralisation du régime juridique de l'institution fiduciaire nécessaire au renforcement de son attractivité sous l'égide du fiduciaire (II).

I. – L'évolution de la réglementation relative aux mentions obligatoires du contrat de fiducie

Le formalisme lié à la constitution d'un contrat de fiducie contraint les parties à faire figurer certaines mentions imposées par la loi et nécessaires à la viabilité de l'opération fiduciaire (A). À ces mentions communes à tout contrat de fiducie s'ajoutent des mentions obligatoires spécifiques aux fiducies constituées à titre de garantie, ayant fait l'objet d'un assouplissement récent permettant d'en faciliter la mise en place et l'exécution (B).

A. – Les mentions obligatoires nécessaires à la viabilité de l'opération fiduciaire

Bien que cela ne soit pas explicitement mentionné aux articles 2011 et suivants du Code civil, le contrat de fiducie est un contrat solennel qui ne se forme pas par le seul échange de consentement des parties, mais qui doit obligatoirement se matérialiser par la rédaction d'un acte écrit(5). Cet impératif est induit, à la fois, par l'obligation d'enregistrement de l'acte auprès du service des impôts(6), mais également par l'obligation de stipuler directement dans l'acte un certain nombre de mentions énumérées à l'article 2018 du Code civil. Premièrement, les actifs transférés en fiducie par le ou les constituants doivent être identifiés dans le contrat. Les biens ou les droits transférés peuvent être futurs, dans ce cas particulier ils devront être déterminables. Deuxièmement, l'acte doit mentionner la durée de la fiducie, sans que cette dernière ne puisse excéder quatre-vingt-dix-neuf ans, ce qui, par analogie, peut être rapproché de la durée de vie maximale des sociétés. Troisièmement, l'identité de chacune des parties devra figurer au contrat. Le constituant et le fiduciaire devront impérativement être mentionnés, tandis que le ou les bénéficiaires pourront être désignés *a posteriori*. Tout comme les actifs fiduciaires futurs, les bénéficiaires futurs doivent être déterminables. Ce caractère propre au tiers bénéficiaire est repris du régime juridique de la stipulation pour autrui(7). Enfin, le contrat doit spécifier la mission du fiduciaire et l'étendue de ses pouvoirs, ces mentions étant décisives pour le fiduciaire dans l'accomplissement de la mission qui lui sera dévolue. Indirectement le législateur force les parties à donner la cause et la finalité de l'opération. Ces mentions permettent ainsi de vérifier que le contrat de fiducie ne procède pas d'une intention libérale expressément prohibée(8).

(5) F. Barrière, *Fiducie : Rép. civ.* Dalloz, oct. 2013, n° 56.
(6) C. civ., art. 2019, al. 1.
(7) L. Aynes, *Fiducie : analyse et applications pratiques de la loi* : *RLDC* févr. 2008, n° 46, p. 5. – G. Bellargent, *L'introduction de la fiducie en droit français par la loi du 19 février 2007 : Rev. éco. publique* nov. 2007, n° 647, étude 3, n° 26.
(8) C. civ., art. 2013 : « Le contrat de fiducie est nul s'il procède d'une intention libérale au profit du bénéficiaire. Cette nullité est d'ordre public ».

Ces dispositions donnent la sensation que le législateur a voulu encadrer, à partir de la définition propre de ce que constitue une fiducie, la mise en place de ce type d'opération en imposant d'identifier les éléments saillants qui la constituent et qui sont absolument nécessaires à sa viabilité et à son efficacité. Il convient de préciser que l'absence de ces mentions est sanctionnée par la nullité du contrat, ce qui conduit à annuler rétroactivement l'acte. Une sanction particulièrement lourde comme si, sans ces éléments essentiels, la fiducie ne pouvait exister. Ces mentions sont ainsi principalement des éléments fondamentaux d'identification, en miroir de la définition de la fiducie telle que prévue par le Code civil. En somme : qui, quoi, comment, pendant combien de temps et dans quel but ? Comme si le législateur avait voulu mettre le pied à l'étrier de la pratique tout en souhaitant maintenir une grande flexibilité de l'outil comme en témoigne la possibilité affirmée d'inclure des actifs futurs et de structurer une fiducie plurale(9).

Ces mentions obligatoires constituent donc le minimum que les parties doivent déterminer dans la mise en place de tout type de fiducie. En pratique, le fiduciaire dont la mission dépend nécessairement de l'identification de ces éléments sera le premier à se préoccuper de la détermination de ces mentions qui sont les pierres angulaires de l'exercice de sa mission.

B. – L'assouplissement des mentions obligatoires spécifiques aux fiducies constituées à titre de garantie

L'ordonnance du 30 janvier 2009(10) a édité, presque deux ans après la promulgation de la loi sur la fiducie, douze nouveaux articles spécifiques aux fiducies constituées à titre de garantie. À cet effet, les articles 2372-2 et 2488-2 du Code civil prévoyaient, outre les mentions obligatoires énoncées précédemment, que le contrat régissant la fiducie-sûreté devait déterminer, toujours à peine de nullité, d'une part, les obligations garanties par la fiducie et, d'autre part, la valeur estimée des biens et des droits au jour de la conclusion du contrat. Si la désignation de la dette garantie est logique en matière de fiducie dont l'objet consiste à sécuriser le remboursement d'une créance(11), la valeur de l'actif transféré faisait généralement l'objet d'un consensus pour viser soit une valeur conventionnellement agréée entre les parties, soit directement la valeur nette comptable des actifs transférés.

Cependant, l'ordonnance du 15 septembre 2021(12) a supprimé la nécessité d'évaluer l'assiette des biens transférés au sein d'une fiducie-sûreté. Cette modification n'a pas vocation à bouleverser l'institution fiduciaire et va au contraire conférer une plus grande souplesse au mécanisme(13). Les discussions entre les parties s'en trouvent désormais simplifiées sans pour autant affaiblir le dispositif. Premièrement, les parties ont toujours la faculté de mentionner au contrat la valeur des actifs

(9) F. Masson, *La fiducie plurale : Dr. & patr.* janv. 2017, n° 265, p. 40.

(10) Ord. n° 2009-112, 30 janv. 2009, portant diverses mesures relatives à la fiducie.

(11) Cette mention est commune aux autres sûretés réelles : hypothèque (C. civ., art. 2417) ; nantissement (C. civ., art. 2356) ; gage (C. civ., art. 2336).

(12) Ord. n° 2021-1192, 15 sept. 2021, portant réforme du droit des sûretés, entrée en vigueur le 1er janvier 2022.

(13) L. Andreu, *Ordonnance n° 2021-1192 du 15 septembre 2021 – Les principaux apports de la réforme du droit des sûretés : Act. proc. coll.* nov. 2021, n° 18, repère 246. – C. Hélaine, *Réforme du droit des sûretés (Saison 2, Épisode 9) : la fiducie utilisée à titre de garantie : Dalloz actualité*, 23 sept. 2021.

transférés. Deuxièmement, les actifs fiduciaires doivent toujours être clairement définis au contrat de fiducie, ce dont les parties, et en premier lieu le fiduciaire futur propriétaire des actifs fiduciaires, s'assurent au moment de la mise en place de la fiducie. Enfin, les parties ont toujours l'obligation de transcrire dans les écritures de la fiducie les actifs fiduciaires pour leur valeur comptable pour bénéficier du régime de neutralité fiscale(14). Cette évolution législative montre que le législateur est à l'écoute de la pratique et fait preuve de pragmatisme comme il a pu le faire par le passé au fil des réformes des textes encadrant la fiducie.

Par ailleurs, au-delà des mentions obligatoires *stricto sensu*, la réforme a également apporté un assouplissement notable quant aux modalités de réalisation de la fiducie conclue à titre de garantie. Désormais, le fiduciaire peut vendre l'actif au prix qu'il estime correspondre à sa valeur en cas de réalisation de la fiducie. Si la détermination de la valeur de l'actif transféré en fiducie par un expert reste une obligation et un préalable nécessaire à toute mise en œuvre d'une réalisation, le fiduciaire peut, s'il ne trouve pas d'acquéreur au prix d'expertise, céder le bien au prix qu'il estime correspondre à sa valeur(15). Cette modification répond à un souhait exprimé par la pratique d'éviter tout blocage en cas de manque de liquidité de l'actif. Cette alternative trouvera une application privilégiée dans les cas où une réalisation se trouve paralysée, faute de consensus, entre les parties pour réduire le prix et permettre à la fiducie de remplir son objet de désintéressement du créancier bénéficiaire. Le législateur a, par cette réforme, mis un coup de projecteur sur le fiduciaire, en ouvrant un nouvel espace de liberté, les parties pouvant encadrer dans le contrat dans quelle mesure le fiduciaire en tant que professionnel de gestion, pourra déterminer le prix de vente de l'actif fiduciaire et le vendre sous sa propre responsabilité. En pratique, cette solution ne sera appliquée qu'en cas de blocage absolu et seulement à l'issue de discussions avec les parties, et bien entendu dans l'intérêt prioritaire du créancier compte tenu du fait que le débiteur de la dette garantie est en défaut.

Cette évolution bienvenue traduit une évolution de la place du fiduciaire qui, plus qu'un tiers de confiance chargé d'exécuter un contrat, est reconnu comme un professionnel de gestion pouvant procéder à des arbitrages lorsque cela est nécessaire afin de réaliser par priorité l'objet de l'opération.

II. – La nature juridique de la fiducie portée par la liberté contractuelle

Les évolutions et les assouplissements observés en matière de réglementation des mentions obligatoires confirment la volonté du législateur de permettre à la fiducie de disposer d'une plus grande liberté contractuelle. Cette liberté trouve son paroxysme dans la flexibilité du régime juridique de la fiducie, véritable vecteur de son attractivité (A) et dans le rôle prépondérant du fiduciaire dans le développement de bonnes pratiques (B).

(14) CGI, art. 238 quarter B, I, 4°.
(15) C. civ., art. 2372-3 et 2488-3.

A. – La liberté contractuelle : vecteur d'attractivité de la fiducie

Comme nous l'avons vu précédemment, le régime juridique de la fiducie s'est ouvert et élargi au cours des dernières réformes. Ces évolutions légales ont permis de concilier le régime de la fiducie avec la volonté du législateur de laisser aux parties la liberté la plus large.

L'opportunité de cette liberté contractuelle s'est manifestée tout d'abord par un recours accru ces dernières années à la fiducie. S'il est difficile de donner des chiffres précis, puisque les contrats restent confidentiels, on constate un attrait croissant des acteurs économiques et de leurs conseils pour les fiducies dans les applications à la fois à titre de gestion et de sûreté. Restreinte aux seules personnes morales soumises à l'impôt sur les sociétés en 2007 lors de l'instauration de la fiducie en droit français, l'ouverture de la qualité de constituant en 2008 à toute personne physique ou morale a permis sans conteste de développer et promouvoir l'outil désormais accessible à l'ensemble du marché.

De surcroît, cette liberté laissée par le législateur s'exprime dans la variété d'applications qui ont pu être faites de la fiducie ces dernières années, au-delà de la simple division binaire opérée entre les fiducies-gestions et les fiducies-sûretés. Ces dernières années, la pratique a mis en place de très nombreux schémas, identifié plusieurs catégories de fiducies, notamment en fonction des actifs transférés, et confié au fiduciaire agissant en qualité de tiers de confiance des missions toujours plus sophistiquées. Si, au départ, la majorité des fiducies a été mise en place à titre de sûreté, bien souvent dans des contextes *distress*, une nette augmentation de son utilisation dans des dossiers *in bonis* est à noter. À titre d'exemple, on observe la multiplication des fiducies venant garantir le financement de programmes de promotions immobilières dans des contextes très sains, à la demande des promoteurs et de leur partenaire bancaire. La fiducie commence ainsi à rencontrer progressivement le grand public à mesure que certaines plateformes de *crowdfunding* proposent de sécuriser certaines opérations par le mécanisme fiduciaire. Cette démocratisation de la fiducie s'opère également en matière de fiducie-gestion pour la mise en place de toutes sortes d'opérations, plus ou moins complexes. Notamment, les fiducies-gestions *equitization* par lesquelles des créanciers de sociétés cotées sur Euronext transfèrent dans un patrimoine fiduciaire leurs créances, à charge pour le fiduciaire de procéder à leur conversion en titres sociaux de la société débitrice, de céder ces titres nouveaux sur le marché et enfin d'utiliser le produit de cession des titres pour procéder au remboursement des créanciers constituants[16]. Ce type d'opération est l'illustration de la grande richesse de cet outil tel qu'il a été conçu par le législateur et tel que la pratique se l'est approprié. La liberté contractuelle permet ainsi aux praticiens de déployer toute leur créativité. Outre la variété des applications de la fiducie, la liberté contractuelle s'exprime également dans la rédaction du contrat de fiducie.

Finalement, le législateur a donné carte blanche à la pratique pour élaborer ses contrats de fiducie. Ce sont les praticiens de la fiducie qui, au fur et à mesure des

(16) S. Tetard, C. Deniaud et C. Coquard, *La fiducie-gestion : une solution innovante pour désendetter les sociétés cotées : Option fin.* 19 oct. 2020, n° 1578, p. 41.

opérations, ont pu développer de bonnes pratiques et des jeux de clauses qui, sans être imposées par la loi, tombent sous le sens en vue de permettre la mise en place et la gestion de fiducies efficaces. Dans une certaine mesure, ces praticiens sont devenus acteurs de l'élaboration du droit de la fiducie. C'est le cas notamment des clauses relatives à l'objet de la fiducie, à son débouclage, ainsi que toutes les clauses régissant l'intervention du fiduciaire, l'encadrement de sa responsabilité, de sa substitution le cas échéant, de sa rémunération, etc. L'ensemble de ces clauses, issues de la pratique, sont communes à la plupart des contrats de fiducie. Elles s'imposent de fait, pour que l'institution fiduciaire fonctionne, et sont régulièrement préconisées par le fiduciaire lors de la structuration des opérations de fiducie.

B. – Le fiduciaire : clé de voûte de la libéralisation de l'institution fiduciaire

Bien souvent, notamment du fait de cette liberté laissée par le législateur, les parties vont se tourner vers le fiduciaire comme référent pour les guider dans la mise en place de ces opérations de fiducie au vu de son expérience. Plus qu'un tiers de confiance, simple réceptacle du contrat de fiducie et exécutant d'une mission déterminée par le constituant et le bénéficiaire, le fiduciaire participe activement à la structuration et agit en responsabilité lors de l'exécution d'une mission qu'il aura également négociée. Le fiduciaire devient donc un véritable partenaire des parties à la fois pour trouver des solutions et pour contribuer à l'élaboration d'une structuration et d'une documentation sur mesure qui saura répondre à leurs besoins et qui pourra même être dupliquée pour des opérations comparables.

Finalement, le fiduciaire est tiers de confiance dans la mesure où sa mission doit être exécutée de manière indépendante avec comme matrice le contrat de fiducie. En réalité, que ce soit au stade de la structuration de la fiducie ou au stade de son exécution, le fiduciaire agit en tant que partenaire des parties avec pour objectif l'accomplissement par la fiducie de son objet, et ce dans l'intérêt non seulement des parties mais aussi, à un autre degré, de l'outil fiduciaire. C'est en cela que le praticien de la fiducie contribue très largement, à son niveau, à l'élaboration du droit de la fiducie et de bonnes pratiques.

Cette grande liberté laissée aux parties peut interroger notamment sur la possibilité de contrôler l'objet de ces opérations qui ne doit pas conduire à des opérations frauduleuses. En réponse à ce risque, le législateur a pris soin de limiter l'exercice de la profession de fiduciaire à des professionnels réglementés. En tant que partie au contrat, l'avocat fiduciaire, l'établissement bancaire fiduciaire, la compagnie d'assurance fiduciaire ou la société de gestion fiduciaire agit en conformité avec son serment et sa déontologie pour l'un et leur agrément pour les autres. Il s'agit là d'une habileté du législateur pour permettre le maximum de liberté sans pour autant exclure tout contrôle.

Cette liberté contractuelle pourrait nous conduire à reprocher au législateur une certaine pauvreté dans les textes régissant la fiducie et déplorer l'absence de jurisprudence. Mais si cette absence de jurisprudence en quinze années d'existence peut déstabiliser, elle est la démonstration que les professionnels du droit en général mais également et surtout les professionnels de la fiducie ont exercé leur métier de manière raisonnable, ont développé de bonnes pratiques dans le respect de l'esprit des textes, en se servant des outils nécessaires et suffisants mis à leur disposition par le législateur. La profession peut s'enorgueillir de ce bilan démontrant une pratique raisonnée de la fiducie tout en ayant contribué à la faire rayonner. On ne peut ainsi que souhaiter le maintien de cette « confiance » du législateur envers le « tiers de confiance », le conduisant à lever les dernières barrières et à autoriser, notamment, la levée de la prohibition de la fiducie constituée à des fins de libéralité.

De la fiducie en garantie d'une obligation autre que de payer une somme d'argent

Bruno ROBIN DE MALET
Avocat Associé – FTPA
Avocat Fiduciaire– Robin de Malet Fiduciaire

La fiducie est une institution permettant de confier à un fiduciaire la propriété et la gestion de biens et droits qui lui ont été transférés à cette fin, et qu'il détient indépendamment de son patrimoine propre outre, si tel est l'objectif poursuivi par le constituant, de tenir ces biens en garantie d'une dette due par ce dernier à un bénéficiaire.

Les règles générales visant la fiducie figurent au titre XIV du livre III du Code civil, intitulé : « Des différentes manières dont on acquiert la propriété ».

Ainsi, le droit français a-t-il sans ambiguïté voulu le mécanisme fiduciaire comme translatif de propriété, certes une propriété particulière, au format parfois minimaliste, mais une propriété juridique néanmoins.

Seule la fiducie à titre de garantie survivant, à la différence de la simple fiducie-gestion, au décès de son constituant, il apparaît essentiel de bien identifier ce qui permet de qualifier une fiducie en fiducie à titre de garantie constituée en application de la section 2 du chapitre IV du sous-titre II du titre II au livre IV du Code civil traitant des sûretés, ou *a contrario* ce qui aurait pour conséquence de l'exclure de cette catégorie.

On s'attachera tout d'abord à identifier la nature juridique de ce contrat spécial qu'est la fiducie à titre de garantie (« **fiducie-sûreté** ») (I), avant de s'attarder quelque peu sur les modalités édictées par le Code civil de la réalisation d'une fiducie-sûreté en cas d'inexécution de l'obligation garantie (« **le cas de défaut** ») (II).

I. – La nature de la fiducie-sûreté

Bien que ce terme ne se retrouve point dans le Code civil, la doctrine et la pratique qualifient la fiducie à titre de garantie de « fiducie-sûreté ».

En pareil cas, sans éluder les dispositions générales des articles 2011 à 2030 du Code civil, applicables à toutes fiducies qu'elles soient simplement de gestion ou aussi à titre de garantie, il convient, pour ces dernières, de se référer en outre aux articles 2372-1 et suivants du Code civil pour les garanties constituées de biens et/ou droits meubles et 2488-1 et suivants du même code pour les garanties constituées de biens et/ou droits immobiliers.

De manière à simplifier le raisonnement présenté dans la présente contribution, nous nous référerons aux seuls articles 2372-1 et suivants du Code civil, traitant des garanties mobilières, précisant ici que le raisonnement est strictement le même si on l'applique aux fiducies-sûretés visées aux articles 2488-1 et suivants du même code, applicables aux garanties immobilières.

L'article 2372-1, alinéa 1 du Code civil dispose que :

> « la propriété d'un bien mobilier ou d'un droit peut être cédée à tire de garantie d'une obligation en vertu d'un contrat de fiducie conclu en application des articles 2011 à 2030 (du Code civil) ».

On relève d'abord que c'est bien de la **propriété** du bien ou du droit dont il s'agit ici, ce qui n'exclut bien entendu pas, la pratique le démontre d'ailleurs largement chaque jour, que cette propriété puisse être spéciale, bridée, non perpétuelle, délestée de certains des attributs d'une propriété assortie de la plénitude de *son usus*, son *abusus* et son *fructus*.

Ainsi, par exemple, parmi les restrictions à la plénitude de la propriété, le constituant d'une fiducie-sûreté peut se réserver la libre disposition du bien ou droit cédé en fiducie et/ou continuer à en assumer la charge, voire indirectement les risques.

Ainsi encore, selon les choix contractuels, dès lors qu'il s'agit d'une fiducie-sûreté, le fiduciaire ne dispose pas du droit d'user librement de l'*abusus* sur le bien ou droit affecté en fiducie, sa mission étant alors limitée à le conserver intègre dans son patrimoine fiduciaire, sans être autorisé, sauf disposition contractuelle différente, à la moindre aliénation, sauf sa restitution au constituant à l'expiration de la fiducie ou, en cas de défaut, son transfert au bénéficiaire ou sa vente dans le cadre de la réalisation de la fiducie-sûreté.

Quant à la nature de l'obligation sécurisée par la fiducie ainsi constituée, il peut à l'évidence s'agir de toute obligation quelle qu'elle soit, et notamment d'une obligation de faire tout autant que d'une obligation de payer, en espèces comme en nature, l'article 2372-1, alinéa 2 du Code civil précisant en outre que l'obligation ainsi garantie peut être présente ou future.

Il s'agit donc bien de toute nature d'obligation pourvu qu'elle soit déterminable selon le dispositif posé au contrat fiduciaire.

Il suffit donc pour le débiteur d'une obligation, de quelque nature qu'elle soit, de transférer à un fiduciaire un bien ou droit, en vertu d'un contrat consensuel dit contrat fiduciaire, passé entre ledit débiteur de l'obligation et un fiduciaire, par essence étranger à cette obligation, à charge pour le fiduciaire de conserver ledit bien ou droit dans un patrimoine fiduciaire affecté, au bénéfice du créancier de l'obligation, pour caractériser une fiducie-sûreté constituée en application de la section 2 du chapitre IV du sous-titre II du titre II du Code civil, visant les sûretés réelles.

Cette qualification est essentielle, notamment car alors, par dérogation à l'article 2029 du Code civil, le décès du constituant, personne physique, ne met pas fin au contrat de fiducie portant la sûreté concernée.

Sans éluder les règles générales de la fiducie des articles 2012 à 2030 du Code civil, qui s'appliquent par essence à toutes les fiducies, qu'elles soient de gestion ou sûreté, il ne fait aucun doute que, c'est bien dès lors qu'elle est constituée en application des dispositions des articles 2372-1 et suivants (ou art. 2488-1 et s., si fiducie-sûreté immobilière) du Code civil, qu'est ainsi qualifiée cette fiducie spéciale qu'est la fiducie-sûreté, classée par le législateur dans la catégorie des sûretés, puisqu'intégrée au titre II du Code civil visant les « sûretés réelles ».

Et ce n'est bien que parce que la fiducie concernée est « constituée en application de la présente section » qu'elle pourra perdurer au-delà du décès du constituant(1).

Gare donc aux fiducies qui ne seraient pas constituées en application de ladite section ou qui y dérogeraient, et notamment à ses articles 2372-2, 3 et 4 ou 2488-2, 3 et 4 relatifs à sa réalisation en cas de défaut.

II. – La réalisation de la fiducie en application des articles 2372-1 et suivants ou 2488-1 et suivants du Code civil

1. Dès lors qu'il s'agit d'une fiducie constituée à titre de garantie, le contrat doit mentionner la dette garantie (C. civ., art. 2372-2) :

> « /... le contrat mentionne à peine de nullité/.../ la dette garantie ».

Se pose donc d'abord la question de ce que ce texte entend par le terme « mentionne ».

S'agit-il simplement de décrire la dette garantie, ou faut-il aussi nécessairement la quantifier, même s'il ne s'agit pas d'une dette d'argent mais, peut-être, d'une dette résultant, par exemple, d'une obligation de faire ?

Dans ce dernier cas, doit-on considérer que la dette garantie est bien l'obligation de faire et que sa valeur vénale serait en réalité une sorte de clause pénale que viendra, on le verra, sécuriser l'actif fiduciaire constituant sûreté ?

S'agit-il, par ailleurs, de la dette en son estimation au jour du contrat, ou au jour de la réalisation, c'est-à-dire augmentée des intérêts, des éventuels coûts, ou, en présence d'une obligation de remettre un bien déterminé, à la valeur qu'aura alors ce bien qui, justement ne sera pas remis, provoquant le cas de défaut ?

En quelque sorte, pourrait-on stipuler au contrat fiduciaire que la dette garantie sera valorisée, par volonté contractuelle, à un montant exactement égal à la valeur du bien remis en garantie de cette dette ?

Quel intérêt alors à une expertise au jour de la réalisation de la valeur de ce bien, et donc, par équivalence, de la dette garantie, puisque par essence il n'y aura pas de soulte dès lors que les deux valeurs seront censées, certes par choix contractuel, et non du fait d'une évaluation *in concreto*, être de même montant ?

On verra que se pose alors la question du caractère d'ordre public ou non des dispositions des articles 2372-4 ou 2488-4 du Code civil, qui édictent ce mécanisme de soulte en cas de réalisation de la fiducie.

Et que dire s'il s'agit d'une obligation de faire encore moins matérielle et quantifiable ?

(1) C. civ., art. 2372-1, al. 3 : « Par dérogation à l'article 2029, le décès du constituant personne physique ne met pas fin au contrat de fiducie constitué en application de la présente section ».

La dette garantie correspond-elle alors au préjudice subi par le bénéficiaire du fait, pour le constituant, de ne pas avoir exécuté l'obligation de faire, par exemple de ne pas avoir fait telles visites régulières à une clientèle ou de ne pas avoir atteint tel objectif commercial, etc. ?

Il peut aussi s'agir de préjudices indirects (perte de production, de marché, de chance), voire de préjudices moraux.

Il nous semble, en tous cas au stade de la conclusion du contrat que, sauf bien sûr s'il s'agit d'une dette d'argent, l'article 2372-2 du Code civil n'impose qu'une description de la dette, et non nécessairement son estimation financière, laquelle suggérerait d'ajouter au texte, et poserait une réelle difficulté pour certaines obligations de faire auxquelles il n'y a pas réellement de contre-valeur financière.

Qui plus est, quel serait l'intérêt d'évaluer la dette, si tant est que ce soit faisable au jour de la constitution de la fiducie quand c'est à son dénouement, en cas de défaut, qu'elle devient d'actualité pour désintéresser le bénéficiaire et, le cas échéant, arrêter le montant d'une soulte ?

Ainsi encore si, par exemple, il ne s'agit pour le fiduciaire que de remettre un bien promis, conservé jusqu'alors en fiducie, à un bénéficiaire, à une échéance ou à une condition donnée, s'agit-il d'une simple fiducie-gestion, ou d'une fiducie-sûreté, survivant alors au décès du constituant ?

Quelle analyse faire à cet égard au cas où, par exemple, un fondateur de *startup* cède à un fonds d'investissement partie de ses actions dans le cadre d'un *Leveraged buy-out* (LBO), cette cession étant assortie d'un nombre d'actions complémentaire en cas de non-atteinte par la société cédée d'objectifs convenus, ces dernières actions étant d'ici là apportées par ledit fondateur en fiducie, soit pour lui être restituées, le jour venu, soit pour être remises, en cas de non-atteinte de l'objectif, au bénéficiaire investisseur ?

Selon le texte, il s'agira alors de chiffrer cette dette au jour du cas de défaut si nous sommes en présence d'une fiducie-sûreté et d'un cas de défaut, en application des articles 2372-2 et suivants (ou 2488-2 et s.) du Code civil.

Une autre analyse pourrait conduire à considérer qu'en réalité il y a, le moment venu, une restitution, fictive en fait mais réelle en droit, par le fiduciaire des titres au constituant, qui donnera ordre audit fiduciaire de les remettre alors non pas à lui mais, par délégation, au bénéficiaire investisseur, sans qu'il s'agisse d'un cas de défaut.

Le cas de défaut n'existerait alors que si l'ordre ci-dessus n'était pas donné, avec le même résultat, mais sur un fondement juridique différent à la remise des titres par le fiduciaire au bénéficiaire.

En d'autres termes, dans l'hypothèse primaire de l'ordre donné par le constituant, il ne s'agit que de l'exécution de la mission de gestion par le fiduciaire.

Dans l'hypothèse secondaire du cas de défaut, la remise des titres est la réalisation de la fiducie-sûreté.

Une soulte, pourtant non voulue par les parties, s'impose-t-elle néanmoins, du fait des dispositions du Code civil propres aux fiducies-sûretés, si la valeur de la dette apparaît inférieure à celle des titres à remettre à l'investisseur ?

Peut-on alors considérer juste, sans enfreindre les articles 2372-2 et suivants du Code civil, d'estimer la dette à la valeur des titres visés par l'obligation de céder à l'investisseur ?

S'agit-il de l'exécution d'une promesse de cession, et non d'une fiducie-sûreté ou, comme nous le pensons, d'une promesse de cession dont l'exécution est garantie par une fiducie-sûreté, qui ne sera jamais réalisée puisque le fiduciaire ayant mandat d'exécuter lui-même l'obligation de livrer les titres promis, il ne peut y avoir de cas de défaut, et donc de mise en œuvre des articles 2372-2 et suivants du Code civil ?

2. Au visa de l'article 2372-3 du Code civil, si le fiduciaire est le créancier ou si, à défaut et si cela est prévu au contrat, cette option est choisie, le bien formant l'actif fiduciaire est remis au créancier ***à défaut de paiement*** (*sic*).

C'est là que le texte interpelle, car il vise bien un défaut de ***paiement***, ce qui aussitôt suggère qu'il s'agit d'une obligation de paiement dont il est ici question.

Faut-il en déduire que faute de « paiement » garanti, il ne peut y avoir fiducie-sûreté ?

Il n'en demeure pas moins que l'éventuelle impossibilité ou incertitude de l'évaluation de la dette garantie, faute de paiement quantifiable, ne nous semble pas pour autant remettre en cause sa nature juridique de fiducie à titre de garantie, la rendant éligible à l'article 2372-1, alinéa 3 (ou 2488-1, al. 3) du Code civil, c'est-à-dire à sa continuation nonobstant le décès du constituant.

Dit autrement, un « **paiement** » au visa de l'article 2372-3 du Code civil signifie-t-il nécessairement paiement d'une somme d'argent, ou admettrait-on que cela puisse s'interpréter au sens de payer sa dette, s'acquitter de sa dette, fût-elle d'honneur, fût-elle l'exécution d'une obligation de faire ?

Il convient ci-après de tirer la conséquence de cette qualification en fiducie-sûreté quant aux règles qui s'imposent pour sa réalisation en cas de défaut.

3. En cas de défaut, avec pour conséquence la remise du bien par le fiduciaire au bénéficiaire, ou la vente dudit bien par le fiduciaire, avec remise de tout ou partie du prix au bénéficiaire, l'article 2372-4 du Code civil prévoit expressément qu'il conviendra de calculer ou constater la différence entre le prix réel, en cas de vente, ou estimé, en cas de remise du bien au créancier, et le « montant de la dette » (C. civ., art. 2372-4, al. 1) ou « la valeur de la dette garantie » (C. civ., art. 2372-4, al. 2).

On note avec étonnement qu'ici, point de similitude des formes, tantôt « montant de la dette », ce qui suggère en argent, tantôt « valeur de la dette », ce qui peut recouvrir plus qu'une donnée financière.

En effet, si le bien est remis en nature au créancier, on compare le montant estimé dudit bien en fiducie avec le « montant de la dette » (C. civ., art. 2372-4, al. 1).

Si par contre le bien est vendu pour désintéresser le créancier, on compare alors le montant de la vente du bien avec la « valeur de la dette garantie » (C. civ., art. 2372-4, al. 2).

Doit-on supposer que ces deux termes sont en réalité synonymes, sauf à comprendre que, s'agissant d'une obligation autre que de payer une somme d'argent, voire de remettre le bien si c'est celui-là même qui est en fiducie, la dette peut ne pas avoir réellement de montant quantifiable, sauf éventuellement à être considérée comme indemnitaire, et que, par conséquent, si le bien en fiducie est remis en nature au créancier, c'est nécessairement que les parties ont voulu que ce soit pour solde, conséquence voulue par elles du non-respect de l'obligation de faire ?

Mais dans pareil scénario d'absence de soulte, ne se place-t-on pas en infraction avec les dispositions de l'article 2372-4 du Code civil, qui posent le principe de cette soulte ?

Si, par contre, le fiduciaire doit vendre le bien pour désintéresser en espèces le créancier de l'obligation de faire, sorte d'indemnité compensant le défaut à cette obligation, il convient alors de se référer à la « valeur de la dette » et non plus à son « montant », c'est-à-dire à une estimation de ce que représente en argent le préjudice réel subi du fait du défaut dans l'obligation de faire, sauf, à l'instar de l'alinéa précédent, à prévoir contractuellement que le montant de la dette, et donc celui de l'indemnité, sera égal à 100 % du prix de vente du bien fiduciaire.

Considérons en tous cas que le raisonnement a au moins le mérite de rendre les fiducies créées à titre de garantie d'obligations autres que de payer une somme d'argent éligibles au statut de fiducie-sûreté respectant les dispositions de la section visée à l'article 2372-1 du Code civil, et, à ce titre, perdurant au-delà du décès du constituant.

4. Si, par contre, ce raisonnement ne tient pas, alors on en revient au fait que le texte impose d'évaluer la dette lors de la réalisation de la fiducie, ce qui suggère que la remise, pour solde, du bien constituant la sûreté n'est pas possible au regard de la lettre du texte qui exige le paiement d'une soulte si le prix de vente dépasse celui de la dette.

Cela a aussi pour corollaire l'extrême difficulté à évaluer la contrepartie d'une obligation de faire non respectée, sorte d'expertise du préjudice, étant précisé que même si cette évaluation est déterminable en vertu du contrat fiduciaire lui-même, le juge conservera toujours sa liberté de réduction ou augmentation dès lors que l'on considérerait cette dette comme constituant une clause pénale.

On ne peut ainsi que constater que le texte est d'application simple dès lors que la sûreté couvre une obligation de payer une somme d'argent, voire de remettre le bien lui-même en fiducie.

Par contre son interprétation, voire sa mise en œuvre, laissent une incertitude au praticien au cas de fiducie garantissant des obligations d'une autre nature que la somme d'argent ou le bien en fiducie, par exemple en exécution d'une promesse de vente.

Le sujet est d'autant plus important que si l'on venait à en déduire qu'on ne peut qualifier une fiducie à titre de garantie que s'il s'agit de la garantie d'une dette d'argent, alors la garantie de dettes autres que de somme d'argent ne serait plus éligible à la sous-section ici visée du Code civil et donc sortirait de la catégorie usuellement désignée « fiducie-sûreté », avec pour corollaire que le décès du constituant éteindrait la garantie de l'obligation autre que de somme d'argent.

Ceci serait à l'évidence un non-sens car, pourtant, pour le praticien au quotidien, la garantie d'une obligation de faire par une fiducie ne peut être qualifiée autrement que de fiducie-sûreté, perdurant à ce titre au-delà du décès du constituant personne physique, et ce nonobstant l'impossibilité éventuelle d'appliquer les règles de réalisation des articles 2372-2 et suivants du Code civil.

Il nous semble que cette disposition dérogatoire sur le maintien de la fiducie au-delà du décès du constituant gagnerait à figurer dans le chapitre traitant des fiducies en général, à l'article 2029, alinéa 1 du Code civil, qui dispose que le contrat de fiducie prend fin au décès du constituant, et non aux articles 2372-1, alinéa 3 ou 2488-1, alinéa 3 du même code qui traitent de la mise en œuvre et du fonctionnement de la fiducie à titre de garantie.

Ainsi, la suggestion du rédacteur de cette contribution pourrait être la rédaction suivante :

Article 2029, alinéa 1 du Code civil

« Le contrat de fiducie prend fin par le décès du constituant personne physique, sauf en cas de fiducie constituée à titre de garantie d'une obligation, (...) »

Article 2372-1, alinéa 3 du Code civil

Abrogé.

Article 2488-1, alinéa 3 du Code civil

Abrogé.

Ainsi, les dispositions visées aux articles 2372-1 et suivants et 2488-1 et suivants du Code civil et leur mise en œuvre, avec les interrogations ci-avant que cela suggère, n'auraient pas interférence avec le principe général, dorénavant posé au nouvel article 2029, alinéa 1 du Code civil, de la poursuite de la fiducie constituée à titre de garantie d'une obligation au-delà du décès du constituant personne physique, nonobstant les difficultés voire impossibilité de mise en œuvre *stricto sensu* pour certaines fiducies-sûretés des dispositions des articles 2372-2 et suivants ou 2488-2 et suivants du Code civil.

DEUXIÈME PARTIE

FIDUCIE ET DROIT DES AFFAIRES

Introduction

Le droit des affaires a accueilli favorablement la fiducie. En 2014, elle avait été utilisée par le groupe Kering pour la sortie de l'enseigne La Redoute afin de financer un plan de sauvegarde de l'emploi. Le contrat prévoyait à l'époque les conditions de la libération progressive du cash.

Depuis l'assurance du maintien des régimes de faveur de régime mère fille et d'intégration fiscale, la fiducie s'est fortement développée, en devenant incontournable, en matière de droits sociaux, tout particulièrement, pour les opérations de restructuration. Pour autant, la fiducie demeure un outil à manier avec prudence. Son régime juridique en matière de disproportion, de convention de mise à disposition ou encore en matière de réalisation oblige les praticiens à bien maîtriser les conséquences juridiques et fiscales.

La pratique, ingénieuse en la matière, innove encore et toujours. La fiducie est aujourd'hui utilisée au service de la restructuration de la dette des sociétés cotées. Encore méconnue, la technique dite de la fiducie-equitization permet de convertir progressivement de la dette en capital. Ce renouveau contractuel témoigne de la vitalité de l'outil fiduciaire et de son caractère sur-mesure. Pour autant, la fiducie, tout particulièrement en matière de sûreté, tend à se standardiser afin de s'ouvrir au plus grand nombre.

Même si elle a montré ses preuves, la fiducie doit encore évoluer ! Des zones d'ombre subsistent quant au maintien des régimes fiscaux de faveur (Pacte Dutreil, PEA...).

Sabrina LE NORMAND-CAILLÈRE

TITRE 1

INCIDENCES FISCALES ET COMPTABLES

La fiducie et le maintien des régimes de faveur

Florence ESTIENNY
Docteur en droit
Avocat à la Cour, Paris

On aurait pu légitimement penser qu'après quinze ans, la fiducie aurait fini par trouver sa place dans le concert des dispositions fiscales et notamment dans son articulation avec les régimes de faveur. Mais ce n'est malheureusement pas encore le cas.

De nombreuses raisons peuvent justifier l'état actuel du droit. Nous ne reviendrons pas sur les atermoiements du législateur pour doter la France d'un mécanisme tel que la fiducie, un tel exposé dépasserait largement le cadre de cette modeste contribution. Nous ne reviendrons pas non plus sur les critiques de la doctrine et des praticiens qui ont pointé du doigt un législateur à « la main tremblante »[1], inspirées plus par la crainte que cet instrument soit utilisé à des fins de fraude fiscale et d'évasion fiscale que par une circonspection d'usage. Nous ne reviendrons pas non plus sur la prohibition de la fiducie-libéralité dont l'irrespect est lourdement sanctionné civilement comme fiscalement[2], mesure qui à elle seule résume toute la défiance que le législateur a pour cet instrument.

Pourtant depuis son adoption, le législateur est intervenu à plusieurs reprises pour modifier tant le régime juridique que fiscal de la fiducie. On peut regretter toutefois ces réformes par petites touches notamment en matière fiscale qui conduisent à la multiplication des dispositifs épars qui ne permettent pas de dégager une cohérence d'ensemble du régime fiscal de la fiducie.

On distingue dans les textes actuels deux types de régime fiscal : celui de la fiducie utilisée à des fins purement patrimoniale. Les articles 238 quater B à 238 quater M du Code général des impôts sont applicables au constituant qui agit dans le cadre de son activité professionnelle. L'originalité de ce régime fiscal tient dans la combinaison du régime spécial des fusions inspiré de l'article 210 A du même code visant à assurer la neutralité du transfert d'un patrimoine à l'autre et du régime de semi-transparence des sociétés de personnes pour le calcul du résultat imposable. Les articles 238 quater N à 238 quater Q du Code général des impôts sont applicables au constituant qui agit dans le cadre de la gestion de son patrimoine privé.

(1) Montesquieu, *Lettres persanes*, n° 79 : « Il est quelquefois nécessaire de changer certaines lois. Mais le cas est rare ; et lorsqu'il arrive, il n'y faut toucher que d'une main tremblante ».
(2) C. civ., art. 2013 ; CGI., art. 792 bis et art. 1729 ; LPF, art. 64 C.

Loin de faire un inventaire exhaustif des dispositifs de faveur applicable à la fiducie, l'objet de cette étude est de montrer que certains régimes de faveur s'appliquent d'ores et déjà à la fiducie quand d'autres le pourraient mais ne le sont pas en l'état actuel de la législation.

I. – Des dispositifs de faveur épars applicables à la fiducie

A. – Le maintien des régimes de faveur pour les constituants relevant de l'impôt sur le revenu et d'impôt sur la fortune immobilière

La neutralisation du transfert des biens en fiducie. L'article 238 quater N du Code général des impôts prévoit que le transfert de biens ou droits dans le patrimoine fiduciaire n'est pas un fait générateur d'impôt sur le revenu, sous réserve que les trois conditions suivantes soient cumulativement remplies : d'une part, les biens ou droits sont transférés dans le cadre d'un contrat de fiducie tel que défini à l'article 2011 du Code civil ; d'autre part, le constituant doit être le ou l'un des bénéficiaires désignés dans le contrat de fiducie. Cela signifie que le contrat doit expressément mentionner le retour des biens ou droits dans le patrimoine du constituant. En pratique, cela peut ne pas être le cas, mais cette mention dans le contrat justifie que le transfert des biens ou droits soit fiscalement traité comme une « opération intercalaire ». Enfin, le fiduciaire doit inscrire, dans les écritures du patrimoine fiduciaire, les biens ou droits transférés pour leur prix ou valeur d'acquisition par le constituant[3]. Lorsque ces conditions sont remplies, les plus-values constatées lors du transfert en fiducie sont neutralisées.

Le maintien des régimes d'imposition de faveur antérieurs au transfert fiduciaire. Pour les constituants relevant de l'impôt sur le revenu, le législateur a prévu à l'article 238 quater D du Code général des impôts que les reports d'imposition antérieurs prévus en matière d'impôt sur le revenu sont maintenus en cas de transfert en fiducie jusqu'à la date de cession des biens ou droits transférés ou jusqu'à la date de fin de l'opération de fiducie, autrement dit jusqu'à la cessation fiscale. Le maintien du report d'imposition concerne les plus-values réalisées par : une personne physique à l'occasion de la transmission à titre gratuit d'une entreprise individuelle[4] ; d'un apport en société d'une activité libérale[5] ; d'un apport en société de brevet[6] ; de restructuration d'une société civile professionnelle[7] ; d'un apport en société de titres inscrits à l'actif d'une entreprise individuelle[8] ; d'une transmission à titre gratuit à une personne physique des droits ou parts dans une société de personnes constitutifs d'un actif professionnel[9] ; d'un changement de régime fiscal de la société de personnes dans laquelle l'associé exerce son activité professionnelle[10] ;

(3) CGI, art. 238 quater N, 2° : « Le fiduciaire inscrit, dans les écritures du patrimoine fiduciaire, les biens ou droits transférés pour leur prix ou valeur d'acquisition par le constituant ».
(4) CGI, art. 41.
(5) CGI, art. 93 quater, II.
(6) CGI, art. 93 quater, I ter.
(7) CGI, art. 151 octies A.
(8) CGI, art. 151 octies B.
(9) CGI, art. 151 nonies, II.
(10) CGI, art. 151 nonies, III.

d'une cessation de l'exercice de l'activité professionnelle dans une société de personnes[11] ; d'un apport en société de droits ou parts de société de personnes détenus par des associés qui exercent une activité professionnelle en son sein[12]. Ainsi, la plus-value en report devient imposable si un événement, autre que ceux qui sont cités à l'article 238 quater D, met fin au report en application des textes le régissant.

L'application de l'abattement pour durée de détention de biens immobiliers détenus par une fiducie. En cas de cession d'un immeuble détenu depuis plus de cinq ans, l'article 150 VC du Code général des impôts prévoit que le montant de la plus-value imposable est réduit d'un abattement de 6 % par année de possession de l'immeuble au-delà de la cinquième (4 % au titre de la 22e année). En pratique, les plus-values réalisées sur des immeubles détenus depuis plus de vingt-deux ans sont totalement exonérées par le jeu de cet abattement. L'article 150 VC, I-1° prévoit des modalités spécifiques de calcul de cette durée en cas de cession de titres ou droits cédés par une fiducie. Ainsi, la durée de détention est décomptée à partir :

– de la date d'acquisition du bien ou droit par le constituant si les biens ou droits cédés ont été transférés dans le patrimoine fiduciaire dans les conditions de l'article 238 quater N du Code général des impôts, c'est-à-dire avec application du régime de neutralité fiscale. En cas de pluralité de constituants, l'abattement pour durée de détention du constituant qui a transféré un immeuble bénéficie donc également aux autres constituants ;

– de la date d'acquisition des biens ou droits par la fiducie dans les autres cas, c'est-à-dire lorsque les biens ou droits ont été acquis par la fiducie ou lorsqu'ils ont été transférés dans le patrimoine fiduciaire sans le régime de neutralité fiscale.

L'application de l'abattement pour durée de détention des titres ou droits acquis par une fiducie. Pour les titres acquis ou souscrits avant le 1er janvier 2018, l'article 150-0 D du Code général des impôts prévoit que les gains nets de cession peuvent, dans certains cas, être réduits d'un abattement pour durée de détention. Des modalités spécifiques de calcul de la durée de détention ont été fixées pour les titres ou droits cédés par une fiducie. L'article 150-0 D, 1 quinquies-5° prévoit que la durée de détention est décomptée comme suit lorsque la cession des titres ou droits est effectuée par une fiducie :

– à partir de la date d'acquisition ou de souscription des titres ou droits par le constituant, lorsque les titres ou droits cédés ont été transférés dans le patrimoine fiduciaire dans les conditions de l'article 238 quater N du Code général des impôts, c'est-à-dire avec le régime de neutralité fiscale. Cette disposition a pour effet de tenir compte non seulement de la durée de détention des titres ou droits cédés par la fiducie, mais également de leur durée de détention par le constituant initial, et de le placer dans la même situation que si les titres ou droits n'étaient jamais sortis de son patrimoine ;

– à partir de la date d'acquisition ou de souscription des titres ou droits par la fiducie, dans les autres cas. Cette disposition vise les cessions de titres ou droits acquis par la fiducie en remploi de sommes qu'elle a reçues à la suite de la cession

(11) CGI, art. 151 nonies, IV.
(12) CGI, art. 151 nonies, IV bis.

d'un bien ou de la perception d'un revenu et les cessions de titres ou droits transférés dans le patrimoine fiduciaire sans le régime de neutralité fiscale prévu à l'article 238 quater N du Code général des impôts.

Fiducie et maintien des régimes de faveur applicables en matière d'impôt sur la fortune immobilière. Le principe de neutralité fiscale conduit à désigner le constituant comme seul redevable de l'impôt sur la fortune immobilière. En application de l'article 969 du Code général des impôts, les actifs mentionnés à l'article 965 du même code transférés dans un patrimoine fiduciaire ou ceux éventuellement acquis en remploi, sont compris dans le patrimoine du constituant pour leur valeur vénale nette. La détermination des actifs imposables s'apprécie comme si le redevable ou les membres du foyer fiscal détenaient les actifs directement. L'article 975 dudit code précise que les actifs composant le patrimoine fiduciaire peuvent, le cas échéant, bénéficier des exonérations prévues par les différentes dispositions du Code général des impôts en faveur de certains biens : exonération pour biens professionnels dès lors que les biens restent affectés à l'activité professionnelle du constituant. De même, la mise en fiducie de la résidence principale ne s'oppose pas à l'application de l'abattement de 30 % sur la valeur.

B. – Les régimes de faveur applicables aux autres constituants

La neutralisation du transfert des titres du portefeuille dans le patrimoine fiduciaire. La plus-value constatée à raison des titres du portefeuille transférés dans le patrimoine fiduciaire ne fait pas l'objet d'une imposition immédiate lorsqu'il s'agit de titres de participation. Elle est imposée ultérieurement lors de la cession de ces titres. La plus-value ainsi mise en sursis est exonérée si les titres en cause ont le caractère de titres de participation au sens des dispositions de l'article 219, I, a quinquies du Code général des impôts dans le cadre de la fiducie. Aux termes de l'article 238 quater B, III du même code, les titres du portefeuille dont le résultat de cession est exclu du régime des plus-values à long terme (titres de placement) sont traités, pour l'application du régime de neutralité, comme des éléments de l'actif immobilisé non amortissables. Aucune imposition des plus-values sur titres n'a donc lieu d'être opérée.

Le maintien du bénéfice des régimes de groupe lors de transfert de titres à la fiducie. Le régime des sociétés mères est un régime de groupe permettant d'éviter que les dividendes versés par une filiale ne fassent l'objet d'une double imposition. Les dividendes versés ont déjà été imposés chez la distributrice[13]. Le régime d'exonération des dividendes permet que les dividendes ainsi distribués ne soient pas une nouvelle fois imposés chez la bénéficiaire. Le bénéfice de ce régime est réservé aux sociétés et organismes soumis à l'impôt sur les sociétés. Le régime de l'intégration fiscale[14] permet de considérer que les sociétés du groupe constituent une seule entité pour l'imposition du résultat. La société tête de groupe qui

(13) Issu de la loi du 31 juillet 1920. Pour un historique : V. CE, 20 févr. 2012 : *Dr. fisc.* 2012, 276, concl. Hedary.

(14) CGI, art. 223 A à 223 U : il assure la prise en compte en droit fiscal de la notion de groupe de sociétés. Il permet de considérer que les sociétés du groupe constituent une seule entité pour l'imposition du résultat. La société tête de groupe qui opte pour ce régime se constitue seule redevable de l'impôt sur les sociétés dû sur l'ensemble des résultats du groupe formé par elle-même et ses filiales.

opte pour ce régime se constitue seule redevable de l'impôt sur les sociétés dû sur l'ensemble des résultats du groupe formé par elle-même et ses filiales. L'article 71 de la loi n° 2014-1655 du 29 décembre 2014 a amélioré la neutralité fiscale du régime de la fiducie en maintenant, sous certaines conditions, l'application du régime des sociétés mères prévu à l'article 145 du Code général des impôts aux titres de participation transférés à une fiducie, et ce quelle que soit la finalité du contrat (gestion ou sûreté). Ces dispositions s'appliquent aux exercices clos à compter du 31 décembre 2014.

II. – Les dispositifs particuliers non applicables à la fiducie en l'état actuel du droit

A. – L'exclusion ou l'omission injustifiée de l'application de certains régimes de faveur à la fiducie

L'exonération des plus-values réalisées par les petites entreprises, prévue à l'article 151 septies du Code général des impôts, n'est pas applicable aux plus-values réalisées lors du transfert en fiducie. Cette exonération est réservée aux entreprises relevant de l'impôt sur le revenu, soit entreprise individuelle, soit les sociétés de personnes soumises à l'impôt sur le revenu. Le législateur a exclu l'application de ce dispositif aux plus-values réalisées lors d'un transfert en fiducie[15] afin d'éviter qu'un transfert de biens en fiducie qui serait transcrit aux valeurs réelles ne puisse être réalisé en totale franchise d'impôt. Il convient de préciser que cette exclusion est valable pour tous les transferts fiduciaires, qu'ils bénéficient ou non du régime de faveur prévu à l'article 238 quater B du Code général des impôts.

Un régime fiscal incomplet en matière de taxe sur la valeur ajoutée. Aucune disposition fiscale ne vient préciser si le transfert des actifs en fiducie constitue, ou non, un fait générateur d'imposition. Toutefois, il serait logique que ces transferts soient traités au regard de la TVA de la même façon que les apports en société, régis par les dispositions de l'article 257 bis du Code général des impôts. Ces dispositions dispensent, en effet, de la taxe les transmissions à titre gratuit ou onéreux d'une universalité totale ou partielle de biens, corporels ou incorporels, réalisées entre redevables de la TVA. Ce dispositif devrait pouvoir s'appliquer aux transferts en fiducie lorsque les actifs transférés constituent bien une universalité, totale ou partielle, de biens. Le même dispositif devrait également pouvoir s'appliquer à la sortie de la fiducie lorsque les biens reviennent dans le patrimoine du constituant ou d'un bénéficiaire redevable de la TVA. En revanche, lorsque le transfert ou la sortie ne porte que sur un ou plusieurs actifs isolés, la question se pose de savoir comment appréhender l'opération de transfert en fiducie ou de sortie de fiducie.

L'absence d'articulation avec d'autres mécanismes de faveur. Le législateur ne nous a pas permis de déterminer si l'opération fiduciaire peut s'articuler avec un pacte Dutreil. Pourtant pour les grandes successions, l'utilisation d'une

(15) CGI, art. 151 septies, VIII : « Les dispositions du présent article ne s'appliquent pas aux transferts de biens ou de droits dans un patrimoine fiduciaire effectués dans le cadre d'une opération de fiducie définie à l'article 2011 du code civil ».

fiducie-sûreté pour avancer les droits de succession pourrait trouver à s'appliquer sans contrevenir à la logique du pacte Dutreil et à l'engagement de conservation qui lui est attaché. De même, ne pourrait-on pas imaginer appliquer la fiducie dans le cadre d'un apport cession au sens de l'article 150-0 B ter du CGI en cas de remploi.

L'absence de précision de la loi sur la fiducie sur la véritable nature du transfert. La loi ne précise pas la nature du transfert fiduciaire. Est-il ou non un droit de propriété ? Cette absence de précision induit des difficultés non seulement sur le plan fiscal, mais également pour l'application du droit de préemption. En effet, la question est de savoir si le transfert fiduciaire peut s'analyser comme une cession à titre onéreux taxable ou comme une opération intercalaire. Là encore, comment justifier que cette opération ne soit pas par principe taxable par assimilation du transfert fiduciaire à une opération de fusion comme c'est le cas actuellement ou sur le fondement d'un principe général de neutralité fiscale.

B. – L'absence d'un régime fiscal unifié de la fiducie : vers la reconnaissance d'un principe général de neutralité fiscale

Il ressort de l'étude du régime fiscal de la fiducie que celui-ci est lacunaire et parfois incohérent. L'absence d'un régime fiscal unifié de la fiducie pose la question de la reconnaissance d'un principe général de neutralité fiscale. Ce principe général de neutralité fiscale permettrait de traiter la fiducie en fonction de ses caractéristiques propres et non par assimilation à une société de personnes.

Les effets du principe de neutralité lors de la constitution et de la fin de la fiducie. Lors de sa constitution, le transfert fiduciaire serait en toute hypothèse non taxable ni au titre de la plus-value ni au titre de la taxe sur la valeur ajoutée car reconnaître son caractère taxable revient à considérer le transfert fiduciaire comme une mutation à titre onéreux ce qui n'est pas le cas.

Les effets du principe de neutralité lors de la vie de la fiducie. L'assimilation de la fiducie au régime fiscal des sociétés de personnes devrait aussi être abandonnée au profit d'une imposition en totale transparence.

Conclusion. Le régime fiscal de la fiducie est encore trop lacunaire et incertain. Il suppose le recours trop fréquent au rescrit pour sécuriser fiscalement les opérations. Or, la pratique du rescrit rend parfois inopérant le recours à la fiducie quand les opérations nécessitent une certaine rapidité dans l'exécution. Le régime fiscal est donc trop souvent dissuasif et mériterait d'être précisé et simplifié en ayant recours au principe général de neutralité fiscale. La neutralité fiscale appliquée à la fiducie reviendrait à prendre en compte la singularité de la fiducie.

La fiducie et l'article 13 de la loi du 11 février 2007 : la notion de résidence

Florence ESTIENNY
Docteur en droit
Avocat à la Cour, Paris

La loi n° 2007-211 du 19 février 2007 instituant la fiducie ne comporte qu'une seule disposition sur la résidence : l'article 13. Cet article n'a curieusement pas été codifié par notre législateur. Il s'agit pourtant d'une disposition importante de l'arsenal juridique sur la fiducie. Cet article fait partie du *corpus* des règles fiscales initiales sur la fiducie et n'a pas été modifié par les interventions législatives ultérieures.

Le législateur énonce, en cet article, que tant le constituant que le fiduciaire doivent être résidents français, d'un État de la « Communauté européenne »(1) ou d'un État ayant conclu avec la France une convention fiscale en vue d'éliminer les doubles impositions qui contient une clause d'assistance administrative en vue de lutter contre la fraude ou l'évasion fiscale. Ainsi rédigé, cet article apporte deux précisions : d'une part, il pose un principe général de prévention de l'utilisation de la fiducie à des fins de blanchiment, de fraude et d'évasion fiscale ; d'autre part, il réserve le bénéfice de la fiducie aux titulaires d'obligations fiscales, à savoir le constituant et le fiduciaire. Le constituant, en tant que « titulaire des droits représentatifs des biens ou droits transférés dans le patrimoine fiduciaire » parce qu'il est considéré comme le redevable légal du résultat dégagé par la fiducie(2), d'une part ; et le fiduciaire, d'autre part, parce qu'il est imposé sur la gestion des opérations du patrimoine fiduciaire(3). Quant au bénéficiaire, le législateur en toute logique ne l'a soumis à aucune condition de résidence car celui-ci n'est tenu à aucune obligation fiscale tant sur le résultat que sur les opérations du patrimoine

(1) L'Union européenne (UE) succède à la Communauté européenne (CE). Elle a été juridiquement créée par le Traité sur l'Union européenne (TUE) signé à Maastricht le 7 février 1992, et entré en vigueur le 1er novembre 1993.

(2) CGI, art. 238 quater A. Pour aller plus loin : F. Estienny, *La fiducie : aspects juridiques et fiscaux – Contribution à l'étude du patrimoine fiduciaire*, Defrénois, coll. « Doctorat & Notariat », 2018, t. 60, ISBN-13.978-2856233313.

(3) Le fiduciaire est désigné comme le titulaire des obligations fiscales **en matière d'impôts locaux** (CGI, art. 1400 : « la taxe foncière est établie au nom du fiduciaire ») ; **en matière de contribution économique territoriale** composée de la cotisation foncière des entreprises (CGI, art. 1447 et 1476, II, b : « la cotisation foncière des entreprises est établie : (...) lorsque l'activité est exercée en vertu d'un contrat de fiducie, au nom du fiduciaire ») et de la cotisation sur la valeur ajoutée des entreprises (CGI, art. 1586, ter : « les fiduciaires pour leur activité exercée en vertu d'un contrat de fiducie qui exercent une activité dans les conditions fixées aux articles 1447 et 1447 bis et dont le chiffre d'affaires est supérieur à 152 500 € sont soumis à la cotisation sur la valeur ajoutée des entreprises ») ; et **en matière de taxe sur la valeur ajoutée** (CGI, art. 256, IV, 1° : « l'exécution des obligations du fiduciaire » est considérée comme une prestation de services assujetties à la TVA.

fiduciaire[4]. Sauf cette disposition spéciale, aucune précision n'est apportée quant au traitement fiscal de la fiducie dans un contexte international[5].

Parfois, la condition de résidence peut être difficile à caractériser. En effet, la résidence est avant tout une notion définie par le droit fiscal. Mais qu'advient-il lorsque le constituant est un fonds souverain ou toute autre personne morale non imposable ? La jurisprudence a souligné que le bénéfice des conventions fiscales est réservé aux personnes morales assujetties à l'impôt. On entend par « résident d'un État contractant » toute personne qui, en vertu de la législation de cet État, y est assujettie à l'impôt en raison de son domicile, de sa résidence, de son siège de direction ou de tout autre critère de nature analogue[6]. À l'inverse, une personne exonérée d'impôt dans un État à raison de son statut ou de son activité ne peut être regardée comme assujettie à cet impôt au sens de la convention ni, par voie de conséquence, comme un « résident » de cet État pour l'application de la convention[7].

On sait néanmoins que la fiducie n'est pas redevable de l'impôt sur le résultat. Cela est vrai que le constituant soit un particulier agissant pour la gestion de son patrimoine ou un constituant agissant à des fins professionnelles. On sait également que le législateur assimile fiscalement la fiducie au régime des sociétés de personnes[8]. Cette assimilation a pour conséquence d'imposer la fiducie en suivant deux étapes. Dans un premier temps, le résultat de la fiducie est déterminé au niveau du patrimoine fiduciaire, même si la fiducie n'est pas elle-même redevable de l'impôt. Dans un second temps, chaque constituant est imposé directement et personnellement sur la part de bénéfices ou de revenus, qui correspond à ses droits dans le patrimoine fiduciaire, déterminé soit en fonction de la nature de l'activité de la fiducie[9], soit en fonction de l'activité du constituant[10]. Par principe, c'est le constituant qui demeure personnellement redevable de la fiducie[11]. Or, de nombreux auteurs ont souligné « la rebutante complexité du régime fiscal

(4) H. de Richemont, Rapp. Sénat n° 11, p. 99-100. – X. de Roux, Rapp. AN n° 3655, p. 93.

(5) **Sur le principe de primauté du droit interne sur le droit conventionnel** : V. CE, ass. plén., 19 déc. 1975, n°s 84774 et 91895 : *RJF* 2/76, concl. Fabre ; *Dr. fisc.* 1976, n° 27, comm. 925 ; chron. 2 /76, n° 77, p. 41, M. Laprade. – CE, 8e et 9e ss-sect., 17 mars 1993, n° 85894, *Memmi* : *RJF* 5/93, n° 612, p. 359, concl. Arrighi de Casanova : « les conventions fiscales conclues en vue d'éviter les doubles impositions ne permettent pas, par elles-mêmes, de prélever l'impôt. Elles ne peuvent donc donner un fondement autonome à une imposition. Leur objet est seulement, comme leur nom l'indique, de faire éventuellement obstacle à une imposition prévue par la loi interne ». Ce principe a été affirmé de manière explicite pour la première fois dans l'affaire *Schneider* : CE, ass. plén., 28 juin 2002, n° 232276, *Min. c/ Sté Schneider Electric* : *RJF* 10/02, n° 1080. Ce principe a été confirmé par des jurisprudences plus récentes : CE, 9e et 10e ss-sect., 15 juill. 2004, n° 249801, *Min. c/ Sté Alitalia* : *RJF* 11/04, n° 1089 et CE, 3e et 8e ss-sect., 13 juill. 2007, n° 290266, *Min. c/ Sté Pacific Espace.*

(6) Modèle de convention fiscale de l'OCDE.

(7) CE, 9e et 10e ss-sect., 9 nov. 2015, n° 370054, *Landesaumlrztekammer Hessen Versorgungswerk (LHV)* : *RJF* 2/16, n° 178, à propos de l'organisme allemand de retraite des médecins de la Hesse, exonéré d'impôt. – CE, 9e et 10e ss-sect., 9 nov. 2015, n° 371132, *Santander Pensiones SA EGFP* : *RJF* 2/16, n° 138, à propos d'un fonds de pension espagnol soumis à un impôt sur les sociétés au taux zéro.

(8) Ph. Derouin, *La transparence fiscale des sociétés de personnes ou faut-il dissuader les étrangers de participer à des sociétés de personnes françaises ?* : *Dr. fisc.* 1997, 1re partie, n° 50 et 2e partie, n° 52.

(9) CGI, art. 238 quater O : c'est le cas du constituant particulier agissant dans le cadre de la gestion de son patrimoine.

(10) CGI, art. 238 quater F : c'est le cas du constituant agissant à des fins professionnelles.

(11) H. de Richemont, Rapp. Sénat n° 11, p. 25 : « Selon l'exposé des motifs de la proposition de loi, les dispositions fiscales du texte auraient pour but de rendre l'opération fiduciaire, en principe, totalement transparente sur le plan fiscal. Le constituant est en quelque sorte toujours réputé fiscalement titulaire des droits mis en fiducie, et est donc redevable de l'impôt à ce titre. Ceci évitera en outre le risque d'utilisation de la fiducie à fins d'évasion fiscale ».

des sociétés de personnes »[12] soumises à l'impôt sur le revenu notamment dans l'ordre international. Ce mode d'imposition appliqué à la fiducie risque donc de créer des conflits d'attribution de revenus entre États dès lors que le fiduciaire peut être considéré en fonction des pays comme le redevable légal en raison des droits qui lui sont conférés sur le patrimoine fiduciaire[13]. Mais il semble impossible, sans nier la spécificité de l'instrument fiduciaire, de conclure à une assimilation parfaite du traitement fiscal de la fiducie à celui des sociétés de personnes, car la fiducie n'a pas la personnalité morale.

En l'absence de texte, nous proposons deux approches du régime fiscal de la fiducie : la première approche consistera à assimiler la fiducie à une société de personnes ; la seconde approche consistera à assimiler la fiducie à une entité transparente.

Dans la première hypothèse, la fiducie est assimilée à une société de personnes[14]. Dans ce cas, la résidence s'analyse non pas au niveau des constituants, mais de la fiducie qui, en dépit de son absence de personnalité morale, se voit reconnaître une « personnalité fiscale ». Dans les conventions fiscales reconnaissant la spécificité des sociétés de personnes et des groupements assimilés, l'État de résidence des sociétés de personnes et des groupements assimilés est réputé être celui où se trouve leur siège de direction effective. Dans ce cas, lorsque la fiducie aura son siège de direction effective en France, elle sera « résidente » en tant que sujet d'imposition alors même qu'elle ne paye pas effectivement l'impôt et n'est pas en tant que telle un contribuable.

Dans la seconde hypothèse, la fiducie est assimilée à une entité transparente. Une telle analyse permettrait d'obtenir une neutralité fiscale parfaite, dès lors que les résultats perçus par le constituant au travers du patrimoine fiduciaire seraient traités de la même façon que si ce dernier les avait réalisés directement. Là encore, le constituant sera imposé comme si le transfert des biens en fiducie n'avait pas eu lieu et comme si les biens étaient toujours entre ses mains, qu'il soit résident ou non résident. Dans ce cas, il faudra rechercher la résidence du ou des constituants. Nous distinguerons deux hypothèses : le cas du constituant résident français (I), et celui du constituant non résident (II).

(12) M. Cozian, *Un sac d'embrouilles, le régime fiscal des sociétés de personnes relevant de l'impôt sur le revenu : Rev. sociétés* 1980, n° 2, p. 217, actualisé avec le concours de A.-S. Peignelin, *in Dr. fisc.* 1994, n° 5, p. 205 ; du même auteur, *Les grands principes de la fiscalité des entreprises*, Litec, 4e éd., 1999. – J. Turot, *Entreprises cédant leur participation dans une société de personnes : l'autre sac d'embrouilles : RJF* 8-9/91, p. 598 ; V. égal. M. Puyraveau, *La fiscalité des sociétés de personnes*, Nouvelles Éditions Fiduciaires, 1986. – A. de Waal, *Le statut des associés non résidents d'une société de personnes française et l'arrêt Comtofina : RD aff. int.* 3/1996, p. 407 à 416 ; du même auteur, *Transparence, translucidité, théorie de la dette de l'impôt. Les différents visages de la société de personnes et leurs conséquences dans l'ordre fiscal international : Dr. fisc.* 45-46/1994. – G. Gest, *Les associés non résidents de sociétés de personnes françaises peuvent-ils se prévaloir des conventions fiscales internationales, une « embrouille » parmi beaucoup d'autres* (les guillemets sont de l'auteur) ? : *RF compt.* 7-8/1993, p. 68 ; du même auteur, *La fiscalité internationale des sociétés de personnes françaises, entre personnalité fiscale et transparence : RF compt.* 9/95, p. 52 à 59. – V. Chaulin, *Retour sur la transparence fiscale des sociétés de personnes françaises : Dr. fisc.* 2004, n° 4, chron. p. 192, n° 1. – B. Gouthière, *Les impôts dans les affaires internationales*, Fr. Lefebvre, 5e éd., 2001, étude 12, n° 1200. – J.-P. Le Gall, *Essai sur le traitement fiscal des sociétés de personnes dans l'ordre international : RD aff. int.* 2/88, p. 213 et s. ; Rapport général du 49e congrès de l'IFA, *Régime fiscal international des sociétés de personnes en matière d'IR*, Cannes, 1995, *in* Cahiers de droit fiscal international, Kluwer, 1995, vol. LXXX a, p. 207-228 et 595 et 654.

(13) Sur la notion de conflit d'attribution : N. Melot et F. Le Mentec, *Conflits in the attribution of income to a person*, Rapport français, Cahiers de droit fiscal international, vol. 92 b, p. 247 et s. ; des mêmes auteurs, *Les conflits d'attribution de revenu à une personne : L'année fiscale* 2008.

(14) Seules quelques rares conventions fiscales traitent du problème des sociétés de personnes : il s'agit des conventions signées entre la France et l'Allemagne, la Suisse, les États-Unis, le Luxembourg, le Japon et le Royaume-Uni.

I. – Le constituant résident français

Nous distinguerons deux situations : le constituant personne physique et le constituant personne morale soumis à l'impôt sur les sociétés.

Le constituant personne physique est considéré domicilié en France[15], soit lorsque les personnes ont en France leur foyer ou le lieu de leur séjour principal, soit lorsqu'elles exercent en France une activité professionnelle, salariée ou non, à moins qu'elles ne justifient que cette activité y soit exercée à titre accessoire ou encore quand elles ont en France le centre de leurs intérêts économiques[16]. Ces règles s'appliquent sous réserve des dispositions relatives à la détermination de la résidence fiscale contenue dans les conventions fiscales. Les constituants personnes physiques qui ont en France leur résidence fiscale sont assujettis à l'impôt sur le revenu de manière illimitée à raison de l'ensemble de leurs revenus, que ceux-ci soient de source française ou étrangère. La règle est celle de l'imposition du bénéfice mondial.

Le constituant personne morale soumis à l'impôt sur les sociétés est imposable en France en application des règles de droit commun lorsque la fiducie « exploite une entreprise en France »[17]. Une exploitation en France se caractérise par : une installation possédant un caractère de permanence et une autonomie propre, la présence de représentants n'ayant pas de personnalité distincte de celle de l'entreprise, exerçant une activité commerciale pour le compte de celle-ci ; la réalisation d'opérations formant un cycle commercial complet se détachant des autres opérations de l'entreprise[18]. À la différence des constituants personnes physiques, les constituants personnes morales ne sont imposés en France que sur les résultats de source française de la fiducie.

Nous envisagerons successivement le sort des revenus de source française (A) et les revenus de source étrangère (B).

A. – L'imposition des revenus de source française

1° L'imposition des revenus d'activité

Dans le cas de l'imposition des revenus d'activité, la qualité de non-résident du fiduciaire n'a pas d'incidence sur l'imposition des résultats du patrimoine fiduciaire. En effet, les résultats du patrimoine fiduciaire sont imposables en France au nom du constituant comme si cette opération ne comportait aucun élément d'extranéité. Compte tenu des dispositions des articles 238 quater F et 238 quater O, les règles applicables sont celles qui concernent les résidents, même si les actifs sont juridiquement la propriété d'un fiduciaire non résident. Les revenus d'activité sont les revenus provenant soit de la gestion d'une entreprise exploitée en France, soit de l'exploitation d'un immeuble situé en France.

2° L'imposition des revenus passifs

Des difficultés peuvent survenir quand les fiduciaires sont non résidents et perçoivent des revenus de source française qui ne sont passibles ni de l'impôt sur les

(15) CGI, art. 4 A.
(16) CGI, art. 4, B, 1.
(17) CGI, art. 209, I.
(18) Rép. min. Valleix, n° 26341 : *JOAN* 22 sept. 1980, p. 4019.

sociétés ni de l'impôt sur le revenu en France. Ces revenus devraient faire l'objet d'une retenue à la source puisqu'ils ne sont pas imposables par voie de rôle. Tel est le cas lorsque le fiduciaire non résident est à la tête d'un patrimoine fiduciaire comprenant des valeurs mobilières françaises donnant lieu au versement de dividendes passibles d'une retenue à la source en France. Mais si le constituant est le redevable légal de l'impôt, il ne devrait pas y avoir de retenue à la source. Ici la situation va entraîner des doubles impositions, dans la mesure où le pays de résidence du fiduciaire peut considérer que ce dernier y est imposable, en tant que propriétaire juridique des valeurs mobilières[19].

B. – L'imposition des revenus de source étrangère

Il s'agit de déterminer si les fiducies doivent être imposées sur leurs seuls revenus de source française ou également sur les revenus de source étrangère et si cela dépend ou non de la situation de leurs constituants.

1° Le fiduciaire résident

Deux situations sont à distinguer selon que les biens sont rattachés à un établissement ou un immeuble hors de France (*a*) ou rattachés à un établissement de France (*b*).

a) Les biens rattachés à un établissement de France

Si les biens sont rattachés à une entreprise en France, les revenus de source étrangère seront imposés en France par voie de retenue à la source. Il en sera ainsi du transfert de valeurs mobilières étrangères par un constituant résident de France dans un patrimoine fiduciaire au nom du fiduciaire également résident de France. Dans ce cas, les dividendes versés feront l'objet d'une retenue à la source dans le pays de résidence du débiteur, et ce dernier devra se demander s'il applique ou non la convention fiscale conclue avec la France.

Cette question rejoindra celle de la détermination du « bénéficiaire effectif »[20] au sens des conventions fiscales. En effet, les conventions fiscales ne s'appliquent que si la personne qui reçoit le revenu en est le bénéficiaire effectif et que l'État de source, soit celui de la société distributrice, n'a pas été obligé de renoncer au droit d'imposer les dividendes, redevances ou intérêts parce que ces revenus dits passifs sont perçus par un résident de l'autre État, soit le fiduciaire résident de France. Ainsi une personne agissant comme un intermédiaire, tel qu'un agent, mandataire, interposé entre le débiteur et le véritable créancier des revenus ne pourrait utilement invoquer la qualité de bénéficiaire effectif pour l'application des conventions fiscales. L'État de la source n'est pas tenu de réduire ses droits d'imposer en application de la convention fiscale du simple fait qu'un revenu est matériellement reçu par un résident d'un État conventionné. Toutefois, dans la mesure où le bénéficiaire effectif, soit le constituant et le fiduciaire, sont tous deux résidents fiscaux de France, il devrait être possible au pays de la source d'appliquer

(19) R. Mortier et F. Le Mentec, *Fiscalité de la fiducie : la neutralité à tout prix : Dr. & patr.* 2008, n° 171, p. 82.
(20) V. *supra*.

la convention fiscale signée avec la France. Il n'y aurait pas à proprement parler d'« abus de convention ».

Du côté français, le résultat de la fiducie est imposé entre les mains du constituant comme si elle n'existait pas. Les stipulations de la convention devraient s'appliquer selon un principe de transparence. Il en résulte qu'en présence d'une retenue à la source dans le pays de résidence du débiteur, un crédit d'impôt devrait, en principe, être imputable en France ; mais il serait limité à la retenue à la source que le pays de la source est autorisé à prélever selon les stipulations de la convention fiscale qui le lie à la France. Si ce dernier n'applique pas la convention au motif que le fiduciaire n'est pas le bénéficiaire effectif des revenus et qu'il refuse de prendre en compte le constituant en transparence, il y aura double imposition à hauteur de la retenue à la source qui ne pourrait constituer un crédit d'impôt en France(21).

b) Les biens rattachés à un établissement ou immeuble hors de France

Si les biens sont rattachés à un établissement hors de France ou s'il s'agit d'un immeuble situé hors de France, le pays de situation sera en principe amené à imposer le fiduciaire plutôt que le constituant au titre de l'impôt sur les résultats du patrimoine fiduciaire. En effet, il est fort probable que l'État concerné ne se soumettra pas à l'analyse du droit fiscal français, dans la mesure où les principes du droit français s'éloignent de la réalité juridique qui est celle d'un transfert de propriété. Pour autant, cela ne devrait pas conduire à augmenter la charge fiscale si le constituant et le fiduciaire sont tous les deux imposables au titre de l'impôt sur les sociétés. Il ne s'agira que d'un transfert de la charge fiscale sur la tête du fiduciaire. Il pourrait cependant en être autrement si le constituant et le fiduciaire sont imposés l'un au titre de son patrimoine privé et l'autre au titre de son activité professionnelle.

Du côté français, l'imposition des résultats du patrimoine fiduciaire se ferait entre les mains du constituant comme si la fiducie n'existait pas. De la même façon, les conventions fiscales internationales seraient appliquées selon un principe de transparence. Les règles de territorialité devraient s'apprécier au niveau du constituant, personne morale ou personne physique, et non au regard du fiduciaire.

Concernant les entreprises, les règles de territorialité prévoient l'exonération en droit interne, ou le bénéfice d'un crédit d'impôt égal à l'impôt français en droit conventionnel. Là encore il n'y aurait pas de difficultés. Si le constituant est une personne physique agissant à titre privé, les règles de territorialité sont différentes, puisque l'impôt sur le revenu est assis sur une base mondiale. Pour autant, l'application même de manière indirecte au constituant des conventions fiscales internationales ne devrait pas poser de problème dès lors qu'il est redevable de l'impôt sur les résultats de la fiducie.

2° Le fiduciaire non résident

Dans ce cas, il n'y a pas de difficulté si les biens sont rattachés à un établissement français ou un immeuble situé en France, les résultats de la gestion du patrimoine fiduciaire sont imposables en France en toute hypothèse. En application des articles 238 quater F et O du Code général des impôts, le constituant est résident,

(21) B. Gouthière, C. Lopater et A.-L. Blandin, *La fiducie mode d'emploi*, Fr. Lefebvre, 2e éd., 2009, n° 6260.

même si les actifs sont la propriété d'un fiduciaire étranger ; il n'y aura pas lieu d'appliquer l'impôt de distribution de l'article 115 quinquies du même code ; ici ce n'est pas le fiduciaire non résident qui réalise le résultat, mais la fiducie qui sera imposable au nom du constituant en tant que résidente fiscalement en France.

Si le fiduciaire n'est pas résident fiscal, le constituant résident français et les revenus ne sont pas rattachés à un établissement de France. Deux solutions sont possibles. Dans une première hypothèse, aucune retenue à la source ne devrait être exigible à considérer que le constituant est toujours propriétaire. Dans une seconde hypothèse, le pays de la source n'appliquera probablement pas la convention fiscale conclue avec l'État de résidence du fiduciaire, ni automatiquement celle conclue avec la France en tant qu'État de résidence du constituant. Là encore, l'application de la retenue à la source à un taux favorable ne sera pas garantie.

II. – Le constituant non résident français

La mise en œuvre de l'article 238 quater F du Code général des impôts relatif à la détermination de la personne redevable de la part de résultat peut s'avérer délicate en droit international.

Les constituants personnes physiques non résidents fiscaux aux termes de l'article 4 B, 1 du Code général des impôts ont des obligations fiscales restreintes, ce qui signifie qu'ils ne sont en principe imposables qu'à raison de leurs revenus de source française.

En vertu de l'article 209-I, les sociétés étrangères pourront se retrouver imposables à l'impôt sur les sociétés en France en raison de leurs parts dans les bénéfices provenant d'une entreprise exploitée en France par l'intermédiaire d'une fiducie[22].

Nous envisagerons successivement le sort des revenus de source française (A) et les revenus de source étrangère (B).

A. – L'imposition des revenus de source française ou des biens situés en France

Si le résultat fiduciaire est en principe imposable au nom du constituant, la résidence fiscale du fiduciaire peut avoir une incidence dans l'application des conventions fiscales selon que l'État de résidence du constituant reconnaît ou non le transfert de propriété du constituant au fiduciaire. Il nous faut alors distinguer deux solutions : lorsque le fiduciaire est résident fiscal en France (1°) et lorsqu'il est non résident (2°).

1° Le fiduciaire résident fiscal français

a) Les revenus d'activité

D'une manière générale, les conventions prévoient qu'une entreprise d'un État qui exerce une activité dans l'autre État n'est imposable dans cet État que si l'activité dans cet État est exercée par l'intermédiaire d'un établissement stable. Lorsque

(22) B. Gouthière, *Fiscalité internationale des sociétés de personnes : où en est-on ? : BF 7/03* : « Notre administration considère (...) que les sociétés de personnes sont, pour l'application des conventions fiscales du côté français, considérées comme des "résidents de France", indépendamment de la résidence de leurs associés ».

l'entreprise exerce son activité par l'intermédiaire d'un établissement stable, l'État de situation de cet établissement dispose du droit d'imposer conformément à son droit interne.

Lorsque le constituant est une personne morale étrangère, la loi ne règle pas les questions liées au rattachement et à l'imposition du patrimoine fiduciaire. En l'absence de principe fixé, deux lectures sont envisageables : l'une par assimilation au régime des sociétés de personnes ; l'autre par une imposition en transparence des constituants de la fiducie.

La première analyse consisterait à transposer la jurisprudence *Kingroup*(23) relative à l'imposition des associés non résidents de sociétés de personnes françaises. Cette analyse pourrait se justifier au regard de l'article 238 quater M qui impose au fiduciaire d'accomplir les obligations déclaratives qui incombent normalement aux sociétés de personnes régies par l'article 8 du Code général des impôts. Il s'agit de la consécration de la théorie de la dette d'impôt en vertu de laquelle les associés sont imposables en France à raison de leur quote-part de bénéfices réalisés en France par la société de personnes(24). La société de personnes est considérée comme un sujet fiscal. Certains auteurs considèrent que la solution dégagée aux sociétés de personnes est applicable en matière de fiducie. La réforme avortée sur les sociétés de personnes prévoyait de s'appliquer à la fiducie. Faut-il y voir par là le souhait du législateur d'assimiler la fiducie à une société de personnes ? Faute de texte explicite, nous ne pouvons pas l'affirmer. Mais le Conseil d'État a rappelé à maintes reprises que les sociétés relevant de l'article 8 du Code général des impôts ont une personnalité fiscale distincte de celle de leurs membres et ont une activité qui leur est propre. Si cette activité est exercée en France, les bénéfices réalisés par ces sociétés sont en principe imposables entre les mains de leurs membres, y compris ceux qui résident hors de France, à proportion des droits qu'ils détiennent dans la société. Pour l'application des conventions fiscales, il conviendra de vérifier si une disposition fait obstacle à l'imposition en France des associés des revenus de la société alors qu'ils sont imposables en droit interne. Dans le cas où la convention est silencieuse, il conviendra d'appliquer la convention fiscale à la société elle-même, car c'est elle qui serait susceptible d'être regardée comme « résidente » de France.

Une seconde analyse consisterait à traiter la fiducie comme une entité transparente et d'imposer en transparence le constituant. Cette analyse est plus conforme à la réalité juridique de la fiducie, car la fiducie n'est ni une personne morale ni une société de fait qui aurait son siège en France. La fiducie n'étant ni une « personne » ni une « résidente » de France, l'application des conventions fiscales internationales se ferait au niveau des constituants.

Les plus-values mobilières. Les plus-values mobilières réalisées par des sociétés de personnes ou groupements assimilés comme la fiducie, sont imposées en transparence au niveau des associés personnes physiques et non de la société de

(23) CE, 8e et 9e ss-sect., 4 avr. 1997, n° 144211, *Sté Kingroup, Sté Kingroup* : *RJF* 5/97, n° 424, concl. Lolum. – CE, 8e et 9e ss-sect., 9 févr. 2000, n° 178389, *Sté suisse Hubertus* : *RJF* 3/00, n° 342, concl. J. Arrighi de Casanova ; *BDCF* 3/00, n° 31. – CE, plén., 11 juill. 2011, n° 317024, *Sté Quality invest* : *RJF* 10/11, n° 1063, concl. L. Olléon ; *BDCF* 10/11, n° 117.
(24) CGI, art. 209.

personnes(25). Ce dispositif vise les gains nets retirés sur les cessions à titre onéreux de valeurs mobilières et de droits sociaux effectuées par des personnes interposées. En revanche, les sociétés étrangères de capitaux, associées de sociétés de personnes françaises ou assimilées telles que la fiducie, sont passibles de l'impôt sur les sociétés au titre de leur quote-part des plus-values réalisées par la fiducie en vertu de l'article 244 bis B du Code général des impôts.

Les plus-values immobilières. Sous réserve de l'application des conventions internationales, les plus-values immobilières réalisées à titre occasionnel par des contribuables non domiciliés en France lors de la cession d'immeubles ou de titres de sociétés à prépondérance immobilière supportent un prélèvement libératoire de 19 % ou 25 %, selon le cas, libératoire de l'impôt sur le revenu ou imputable sur l'impôt sur les sociétés. Le prélèvement s'applique aux contribuables personnes physiques, personnes morales dont le siège est situé à l'étranger, aux sociétés de personnes françaises ou groupements assimilés au prorata des droits détenus par leurs associés non résidents. Les dispositions de l'article 244 bis du Code général des impôts ne s'appliquent pas au niveau des associés mais au niveau des sociétés de personnes qui ont une personnalité fiscale distincte de celle de leurs associés ou membres. En conséquence, ces sociétés ou groupements constituent des sujets d'imposition et, s'ils ont leur siège en France, ont la qualité de résidents de France au sens des conventions fiscales conclues par la France lorsque les conditions requises par l'article *ad hoc* de ces conventions sont remplies. Dans ces conditions leurs associés, ou autres membres, ne peuvent pas être assujettis au prélèvement prévu à l'article 244 bis. Ils sont imposables, dans les conditions de droit commun, à l'impôt sur le revenu ou à l'impôt sur les sociétés, à raison de la quote-part du résultat de la société de personnes correspondant à leurs droits.

b) Les revenus passifs

Pour l'imposition des revenus passifs, le principe de la personnalité fiscale des sociétés de personnes et des groupements assimilés, dont la fiducie, pourrait s'effacer. En effet, en matière d'intérêts, de dividendes et de redevances, ces groupements ont la qualité d'établissement payeur(26). L'imposition se fait en transparence directement au niveau des membres de la société de personnes. Il en sera en principe de même pour les constituants de fiducie(27).

Les revenus immobiliers. Les revenus immobiliers sont les revenus sur les biens immobiliers et sur les droits immobiliers ou sur les actions ou parts de « sociétés immobilières ». Le principe en matière de revenus immobiliers est celui de l'imposition au lieu de situation de l'immeuble(28). Les fiducies immobilières ont, en général, pour objet comme les sociétés civiles immobilières, l'acquisition ou la détention d'immeuble en vue de la location ou de la mise à disposition des associés. Elles ne sont pas personnellement soumises à l'impôt : chaque associé est personnellement imposable sur la quote-part des bénéfices qui lui revient. Ainsi, un associé

(25) CGI, art. 150-O-A.
(26) CGI, ann. II, art. 75, 4° applicable aux dividendes et CGI, ann. III, art. 41 duodecies G applicable aux intérêts.
(27) CGI, art. 119 bis ; CGI, art. 182 B (redevances).
(28) CGI, art. 244 bis A.

non résident est imposable en France dans la catégorie des revenus fonciers, s'il s'agit d'une personne physique, et à l'impôt sur les sociétés s'il s'agit d'une personne morale relevant de l'impôt sur les sociétés.

2° Le fiduciaire non résident

En présence d'une entreprise exploitée en France ou d'un immeuble situé en France, la qualité de résident ou de non-résident du fiduciaire n'a pas d'incidence, le redevable légal étant le constituant.

En présence de revenus passifs provenant de sociétés françaises, l'application des retenues à la source et des conventions fiscales peut s'avérer délicate. En principe, il y aurait lieu d'appliquer les conventions fiscales signées entre la France et l'État de résidence du constituant. Mais il n'est pas certain que cette solution soit valable. Deux difficultés peuvent survenir. Une première difficulté peut résulter de l'application de ladite convention au constituant, car dans l'État de résidence, c'est le fiduciaire et non le constituant qui pourra être considéré comme le redevable de l'impôt sur les bénéfices en raison du transfert de propriété des biens. Une seconde difficulté peut résulter de l'appréciation de la clause de bénéficiaire effectif[29].

B. – L'imposition des revenus étrangers et des biens situés hors de France

Par application du principe de primauté de droit interne sur l'application du droit conventionnel, lorsque les biens sont situés hors de France, le constituant non résident et le fiduciaire résident, il convient d'analyser la situation du côté de l'État de situation des biens. Nous envisagerons successivement l'imposition en droit interne (1°) et en application du droit conventionnel (2°).

1° En droit interne

En France, il n'y a pas lieu d'imposer le fiduciaire car la fiducie est imposée en transparence au nom du constituant, même s'il est non résident. Si la fiducie comprend des biens étrangers qui produisent des revenus passifs, l'État de la source appliquera en principe une retenue à la source.

2° L'application du droit conventionnel

En droit français, si les biens sont situés hors de France et le constituant non résident, et même si le fiduciaire est résident de France, la fiducie serait en principe fiscalement neutre, dans la mesure où le droit français impose le constituant.

Si l'État de source impose le fiduciaire, la convention fiscale signée avec la France ne pourra pas s'appliquer dans la mesure où le fiduciaire ne sera pas considéré comme le bénéficiaire effectif des revenus en cause. L'État de source n'appliquera que son droit interne ou éventuellement la convention signée avec l'État de résidence du constituant, mais avec un risque de surimpositions[30].

(29) B. Gouthière, C. Lopater et A.-L. Blandin, *La fiducie mode d'emploi*, *op. cit.*, n° 6310.
(30) B. Gouthière, C. Lopater et A.-L. Blandin, *La fiducie mode d'emploi*, *op. cit.*, n° 6320.

Conclusion. En l'absence de texte régissant la fiducie dans un contexte international, la fiducie pourrait tantôt être imposée en transparence au nom du constituant, tantôt être assimilée à une société de personnes. Si une option doit être prise par le législateur, il est souhaitable que celle-ci vienne consacrer un traitement fiscal de la fiducie en pure transparence. Cela permettra d'éviter de nombreuses sources d'incertitudes.

La fiducie : appel à la rénovation de son régime fiscal

Sabrina LE NORMAND-CAILLÈRE
Maître de conférences HDR en droit privé à l'Université d'Orléans
Co-directrice du Master Droit des affaires et fiscalité
et DU « Fiducie : former les acteurs de demain »

Michel COLLET
Avocat associé CMS Francis Lefebvre
Chargé d'enseignement à l'Université d'Orléans

1. Pendant longtemps, le droit français a purement et simplement ignoré la fiducie. Véritable Arlésienne, son destin s'est fait attendre(1). Ce n'est que par une loi du 19 février 2007 que la fiducie a intégré le Code civil dans un titre nouveau XIV du livre III « Des différentes manières dont on acquiert la propriété » aux articles 2011 et suivants. Il s'agit d'un contrat par lequel une personne, le constituant, transfère pour une durée déterminée au contrat un bien, un droit ou un ensemble de biens ou de droits à un fiduciaire qui, les tenant séparés de son patrimoine personnel, agit dans un but déterminé au profit d'un bénéficiaire (C. civ., art. 2011).

2. **Utilisations de la fiducie.** Quinze ans après son entrée dans le Code civil, la fiducie présente toujours un potentiel important. Ces derniers mois, un mouvement favorable semble s'opérer pour le développement de la fiducie sous l'impulsion de l'ordonnance du 15 septembre 2021 venue renforcer son efficacité. En matière de sûreté, l'ordonnance n° 2021-1192(2) assouplit timidement le régime juridique de la fiducie sans aller jusqu'aux modifications substantielles de celles envisagées par l'avant-projet de réforme de droit des sûretés(3). Associée à la réforme opérée par le droit des entreprises en difficulté(4), cette évolution légale ouvre légèrement la voie à une fiducie-sûreté moins formaliste(5) et pourquoi pas, à terme, à une « dé-formalisation » de la fiducie conclue à titre de garantie, comme l'avait proposé dès 2017 le groupe de travail constitué autour de Michel Grimaldi. Aucune autre

(1) P. Marini, *La fiducie à la française*, Conférence Association Droit et commerce, T. com. Paris, 8 oct. 2007 : *RJ com.* 2007, n° 6, p. 1. – C. Champaud, *La fiducie ou l'histoire d'une belle juridique au bois dormant du droit français* : *RD aff. int.* 1991, p. 689.

(2) Ord. n° 2021-1192, 15 sept. 2021 portant réforme du droit des sûretés. Ce texte porte réforme du droit des sûretés et rend plus cohérent le droit applicable aux sûretés.

(3) M. Grimaldi, D. Mazeaud et P. Dupichot, *Présentation d'un avant-projet de réforme de droit des sûretés* : *D.* 2017, p. 1717.

(4) Ord. n° 2021-1193, 15 sept. 2021 portant modification du livre VI du Code de commerce. Elle réforme les dispositions relatives aux sûretés et aux créanciers titulaires de sûretés, tout en transposant la directive (UE) 2019/1023 du 20 juin 2019 dite « restructuration et insolvabilité ». Un décret d'application a été adopté le 23 septembre 2021.

(5) S. Farhi, *La fiducie-sûreté dans l'ordonnance de réforme de droit des sûretés du 15 septembre 2021* : *RLDC* 2022, n° 199, étude 7040, p. 23 et s.

garantie n'offre une meilleure protection juridique aux créanciers tout en en conférant au débiteur l'assurance de pouvoir continuer l'exploitation de son entreprise.

3. **Ouverture à la fiducie patrimoniale.** Pour autant, la fiducie demeure sous-exploitée quinze ans après son entrée dans le Code civil. Tout un champ de la fiducie reste à explorer. Déjà, lors des débats parlementaires, Robert Badinter avait procédé à un véritable plaidoyer afin que la fiducie soit utilisée à des fins « humaines ». Le législateur ne l'a toutefois pas entendu et a interdit expressément la fiducie-libéralité(6), essentiellement pour des considérations fiscales. Toute personne(7) qui s'aventurerait sur les pas de la fiducie-libéralité verrait alors son acte entaché de nullité et surtout pourrait faire l'objet de lourdes sanctions fiscales(8). Pour autant, cette interdiction n'a pas empêché la pratique d'innover et d'utiliser la fiducie à des fins patrimoniales par le recours notamment de la donation-partage avec charge. Même si ces pratiques sont à saluer, elles pourraient, par la levée de l'interdiction de la fiducie-libéralité, être simplifiées et permettre la systématisation de la fiducie dans les schémas patrimoniaux.

4. **Quelle fiscalité pour la fiducie de demain ?** « L'avenir de l'institution fiduciaire dépend d'abord de son traitement fiscal »(9), relevait déjà le professeur Dominique Schmidt dans la préface de la thèse de Claude Witz, consacrée à la fiducie. Mieux, il en conditionnerait le succès. Près de quinze ans plus tard, l'heure est venue d'évaluer la pertinence du régime fiscal actuel de la fiducie. Plusieurs questions se posent : le régime fiscal tendant vers une neutralité est-il suffisant ? L'exigence d'une réelle transparence fiscale ne devrait-elle pas s'imposer en présence d'une fiducie-libéralité ?

À l'heure des quinze ans de la fiducie, il est temps que le législateur soit rassuré sur la fiabilité juridique et fiscale de la fiducie en l'ouvrant aux libéralités. Le passage de l'enfance à l'âge adulte ne sera pas pour autant simple. Il conduit à s'interroger sur le régime fiscal actuel de la fiducie. Pour amener la fiducie à sa destinée promise, une telle réforme oblige au préalable à dresser une rétrospection de la fiscalité actuelle de la fiducie (I), avant de dresser les contours d'une réforme de son régime fiscal (II).

(6) C. civ., art. 2013 : « Le contrat de fiducie est nul s'il procède d'une intention libérale au profit du bénéficiaire. Cette nullité est d'ordre public ». V. égal. les rapports parlementaires pour comprendre cette interdiction : Rapp. AN n° 3655, 1er févr. 2007, instituant la fiducie, p. 35 : l'interdiction des fiducies-libéralités « présente néanmoins l'avantage de trancher une difficulté non négligeable, qui aurait pu anéantir la légitimité de l'institution fiduciaire dès sa mise en œuvre dans notre droit. (...) Mieux vaut donc s'en tenir à une approche prudente et graduelle, quitte à envisager ultérieurement de nouveaux aménagements ». V. égal. : D. Louis-Caporal, *La fiducie-libéralité* : *RTD civ.* 2016, p. 49 et s.

(7) Pour réaliser ce type d'opérations, sept articles posent actuellement difficulté. Tout d'abord, l'article 2013 du Code civil interdit expressément la fiducie-libéralité. L'article 2028 du Code civil constitue également un obstacle important aux opérations patrimoniales puisqu'il autorise le constituant à révoquer la fiducie tant que le bénéficiaire ne l'a pas acceptée. L'article 2029 du Code civil s'y rajoute en prévoyant que la fiducie prend fin par le décès du constituant. L'article 408-1 du Code civil interdit, quant à lui, le transfert des biens d'un mineur dans un patrimoine fiduciaire. La même règle est prévue pour les majeurs protégés dans la mesure où l'article 509 du Code civil prohibe le transfert des biens d'un majeur protégé dans un patrimoine fiduciaire, même avec l'autorisation du tuteur. Le tout est assorti de sanctions fiscales par les articles 792 bis et 1729 du Code général des impôts.

(8) Sur le fondement de l'article 792 bis du Code général des impôts, l'administration fiscale détient le pouvoir d'infliger des droits de mutation à titre gratuit entre personnes non parentes, soit à un taux dévastateur de 60 %. Le législateur assimile ce contournement à une manœuvre frauduleuse. Pourrait alors s'ajouter la pénalité de 80 % prévue par l'article 1729 b du même code.

(9) C. Witz, *La fiducie en droit privé français*, préf. D. Schmidt, thèse Paris, Economica, 1980.

I. – Rétrospection du régime fiscal actuel de la fiducie

5. Lors de l'adoption de la loi du 19 février 2007, le législateur a souhaité que la fiducie soit neutre en la rendant transparente afin d'éviter qu'elle ne devienne un instrument de fraude et d'évasion fiscale (A). Ce principe se traduit par l'introduction de dispositifs spécifiques pour le transfert temporaire des biens dans le patrimoine fiduciaire et l'imposition des résultats constatés chaque année dans le patrimoine d'affectation. Pour autant, la neutralité fiscale n'a pas été érigée comme principe d'interprétation de l'outil (B).

A. – Neutralité fiscale de la fiducie

6. La neutralité fiscale se manifeste tantôt à l'égard du transfert temporaire des biens dans le patrimoine fiduciaire, tantôt à l'égard de l'imposition des résultats constatés chaque année dans le patrimoine d'affectation.

7. **Neutralité fiscale du transfert temporaire.** La fiscalité s'attache en principe aux qualifications juridiques pour imposer. D'un point de vue juridique, le fiduciaire devient, pour une majorité d'auteurs, le propriétaire des biens placés dans le patrimoine fiduciaire à la suite du transfert de biens ou droits par le constituant. Si une telle approche devait être privilégiée en matière de fiducie, la fiscalité s'avérerait pénalisante. L'opération serait assimilée *ipso facto* à une double mutation rendant inopérante en pratique la fiducie.

Pour éviter un tel cataclysme fiscal, le législateur a introduit un régime de neutralité du transfert des biens en le traitant comme une opération intercalaire en matière d'impôt sur le revenu et d'impôt sur les sociétés. Les actifs peuvent être transférés à leur valeur nette comptable si le constituant est considéré comme contrôlant la fiducie. Ce régime ne s'applique pas sans condition : la loi exige notamment que le constituant soit le bénéficiaire de la fiducie et impose la retranscription comptable et fiscale des actifs à certaines valeurs. Si les exigences sont remplies, la mise en fiducie n'est ainsi pas un fait générateur de l'impôt au moment de la constitution de la fiducie ou de sa réalisation. Le cédant se trouve ainsi dispensé de taxation des éventuelles plus-values du fait de l'application d'un régime de sursis d'imposition[10]. Le cessionnaire ne sera pas redevable des droits d'enregistrement si les biens placés dans le patrimoine fiduciaire lui reviennent à l'issue de l'opération. Seul un droit fixe de 125 € devra être acquitté. Les règles de droit commun, en revanche, restent applicables en matière de TVA.

8. **Neutralité fiscale de l'imposition des résultats**. Au titre du deuxième alinéa de l'article 238 quater F du Code général des impôts, « le constituant demeure personnellement soumis à l'impôt sur le revenu ou à l'impôt sur les sociétés pour la part de bénéfice correspondant à ses droits représentatifs des biens ou droits transférés dans le patrimoine fiduciaire, proportionnellement à la valeur réelle

(10) La neutralité est organisée différemment selon que les biens fiduciés sont ou non des biens amortissables. S'agissant des biens non amortissables, la taxation des plus-values est différée au moment de la cession définitive de ces biens sous réserve que les exigences de comptabilisation des actifs soient respectées. S'agissant des biens amortissables, la taxation des plus-values est lissée par la réintégration progressive sur une durée comprise entre cinq et quinze ans dans le résultat de l'actif fiduciaires.

de ces biens ou droits mis à la date du transfert dans le patrimoine fiduciaire ». En application de cette disposition, le constituant reste personnellement redevable de l'impôt au titre des bénéfices retirés de la gestion des biens placés en fiducie. La matérialité de la neutralité fiscale en matière de fiducie se vérifie *via* cette « translucidité » fiscale de la fiducie. Le constituant se trouve ainsi imposé sur les résultats de l'exploitation du patrimoine fiduciaire. Le législateur s'inspire ici du régime fiscal des sociétés de personnes[11]. Toutefois, il n'apparaît comme le plus adéquat. Au sens strict, la fiducie ne peut être assimilée à une société de personnes en raison notamment de l'absence de personne morale de la fiducie et de l'activité du fiduciaire, lequel agit comme un prestataire de services pour une mission précise.

B. – La fiducie est-elle neutre ?

9. Le droit positif offre actuellement un cadre fiscal partiellement balisé pour les praticiens. Il n'est pas rare d'avoir recours au rescrit auprès de la Direction de la Législation Fiscale, soit pour voir clarifier une mesure existante, soit pour gagner en sécurité fiscale lorsque les règles n'ont pas été adaptées à la fiducie. La neutralité fiscale est essentielle pour les opérations de fiducie-gestion afin de permettre un aller-retour sans surcoût fiscal significatif. *A priori* simple, l'objectif de neutralité n'est pourtant pas toujours abouti. La neutralité n'a pas été érigée en principe général de droit fiscal en matière de fiducie. Son existence doit être nécessairement être validée selon les dispositifs en cause. À défaut, le droit commun s'applique, avec le plus souvent un traitement défavorable, principalement dû au transfert de propriété inhérent à la fiducie. La démarche du législateur se vérifie par exemple lors de l'introduction tardive et ciblée de la neutralisation de la perte des attributs de la propriété de titres de participation chez le constituant à l'occasion de la réalisation d'une restructuration d'envergure.

10. **Titres de participation.** L'exemple le plus topique en la matière est sûrement l'application des régimes spéciaux liés aux titres de participation afin de faciliter le financement des entreprises donnant en garantie une filiale bénéficiaire. Pour les exercices clos à compter du 31 décembre 2014, le législateur a permis le maintien du régime mère-fille[12] et d'intégration fiscale chez la société constituante alors que les titres de filiales sont transférés dans un patrimoine fiduciaire distinct. Toutefois, ce maintien est subordonné à une exigence alternative que « le constituant conserve l'exercice des droits de vote attachés aux titres transférés » ou que « le fiduciaire exerce ces droits dans un sens déterminé par le constituant, sous réserve des éventuelles limitations convenues par les parties au contrat établissant la fiducie pour protéger les intérêts financiers du ou des créanciers bénéficiaires de la fiducie »[13]. Le même traitement de fiction fiscale de détention par le constituant

(11) M. Cozian, *Images fiscales : transparence, semi-transparence, translucidité et opacité des sociétés* : LPA 24 janv. 1996, n° 11, p. 5.

(12) CGI, art. 145 et 223 A.

(13) CGI, art. 145, 1 c : « Les titres que le constituant a transférés dans un patrimoine fiduciaire dans les conditions prévues à l'article 238 quater B sont pris en compte pour l'appréciation du seuil de détention du capital mentionné au b du présent 1 et sont soumis au régime prévu au présent article à condition, lorsque des droits de vote sont attachés

a été étendu pour le bénéfice d'exonération des plus-values de cession des titres de participation. Cette réforme opérée par la loi de finances pour 2014[14] a permis un développement de la fiducie sur les titres sociaux même si le texte initial paraissait incomplet.

La fiction fiscale instaurée par le législateur est néanmoins très ciblée. Par exemple, elle n'est pas étendue à des particuliers pour leur permettre de transférer en fiducie des titres soumis à un engagement de conservation, comme cela est le cas, lorsque les titres doivent être conservés deux puis quatre années dans le cadre du pacte Dutreil afin de bénéficier de l'exonération partielle de l'assiette des droits de donation ou de succession. De la même manière, pourrait être envisagé de mettre en fiducie des titres logés dans un PEA, sans que les conséquences fiscales d'une vente lui soient applicables. Alors que la mise en fiducie revient à mettre les titres dans un patrimoine d'affection sans volonté de déroger aux obligations de conservation, le contribuable est pénalisé du fait du transfert de propriété juridique opéré. Cette analyse actuelle demeure regrettable dans un contexte où la loi pourrait considérer le constituant comme étant toujours propriétaire d'un point de vue fiscal avec obligation pour le fiduciaire de reprendre les engagements de conservation par exemple.

11. **Taxe sur la valeur ajoutée.** La question de la neutralité demeure incertaine en matière de TVA. Les règles de droit commun demeurent toujours applicables. Pour les constituants, personnes assujetties à la TVA, il faut s'interroger si le transfert en fiducie entre dans le champ de la taxe (le transfert en fiducie est-il une opération à titre onéreux ?) s'il s'agit d'une réelle livraison de biens le cas échéant, à savoir si le fiduciaire est investi du pouvoir de disposer de biens, corporels ou incorporels, comme un propriétaire.

À l'aune de la directive TVA, la question de la livraison de biens revient à se demander si le constituant conserve ou non la propriété économique des biens placés dans le patrimoine fiduciaire. La question se pose notamment lorsque le constituant conserve la disposition du bien. Dans l'affirmative, la TVA n'est pas exigible. Une autre question se pose tenant de savoir si les biens transférés bénéficient d'une exonération telle que par exemple la notion d'universalité susceptible d'entraîner une dispense de TVA[15]. En pratique, seul un rescrit pourrait, à l'heure actuelle, sécuriser ces analyses.

En matière de fiducie, la neutralité fiscale demeure parcellaire. Il conviendrait *a minima de l'étendre*, en matière de TVA et de manière générale. Cela reviendrait à ne plus considérer que le transfert de droits, biens ou sûretés en fiducie caractérise un transfert de propriété susceptible de remettre en cause les régimes fiscaux de faveur. Les obligations de conservation du constituant pourraient être

aux titres transférés, que le constituant conserve l'exercice de ces droits ou que le fiduciaire exerce ces droits dans le sens déterminé par le constituant, sous réserve des éventuelles limitations convenues par les parties au contrat établissant la fiducie pour protéger les intérêts financiers du ou des créanciers bénéficiaires de la fiducie. Le délai de conservation mentionné au premier alinéa du c n'est pas interrompu par le transfert des titres dans le patrimoine fiduciaire ».

(14) L. fin. rect. 2014, n° 2014-1655, 29 déc. 2014.

(15) CGI, art. 257 bis. Il s'agit du « transfert d'un fonds de commerce ou d'une partie autonome d'une entreprise, comprenant des éléments corporels et, le cas échéant, incorporels qui, ensemble, constituent une entreprise ou une partie d'une entreprise susceptible de poursuivre une activité économique autonome ».

reprises expressément par le fiduciaire. L'esprit des dispositifs privilégiant une stabilité de détention serait ainsi respectée. La masse imposable resterait en conséquence intacte.

12. Le législateur fiscal n'a ainsi pas appréhendé dans sa globalité l'originalité de ce nouveau contrat, lequel aurait mérité un régime fiscal *sui generis*. L'heure est aujourd'hui arrivée d'adapter ce contrat aux transmissions des biens ou droits mis en fiducie à destination à des personnes autres que le constituant.

II. – Réforme fiscale de la fiducie

13. Le régime fiscal actuel de la fiducie a le mérite d'exister. Toutefois, il n'offre pas suffisamment aux praticiens de sécurité fiscale. Une évolution fiscale de l'instrument obligerait le législateur à le réformer tant pour les transmissions à titre onéreux (A) que celles réalisées à titre gratuit (B).

A. – Transmission à titre onéreux

14. **Adaptation du régime fiscal actuel.** L'état actuel du droit positif n'interdit nullement une transmission à titre onéreux des biens ou droits placés dans un patrimoine fiduciaire. Toutefois, le législateur n'a pas prévu expressément cette situation en matière fiscale. Des doutes persistent notamment dans l'hypothèse où un chef d'entreprise souhaite placer en fiducie les titres de la société holding en prévoyant dans le contrat qu'il conserve le contrôle et le droit de vote dans les assemblées. En pratique, une cession partielle des titres peut être envisagée, et en tel cas, la cession sera gérée par le fiduciaire[(16)]. En application du principe de transparence fiscale, toute plus-value dégagée sera imposée entre les mains du constituant comme s'il cédait directement les titres quelle que soit la finalité de l'opération.

Il aurait pu être judicieux que la loi prévoie un régime similaire aux apports-cessions et donations afin que le constituant puisse bénéficier d'un sursis d'imposition. Les textes d'exonération prévus en la matière ne sont applicables que pour les entreprises individuelles notamment, et non aux sociétés holdings. Une meilleure prise en compte de la nature du transfert réalisé aurait permis de neutraliser les conséquences fiscales en présence de la cession des droits du constituant dans la fiducie, que l'opération porte sur une entreprise individuelle ou sur les actifs de la holding.

15. **Principe clair de « neutralité fiscale ».** La neutralité fiscale de l'opération fiduciaire devient relative, la démarche adoptée par le législateur consistant à prendre des mesures ponctuelles sans cohérence d'ensemble. Seul un texte spécifique, selon le dispositif fiscal concerné, voire un rescrit sur une opération, est susceptible en pratique de sécuriser pour éviter toute remise en cause ultérieure du régime préexistant chez le constituant au jour du transfert des biens placés en fiducie.

À lire les travaux parlementaires de la loi du 19 février 2007, telle ne semblait pourtant pas la volonté du législateur. Les motifs de la proposition de loi du

(16) R. Vabres, *La fiducie-gestion : quelle neutralité fiscale ?* : *RLDC* 2019, n° 168.

Sénateur Marini semblaient préconiser une approche plus claire et simple, en rendant l'opération fiduciaire totalement transparente en principe.

L'idée aurait été ainsi d'instituer une fiction fiscale afin de considérer le constituant comme restant propriétaire des biens ou des droits mis en fiducie. Ainsi, les conséquences liées au transfert de propriété juridique des biens mis en fiducie ne seraient pas déduites tant à l'égard de l'imposition de revenus et des plus-values latentes qu'à l'égard des engagements de conservation des biens placés dans le patrimoine fiduciaire. Des aménagements seraient nécessaires. Le constituant resterait imposé sur les résultats de la fiducie comme s'il les réalisait lui-même. Cette porte a été légèrement entrouverte en matière de « fiducie sur titres »(17).

L'introduction de cette « fiction fiscale » pourrait être érigée en principe et la reconnaissance du transfert de propriété l'exception pour la plupart des impositions. Devrait exister un « droit commun fiscal » de la fiducie au sein duquel serait énoncé un véritable principe de transparence fiscale. Il ne s'agit pas ici de transposer le régime fiscal des sociétés relevant de l'article 8 du Code général des impôts, mais davantage de se rapprocher de la notion de la transparence fiscale de l'article 1655 ter du Code général des impôts prévue pour les sociétés de copropriété(18). Un tel principe se retrouve en droit fiscal international, par exemple dans l'article 7.4 de la convention franco-américaine du 31 août 1994 en matière de *partnership*. Ce texte prévoit qu'un « associé d'un partnership » est considéré « comme ayant réalisé des revenus ou bénéficié de déductions dans la mesure de sa part dans le partnership (...). Le caractère – y compris la source et l'imputabilité à un établissement stable – de tout élément ou de toutes déductions attribuables à un tel associé est déterminé comme si l'associé avait réalisé ces éléments de revenu ou bénéficié de ces déductions de la même manière que le "partnership" les a réalisés ou en a bénéficié ». Devrait être établie une distinction entre un constituant imposé sur les résultats déterminés au niveau de la fiducie, le régime actuel, et un constituant imposé sur les revenus de la fiducie comme s'ils les avaient réalisés lui-même, la fiducie n'ayant pas de personnalité distincte. Une réelle neutralité fiscale sera dès lors établie, y compris en matière de TVA. Certains aménagements pourraient être nécessaires. Toutefois, ils ne devraient pas remettre en cause la transparence fiscale par défaut. Pour ce faire, un projet, en 2010, visant à généraliser la transparence fiscale aux sociétés de personnes et aux fiducies pourrait servir de base à cette réforme.

La réforme opérée par la loi de finances rectificative pour 2014 constitue une source essentielle de développement de la fiducie patrimoniale à la place de l'accumulation actuelle de dispositifs parcellaires de neutralité. L'objectif de transparence fiscale permettrait de considérer, par présomption, le constituant comme le propriétaire des actifs et des droits transférés. D'un point de vue juridique, il

(17) CGI, art. 145 et 223 A. Toutes les conditions liées aux divers régimes de faveur (intégration fiscale, régime mère fille, régime des plus-values à long terme sur les plus-values de cession) tenant au pourcentage *minimum* de détention (5 % ou 95 % selon le régime), et à la durée de détention (deux ans, voire plus) sont à respecter, à l'exception de la condition de détention par le fiduciaire. Depuis la loi de finances rectificative pour 2014, la loi exige que les conditions soient réunies chez le constituant et le fiduciaire sans que le transfert n'ait entraîné de rupture.

(18) CGI, art. 1655 ter : « Ces sociétés sont réputées, quelle que soit leur forme juridique, ne pas avoir de personnalité distincte de celles de leurs membres pour l'application des impôts directs ».

pourrait être aménagée, comme c'est souvent le cas, la possibilité pour le constituant de conserver ses prérogatives de « propriétaire » lorsque cela s'avère nécessaire. Le constituant conserverait alors l'exercice du droit de vote sur les titres mis en fiducie pour que la cession de titres n'emporte pas une rupture dans le bénéfice de l'intégration fiscale, du régime mère-fille pour l'exonération des dividendes et du régime des plus-values à long terme chez le constituant. La transparence fiscale deviendrait alors systémique.

16. L'évolution du régime fiscal de la fiducie viendra sûrement de l'impulsion de la pratique, désireuse de promouvoir les qualités juridiques de la fiducie avec la sécurité fiscale légitime que les opérateurs attendent. Une réforme parallèle s'avère également nécessaire afin de faciliter les transmissions réalisées à titre gratuit.

B. – Transmission à titre gratuit

17. La majeure partie des obstacles à la levée de la fiducie-libéralité tiennent à des considérations fiscales. Les débats parlementaires de la loi de 2007 témoignent d'une crainte que la fiducie ne devienne un instrument de fraude fiscale. Depuis lors, l'instrument a fait ses preuves. La pratique montre qu'elle ne permet pas de disparition de masse imposable. Par nature, la fiducie-libéralité ne se prête pas aisément à la neutralité fiscale. Cette dernière s'apprécie par référence à des relations bilatérales, fondées sur la propriété classique, mettant en cause un constituant et un gratifié. En revanche, en présence d'une fiducie classique, la relation bilatérale laisse place à une relation tripartite, mettant en jeu également un tiers intermédiaire, le fiduciaire, titulaire d'une propriété dégradée, d'un nouveau type, la propriété fiduciaire.

18. **Réforme minimale.** *A minima*, cette levée de l'interdiction de la fiducie-libéralité pourrait se réaliser en matière fiscale en adaptant les textes actuels, lesquels prévoient déjà l'hypothèse du décès du constituant. Si cette dernière se réalise, le contrat de fiducie prend fin par le décès du constituant personne physique[19] et, partant, le patrimoine fiduciaire fait alors retour de plein droit à la succession du constituant[20]. La réforme du régime fiscal pour la reconnaissance de la fiducie-libéralité se ferait alors *ab minima*.

La liquidation des droits de succession se réalise sur la valeur vénale réelle des biens mis en fiducie ou des biens ou droits acquis en remploi à la date du décès en fonction du lien de parenté. En présence d'une fiducie-libéralité, il suffirait alors de prévoir que le constituant est réputé avoir transmis lui-même les actifs sous-jacents comme si la fiducie n'existait pas. Le transfert des biens, droits ou sûretés dans le patrimoine fiduciaire entraînerait comme aujourd'hui l'application du droit fixe. Le fait générateur de l'imposition resterait la transmission pour éviter toute distorsion et potentielle optimisation patrimoniale. Cette proposition diffère de celle du projet de 1992, lequel prévoyait une taxation au jour de la mise en fiducie.

Le régime fiscal de droit commun des droits de mutation à titre gratuit resterait applicable comme si la fiducie n'était qu'une fiction fiscale. Les droits de mutation seraient exigibles selon la nature des biens et droits transmis et, partant, seraient

(19) C. civ., art. 2019.
(20) C. civ., art. 2030.

liquidés en prenant en compte la valeur vénale des biens mis en fiducie ou acquis en remploi au moment du fait générateur de l'impôt.

Certains aménagements limités pourraient être nécessaires. D'une certaine manière, il s'agirait de s'aligner en l'élargissant sur l'approche de transparence fiscale retenue par le législateur à propos des *trusts* étrangers. L'article 792-0 bis du Code général des impôts prévoit par exemple que le *settlor* ou constituant est réputé fiscalement propriétaire des biens mis en *trusts*, y compris lorsque le *trust* est discrétionnaire(21). À la suite du décès, les bénéficiaires le sont au cas où le *trust* survit. Cette proposition diffère de celle du projet de 1992, lequel prévoyait une taxation au jour de la mise en fiducie. Comme pour les fiducies-sûretés, elle ne s'éteindrait pas par le décès du constituant.

Il s'agirait par exemple d'aligner le régime fiscal de la fiducie-libéralité sur celui prévu en matière de fiducie-sûreté, laquelle ne s'éteint pas par le décès du constituant. Serait ainsi appliqué le même principe que celui prévu à l'article 668 bis du Code général des impôts. Serait également envisageable une imposition étalée dans le temps au fur et à mesure de l'attribution des biens aux héritiers par le fiduciaire (en conformité avec le contrat de fiducie notamment). L'imposition ne serait plus immédiate mais progressive, adaptée aux capacités contributives des héritiers(22).

19. **Construction d'un régime fiscal *sui generis*.** Une autre méthode plus ambitieuse consisterait à élaborer une réglementation juridique totalement nouvelle, prenant en compte cette appropriation inédite en droit français des biens à titre fiduciaire avec retour soit au constituant, soit à un ou plusieurs bénéficiaires de droits variables sur des périodes de temps elles-mêmes variables. Une telle réforme obligerait à revisiter les concepts de la fiducie afin de prendre en compte la nature originale du transfert réalisé et la reconnaissance d'une propriété nouvelle, la propriété fiduciaire, entraînant une distinction entre la propriété juridique (propriété du titre) et la propriété économique (la finance). Un renouvellement de l'analyse juridique du transfert fiduciaire permettrait d'envisager ce nouveau régime fiscal fondé sur la cause objective de l'opération. Véritable interstice entre les mutations réalisées à titre onéreux et celles réalisées à titre gratuit, le transfert fiduciaire constituerait une mutation d'un nouveau type. Cette analyse permettrait par exemple d'admettre l'existence d'un transfert particulier permettant une appropriation particulière des biens pendant la durée de la fiducie. Ce régime fiscal plus ambitieux nécessiterait un renouvellement nécessaire de l'analyse de la propriété fiduciaire.

Comme le souligne un auteur, le *trust* est un « jeu de rôle créé de toutes pièces par la loi, le *trust* "à la française" est totalement déconnecté de son substrat : *trust* révocable ou irrévocable, discrétionnaire ou non, testamentaire, *grantor trust* ». La fiscalité des *trusts*, telle qu'issue de la loi de finances rectificative pour 2011, apparaît peu conforme à l'analyse juridique des *trusts* opérée à l'étranger. Enfin, il en ressort un dispositif répressif, manifestant une réelle méfiance à l'égard des *trusts*. Comme en matière de fiducie, le défaut de prise en compte des spécificités juridiques de l'institution étrangère ne manque pas de provoquer des litiges, voire a un

(21) En matière d'impôt sur la fortune immobilière et de transmission à titre gratuit.
(22) R. Vabres, *La fiducie-gestion : quelle neutralité fiscale ?* : *RLDC* 2019, n° 168.

effet dissuasif sur les constituants et bénéficiaires établis en France ou qui projetteraient de s'y établir. Il est ainsi regrettable que le législateur n'ait pu s'appuyer sur la fiducie et la reconnaissance de la propriété fiduciaire pour reconnaître l'originalité des *trusts* conclus à l'étranger. Cette reconnaissance rend également indispensable la ratification de la Convention de La Haye[(23)].

Un régime fiscal *ex nihilo*, plus proche de l'analyse des *trusts* anglo-saxons, pourrait alors être créé. Pourrait être admise une réduction de valeur pour le calcul de l'assiette des droits de mutation ou de l'impôt sur la fortune ou encore la création d'un régime spécial en matière de droits d'enregistrement. Cette analyse juridique nouvelle permettrait de prendre en compte certaines formes de fiducies, notamment celles contractualisant le droit aux revenus (accumulation des revenus ou distributions discrétionnaires), se prêtant mal à l'exigence de transparence. L'article 792-0 bis du Code général des impôts, clause anti-abus pour les *trusts* étrangers ayant des actifs ou des bénéficiaires à l'étranger, pourrait alors être une source d'inspiration. Pour l'instant, cette réforme ambitieuse serait néanmoins prématurée.

20. Quelle que soit la réforme adoptée, il convient d'admettre la transparence fiscale, déjà évoquée, comme principe directeur. D'un point de vue juridique les mécanismes proposés de réforme de la fiducie libéralité répondent à l'objectif de se conformer aux règles civiles applicables à la protection des personnes vulnérables et du droit des libéralités et des successions. Il doit en être de même en matière de fiscalité. Le régime fiscal des transmissions à titre gratuit doit s'appliquer de la même manière en présence d'une fiducie, sous réserve de certains aménagements. Le bien ou le droit transféré en fiducie donnant lieu à un legs ou à une donation serait traité comme un legs ou donation entre le constituant et le gratifié. L'approche retenue pour les trusts étrangers n'est pas différente : le « settlor » reste redevable de l'impôt sur la fortune immobilière en France si le *trust* détient des biens immobiliers en France alors même que le *trust* serait irrévocable[(24)]. Au décès du *settlor*, les biens transmis aux bénéficiaires ou conservés par le *trust* sont soumis aux droits de mutation à titre gratuit en fonction du lien de parenté existant entre le constituant et le bénéficiaire sous certaines conditions. Les bénéficiaires du *trust* qui survivrait seraient considérés réputés « settlor » et deviendraient également le cas échéant redevables de l'impôt sur la fortune. Si le législateur considère que la transparence fiscale des *trusts* étrangers, doublée d'obligations déclaratives sur le trust et ses actifs, est la meilleure réponse afin de prévenir des situations d'évasion et de fraude fiscale, il devrait s'avérer rassurant d'étendre la même approche, affinée et conditionnée, à la fiducie-libéralité.

(23) Ignoré du droit français, faute de ratification de la Convention de La Haye du 1er juillet 1985 relative à la loi applicable au *trust* et à sa reconnaissance, le *trust* régulièrement constitué à l'étranger est pourtant susceptible de produire des effets en France. La jurisprudence reconnaît sa validité, juridique en l'assimilant à des institutions internes comparables. Ainsi, pour soumettre un *trust* étranger à l'impôt français, il est impératif de procéder à une qualification de l'opération en droit français. La ratification de la Convention de la Haye. La loi de finances rectificative pour 2011 a tenté d'établir un régime fiscal de transparence aux *trusts* principalement aux fins de prévenir les éventuels abus. En l'état actuel, chaque impôt est traité indépendamment des autres, de manière parcellaire, en ignorant l'originalité des droits créés.

(24) En matière d'impôt sur la fortune immobilière et de transmission à titre gratuit.

TITRE 2

INCIDENCE DE L'OUVERTURE DE LA PROCÉDURE COLLECTIVE

Bilan et perspectives de la fiducie en matière de procédures collectives

Marie WAECHTER
Avocat, Deloitte Société d'Avocats

1. Quinze ans cette année que la fiducie existe en droit français, quinze ans, ou presque, qu'elle bénéficie d'un régime particulièrement résistant au droit des procédures collectives. Si l'outil rencontre un intérêt croissant, c'est bien sûr en raison du transfert de propriété sur lequel elle repose, et qui la distingue des autres mécanismes proposés par le droit français, mais également, et cela est lié, parce qu'elle constitue un bouclier particulièrement efficace pour le créancier en cas d'ouverture d'une procédure collective à l'égard de son débiteur, constituant d'une fiducie.

2. Là où les autres sûretés se trouvent paralysées, la fiducie continue de produire ses effets ou, à tout le moins, confère au créancier une protection plus importante que les autres sûretés (I). Cette particulière efficacité interroge ; faut-il la saluer ou au contraire faut-il venir la contraindre ? (II).

I. – La particulière efficacité de la fiducie en cas d'ouverture d'une procédure collective du constituant

3. Lorsque l'on pense à fiducie et procédure collective, le premier réflexe est de considérer l'outil en tant que sûreté, mais le cas de la fiducie-gestion ne doit cependant pas être négligé en la matière, notamment lorsqu'il s'agit de rassurer les différentes parties prenantes, sécuriser une opération ou confier la gestion de certains actifs à un tiers de confiance. Nous la retrouvons par exemple dans le cadre de la sécurisation des plans de sauvegarde de l'emploi (PSE) afin d'apaiser des tensions liées aux difficultés. Dans ce cas, la fiducie porte sur une somme d'argent et vise à garantir que les fonds sont bien présents et qu'ils seront bien utilisés dans le cadre du PSE. Un point d'attention particulier relatif à l'articulation entre fiducie-gestion et procédures collectives concerne le cas dans lequel le constituant est le seul bénéficiaire d'une fiducie. Dans cette hypothèse, la fiducie est résiliée de plein droit en cas d'ouverture d'une liquidation judiciaire à son égard. Compte tenu de sa situation très dégradée, il faut en effet considérer que le débiteur n'a plus d'espoir de se rétablir. Il est dès lors logique que les actifs qui avaient été isolés dans un patrimoine fiduciaire réintègrent celui du débiteur afin d'être soumis aux règles de la procédure collective.

4. Intéressons-nous maintenant aux règles qui affectent davantage la fiducie-sûreté, très largement utilisée dans des contextes de restructuration. Du fait du transfert de propriété, cette sûreté est particulièrement efficace et protectrice du créancier bénéficiaire, en particulier en cas d'ouverture d'une procédure collective à l'égard du constituant.

5. On retrouve ici la délicate question de l'articulation du droit des sûretés avec le droit des procédures collectives, sans cesse remise sur le métier. Des sûretés efficaces sont nécessaires pour permettre le crédit, pour que le prêteur ait suffisamment confiance dans ses chances d'être remboursé pour accepter de consentir de nouveaux concours. Le droit des procédures collectives doit quant à lui permettre au débiteur de se rétablir et aux emplois d'être sauvés, ce qui implique de déroger au droit commun sur un certain nombre de sujets. L'introduction de la fiducie participe d'ailleurs à la recherche d'un équilibre en la matière.

6. Ce sont les loi du 19 février 2007 (n° 2007-211) et ordonnances des 18 décembre 2008 (n° 2008-1345) et 30 janvier 2009 (n° 2009-112) qui ont, dès l'introduction de l'outil en droit français, défini les grands principes de l'articulation de la fiducie avec le droit des procédures collectives que nous connaissons aujourd'hui et qui lui ont valu le surnom de reine des sûretés.

7. **Un principe.** La fiducie conserve toute son efficacité et doit pouvoir être réalisée nonobstant l'ouverture d'une procédure à l'égard du constituant, notamment parce que :

1) le créancier qui en bénéficie échappe aux principes fondamentaux applicables en droit français des entreprises en difficulté et notamment la suspension des poursuites ou encore l'interdiction des paiements de créances antérieures au jugement d'ouverture. L'actif fiduciaire, ayant quitté le patrimoine du débiteur avant l'ouverture de la procédure, échappe à l'effet réel de cette dernière. Il peut ainsi être réalisé, et par conséquent, soit appréhendé par le créancier bénéficiaire soit cédé à un tiers ;

2) le contrat de fiducie n'est pas un contrat en cours au sens de l'article L. 622-13 du Code de commerce ; par conséquent, les organes de la procédure collective ouverte à l'égard du constituant n'ont pas la possibilité d'y mettre fin afin de permettre le retour de l'actif fiduciaire dans le patrimoine du débiteur. Il se poursuit tel que les parties l'ont négocié, le bénéficiaire pourra donc notamment instruire le fiduciaire de réaliser les actifs fiduciaires.

8. En pratique, le seul moyen de permettre un retour de ces actifs dans le patrimoine du débiteur est de procéder au paiement de créances antérieures au jugement d'ouverture, sous réserve d'une autorisation du juge-commissaire et lorsque cela est justifié par la poursuite de l'activité.

9. Le débiteur ne pourra cependant pas utiliser la fiducie à mauvais escient pour protéger ses actifs, de la même manière que le créancier ne pourra pas l'exiger du débiteur lorsqu'il comprend que la situation de son cocontractant est compromise. Le contrat de fiducie est en effet soumis aux règles applicables en matière de nullités de la période suspecte. Il est nul s'il a été constitué après la date de cessation des paiements du débiteur constituant, à moins, dans le cas d'une fiducie-sûreté, que ce transfert ne soit intervenu à titre de garantie d'une dette concomitamment contractée. De la même façon, est nul l'avenant à un contrat de fiducie affectant

des droits ou biens déjà transférés dans un patrimoine fiduciaire à la garantie d'une dette contractée antérieurement audit avenant.

10. Nous avons considéré le cas d'une procédure collective à l'égard du constituant, mais il convient également de noter que :

– les actifs fiduciaires étant transférés dans un patrimoine distinct du patrimoine propre du fiduciaire, l'ouverture d'une procédure de sauvegarde, de redressement judiciaire ou de liquidation judiciaire au profit du fiduciaire n'affecte pas le patrimoine fiduciaire ;

– l'ouverture d'une procédure de sauvegarde, de redressement judiciaire ou de liquidation judiciaire à l'égard d'un ou plusieurs bénéficiaires de la fiducie n'aura pas de conséquence sur l'exécution du contrat de fiducie. Les organes de la procédure seront néanmoins particulièrement attentifs aux droits dont bénéficie leur administré à ce titre, et

– l'ouverture d'une procédure de sauvegarde, de redressement judiciaire ou de liquidation judiciaire à l'égard d'une société dont les titres ont été transférés en fiducie pourra avoir des conséquences sur la vie du contrat de fiducie, le fiduciaire n'étant alors que l'associé de ladite société. Il sera donc traité comme tel dans le cadre de la procédure.

11. **Une exception.** La loi prévoit néanmoins une exception à ce principe qui est celui de la fiducie sans dépossession, c'est-à-dire le cas dans lequel le constituant a conservé l'usage et la jouissance de l'actif fiduciaire dont il n'est pourtant plus propriétaire. On parle alors de convention de mise à disposition conclue au profit du constituant. L'existence de ladite convention entre les parties permet de geler momentanément les effets de la fiducie, pendant la période d'observation et l'exécution du plan, le fiduciaire ne pouvant alors plus ni transférer ni céder ces actifs pour désintéresser le bénéficiaire de la fiducie, et ce afin de permettre le sauvetage du débiteur. Cette interdiction est prévue à peine de nullité de la cession ou du transfert. Si le débiteur a souhaité conserver l'usage et la jouissance des actifs qui ont été transférés en fiducie, ça n'est pas lorsqu'il est en difficulté qu'il faut l'en priver. La convention de mise à disposition est considérée comme étant un contrat en cours au sens du Code de commerce, ce sont donc les organes de la procédure qui décident de son sort. Ils pourront ainsi choisir de poursuivre son exécution afin de permettre au débiteur de jouir des actifs fiduciaires, ce qui aura pour effet de bloquer les opérations de réalisation de la fiducie.

12. Cette exception est néanmoins à nuancer :

1) En cas de liquidation judiciaire, cette exception n'a pas lieu d'être puisque le constituant débiteur n'a alors plus d'espoir de se rétablir. La convention de mise à disposition n'est plus, dans ce cas, considérée comme étant un contrat en cours au sens du Code de commerce, son sort dépendra donc des stipulations contractuelles négociées entre les parties et non plus des organes de la procédure. Il pourra donc y être mis fin ;

2) Si le débiteur ne respecte pas les mesures prévues par le plan, de sauvegarde ou de redressement, alors les conséquences de l'existence d'une convention de mise à disposition sur l'efficacité de la fiducie disparaissent. Elle retrouve tous ses effets et le fiduciaire pourra disposer des actifs comme prévu au contrat ;

3) En tout état de cause, pendant toute la durée de la fiducie, les actifs demeurent isolés dans le patrimoine d'affectation et le créancier continue de bénéficier d'une protection particulière du fait du transfert de propriété initial. En particulier, il convient de noter que le créancier qui bénéficie d'une fiducie n'est pas membre des classes de parties affectées au titre de sa créance garantie par l'outil ; par conséquent, il n'est pas possible de lui en imposer la réduction mais seulement son étalement dans le temps. Par ailleurs, en cas de plan de cession, les actifs fiduciaires ne peuvent être cédés au repreneur qu'avec l'accord du fiduciaire, et donc à ses conditions. De la même manière, la convention de mise à disposition ne peut être transmise au repreneur sans l'accord des bénéficiaires du contrat de fiducie.

13. Un principe donc, la résistance aux procédures collectives ; une exception, la convention de mise à disposition qui gèle momentanément les opérations de réalisation de la sûreté.

14. Par la suite, la fiducie et le droit des entreprises en difficulté ont été retravaillés à plusieurs reprises par le législateur sans que les principes exposés ne soient affectés. Ces réformes ont permis d'ajuster la mécanique de la fiducie afin d'en faciliter, et donc d'en promouvoir, l'utilisation. Pour ne citer que quelques exemples :

– la loi de finances rectificative pour 2014 a permis d'étendre l'application du principe de neutralité fiscale aux transferts fiduciaires. Cela signifie, et c'est très important d'un point de vue pratique pour les fiducies portant sur des titres de société de grands groupes, que le transfert de titres de société en fiducie est sans conséquence sur l'application d'un régime d'intégration fiscale ou mère fille ;

– l'ordonnance n° 2021-1192 du 15 septembre 2021 a supprimé une mention obligatoire du contrat de fiducie : celle de la valeur estimée du bien ou du droit transféré dans le patrimoine fiduciaire. Cette disposition donnait effectivement lieu à débat, sans que cela présente un intérêt pour l'opération, le texte ne précisant pas si cette valeur devait être sa valeur nette comptable ou sa valeur vénale ;

– la même ordonnance a également précisé que dans le cas où le fiduciaire ne trouve pas d'acquéreur pour les actifs fiduciaires au prix fixé par expert dans le cadre de la réalisation d'une fiducie-sûreté, alors il peut les vendre au prix qu'il estime, sous sa responsabilité, correspondre à leur valeur. Dans sa version antérieure, le texte ne précisait pas si le fiduciaire était ou non tenu par la valorisation faite par expert et cela compliquait les réalisations de fiducie en pratique.

15. Les principes de l'articulation entre la fiducie et la procédure collective ont été définis très rapidement, puis le législateur a cherché à améliorer l'outil par touches successives en apportant des solutions aux difficultés rencontrées par les praticiens.

II. – Une efficacité à préserver

16. Cette efficacité a pu être critiquée. Doit-elle être davantage contenue ? Nous ne le pensons pas. La fiducie telle que nous la connaissons a toute sa place dans l'arsenal du créancier. Nous avons relevé trois critiques qu'il nous a paru intéressant de discuter.

A. – L'efficacité de la fiducie serait un correctif permettant de pallier l'inefficacité des autres sûretés proposées par le droit français

17. Cela ne semble pas être la position du législateur. Nous l'avons vu, ce dernier a très rapidement posé les grands principes de l'articulation entre fiducie et procédures collectives et n'est plus revenu dessus. Il en a pourtant eu l'occasion dans le cadre des ordonnances du 15 septembre 2021 qui se sont attelées notamment à la tâche de réformer le droit des sûretés et, en particulier, son articulation avec le droit des procédures collectives. Force est de constater cependant que la résistance de la fiducie au droit des procédures collectives n'a pas été remise en cause. Au contraire, les modifications apportées aux textes ont permis de faciliter sa constitution et sa réalisation. Le législateur a en outre confirmé le modèle de la fiducie et l'intérêt des propriétés-sûretés en consacrant deux nouveaux outils dans l'ordonnance n° 2021-1192 : la cession civile de créance et la cession de somme d'argent à titre de garantie. Il accompagne donc très clairement le développement de l'outil.

18. Cela s'explique par l'engouement que connaît la fiducie, notamment dans le cadre de restructurations, en raison même de son efficacité en procédure collective. Elle est désormais dans l'équation, soit parce qu'elle a été mise en place, soit parce que l'on s'est posé la question de son opportunité. Elle est utilisée et plébiscitée par tout type d'acteurs, privés ou publics, français ou étrangers, pour son efficacité, la protection qu'elle offre contre tout aléa et le climat de confiance qu'elle peut permettre de restaurer entre les parties.

B. – L'introduction de la fiducie et de son régime particulier serait source de complexité pour les créanciers souhaitant sécuriser leurs opérations

19. Le droit français met à disposition des prêteurs une large boîte à outils composée de sûretés très diverses. Certains auteurs considèrent que cela peut compliquer leur prise de décision : entre un nantissement de créance, une cession civile de créance à titre de garantie et une fiducie, que choisir ? Mais ne faut-il pas considérer que l'introduction de la fiducie et de son régime particulier aux côtés des autres sûretés proposées par le droit français constitue au contraire une richesse ?

20. En fonction de la situation dans laquelle se trouvent les parties, de leurs rapports de force, il peut être intéressant de sélectionner une sûreté ou au contraire d'en combiner plusieurs. C'est ce rapport de force notamment qui permet de garantir que la fiducie, ou les propriétés-sûretés de manière générale, ne seront pas systématiquement mises en place pour sécuriser de nouveaux financements. Par exemple, lorsque l'on se trouve dans un contexte intragroupe plutôt sain, le créancier ne cherchera pas nécessairement la protection de la fiducie et pourra se satisfaire de la mise en place d'un gage ou d'un nantissement. En revanche, lorsque le créancier est en relation d'affaires de longue date avec son débiteur en difficulté et que celui-ci demande de nouveaux concours, il demandera vraisemblablement à être garanti par une fiducie.

21. Il convient également de se demander ce que souhaite le prêteur *in fine*. Son objectif est-il simplement de surveiller son débiteur ? Dans ce cas, un simple nantissement de titres sera suffisant et permettra au créancier de vérifier qu'il n'y a pas de changement de contrôle par exemple. Ou bien s'agit-il de pouvoir vendre rapidement la société en cas de difficulté du débiteur ? Dans ce cas, la fiducie sera la plus indiquée.

C. – L'efficacité de la fiducie serait source de blocage du bon redressement des débiteurs en difficulté

22. Certains pourront craindre que l'efficacité de la fiducie ait pour conséquence de bloquer le redressement d'un débiteur, et le désintéressement de ses créanciers, puisque ses actifs de valeur auront été transférés en fiducie.

23. Il faut rappeler, en premier lieu, que l'efficacité de la fiducie est déjà nuancée par les règles applicables en cas de mise à disposition des actifs fiduciaires au profit du constituant depuis l'ordonnance du 18 décembre 2008 (n° 2008-1345). Certes l'actif ne peut être appréhendé par la procédure, mais le débiteur peut continuer d'en jouir.

24. L'efficacité de la fiducie est par ailleurs une invitation pour le créancier à faire preuve de plus de patience et de compréhension à l'égard de son débiteur. Puisqu'il sait qu'il est parfaitement sécurisé, il peut laisser le temps à son débiteur de se retourner ou bien même lui proposer de nouveaux concours pour le soutenir. La fiducie ne doit pas nécessairement être considérée seulement comme une arme puissante, elle doit aussi être envisagée comme permettant d'installer les parties plus sereinement à la table des négociations. Les autres créanciers du débiteur, et plus largement les entreprises gravitant autour de ce dernier, ne seront pas nécessairement mis en difficulté dans ce cas, au contraire. Ce financement, qui pourrait être consenti par le bénéficiaire pour permettre un investissement décisif, profitera, indirectement, à tout l'écosystème du débiteur.

25. Enfin, la fiducie ne doit pas être considérée comme un outil qui va nécessairement gêner la procédure collective. Notre sujet n'est pas uniquement la fiducie contre les procédures collectives. C'est également la fiducie au service de la procédure collective, au service du débiteur en difficulté. Elle est par exemple depuis toujours utilisée par les créanciers pour sécuriser l'injection de *new money*.

*

* *

26. Il y a quinze ans, le sénateur Philippe Marini a proposé d'introduire la fiducie en droit français, notamment pour concurrencer les mécanismes proposés dans d'autres pays et permettre la réalisation de certaines opérations en France et non plus à l'étranger. Cette grande nouveauté aurait pu rester un outil purement théorique, mais la pratique commence à se saisir de ce formidable mécanisme qui fonctionne très bien en pratique et qui se distingue par sa souplesse et son efficacité.

27. Comme il est souvent relevé, il n'y a pas eu jusqu'ici de jurisprudence en matière de fiducie. En quinze ans, les parties ne se sont pas plaintes devant un juge, d'un côté comme de l'autre, de l'usage qui avait été fait de l'outil. De la même

manière, en quinze ans, le législateur n'est pas intervenu pour restreindre la pratique en la matière. Au contraire, on l'a vu, il est venu corriger au fur et à mesure les sujets identifiés par la pratique pour faciliter son utilisation. Pourquoi cela ? Parce que les praticiens de la fiducie ont utilisé l'outil à bon escient, il n'y a pas eu de dérive manifeste, pas de dévoiement à corriger. Ils l'ont utilisé quand nécessaire et de manière appropriée. La proposition de loi du sénateur Marini indiquait que le fiduciaire était le pivot de l'institution. C'est tout à fait juste. Le fiduciaire, c'est l'arbitre, c'est le tiers neutre auquel les parties confient la bonne exécution de leur accord. La fiducie est très efficace, c'est donc une responsabilité. Tant que les praticiens seront respectueux de l'outil, et les fiduciaires dignes de la confiance des parties prenantes, l'outil pourra continuer de se développer et il n'y aura pas de raison de craindre son efficacité et donc de l'amender sur ce point.

28. C'est encore plus vrai aujourd'hui. Les professionnels des procédures collectives auront besoin de tous les outils mis à leur disposition pour aider les débiteurs en difficulté dans le cadre des restructurations attendues en 2023. Un tiers de confiance, à la barre d'un outil souple et efficace, voilà ce dont nous aurons besoin.

La réalisation de la fiducie-sûreté

Théophile FORNACCIARI
Avocat fiduciaire – FHB Fiducie
et
Romain LANTOURNE
Avocat – FTPA

I. – Le processus de réalisation

A. – La réalisation des actifs fiduciaires

Lors de la survenance d'un cas de réalisation, et selon les termes et conditions prévus par le contrat de fiducie, le fiduciaire a l'obligation de réaliser la fiducie soit par l'attribution de la propriété des actifs fiduciaires au bénéficiaire, soit par la cession à un tiers des actifs fiduciaires.

1° L'attribution de la propriété des actifs fiduciaires au bénéficiaire

Dans le cas où la fiducie se réalise par l'attribution de la propriété des actifs fiduciaires au profit du bénéficiaire, il convient de distinguer selon que le bénéficiaire est simplement un créancier garanti, ou que le bénéficiaire est un créancier garanti mais aussi le fiduciaire[(1)]. Ainsi, lorsque le bénéficiaire est un créancier garanti et aussi le fiduciaire, ce dernier peut procéder au transfert des actifs fiduciaires du patrimoine fiduciaire vers son patrimoine propre, sauf stipulations contraires du contrat de fiducie. À l'inverse, lorsque le bénéficiaire n'est que créancier garanti, celui-ci peut exiger du fiduciaire qu'il transfère les actifs fiduciaires du patrimoine fiduciaire vers son patrimoine propre sous réserve d'une instruction postérieurement à la survenance d'un cas de réalisation, et sur la base de la valeur d'expertise.

Dans le cas d'une attribution de la propriété des actifs fiduciaires directement au bénéficiaire, et en vertu des principes directeurs du droit des sûretés au titre desquels figure notamment le principe énonçant que « la sûreté ne peut procurer au créancier aucun enrichissement »[(2)], l'attribution directe de la propriété d'un bien ou d'un droit affecté en garantie doit donner lieu, lorsque la valeur attribuée dépasse le montant de la dette garantie, au versement d'une soulte.

(1) C. civ., art. 2372-3 et 2488-3.
(2) Cette formulation étant celle proposée par l'avant-projet de réforme du droit des sûretés de 2017 présenté par l'Association Henri Capitant mais n'ayant pas été retenue lors de l'adoption de l'ordonnance n° 2021-1192 du 15 septembre 2021 portant réforme du droit des sûretés.

En pratique, la soulte est définie comme la différence positive entre la valeur de l'actif fiduciaire au moment de son attribution dans le patrimoine du bénéficiaire et le montant restant dû au titre de la dette garantie par la fiducie à ce même moment(3).

2° La cession des actifs fiduciaires à un tiers

La fiducie peut aussi être réalisée par la cession des actifs fiduciaires au profit d'un tiers autre que le bénéficiaire, et que celui-ci aura préalablement agréé dans les conditions du contrat de fiducie. Dans ce cas, les modalités de vente des actifs fiduciaires peuvent être variées ; le fiduciaire peut mettre en place lui-même un appel d'offres et une *data room* à l'intention des potentiels candidats acquéreurs, ou encore faire appel à un mandataire qui se chargera de la commercialisation des actifs fiduciaires lorsque leur nature spécifique le requiert.

S'agissant du prix de cession des actifs fiduciaires, le Code civil prévoyait avant l'entrée en vigueur de la réforme du droit des sûretés de 2022(4), uniquement pour les actifs fiduciaires n'ayant pas une nature de somme d'argent ou d'un bien ou d'un droit faisant l'objet d'une cotation officielle, l'obligation pour le fiduciaire de recourir à un expert valorisateur ainsi que la cession de ces actifs fiduciaires au prix d'expert.

Le fait pour le fiduciaire de pouvoir vendre en deçà de cette valeur si le contrat de fiducie l'y autorisait par avance faisait débat.

À compter du 1er janvier 2022, le fiduciaire est toujours tenu de céder les actifs fiduciaires à la valeur déterminée par l'expert, mais peut, lorsque les actifs fiduciaires ne trouvent pas d'acquéreurs aux prix d'expert, les céder, sous sa responsabilité, au prix qu'il estime correspondre à leur valeur. À la différence de l'attribution de la propriété des actifs fiduciaires au profit du bénéficiaire, le créancier bénéficiaire perçoit non pas la propriété de l'actif, mais le prix de cession de ces derniers, qui vient en remboursement de la dette garantie restant due à la date de cession.

B. – La réalisation des actifs sous-jacents en matière de fiducie sur titres

Dans le cadre d'une fiducie sur titres, le fiduciaire peut être investi de la mission de réaliser directement les actifs fiduciaires selon les deux modes préalablement décrits, mais il peut aussi être amené à réaliser les actifs sous-jacents composant le patrimoine de la société dont les titres sont mis en fiducie. Ainsi, il convient (1°) d'abord d'analyser le cadre juridique dans lequel une telle réalisation peut se présenter, et (2°) les modalités de réalisation de ces actifs sous-jacents.

1° Le cadre juridique

Le montage commun de fiducie dans lequel le fiduciaire peut procéder à la cession des actifs sous-jacents se rencontre majoritairement en présence d'une société *ad hoc* spécialement créée pour porter un actif faisant lui-même la plupart du

(3) C. civ., art. 2372-4, al. 1.
(4) Ord. n° 2021-1192, 15 sept. 2021, entrée en vigueur le 1er janvier 2022.

temps l'objet du financement garanti par la fiducie. Selon les situations, il peut s'avérer plus intéressant économiquement de transférer directement en fiducie non pas l'actif directement porté par la société *ad hoc*, mais uniquement les titres de cette dernière, notamment car la société pourra continuer d'administrer les biens jusqu'à la réalisation d'un cas de défaut. Dès lors le patrimoine fiduciaire n'est pas constitué de l'actif cible mais des titres représentatifs du capital social de la société *ad hoc*, qui constitueront alors les actifs fiduciaires, tandis que l'actif cible sera l'actif sous-jacent.

Dans ce cadre, la valeur de garantie se retrouve non pas sur les titres en eux-mêmes mais sur la possibilité d'accéder aux actifs sous-jacents composant le patrimoine de la société *ad hoc*. Néanmoins, l'accès aux actifs sous-jacents est subordonné aux règles propres du droit des sociétés et au principe de l'autonomie du patrimoine. Ainsi, le fiduciaire doit être au moins majoritaire (si ce n'est associé unique) dans la représentation des droits de vote de la société et avoir la possibilité de révoquer les organes sociaux en cas d'instruction de réalisation pour pouvoir réaliser les actifs sous-jacents. La société *ad hoc*, intervenante au contrat de fiducie, se voit déclarer opposable les dispositions du contrat de fiducie.

2° Modalités de réalisation des actifs sous-jacents

La réalisation des actifs sous-jacents est initiée par instruction du bénéficiaire après survenance d'un cas de réalisation dans les conditions prévues par le contrat de fiducie. Suivant cette instruction, le fiduciaire exerce les droits de vote, en sa qualité d'associé fiduciaire, afin de révoquer le représentant légal de la société. Concomitamment à cette révocation, le fiduciaire nomme sur instruction préalable du bénéficiaire un nouveau représentant légal, qui sera chargé, entre autres, de procéder à la réalisation des actifs sous-jacents. Dès lors, les actifs sous-jacents sont cédés sous l'égide du nouveau représentant légal ou il est donné mandat, par le nouveau représentant légal sur autorisation préalable du bénéficiaire, à un ou plusieurs mandataires afin de commercialiser les actifs sous-jacents. Une fois la cession réalisée, le produit de cession des actifs sous-jacents peut être remonté sur le compte fiduciaire par plusieurs méthodes selon les situations (remboursement d'un compte courant éventuel, distribution de dividendes ou dissolution par répartition du boni de liquidation).

Ce processus de réalisation par voie de cession des actifs sous-jacents suppose que préalablement à la conclusion du contrat de fiducie, il soit possible aux regards des statuts de la société, qui sont adaptés si nécessaire lors de la conclusion du contrat de fiducie, de pouvoir révoquer le représentant légal *ad nutum*.

3° Difficultés de réalisation

Les contraintes pesant sur le processus de réalisation des actifs fiduciaires peuvent notamment résulter de l'existence fiducie dite « sans dépossession » et donc assortie d'une convention de mise à disposition des actifs fiduciaires en cas de procédure collective du constituant. Par principe, la convention de mise à disposition, contrat innommé, doit être consentie par le fiduciaire dans le contrat de fiducie ; elle permet au constituant de conserver l'usage et/ou la jouissance de l'actif fiduciaire au moins jusqu'à un cas de réalisation de la fiducie. Le régime juridique de la convention de mise à disposition est variable : elle n'est pas par principe, sauf volonté contraire des parties[5], soumise à aucun régime particulier, et notamment pas à celui des baux commerciaux lorsqu'il s'agit d'un actif fiduciaire immobilier. Ainsi la pratique lui donne soit la nature d'un contrat de louage lorsque l'usage et la jouissance sont consentis à titre onéreux[6], soit de prêt à usage (anciennement commodat) lorsque la convention est consentie à titre gratuit[7].

En cas d'ouverture d'une sauvegarde ou d'un redressement judiciaire au bénéfice du constituant, le processus de réalisation de la fiducie peut être paralysé en raison de l'existence d'une convention de mise à disposition. En effet, la convention de mise à disposition s'analyse comme un contrat en cours au sens de l'article L. 622-13, VI du Code de commerce et l'article L. 622-23-1 du même code précise qu'en présence d'une convention de mise à disposition, aucune cession ou aucun transfert des actifs fiduciaires ne peut intervenir au profit du fiduciaire ou d'un tiers pendant la durée de la procédure, sous peine de nullité du transfert. Cette interdiction vaut également pendant la durée du plan de sauvegarde ou de redressement qui serait le cas échéant arrêté aux termes de la période d'observation.

Toutefois, la paralysie du processus de réalisation de la fiducie (et donc de la résiliation de la convention de mise à disposition) cesse en cas d'ouverture d'une liquidation judiciaire ou cas de mise en œuvre d'un plan de cession[8]. Ainsi dans le cas d'une liquidation judiciaire, la convention n'est pas maintenue, sauf à le temps du maintien temporaire de l'activité qui aurait pu être décidé par le Tribunal, et le fiduciaire recouvre l'ensemble de ses droits sur le patrimoine fiduciaire. Les dispositions du Code de commerce prévoient par ailleurs la résiliation de plein droit du contrat de fiducie, en cas de fiducie-gestion, mais uniquement lorsque le constituant est le seul bénéficiaire de la fiducie[9], évitant ainsi qu'un constituant puisse mettre à l'abri artificiellement un bien dans un patrimoine fiduciaire qu'il se verra nécessairement restituer *in fine*.

II. – Des tensions autour de la valorisation des actifs

Il sera rappelé à titre liminaire l'obligation impérieuse de recourir à un expert au moment précis de la réalisation de la fiducie.

Conformément à l'article 2372-3, alinéa 3 du Code civil, « la valeur du bien ou du droit cédé est déterminée par **un expert désigné à l'amiable ou judiciairement**, sauf si elle résulte d'une **cotation officielle sur une plateforme de négociation au sens du code monétaire et financier** ou si le bien est une somme d'argent. Toute clause contraire est réputée non écrite ». L'exonération totale d'expertise n'intervient donc qu'en présence d'une plateforme de négociation (anciennement « marché organisé »), qui est une notion très restrictive. Le texte, qui évoquait précédemment une cotation sur un « marché organisé », a évolué en même temps

(5) C. civ., art. 2018-1.
(6) C. civ., art. 1709 et s.
(7) C. civ., art. 1875 et s.
(8) L'article L. 642-7 du Code de commerce précise que la convention de mise à disposition ne peut être cédée au cessionnaire, sauf accord des bénéficiaires.
(9) C. com., art. L. 641-12-1.

que le Code monétaire et financier à la suite de la directive européenne MIF. Aux marchés réglementés (Euronext), ont été ajoutés dans la définition (i) les systèmes multilatéraux de négociation (MTF) (par ex. : Alternext) et (ii) les systèmes organisés de négociation (OFT), aux règles de fonctionnement plus libres, pouvant être gérés par des prestataires de services d'investissement.

Ce n'est donc que dans le cadre de ces plateformes de négociation que le bien peut être exonéré d'évaluation. L'existence d'une cotation, par exemple une denrée alimentaire sur un marché d'intérêt national (MIN) (tel celui de Rungis), n'est pas suffisante. Une fois que le périmètre de l'obligation de détermination par voie d'expert est connu, reste à appréhender les enjeux de la valorisation en fonction du mode de réalisation de la fiducie (attribution ou cession).

En cas d'attribution au bénéficiaire, la valeur d'expertise est cruciale et parfois déterminante de l'avenir du constituant. Si la valeur d'expertise est supérieure à la dette garantie, cela déterminera le montant de la soulte à verser par le bénéficiaire au constituant. Si, à l'inverse, elle se trouve en deçà du montant de la dette garantie, et sauf accord contraire entre les parties, l'écart demeurera à la charge du constituant. Le constituant qui aura ainsi définitivement perdu la propriété de l'actif placé en fiducie se verra toujours redevable d'une dette à l'égard de son créancier. Cet enjeu de taille rappelle une actualité brûlante en matière de procédures collectives avec l'instauration des classes de parties affectées par l'ordonnance n° 2021-1193 du 15 septembre 2021 et le rôle clé que sont appelés à jouer les évaluateurs (cabinets financiers, qu'ils soient ou non experts judiciaires par ailleurs) dans les valorisations des créances au sein de chaque classe, selon qu'ils sont « dans la monnaie » ou « hors la monnaie ».

Pour poursuivre le parallèle avec la réalisation de la fiducie, une piste de réflexion pour atténuer les craintes sur une décision couperet de l'expert, serait de prévoir initialement dans le contrat de fiducie, tout en maintenant ce process dans des délais de réalisation condensés, la désignation d'un expert par chaque partie, et le recours à un troisième expert indépendant en cas d'écart significatif entre les deux premiers.

En cas de cession à un tiers, la problématique est différente puisque l'avis de l'expert n'est pas nécessairement déterminant. C'est une référence évidente mais l'élément clé sera le prix de cession plancher que se fixeront les parties en fonction des offres reçues, susceptible d'être ensuite abaissé en l'absence d'offre.

L'enjeu est davantage de connaître le comportement que le fiduciaire doit adopter en cas d'offre comportant un prix inférieur à la dette garantie (cas très fréquent), et/ou à la valeur d'expertise (cas relativement fréquent notamment lorsque l'expert n'intègre pas la dégradation de la valeur liée à la situation du constituant). Une question se pose d'emblée. Le fiduciaire a-t-il le droit de vendre sous la valeur d'expertise ? Comme énoncé ci-avant, les articles 2372-1 et suivants (applicables aux biens meubles) et 2388-1 et suivants (applicables aux biens immeubles) étaient jusqu'à très récemment silencieux sur ce point. Quant aux praticiens, ils considéraient majoritairement que cela demeurait possible sous réserve que le contrat de fiducie le prévoie expressément. L'ordonnance n° 2021-1192 du 15 septembre 2021 portant réforme du droit des sûretés, pris en son article 11, a finalement tenu à le prévoir plus clairement : « Si le fiduciaire ne trouve pas d'acquéreur au prix fixé par expert, il peut vendre le bien ou le droit au prix qu'il estime, sous sa responsabilité, correspondre à sa valeur ».

Ce texte pose surtout une potentielle nouvelle difficulté tenant à la responsabilité du fiduciaire, et aux précautions qu'il doit donc prendre lorsque le bien est cédé sous la valeur d'expertise. Le Rapport au Président de la République relative à l'ordonnance n° 2021-1192 du 15 septembre 2021 est sur ce point éclairant sur les diligences devant être accomplies par le fiduciaire : « une vente des biens donnés en fiducie est désormais possible à un prix différent de celui fixé par l'expert, mais seulement **dans le cas où une vente à ce prix n'aurait pas été possible, ce dont le fiduciaire devra justifier**. Il pourra alors vendre au prix qu'il estime correspondre à la valeur du bien, et ce sous sa responsabilité, afin de protéger les intérêts du débiteur et du créancier ». En réalité, ces précautions étaient déjà intégrées dans les contrats de fiducie de place, qui prévoient généralement des procédures de cession d'actifs précises incluant des jalons.

Ces *process* ne sont pas là uniquement pour protéger la responsabilité du fiduciaire mais aussi et surtout pour assurer une exécution fluide et efficace de la réalisation de la fiducie.

Il est ainsi prévu dans un premier temps, pendant une période donnée de l'ordre de quelques semaines à quelques mois en fonction de la nature de l'actif, une vente *a minima* égale à la valeur expertale, voire à la dette garantie, puis une autorisation de baisse progressive du prix si aucun acquéreur n'est trouvé.

Il peut également être stipulé une passerelle entre une vente de gré et à gré et une vente aux enchères publiques pour maximiser le prix de cession en fonction des conditions de marché, ou la révocation du mandat du *broker* qui n'aurait pas donné satisfaction. En d'autres termes, les contrats de fiducie dont nous avons eu à connaître n'indiquent pas d'emblée que l'on peut vendre au plus offrant, sans tenir compte d'une valeur expertale que la loi a tout de même rendue obligatoire.

Reste à appréhender le niveau d'efforts dans la recherche d'acquéreurs que le fiduciaire doit accomplir pour ne pas se voir reprocher un manque de diligences.

Nous pensons, pour ce qui nous concerne, que le respect scrupuleux de la mission confiée par les parties aux termes du contrat de fiducie, sous réserve que ce dernier prévoie bien *a minima* une tentative de cession à la valeur expertale – ce dont il faut se soucier lors de sa rédaction –, permet au fiduciaire de respecter les dispositions du nouvel alinéa 4 des articles 2372-3 et 2388-3 du Code civil. Ceci rejoint la vaste question abordée lors de ce colloque sur les techniques contractuelles et la nécessité de trouver le juste équilibre entre, d'une part, une souplesse conservée de la fiducie en mettant l'accent dans le contrat sur les principes directeurs devant guider le fiduciaire et, d'autre part, une précision contractuelle limitant le risque de contentieux et préservant la responsabilité du fiduciaire.

C'est grâce à cet équilibre que s'attachent à préserver les praticiens que les fiducies, sans être épargnées comme tout instrument juridique par les tentatives de contentieux, ont su préserver les intérêts qu'elles visaient à protéger et démontrer leur efficacité, y compris dans les dossiers les plus complexes.

La convention de mise à disposition fiduciaire et le régime des contrats en cours

Sarah FARHI
Maître de conférences à la Faculté de droit de Toulon
Responsable du Master I de droit des affaires
Directrice adjointe du CERC (EA 3164)

1. **La notion de contrats en cours dans la procédure collective.** Pour acheter, vendre, louer, emprunter, s'approvisionner, transiger, fiducier ou encore exécuter une prestation de services, les entreprises utilisent un instrument juridique incontournable : le contrat. Omniprésent dans la vie des affaires, le contrat fait l'objet d'attentions particulières en droit des entreprises en difficulté[1]. En effet, les articles L. 622-13 et L. 641-11-1 du Code de commerce prévoient un traitement particulier pour les contrats en cours d'exécution à l'ouverture de la procédure du débiteur[2]. Par principe, les contrats de l'entreprise en difficulté sont continués aux conditions contractuelles fixées avant le jugement d'ouverture, la résiliation des conventions ne pouvant être envisagée que dans certains cas spécialement prévus par le législateur[3]. Lors d'une procédure collective, le contrat est ainsi préservé de toute indivisibilité, résiliation ou résolution, d'origine légale ou conventionnelle afin que l'entreprise puisse poursuivre son activité avec ses partenaires contractuels.

2. **Des régimes particuliers pour certains contrats.** Le régime des contrats en cours est toutefois insuffisant pour refléter toutes les nuances de contrats du droit français. Le législateur a donc institué des régimes spéciaux de contrats en cours pour des conventions très particulières[4]. Outre les dispositions relatives aux contrats de travail, deux conventions disposent d'un régime spécial. D'une part, le législateur a créé un régime particulier pour le bail en cours portant des immeubles utilisés pour l'activité de l'entreprise[5]. Les articles L. 622-14 et L. 641-12 du Code de commerce prévoient les conditions dans lesquelles le bail d'immeuble utilisé pour l'activité de l'entreprise est résilié, conditions qui diffèrent du régime général prévu aux articles L. 622-13 et L. 641-11-1[6]. Le lieu de l'activité étant déterminant pour la

(1) M.-H. Monsèrié-Bon, *Les contrats dans le redressement et la liquidation judiciaires des entreprises*, thèse, Litec, coll. « Bibl. dr. entr. », 1994, t. 33, préf. C. Saint-Alary-Houin.
(2) J. Vallansan, *La notion de contrat en cours* : *BJE* janv. 2019, n° 01, p. 43.
(3) K. Lafaurie, *La force obligatoire du contrat à l'épreuve des procédures d'insolvabilité*, thèse, LGDJ, coll. « Bibl. dr. privé », 2020, t. 595, préf. G. Wicker.
(4) *Rép. com.* Dalloz, V° *Entreprise en difficulté : période d'observation*, 2022, n°s 156 et s., par M.-H. Monsèrié-Bon.
(5) *Rép. com.* Dalloz, V° *Bail commercial*, 2021, n°s 10 et s., par M.-P. Dumont-Lefrand.
(6) Une disposition similaire, visant le même bail, est instituée en liquidation judiciaire, V. C. com., art. L. 641-12.

pérennité de l'exploitation, la fidélisation de la clientèle ainsi que pour la survie de l'entreprise, le législateur a créé un régime spécial, dérogatoire du droit commun des contrats en cours, pour le bail portant sur des locaux utilisés pour l'activité de l'entreprise[7].

D'autre part, les articles L. 622-13 et L. 641-11-1 du Code de commerce contiennent une précision particulière pour la fiducie. Ils disposent que la fiducie n'est jamais un contrat en cours. La fiducie est donc une convention spéciale parmi les contrats spéciaux, puisqu'elle n'est pas traitée comme les autres contrats conclus par l'entreprise en difficulté. Elle bénéficie d'un régime particulier, fonction de l'existence d'une convention de mise à disposition.

3. **La fiducie et la convention de mise à disposition dans les contrats en cours.** Convention de mise à disposition, l'expression est lâchée ! Cette convention conditionne le traitement de la fiducie en droit des entreprises en difficulté. La convention de mise à disposition n'est pourtant pas aisée à appréhender, tant sa nature varie d'un contrat de fiducie à l'autre. Lorsque le constituant de la fiducie souhaite conserver l'usage des choses fiduciées pendant la durée de l'opération, il peut conclure avec le fiduciaire une convention de mise à disposition des biens, droits et/ou sûretés fiduciés[8]. Dans ce cas, le contrat de fiducie se double d'un second contrat : la convention de mise à disposition[9]. Les parties peuvent soumettre cette convention de mise à disposition aux règles du bail commercial[10], de la location-gérance, du commodat ou au seul droit commun afin que la convention demeure *sui generis*[11]. La convention de mise à disposition permet donc d'instituer des fiducies sans dépossession, sur des biens nécessaires à l'exploitation de l'activité de l'entreprise constituante.

4. **La fiducie sans dépossession et procédure collective.** La fiducie sans dépossession, assortie d'une convention de mise à disposition, peut être dangereuse en cas de procédure collective du débiteur-constituant. En effet, si l'entreprise débitrice a conclu une fiducie sans dépossession, il faut en déduire que les biens fiduciés sont – à tout le moins – utiles pour l'exploitation de l'activité. Or, la mise en œuvre de la fiducie impose la résiliation de la convention de mise à disposition et prive ainsi l'entreprise en difficulté de biens utiles à l'exploitation de son activité. Pour éviter que la réalisation de la fiducie ne soit le fossoyeur de l'entreprise en péril, le droit des procédures collectives neutralise la mise en œuvre de la fiducie dès lors qu'une convention de mise à disposition existe et demeure en cours d'exécution. Pour paralyser la fiducie, le législateur soumet la convention de mise à disposition au régime des contrats en cours prévu à l'article L. 622-13 du Code de commerce.

(7) P.-M. Le Corre, *Cession du bail en cas de redressement judiciaire du preneur et plan de cession* : *AJDI* 2002, p. 437.

(8) P. Crocq, *La nouvelle réglementation de la fiducie* : RLDC sept. 2008, lettre actualité n° 31.

(9) R. Dammann et G. Podeur, *Le nouveau paysage du droit des sûretés : première étape de la réforme de la fiducie et du gage sans dépossession* : D. 2008, p. 2300.

(10) C. civ., art. 2018 : « Lorsque le contrat de fiducie prévoit que le constituant conserve l'usage ou la jouissance d'un fonds de commerce ou d'un immeuble à usage professionnel transféré dans le patrimoine fiduciaire, la convention conclue à cette fin n'est pas soumise aux chapitres IV et V du titre IV du livre Ier du Code de commerce, sauf stipulation contraire ».

(11) S. Farhi, *La fiducie-sûreté et le droit des entreprises en difficulté : étude de l'efficacité du mécanisme*, thèse, LGDJ, coll. « Droit des entreprises en difficulté », t. 6, préf. P.-M. Le Corre, 2016, nos 357 et s., p. 266 et s.

5. **Plan de la contribution.** Sans appréhender les liens entre le régime des contrats en cours et la convention de mise à disposition, la compréhension du régime de la fiducie en procédure collective est donc impossible. La soumission de la convention de mise à disposition au régime des contrats en cours n'est cependant pas systématique, le législateur imposant la réunion de deux conditions (I). Tantôt intégrée, tantôt exclue du régime des contrats en cours, la convention de mise à disposition bénéficie donc d'un traitement dual en procédure collective qui n'est pas sans incidence sur le régime de la fiducie (II).

I. – Les conditions de la soumission de la convention de mise à disposition au régime des contrats en cours

6. **La réunion de deux conditions.** Le législateur impose deux conditions pour soumettre la convention de mise à disposition fiduciaire au régime des contrats en cours. La première condition tient à la nature de la procédure ouverte à l'égard de l'entreprise (A), la seconde tient à l'existence d'une convention de mise à disposition en cours d'exécution à l'ouverture de la procédure du débiteur (B).

A. – La condition relative à la nature de la procédure

7. **Une combinaison de dispositions.** L'article L. 622-13, VI du Code de commerce énonce que : « Les dispositions du présent article ne concernent pas les contrats de travail. Elles ne concernent pas non plus le contrat de fiducie, à l'exception de la convention en exécution de laquelle le débiteur conserve l'usage ou la jouissance de biens ou droits transférés dans un patrimoine fiduciaire ». Cette disposition est complétée par l'article L. 622-23-1 qui dispose que : « Lorsque des biens ou droits présents dans un patrimoine fiduciaire font l'objet d'une convention en exécution de laquelle le débiteur constituant en conserve l'usage ou la jouissance, aucune cession ou aucun transfert de ces biens ou droits ne peut intervenir au profit du fiduciaire ou d'un tiers du seul fait de l'ouverture de la procédure, de l'arrêté du plan ou encore d'un défaut de paiement d'une créance née antérieurement au jugement d'ouverture. Cette interdiction est prévue à peine de nullité de la cession ou du transfert ». De la combinaison de ces deux articles, il faut déduire que lorsque la convention de mise à disposition est soumise au régime des contrats en cours, l'exécution du contrat de fiducie est paralysée sous peine de nullité du transfert fiduciaire. La soumission de la convention de mise à disposition au régime des contrats en cours conditionne, bel et bien, la mise en œuvre du contrat de fiducie en procédure collective[12].

8. **Les procédures visées : des procédures de sauvetage de l'entreprise.** Les articles L. 622-13 et L. 622-23-1 sont contenus dans le livre VI du Code de commerce relatif aux difficultés d'entreprise, et plus précisément dans son titre II concernant la procédure de sauvegarde. Il ne fait alors aucun doute que la convention de mise

(12) F. Macorig-Venier, *Les biens fiduciaires (biens distraits des procédures)* : *Rev. proc. coll.* janv. 2011, n° 1, dossier 10. – M.-H. Monsérié-Bon, *Apports de l'ordonnance du 18 décembre 2008 et du décret du 12 février 2009* : *Rev. proc. coll.* nov. 2009, n° 6, comm. 166.

à disposition est soumise au régime des contrats en cours lors de la procédure de sauvegarde du débiteur. Cette disposition est également applicable à la procédure de redressement judiciaire grâce à l'article L. 631-14 du Code de commerce. La convention de mise à disposition est ainsi soumise au régime des contrats en cours lors du redressement judiciaire du débiteur(13). Ce traitement s'applique dès l'ouverture de la procédure à l'égard du débiteur. Il perdure pendant la période d'observation et jusqu'à la complète exécution du plan de sauvegarde ou de redressement judiciaire.

9. **L'absence de paralysie en procédure de liquidation judiciaire.** En liquidation judiciaire, la convention de mise à disposition n'est jamais soumise au régime des contrats en cours selon l'article L. 641-11-1, VI du Code de commerce. Cette exclusion est pleinement justifiée. En effet, la convention de mise à disposition est soumise au régime des contrats en cours afin d'éviter qu'elle ne soit résiliée pour mettre en œuvre de la fiducie. Par cette règle, le législateur préserve l'utilisation de biens utiles à la poursuite de l'activité de l'entreprise. Le but sous-jacent de la soumission de la convention de mise à disposition au régime des contrats en cours est évidemment d'assurer le sauvetage de l'entreprise débitrice. Un tel but ne peut pas être poursuivi lors d'une liquidation judiciaire, cette procédure étant destinée à mettre fin à l'activité de l'entreprise et à réaliser le patrimoine du débiteur(14). Le législateur soumet la convention de mise à disposition fiduciaire au régime des contrats en cours uniquement dans les procédures à vocation salvatrice. La fiducie conserve sa pleine efficacité en liquidation judiciaire, lorsque le sauvetage du débiteur n'est plus à l'ordre du jour.

10. **Le redressement « seconde chance ».** Si la fiducie est paralysée dans les procédures destinées à sauver l'entreprise en difficulté, une situation intermédiaire existe au travers du redressement « seconde chance »(15). Le redressement qualifié de « seconde chance »(16) est une procédure de redressement judiciaire ouverte à la suite de la constatation de la cessation des paiements lors de l'exécution du plan de sauvegarde subséquemment résolu. Dans ce cas, la convention de mise à disposition doit-elle être soumise au régime des contrats en cours ou non ? Il est certain que si ce redressement a pour ambition de sauver l'entreprise, elle fait suite à une première tentative de sauvetage avortée. La réponse à cette interrogation se trouve à l'article L. 631-14, alinéa 4 du Code de commerce qui dispose que : « Lorsque la procédure de redressement judiciaire a été ouverte en application du troisième alinéa de l'article L. 626-27 et que le débiteur a transféré des biens ou droits dans un patrimoine fiduciaire avant l'ouverture de la procédure de sauvegarde ayant donné lieu au plan résolu, la convention en exécution de laquelle celui-ci conserve l'usage

(13) C. com., art. L. 631-14, al. 1 : « Les articles L. 622-3 à L. 622-9, à l'exception de l'article L. 622-6-1, et L. 622-13 à L. 622-33 sont applicables à la procédure de redressement judiciaire, sous réserve des dispositions qui suivent ».

(14) C. com., art. L. 640-1 : « Il est institué une procédure de liquidation judiciaire ouverte à tout débiteur mentionné à l'article L. 640-2 en cessation des paiements et dont le redressement est manifestement impossible. La procédure de liquidation judiciaire est destinée à mettre fin à l'activité de l'entreprise ou à réaliser le patrimoine du débiteur par une cession globale ou séparée de ses droits et de ses biens ».

(15) Expression utilisée par J. Vallansan, *Difficulté des entreprises, Commentaire article par article du livre VI du Code de commerce*, Litec, 4e éd., 2006, p. 219.

(16) *Ibid.*

ou la jouissance de ces biens ou droits n'est pas soumise aux dispositions de l'article L. 622-13 et les dispositions de l'article L. 622-23-1 ne sont pas applicables ». Les règles relatives aux contrats en cours ne sont ainsi pas applicables à la convention de mise à disposition en cas de redressement « seconde chance ». Si la convention de mise à disposition a été traitée comme un contrat en cours dans la première procédure de sauvegarde, tel n'est plus le cas dans la procédure de redressement faisant suite à l'échec du plan (17). Dans un redressement « seconde chance », la fiducie peut alors être mise en œuvre. Toutefois, la conversion de la procédure de sauvegarde en redressement judiciaire demeure sans effet sur la soumission de la convention de mise à disposition au régime des contrats en cours, la même procédure continuant sous une autre forme. Lorsque la procédure de sauvegarde est convertie en redressement judiciaire, la règle relative à la continuité de la procédure empêche donc de résilier la convention de mise à disposition fiduciaire.

11. **Transition.** La neutralisation de la fiducie grâce à la soumission de la convention de mise à disposition au régime des contrats en cours n'est pas automatique, une seconde condition étant exigée par le législateur.

B. – La condition relative à l'existence d'une convention de mise à disposition en cours d'exécution

12. **La préservation du sauvetage de l'entreprise.** Assurer le sauvetage d'une entreprise en difficulté impose de préserver son activité. À ce titre, la convention de mise à disposition fiduciaire est essentielle, tant elle permet à l'entreprise de pouvoir continuer à utiliser les biens fiduciés. Cependant, l'exécution du contrat de fiducie implique la résiliation de la convention de mise à disposition, résiliation inconciliable avec la poursuite de l'activité de l'entreprise. Pour éviter que la mise en œuvre de la fiducie entraîne la dépossession du débiteur de biens nécessaires à la poursuite de son activité, le législateur neutralise la fiducie conclue sans dépossession. Encore faut-il que la convention de mise à disposition fiduciaire soit en cours d'exécution à l'ouverture de la sauvegarde ou du redressement judiciaire.

13. **Une convention ni échue ni résiliée.** Cette exigence classique du droit des entreprises en difficulté se déduit de l'utilisation du terme « en exécution » à l'article L. 622-23-1 du Code de commerce. La convention de mise à disposition fiduciaire ne doit donc être ni échue ni résiliée à l'ouverture de la procédure collective. D'une part, la convention de mise à disposition ne doit pas être échue avant l'ouverture de la procédure de sauvegarde ou de redressement judiciaire. En effet, la convention arrivée à échéance avant le jugement d'ouverture ne peut pas entraîner la paralysie de la fiducie, car le débiteur ne dispose alors plus de l'usage ou de la jouissance des choses fiduciées qu'il a – par principe – déjà restituées au fiduciaire. Pour que la convention de mise à disposition emporte la neutralisation de la fiducie-sûreté, elle doit être encore exécutée au jour du jugement d'ouverture.

(17) P.-M. Le Corre, *Droit et pratique des procédures collectives*, Dalloz Action, 11e éd., 2021-2022, n° 575.14, p. 1422. – F. Pérochon, *Entreprises en difficulté*, LDGJ, 10e éd., 2014, n° 1125, p. 491 et s. – G. Berthelot, *Le traitement de la fiducie-sûreté dans la nouvelle ordonnance sur les procédures collectives* : *Dr. & patr.* oct. 2009, n° 185, p. 45. – M. Grimaldi et R. Dammann, *La fiducie sur ordonnances* : D. 2009, p. 670. – D. Legeais, *Fiducie* : *RD bancaire et fin.* janv. 2009, n° 1, comm. 23.

D'autre part, la convention de mise à disposition doit être continuée lors de la procédure collective du débiteur, l'administrateur judiciaire ne devant pas opter pour la non-continuation de ce contrat[(18)].

14. **Transition.** La convention de mise à disposition en cours d'exécution lors de la procédure de sauvegarde ou de redressement judiciaire du débiteur est un contrat en cours. Ce choix du législateur a des incidences importantes sur le traitement de la fiducie en procédure collective.

II. – Les incidences de la soumission de la convention de mise à disposition au régime des contrats en cours sur le contrat de fiducie

15. **Une dualité de régime.** Tel Janus, la fiducie a deux visages en procédure collective. Son visage dépend de la soumission de la convention de mise à disposition au régime des contrats en cours. Il faut ainsi envisager le traitement de la fiducie en procédure collective lorsque la convention de mise à disposition est soumise au régime des contrats en cours (A), puis le traitement de la fiducie en procédure collective lorsque la convention de mise à disposition est exclue du régime des contrats en cours (B).

A. – La convention de mise à disposition soumise au régime des contrats en cours

16. **La soumission au régime des contrats en cours.** Les articles L. 622-13 et L. 622-23-1 du Code de commerce précisent que dès lors que la fiducie est paralysée en procédure de sauvegarde et de redressement judiciaire, la convention de mise à disposition devient un contrat en cours dans la procédure du débiteur. Il faut alors appliquer strictement le régime des contrats en cours à cette convention de mise à disposition fiduciaire[(19)]. Elle ne peut alors plus être résiliée ou résolue du seul fait de l'ouverture de la procédure. Le contractant, c'est-à-dire le fiduciaire, doit poursuivre l'exécution de la convention malgré les éventuelles inexécutions du débiteur antérieures à l'ouverture de la procédure. Les conditions contractuelles fixées avant l'ouverture de la procédure du débiteur demeurent[(20)].

17. **Les deux cas de résiliation de plein droit issus du régime des contrats en cours.** Si, pour certains praticiens, la soumission au régime des contrats en cours résonne parfois comme une sentence à perpétuité, obligeant le contractant à exécuter le contrat malgré la défaillance du débiteur, la réalité est plus nuancée. En effet, la convention de mise à disposition peut être résiliée de plein droit dans deux cas prévus par le régime des contrats en cours[(21)].

(18) V. *infra*, n°s 17 et s.

(19) C. com., art. L. 622-13, I : « Nonobstant toute disposition légale ou toute clause contractuelle, aucune indivisibilité, résiliation ou résolution d'un contrat en cours ne peut résulter du seul fait de l'ouverture d'une procédure de sauvegarde. Le cocontractant doit remplir ses obligations malgré le défaut d'exécution par le débiteur d'engagements antérieurs au jugement d'ouverture. Le défaut d'exécution de ces engagements n'ouvre droit au profit des créanciers qu'à déclaration au passif ».

(20) F.-X. Lucas, *Fiducie vs sauvegarde, un arbitrage équilibré* : *BJS* 1er févr. 2009, n° 2, p. 105.

(21) C. com., art. L. 622-13, II et III. – V. E. Le Corre-Broly, *Les modifications apportées au droit commun de la continuation des contrats en cours* : *D.* 2009, p. 663.

Premièrement, lorsque le fiduciaire adresse à l'administrateur judiciaire, ou à défaut au débiteur, une mise en demeure de se prononcer sur la poursuite de la convention et que celle-ci reste sans réponse pendant plus d'un mois, la convention de mise à disposition est résiliée de plein droit. Tel est aussi le cas lorsque l'administrateur judiciaire opte pour la non-continuation de la convention, suite à la réception de la mise en demeure. Cette hypothèse est évidemment rare, mais peut parfois correspondre à l'abandon d'une branche d'activité par l'entreprise.

Secondement, si la convention de mise à disposition ne peut pas être exécutée aux conditions contractuelles fixées au jour du jugement d'ouverture, l'administrateur judiciaire doit la résilier par anticipation de l'inexécution future. Par exemple, si la mise à disposition a pour contrepartie un loyer et que la prochaine échéance ne peut être payée, la convention doit être résiliée. Cette résiliation s'opère de plein droit. Si cette résiliation cause au fiduciaire un préjudice, elle peut être assortie de l'octroi de dommages-intérêts qui doivent alors être déclarés à la procédure.

18. **La résiliation par le juge-commissaire.** La résiliation de la convention de mise à disposition en cours peut également être prononcée par le juge-commissaire selon l'article L. 622-13, IV du Code de commerce. Lorsque l'administrateur décide spontanément de ne pas continuer la convention, sans mise en demeure préalable par le fiduciaire, il doit saisir le juge-commissaire afin que la résiliation de la convention de mise à disposition soit prononcée. Toutefois, deux conditions doivent être réunies. D'abord, la résiliation doit être nécessaire à la procédure de sauvegarde ou de redressement du débiteur. Appliquée à la convention de mise à disposition, cette condition ne sera que rarement remplie, l'hypothèse relevant également de l'abandon d'une branche d'activité par l'entreprise. Ensuite, la résiliation ne doit pas porter une atteinte excessive aux intérêts du contractant. En matière de convention de mise à disposition, cette condition sera toujours remplie, la résiliation de la convention permettant la mise en œuvre de la fiducie au profit du bénéficiaire.

19. **La résiliation de la convention de mise à disposition qualifiée de bail.** Si la convention de mise à disposition des biens fiduciés peut demeurer un contrat *sui generis*, elle peut également adopter un régime spécial. La convention de mise à disposition peut notamment prendre la forme d'un bail de locaux utilisés pour l'activité de l'entreprise. Dans une telle hypothèse, la résiliation de la convention de mise à disposition doit-elle répondre du régime spécial institué par l'article L. 622-14 du Code de commerce ? La réponse est positive, tant les règles édictées pour la résiliation d'un bail des locaux utilisés pour l'activité de l'entreprise répondent d'un régime dérogatoire à tous les autres régimes, y compris celui institué pour la fiducie.

Dans cette hypothèse, le bailleur n'aura pas la faculté de mettre en demeure l'administrateur, ou à défaut le débiteur, pour qu'il se prononce sur la poursuite ou non du contrat. Soumise au régime du bail des locaux professionnels en cours, la convention de mise à disposition ne peut donc pas être résiliée par l'absence de réponse à la mise en demeure ou par une réponse négative[22]. Le fiduciaire perd donc le bénéfice d'une résiliation de plein droit. De plus, lorsque des loyers

(22) F. Kendérian, *Bail commercial et réforme de la loi de sauvegarde des entreprises : le bail n'est plus vraiment un contrat comme les autres : RTD com.* 2009, p. 281.

postérieurs au jugement d'ouverture sont impayés, le bailleur ne peut demander la résiliation du bail qu'après l'expiration d'un délai de trois mois suivant le jugement d'ouverture.

20. **La fiducie paralysée : le bénéficiaire traité comme un créancier antérieur.** Si la convention de mise à disposition est soumise au régime des contrats en cours, tel n'est pas le cas du contrat de fiducie. L'article L. 622-13, VI du Code de commerce est explicite à ce sujet(23). Dans une procédure de sauvegarde ou de redressement judiciaire, la fiducie assortie d'une convention de mise à disposition n'est ainsi ni exécutée ni résiliée. La convention de fiducie est paralysée. La fiducie ne peut donc pas permettre au bénéficiaire d'être désintéressé grâce à l'actif du patrimoine fiduciaire. Pour être payé, le bénéficiaire de la fiducie n'a alors qu'une seule solution à sa disposition : faire reconnaître son droit dans la procédure du débiteur pour obtenir paiement grâce aux distributions collectives. Le bénéficiaire doit alors déclarer sa créance au passif – même si le fiduciaire peut déclarer pour lui –(24) et se soumettre aux règles de la discipline collective. Titulaire d'une fiducie paralysée, le bénéficiaire devient pour un temps un créancier antérieur. Ce traitement imposé au titulaire de la fiducie neutralisée est cohérent avec le but poursuivi par la paralysie de la sûreté : trouver une solution collective aux difficultés de l'entreprise en évitant qu'un seul créancier ne capte les actifs de l'entreprise.

21. **Transition.** Soumise au régime des contrats en cours, la convention de mise à disposition entraîne la paralysie de la fiducie et la soumission de son bénéficiaire aux règles de la discipline collective. Exclue du régime des contrats en cours, la convention de mise à disposition modifie le traitement de la fiducie en procédure collective.

B. – La convention de mise à disposition exclue du régime des contrats en cours

22. **L'exclusion du régime des contrats en cours.** Selon l'article L. 611-11-1 du Code de commerce, la fiducie et la convention de mise à disposition ne sont jamais des contrats en cours dans les procédures de liquidation judiciaires. Tel est également le cas dans le redressement judiciaire ouvert après la clôture d'une procédure de sauvegarde, c'est-à-dire lors d'un redressement « seconde chance »(25). La fiducie non paralysée par la soumission de la convention de mise à disposition au régime des contrats en cours peut alors être réalisée au profit du bénéficiaire, par définition non payé par l'entreprise défaillante. Le bénéficiaire de la fiducie redevient alors dans la procédure collective un propriétaire – presque comme les autres –. Dans ce cas, l'opération fiduciaire est pleinement reconnue par le droit des entreprises en difficulté, même si la résiliation préalable de la convention de mise à disposition est nécessaire.

(23) C. com., art. L. 622-13, VI : « Les dispositions du présent article ne concernent pas les contrats de travail. Elles ne concernent pas non plus le contrat de fiducie, à l'exception de la convention en exécution de laquelle le débiteur conserve l'usage ou la jouissance de biens ou droits transférés dans un patrimoine fiduciaire ».

(24) S. Farhi, *La fiducie-sûreté et le droit des entreprises en difficulté : étude de l'efficacité du mécanisme*, *op. cit.*, nos 491 et s., p. 361 et s.

(25) J. Vallansan, *Difficulté des entreprises, Commentaire article par article du livre VI du Code de commerce*, *op. cit.*

23. **La résiliation de la convention de mise à disposition : la clause de résiliation.** Avant d'exécuter le contrat de fiducie, il faut résilier le contrat de mise à disposition fiduciaire. Pour ce faire, les parties peuvent insérer dans la convention de mise à disposition une clause de résiliation de plein droit. Ainsi, la convention sera résiliée de plein droit dès l'ouverture de la liquidation judiciaire du débiteur ou de son redressement « seconde chance ». Comme la convention de mise à disposition n'est pas soumise au régime des contrats en cours dans de tels cas(26), les dispositions des articles L. 622-13, I et L. 641-11-1, I du Code de commerce sont sans effet. Les règles qui ôtent leur efficacité à la clause de résiliation étant inapplicables, il faut conclure que la clause est efficace(27). Par conséquent peut être mise en œuvre la clause prévoyant que la convention de mise à disposition fiduciaire sera résiliée de plein droit dès l'ouverture d'une procédure de liquidation judiciaire ou d'un redressement judiciaire faisant suite à la résolution du plan de sauvegarde de l'entreprise.

24. **L'absence de clause de résiliation de plein droit.** Il faut inciter les praticiens à insérer systématiquement, dans les conventions de mise à disposition fiduciaire, une clause de résiliation de plein droit pour cause de redressement « seconde chance » ou de liquidation judiciaire. Car à défaut de prévision contractuelle des parties, le constituant ou le fiduciaire doit résilier la convention de mise à disposition selon les conditions du droit commun posées par l'article 1212 du Code civil, résiliation évidemment plus fastidieuse et plus longue. Dans la grande majorité des cas, cette résiliation sera effectuée par le fiduciaire, par le biais d'une lettre recommandée avec accusé de réception envoyé à l'administrateur ou au liquidateur judiciaires. Une fois la convention de mise à disposition résiliée de plein droit ou non, la fiducie pourra être mise en œuvre selon les modalités contractuelles prévues. Le bénéficiaire de la fiducie sera alors traité comme un propriétaire pouvant s'affranchir des règles de la discipline collective, particulièrement de l'obligation de déclarer sa créance(28). Cette déclaration ne sera toutefois pas inutile, notamment si l'actif du patrimoine d'affectation ne suffit pas à couvrir l'intégralité de la créance du bénéficiaire de la fiducie.

25. **Conclusion.** La convention de mise à disposition est indéniablement la pierre angulaire sur laquelle repose le régime de fiducie en procédure collective. Paralysée temporairement par la soumission au régime des contrats en cours, la fiducie demeure néanmoins efficace dès lors que l'entreprise ne peut plus être sauvée, faisant de ce mécanisme « la reine des sûretés »(29).

(26) C. com., art. L. 641-11-1, VI : « Les dispositions du présent article ne concernent pas les contrats de travail. Elles sont également inapplicables au contrat de fiducie et à la convention en exécution de laquelle le débiteur constituant conserve l'usage ou la jouissance de biens ou droits transférés dans un patrimoine fiduciaire ».

(27) P.-M. Le Corre, *Droit et pratique des procédures collectives*, *op. cit.*, n° 633.51, p. 1741 et s.

(28) S. Farhi, *La fiducie-sûreté et le droit des entreprises en difficulté : étude de l'efficacité du mécanisme*, *op. cit.*

(29) A. Cerles, *La fiducie : nouvelle reine des sûretés ?* : JCP E sept. 2007, n° 36, 2054.

L'appréciation de la disproportion en matière de fiducie-sûreté

Le cas de la responsabilité du dispensateur de crédit à l'égard du débiteur en procédure collective

Patrice HOANG
Agrégé des Facultés de droit privé
Professeur à l'Université d'Orléans

1. On sait combien, dans le domaine du financement des entreprises, la pente naturelle des dispensateurs de crédit à la prudence, voire à la frilosité, conduit le législateur à rechercher en permanence la mise en place de dispositifs de nature à renforcer leur confiance.

Au titre du droit des sûretés, la fiducie offre la possibilité aux emprunteurs de garantir leurs engagements par la constitution d'une fiducie-sûreté, conformément aux dispositions qui lui sont consacrées expressément dans le Code civil, la distinguant de la fiducie-gestion depuis l'ordonnance du 30 janvier 2009 (1).

2. Par anticipation, l'ordonnance du 18 décembre 2008 (2), réformant le droit des entreprises en difficulté, visait déjà expressément ou implicitement la fiducie-sûreté, afin d'en articuler le régime avec les règles des procédures collectives.

En effet, un des attraits majeurs de la fiducie-sûreté étant de résister aux effets perturbateurs que subissent en principe les droits des créanciers, même munis de sûretés, du fait de l'ouverture d'une procédure collective à l'égard du constituant, la loi a entendu concilier impératifs du droit des entreprises en difficulté et avantages escomptés par le bénéficiaire d'une telle fiducie, sur la base de deux facteurs qui se croisent : d'une part, du type de procédure collective ouverte – l'idée centrale étant d'écarter les effets attachés à la pleine efficacité de cette sûreté en cas de redressement possible du constituant, et inversement – et, d'autre part, de la nature de sûreté sans dépossession, ou avec dépossession, fondée sur l'existence, ou l'absence, d'une convention de mise à disposition au profit du débiteur des biens constitués en fiducie (3).

3. Ces règles relatives à la fiducie-sûreté, articulant son régime juridique de droit des sûretés avec celui de droit des procédures collectives, n'ont pas remis en cause les principaux éléments d'attractivité du mécanisme.

(1) Ord. n° 2009-112, 30 janv. 2009 portant diverses dispositions relatives à la fiducie : *JO* n° 0026, 31 janv. 2009.
(2) Ord. n° 2008-1345, 18 déc. 2008 portant réforme du droit des entreprises en difficulté : *JO* n° 0295, 19 déc. 2008.
(3) « ... convention en exécution de laquelle le débiteur conserve l'usage ou la jouissance de biens ou droits transférés dans un patrimoine fiduciaire » : par ex., C. com., art. L. 622-13, VI.

On peut en citer au minimum trois : d'abord sa vocation à transférer dans le patrimoine fiduciaire des biens de nature très différente ; ensuite son aptitude à s'adapter sur mesure, grâce à la grande souplesse du contrat constitutif, aux opérations garanties et aux parties en présence – selon que le fiduciaire est le créancier bénéficiaire lui-même ou un tiers ; et enfin, ses modes de réalisation simplifiés(4), qui sont ainsi demeurés intacts.

4. Toutefois, les espoirs de ceux des créanciers qui pensaient y trouver une garantie d'une efficacité non seulement redoutable(5) mais absolue, ont sans aucun doute été refroidis, sauf en cas de liquidation judiciaire du constituant(6).

Certes, en tant que sûreté conférant au créancier un droit d'exclusivité sur les biens transférés en garantie, celle-ci place son bénéficiaire dans une position très largement enviable(7) lui laissant entrevoir un recouvrement efficace(8). Encore que cette efficacité dépende de la procédure ouverte et des phases du déroulement de celle-ci(9). En particulier, durant la période d'observation et lors de l'arrêté du plan, le créancier n'obtiendra satisfaction immédiate que si le débiteur n'a pas été contractuellement autorisé à conserver l'usage ou la jouissance des biens présents dans le patrimoine fiduciaire(10).

5. Mais si on ajoute à cela les inconvénients en soi de la fiducie-sûreté, tenant à sa mise en place (formalisme *ad validitatem* en général(11), mention propre à la fiducie-sûreté, à peine de nullité, de la dette garantie et de la valeur estimée des biens transférés – quoique cette dernière ait été supprimée lors de la récente réforme du droit des sûretés(12), choix d'un fiduciaire, absence de confidentialité(13)), ainsi que ses désavantages en comparaison d'autres sûretés réelles ouvertes au choix des créanciers (frais élevés(14), manque de simplicité(15) et soumission aux nullités de la période suspecte contrairement à la cession de créances Dailly à titre de garantie(16)), on comprend le succès mitigé du mécanisme, dont l'utilisation, restée limitée à des montages financiers complexes, se voit qualifiée de marginale(17). La perspective que la réforme du droit des sûretés suscite un engouement en faveur de cette utilisation de la fiducie demeure incertaine(18).

6. Il existe, par ailleurs, à côté de ces freins d'ordre général, un obstacle particulier qui, en cas de procédure collective du constituant, peut nourrir les craintes des

(4) R. Dammann et M. Pigot, *La fiducie-sûreté*, in *Les garanties dans les montages*, Étude par D. Robine, M. Bourassin, A. Hontebeyrie, B. Evva, R. Dammann et M. Pigot : *Actes prat. ing. sociétaire* juill. 2016, n° 148, dossier 4, spéc. n°s 16-17.

(5) J. Mazé, *L'efficacité de la garantie de passif face au risque de procédure collective du cédant*, 2e partie, *L'efficacité des garanties réelles* : *Dr. sociétés* oct. 2016, étude 13.

(6) D. Legeais, *Les créanciers titulaires de sûretés sur créances* : *BJE* 31 mai 2022, p. 52.

(7) R. Dammann et M. Pigot, *La fiducie-sûreté*, préc., spéc. n° 27.

(8) N. Borga, *La réalisation des sûretés réelles dans le contexte d'une procédure collective* : *RD bancaire et fin.* mars 2022, n° 2, dossier 21.

(9) R. Dammann, *Avantages et inconvénients de la fiducie en cas de procédure collective* : *RLDC* mai 2009, n° 60, p. 65.

(10) C. com., art. L. 622-23-1.

(11) C. civ., art. 2018.

(12) C. civ., art. 2372-2 et 2488-2, mod. Ord. n° 2021-1192, 15 sept. 2021 portant réforme du droit des sûretés : *JO* n° 0216, 16 sept. 2021.

(13) Due à l'enregistrement fiscal : C. civ., art. 2019.

(14) S. Cabrillac, *Les sûretés conventionnelles sur les immeubles* : *RD bancaire et fin.* mars 2022, n° 2, dossier 17.

(15) A. Gourio, *La fiducie-sûreté* : D. 2009, 1944.

(16) C. com., art. L. 632-1, I. V. *infra*.

(17) D. Legeais, *Les créanciers titulaires de sûretés sur créances*, préc. Employant déjà ce qualificatif, J. Mazé, *L'efficacité de la garantie de passif face au risque de procédure collective du cédant*, préc.

(18) S. Cabrillac, *Les sûretés conventionnelles sur les immeubles*, préc.

dispensateurs de crédit quant à l'efficacité de la fiducie-sûreté à leur assurer le remboursement de l'intégralité des sommes prêtées. Il s'agit de l'article L. 650-1 du Code de commerce, introduit dans le droit des entreprises en difficulté, en préambule des textes relatifs aux responsabilités et sanctions, par la loi de sauvegarde de 2005 et légèrement modifié par l'ordonnance de 2008 (19), qui énonce que « les créanciers ne peuvent être tenus pour responsables des préjudices subis du fait des concours consentis, sauf les cas de fraude, d'immixtion caractérisée dans la gestion du débiteur ou si les garanties prises en contrepartie de ces concours sont disproportionnées à ceux-ci ».

7. Il faut rappeler que l'objectif poursuivi par le législateur était de mettre un terme à l'action en responsabilité pour soutien abusif pouvant être exercée dans les conditions posées par la jurisprudence de la Cour de cassation à l'encontre des dispensateurs de crédit, en leur conférant une immunité de principe, afin de desserrer le « frein psychologique » (20) prétendument redoutable à l'octroi de crédit aux entreprises. Toutefois, en décidant que cette exclusion de responsabilité pouvait céder en présence d'un des trois cas que la suite du texte posait, la loi suscitait un premier doute : fallait-il y voir des cas spéciaux de responsabilité (21), en soi fautifs, dont la preuve suffirait à elle seule à engager la responsabilité du prêteur ou bien était-il nécessaire, à la fois, de se trouver dans l'une des trois situations légales pour que l'action fût ouverte et de démontrer que les crédits étaient en eux-mêmes fautifs (22) ?

C'est en faveur de cette seconde solution que la Cour de cassation a fixé sa position en 2012, dans ses arrêts du 27 mars (23) et du 19 juin (24), qu'elle a ensuite réitérée par trois arrêts rendus en 2017 (25).

8. Ce faisant, au titre du caractère fautif des concours, la Haute juridiction a réintroduit dans le dispositif de l'article L. 650-1 du Code de commerce sa propre jurisprudence abondante sur l'octroi abusif de crédit, soit parce qu'il s'agit d'un soutien artificiel, lorsque les concours ont été apportés à une entreprise dont le prêteur connaissait la situation irrémédiablement compromise, trompant les tiers sur la solvabilité réelle de celle-ci ; soit parce qu'il s'agit d'un crédit ruineux (26), c'est-à-dire un

(19) Ord. n° 2008-1345, 18 déc. 2008, préc.

(20) P. Clément, Sénat, séance du 29 juin 2005 : *JO* Sénat 30 juin 2005, p. 4754.

(21) V. Forray, *Commentaire complémentaire de l'article L. 650-1 du Code de commerce* : *RTD com.* 2008, p. 661. – R. Dammann, *La situation des banques, titulaires de sûretés, après la loi de sauvegarde des entreprises* : *Banque et droit* 2005, n° 103, p. 16 et s.

(22) Solution que nous avions défendue, P. Hoang, *La responsabilité des créanciers dispensateurs de crédit*, *in* colloque de Nantes, 24 févr. 2006, « La loi de sauvegarde des entreprises : Quelles procédures ? Quelles responsabilités ? », II. « Les enjeux de la loi nouvelle », Litec, Colloques et débats, janv. 2007, p. 75-91, spéc. n° 9. V. not. P. Crocq, *Sûretés et proportionnalité*, *Études Simler*, Dalloz-Litec, 2006, p. 291 et s., spéc. n° 26. – J. Moury, *La responsabilité du fournisseur de « concours » dans le marc de l'article L. 650-1 du Code de commerce* : *D.* 2006, 1743. – F. Pasqualini, *Responsabilité du banquier* : *Rép. com.* Dalloz, n°s 127 et s.

(23) Cass. com., 27 mars 2012, n° 10-20.077 : *Bull. civ.* IV, n° 68 ; *BJS* 1er juin 2012, n° 6, p. 493, note P. Pétel ; *BJE* 1er mai 2012, n° 3, p. 176, note T. Favario ; *Defrénois* 30 mars 2013, n° 6, p. 296, note S. Cabrillac ; *Gaz. Pal.* 4 août 2012, n° 217, p. 16, note R. Routier ; *LPA* 10 mai 2012, n° 94, p. 9, note A. Dadoun ; *ibid.* 24 juill. 2012, n° 147, p. 18, note E. Garaud ; *LEDEN* 10 mai 2012, n° 5, p. 5, obs. N. Borga ; *D.* 2012, 870, obs. A. Lienhard ; *ibid.* 1455, note R. Dammann et A. Rapp ; *ibid.* 1573, chron. P. Crocq ; *Rev. sociétés* 2012, 398, obs. P. Roussel Galle ; *RTD com.* 2012, 384, obs. D. Legeais.

(24) Cass. com., 19 juin 2012, n° 11-18.940 : *Bull. civ.* IV, n° 127 ; *Gaz. Pal.* 22 sept. 2012, n° 266, p. 38, note S. Reifegerste ; *LPA* 15 avr. 2013, n° 75, p. 4, note A.-F. Zattara-Gros ; *LEDEN* 10 sept. 2012, n° 8, p. 4, note I. Parachkévova ; *LEDB* 1er nov. 2012, n° 10, p. 7, obs. J. Lasserre Capdeville ; *D.* 27 juin 2012, act. jurispr., obs. A. Lienhard.

(25) Cass. com., 22 mars 2017, n° 15-13.290, inédit : *Gaz. Pal.* 27 juin 2017, n° 24, p. 66, note J. Lasserre Capdeville. – Cass. com., 4 mai 2017, n° 15-18.259, inédit. – Cass. com., 20 sept. 2017, n° 16-12.939, inédit.

(26) Sur la distinction à faire entre ces deux cas, P. Hoang, *L'octroi abusif de crédit s'invite à la table de l'exclusion de responsabilité de l'article L. 650-1 du Code de commerce* : *D.* 2012, chron. 2034-2043, note 23.

crédit dont le montant et le coût sont incompatibles avec la situation financière de l'entreprise et ses capacités de remboursement, ainsi qu'avec sa rentabilité ou ses perspectives économiques ou, autrement dit, un crédit disproportionné par rapport aux ressources et aux facultés de financement de l'entreprise.

9. En revanche, au titre de l'exigence cumulative de la preuve de l'un des trois tempéraments légaux au principe de non-responsabilité, de nombreuses difficultés d'interprétation soulevées par l'article L. 650-1 sont demeurées, car seuls les contours de la notion de fraude ont été clarifiés par la Cour de cassation en 2012 (27), puis ultérieurement (28), alors que les deux autres notions n'ont donné lieu qu'à très peu de décisions. S'agissant de l'immixtion caractérisée dans la gestion, l'explication proviendrait de son caractère peu problématique. En revanche, s'agissant des garanties disproportionnées, les incertitudes demeurent entières, alors que c'est une notion qui soulève des questions théoriques essentielles et qu'il s'agit d'une hypothèse courante, dont les enjeux pratiques sont importants.

10. En particulier, c'est sur ce point que l'on peut se demander si, à côté des obstacles rappelés précédemment à une possible banalisation de la fiducie-sûreté, ou tout du moins à sa dé-marginalisation, il faut ajouter une crainte véritable pour le dispensateur de crédit bénéficiaire d'une telle sûreté de voir sa responsabilité engagée en raison de son caractère disproportionné, sur le fondement de l'article L. 650-1, alinéa 1 *in fine*, et au-delà de voir se réaliser le risque de ne pas recouvrer les sommes avancées. Pour répondre à cette interrogation, nous envisagerons, dans un premier temps, les éléments laissant planer la menace d'une critique de la fiducie-sûreté en tant que garantie disproportionnée (I), avant d'apprécier la réelle mesure du risque de remise en cause du bénéfice de la fiducie-sûreté (II).

I. – La menace d'une critique de la fiducie-sûreté en tant que garantie disproportionnée

11. La résurgence d'une possibilité de poursuivre la responsabilité des prêteurs, en cas de disproportion des garanties qu'ils ont prises, conduit en réalité à distinguer deux cas : d'une part, la fiducie-sûreté s'ajouterait à d'autres sûretés, la critique se fondant alors sur une disproportion de l'ensemble des garanties constituées (A) ; d'autre part, la fiducie-sûreté serait organisée isolément, la critique se fondant alors sur une disproportion potentielle du mécanisme en lui-même (B).

A. – La fiducie-sûreté, pièce d'un ensemble disproportionné de garanties

12. Le cas du cumul, pour une même dette ou un ensemble de dettes, de plusieurs garanties de nature différente est loin d'être un cas d'école, bien au contraire. Cette pratique du « coup de râteau » (29), dans lequel figurerait éventuellement une

(27) P. Hoang, *Risque d'entreprise et risque indemnitaire des partenaires externes de l'entreprise en difficulté* : LPA 10 juill. 2013, n° 137, p. 6-15, spéc. nos 31-34.

(28) J. Lasserre Capdeville, *L'article L. 650-1 du Code de commerce aujourd'hui – bilan de deux années de jurisprudence (2016-2017)* : *BJE* janv. 2018, p. 71.

(29) P. Crocq, *La réforme des procédures collectives et le droit des sûretés* : D. 2006, p. 1306, n° 15.

fiducie-sûreté, soulève aujourd'hui encore à l'égard de l'article L. 650-1 du Code de commerce les incertitudes exprimées par la doctrine au moment de l'irruption de ce texte, faute de clarification apportée par la jurisprudence.

13. Tout d'abord, une question non tranchée, pourtant préalable, porte sur les garanties concernées : il s'agit indéniablement des sûretés classiques, réelles ou personnelles (accessoires ou non[30]), des sûretés fondées sur la propriété retenue[31] ou transférée à titre de garantie, dont la fiducie-sûreté (enrichies désormais de la cession de créance de droit commun[32] et de la cession de somme d'argent[33]), et du droit de rétention[34]. Certains auteurs y ajoutent des mécanismes non constitutifs de sûretés, mais assurant une fonction de garantie[35], tels que la délégation de créance ou l'opération de crédit-bail.

Cet élargissement de la liste des garanties dont la disproportion entraînerait la déchéance de l'immunité est contraire à l'ambition du législateur et à la tendance nette de la Cour de cassation à renforcer la protection des prêteurs.

14. Ensuite, une autre difficulté surgit de l'énumération précédente, car pour certaines garanties il est plus que hasardeux de définir le mode d'évaluation et la valeur à retenir notamment lorsqu'elle évolue dans le temps. *A fortiori* en va-t-il ainsi au moment de comptabiliser l'ensemble.

Des difficultés similaires concernent également l'autre terme de la comparaison que sont les concours garantis ; d'autant que la Haute juridiction ne les limite pas aux seuls crédits bancaires, mais leur assimile explicitement les délais octroyés au débiteur par tout cocontractant[36], comme elle le faisait déjà dans sa jurisprudence sur le soutien abusif.

À supposer que l'on parvienne à arrêter une valeur pour les concours, d'un côté, et pour les garanties, de l'autre, il faudrait ensuite les confronter, sans que le texte n'impose une quelconque équivalence des montants, pas plus qu'il ne détermine un seuil à compter duquel la disproportion déclencherait l'ouverture de l'action en responsabilité. Les juges du fond disposent à cet égard d'un pouvoir d'appréciation important, mais dont l'exercice n'échappe pas à la censure de la Cour de cassation, sous couvert d'un contrôle de motivation[37].

15. Enfin, en ce qui concerne l'hypothèse plus précise de la coexistence d'une fiducie-sûreté aux côtés d'autres garanties au profit d'un même créancier, on peut concevoir ce cumul avec des engagements pris par des garants au titre de sûretés personnelles. Or, si le but de la disposition est de lutter contre le risque de gaspillage du crédit du débiteur, comme le soutient une partie de la doctrine, le

(30) Telle que la garantie autonome.
(31) C. civ., art. 2367 à 2372.
(32) C. civ., art. 2373 à 2373-3.
(33) C. civ., art. 2374 à 2374-6.
(34) P. Crocq, *La réforme des procédures collectives et le droit des sûretés*, préc. note 29, n° 16.
(35) P. Le Cannu et D. Robine, *Droit des entreprises en difficulté* ; Précis Dalloz, 8e éd., 2020, n° 916.
(36) Cass. com., 16 oct. 2012, n° 11-22.993 : *Bull. civ.* IV, n° 186 ; *BJE* 1er nov. 2012, n° 6, p. 379, note L. Le Mesle ; *Gaz. Pal.* 19 janv. 2013, n° 19, p. 34, 114f3, note R. Routier ; *LEDEN* 2 déc. 2012, n° 11, p. 4, note N. Borga : en l'espèce, des délais consentis par un diffuseur distributeur à un éditeur.
(37) Cass. com., 13 janv. 2015, n° 13-25.360, inédit : cassation de l'arrêt d'appel ayant retenu le caractère manifestement disproportionné de cautionnements de 98 435 €, par la gérante et son époux, joints à un nantissement sur le fonds de commerce de la société, en garantie d'un prêt de 80 000 €, alors que ces motifs étaient « impropres à établir en quoi le cumul de deux cautionnements et d'un nantissement était disproportionné aux concours consentis ».

débiteur ne subit pas de dommage direct justifiant de tenir ce cumul pour illégitime, et l'éventuelle disproportion ne devrait dès lors pas faire perdre au créancier son immunité.

En revanche, s'agissant d'une fiducie-sûreté coexistant avec d'autres garanties réelles, compte tenu de la généralité de son assiette et de l'exclusivité du droit conféré, deux cas devraient être distingués, selon le moment où elle a été mise en place : soit elle l'a été après la constitution des sûretés spéciales, alors l'ensemble pourrait bien être disproportionné, quoique l'utilité d'une fiducie-sûreté « balai » portant sur les seuls biens demeurés libres de toute sûreté soit douteuse ; soit elle l'a été avant la constitution de sûretés spéciales et aura appréhendé l'essentiel des biens du débiteur, mais alors c'est parce qu'elle peut déjà être critiquée en soi comme mécanisme de garantie disproportionné.

B. – La fiducie-sûreté, mécanisme de garantie disproportionné

16. L'idée que l'on puisse recourir à la fiducie afin indistinctement d'organiser la gestion d'un patrimoine ou de l'affecter à la garantie de dettes ne fait pas l'unanimité en doctrine. Selon un auteur, « autant elle peut être admirable comme mode de gestion... [autant] je crois qu'elle gaspille le crédit et qu'elle peut étrangler les débiteurs quand elle devient un instrument de sûreté »(38). La réserve ainsi formulée se fonde sur l'effet conjugué des règles encadrant la détermination de l'assiette de la sûreté et la nature des prérogatives conférées au créancier garanti.

17. D'une part, la fiducie-sûreté se singularise par son aptitude à porter sur une pluralité de biens de toute nature, dont on présume en général que la valeur globale est très supérieure aux concours qu'elle garantit ; aucune règle n'imposant une équivalence lors de sa constitution.

Le risque d'une telle disproportion se trouverait même accru désormais par la suppression de la nécessité d'évaluer les biens constitutifs de l'assiette de la sûreté(39) et par le maintien de la seule mention, à peine de nullité, de la créance garantie. Cet alignement sur le régime d'autres sûretés réelles, imposant simplement la désignation des biens sans nécessité d'en mentionner la valeur, pourrait accroître le risque que le constituant transfère des biens d'une valeur supérieure à son estimation.

De plus, la disproportion pourrait n'apparaître que par la suite, si la valeur du patrimoine du fait de son accroissement devient trop importante par rapport à la dette garantie. Pour une fiducie portant sur un immeuble, par exemple, on ne pourrait procéder au découpage de ce bien en plusieurs tranches, alors qu'il serait possible de moduler le taux de couverture dans le cadre d'une cession de créances Dailly(40).

18. D'autre part, en tant que sûreté reposant sur le transfert de propriété et conférant un droit exclusif à son bénéficiaire, la fiducie-sûreté a les mêmes effets en principe que les sûretés avec dépossession, interdisant la constitution d'autres

(38) Ph. Malaurie, *Intervention*, in *La fiducie : une révolution dans notre droit ?*, colloque de l'IDA de Paris II, Paris, 8 juin 1990 : *Banque et droit* janv.-févr. 1991, n° 15, p. 11.
(39) Abrogée dans C. civ., art. 2372-2 et 2488-2 par Ord. n° 2021-1192, 15 sept. 2021, art. 11-IV.
(40) R. Dammann, *Avantages et inconvénients de la fiducie en cas de procédure collective*, préc. note 9.

sûretés sur les mêmes biens. En cela, la mise en place d'une seule opération de fiducie pourrait gaspiller le crédit du constituant et risquerait d'être tenue pour disproportionnée ; contrairement à des sûretés traditionnelles, tels le nantissement et l'hypothèque, qu'il est possible de constituer plusieurs fois sur un même bien.

De plus, concernant l'hypothèque, des dérogations au principe de spécialité sont légalement admises mais encadrées de sorte que le risque de disproportion de la garantie soit contenu. Il en va ainsi des inscriptions sur plusieurs immeubles réputées excessives lorsque leur valeur par rapport au montant des créances dépasse un seuil légalement fixé(41), qui ouvrent au débiteur une action en réduction, ou de cette autre dérogation spécifique que constituait l'hypothèque rechargeable, avant que cette possibilité ne soit également consacrée pour la fiducie-sûreté.

19. Ce dernier point laisse entendre que, bien que les principaux caractères de la fiducie-sûreté fassent courir à son bénéficiaire un risque de voir sa garantie jugée, en tant que telle, disproportionnée, et en conséquence de voir son immunité écartée, la perspective de perdre le bénéfice du recouvrement de toutes les sommes prêtées, par l'engagement effectif de sa responsabilité, est susceptible de s'éloigner si l'on tient compte de toutes les règles applicables au dispositif.

II. – La réalité du risque de remise en cause du bénéfice de la fiducie-sûreté

20. Plusieurs facteurs en contrepoint de ceux avancés précédemment se conjuguent pour que les actions en responsabilité déverrouillées par une disproportion des garanties ne constituent pas une réelle source d'inquiétude pour le bénéficiaire d'une fiducie-sûreté (A).

Pour autant, la menace qu'il perde le bénéfice de la couverture de ses concours ne disparaît pas complètement mais se déplace vers un autre type d'actions, fondé sur la nullité de la fiducie-sûreté (B), dont le fondement exact demeure entouré d'incertitudes.

A. – La dissipation du risque de remise en cause par la responsabilité

21. Avant la loi de 2005, la Cour de cassation(42) avait jugé que le cumul de garanties ne permettait pas de rapporter la preuve de la faute unique requise à l'époque pour obtenir la condamnation du prêteur au titre du soutien abusif, à savoir sa connaissance de la situation irrémédiablement compromise de son débiteur. Aujourd'hui *a fortiori* la disproportion des sûretés consenties, à la supposer établie, ne permettra pas de manière générale d'engager la responsabilité, puisque la victime doit apporter la preuve cumulativement de ce cas de déchéance et du caractère

(41) Sont excessives les inscriptions hypothécaires de plus du double plus un tiers du montant des créances : C. civ., art. 2444.

(42) Cass. com., 22 mars 2005, n° 03-12.922 : *Bull. civ.* IV, n° 67, p. 70 : cassation pour manque de base légale de l'arrêt d'appel ayant retenu la responsabilité de la banque pour soutien abusif en relevant que « la banque a cumulé les garanties, ce qui confirmait la connaissance par elle de la situation compromise de son client ».

fautif en eux-mêmes des concours, la preuve du premier élément ayant pour seule fonction d'écarter l'immunité[43].

22. Mais la raison, s'agissant de la fiducie-sûreté, en serait plus fondamentale encore, au point d'affaiblir, voire de supprimer le risque que celle-ci soit qualifiée de garantie disproportionnée. En effet, Pierre Crocq a démontré que, au-delà des apparences contraires, la technique de la fiducie-sûreté ne crée pas de risque de gaspillage du crédit[44]. Selon le droit comparé allemand et par analogie avec le droit de l'hypothèque[45], le constituant dispose d'un droit à la restitution de sa propriété s'il rembourse sa dette, véritable richesse économique qu'il peut céder à titre de garantie d'autres dettes. S'il subsiste un risque de gaspillage du crédit, c'est parce que la pratique ignore ou refuse de constituer une nouvelle garantie ayant pour assiette ce droit de restitution.

23. Un autre argument, conceptuellement différent, réside dans la consécration en 2009 du mécanisme de la fiducie-sûreté rechargeable[46], reposant sur le principe selon lequel, si le droit de propriété transféré à titre de garantie dans le patrimoine fiduciaire ne peut pas l'être à nouveau, en revanche la propriété cédée peut être affectée à la garantie de créances ultérieures.

Cette faculté de rechargement, comme l'ont fait observer plusieurs auteurs[47], rend la critique du gaspillage du crédit sans objet et constitue dès lors un véritable antidote aux sanctions de l'article L. 650-1 du Code de commerce.

24. Toutefois, si l'on estime que l'article L. 650-1 n'a pas pour objectif de sanctionner une disproportion en soi fautive, dommageable pour le crédit du débiteur – donc exclue par nature par la fiducie-sûreté rechargeable – mais en réalité de sanctionner le comportement abusif de certains créanciers[48], l'appréciation de l'ampleur de la disproportion reste nécessaire.

La convention de recharge, passée avec le même créancier ou avec un autre créancier, dans cette seconde finalité du texte, permet de dissiper une disproportion initiale critiquable, en équilibrant la valeur des biens cédés et le montant des dettes garanties.

25. Deux autres types d'arguments contribuent à éloigner la critique de la disproportion d'une fiducie-sûreté.

D'une part, bien que le texte, contrairement à l'article 2300 du Code civil[49] en matière de cautionnement, ne fasse pas état de la nécessité d'établir le caractère manifeste ou notable de la disproportion, cette condition semble imposée par la Cour de cassation qui invite les juridictions à s'attacher à la nature des garanties, leur assiette et leur utilité, ainsi qu'aux aléas pesant sur la valeur des biens grevés, et

(43) Cass. com., 27 mars 2012, n° 10-20.077, préc. : action d'une caution pour disproportion des garanties, rejetée précisément pour défaut de preuve du caractère fautif des crédits.

(44) P. Crocq, *Sûretés et proportionnalité*, *Études Simler*, préc. note 22, spéc. n° 17.

(45) Ancien art. 2414, devenu C. civ., art. 2411 ; Ord. n° 2021-1192, 15 sept. 2021.

(46) C. civ., art. 2372-5 et 2488-5.

(47) F. Barrière, *La fiducie-sûreté* : *JCP* E 3 sept. 2009, n° 36, 1808 ; R. Dammann, *Avantages et inconvénients de la fiducie en cas de procédure collective*, préc. note 9.

(48) Crocq, *Sûretés et proportionnalité*, *Études Simler*, préc. note 22, spéc. n°s 23 et s.

(49) « Si le cautionnement souscrit par une personne physique envers un créancier professionnel était, lors de sa conclusion, manifestement disproportionné aux revenus et au patrimoine de la caution, il est réduit au montant à hauteur duquel elle pouvait s'engager à cette date. »

non à leur simple addition[50]. Elle a ainsi jugé qu'un cautionnement excluait « en raison du caractère accessoire d'une telle sûreté, quelle que soit sa limite, toute disproportion » aux concours de la banque[51]. Sur ce dernier point, bien qu'il soit diversement interprété en doctrine, l'article L. 650-1 du Code de commerce suggère littéralement de ne mesurer que le rapport entre les garanties et les concours, sans tenir compte également du patrimoine du constituant.

26. D'autre part, contrairement à la nouvelle rédaction de ce même article 2300 du Code civil, l'article L. 650-1 du Code de commerce ne précise expressément ni ne limite l'appréciation de la disproportion de la garantie lors de sa constitution. Il faut donc prendre en compte l'évolution de la valeur des biens transférés dans le patrimoine fiduciaire et les conditions de réalisation de la sûreté. Cela peut certes jouer dans les deux sens, mais la faculté reconnue désormais[52] de vendre de tels biens à un prix inférieur à celui estimé par l'expert – sauf risque de responsabilité du fiduciaire – peut réduire un excès de départ par rapport aux avances consenties. Si, à l'inverse, l'évolution ou la réalisation des biens affectés en garantie est favorable au bénéficiaire, le risque de disproportion sera cantonné par l'interdiction d'enrichissement du créancier et les textes propres à la fiducie-sûreté posant une obligation à la charge du bénéficiaire de reverser l'excédent[53].

27. Par conséquent, quelles que soient les analyses avancées, la critique d'une fiducie-sûreté susceptible de provoquer la déchéance de l'immunité des prêteurs se dissipe et, par l'effet cumulé des critères de l'octroi abusif de crédit, c'est la perspective pour les débiteurs en procédure collective d'obtenir réparation des préjudices subis du fait des concours consentis qui s'évanouit.

Pourtant, le bénéficiaire de la fiducie-sûreté n'est pas à l'abri d'une remise en cause de ses droits, mais c'est alors sur le terrain de la nullité, et non plus de la responsabilité.

B. – Le glissement vers un risque de remise en cause par la nullité de la sûreté

28. Une première hypothèse dans laquelle la nullité est encourue résulte de l'article L. 650-1 du Code de commerce lui-même, dont l'alinéa 2 dispose que : « Pour le cas où la responsabilité d'un créancier est reconnue, les garanties prises en contrepartie de ses concours peuvent être annulées ou réduites par le juge ». Le sens exact de cette disposition reste très incertain, aucune clarification n'ayant été apportée par la jurisprudence.

Outre que le texte semble présupposer l'allocation de dommages-intérêts, qu'il ne mentionne pas, il prévoit désormais pour le juge la faculté d'une annulation ou d'une réduction des garanties prises en contrepartie des concours, alors qu'il prévoyait une nullité de plein droit, semble-t-il[54], avant sa modification par l'ordonnance du

(50) P. Crocq, *La réforme des procédures collectives et le droit des sûretés*, préc. note 29, n°s 15-17.

(51) Cass. com., 18 mai 2017, n° 15-12.338, inédit : *RJDA* 2017, n° 566 ; *Gaz. Pal.* 10 oct. 2017, p. 74, obs. J. Lasserre Capdeville.

(52) C. civ., art. 2372-3 et 2488-3, mod. Ord. n° 2021-1192, 15 sept. 2021.

(53) C. civ., art. 2372-4 et 2488-4, comp. art. 2374-5 nouveau, issu Ord. n° 2021-1192 pour la cession de somme d'argent à titre de garantie ; art. 2347 pour le gage ; art. 2460 devenu art. 2453 pour l'hypothèque.

(54) « Les garanties prises… sont nulles. »

18 décembre 2008. Mais la question reste entière quant à savoir si cette faculté est cumulative ou alternative des dommages-intérêts et si, pour prononcer l'annulation, le juge doit s'appuyer sur la gravité de la faute commise lors de l'octroi du crédit ou bien sur des garanties disproportionnées, fondement par ailleurs implicite d'une éventuelle réduction.

29. Cette seconde interprétation souligne la difficulté majeure du texte qui emploie quasiment la même expression, à l'alinéa 2, pour énoncer cette sanction spéciale et, à l'alinéa 1er, pour assigner à la disproportion des garanties la fonction de cause de déchéance de l'immunité des prêteurs. On peut donc se demander si ce type de sanction serait réservé à ce cas ou si les cas de fraude ou d'immixtion pourraient tout autant déverrouiller l'annulation ou la réduction d'éventuelles garanties.

Ceci étant, en posant que la responsabilité du créancier soit au préalable « reconnue », compte tenu du cumul des conditions spéciales de l'alinéa 1 de l'article L. 650-1 du Code de commerce, le risque d'une nullité sur le fondement de l'alinéa 2 est négligeable, tout particulièrement pour une fiducie-sûreté.

30. La seconde hypothèse de nullité qui menace la fiducie-sûreté résulte des nullités de la période suspecte. L'article L. 650-1 vise en effet la disproportion des garanties prises « en contrepartie » des concours litigieux, mais sans distinction chronologique entre les premières et les seconds. Or trois cas sont concevables : à côté de la concomitance des concours et de leurs garanties – cas le plus simple, se trouvent deux autres cas qui posent question au regard des nullités de plein droit prévues par l'article L. 632-1, I.

En effet, outre le texte général du 6° qui déclare nulle la constitution de toute sûreté réelle en garantie de dettes antérieurement contractées[55], deux alinéas sont spécifiquement consacrés à la fiducie, implicitement fiducie-sûreté. Le 10° déclare nul le transfert de biens à titre de garantie dans un patrimoine fiduciaire, à moins qu'il ne garantisse « une dette **concomitamment** contractée » et le 11° déclare nul tout avenant à un contrat de fiducie garantissant des « dettes contractées **antérieurement** à cet avenant ».

31. Ainsi le premier texte laisse penser que seule la fiducie-sûreté constituée concomitamment serait sauvée de la nullité de la période suspecte, alors que les fiducies-sûretés constituées pour dettes contractées antérieurement, mais également postérieurement, seraient *a contrario* condamnées. À l'inverse, la disposition particulière du 11°, combinée aux termes plus généraux du 6°, conduit à considérer que seule la fiducie-sûreté constituée pour dettes antérieurement contractées encourrait ces nullités.

32. Par conséquent, un risque de remise en cause des droits du bénéficiaire d'une fiducie-sûreté existe en vertu, non pas de la sanction spéciale de l'article L. 650-1 du Code de commerce, mais du mécanisme général des nullités de la période suspecte, dont les objectifs, à l'opposé de la protection d'une catégorie particulière de créanciers, poursuivent le respect de l'égalité entre créanciers ainsi que la reconstitution du patrimoine du débiteur.

(55) Sauf remplacement d'une sûreté dont la nature et l'assiette sont équivalentes et le traitement de faveur consenti aux cessions Dailly à titre de garantie si le contrat-cadre a été conclu hors période suspecte.

Pourtant, cette épée que législateur fait peser au-dessus de certaines garanties constituées au cours de la période suspecte tranche avec le bouclier qu'il offre aux prêteurs concernant l'octroi abusif de crédit. Par souci de cohérence, on pourrait envisager *a minima* d'aligner le sort de la fiducie-sûreté sur celui de la cession de créances Dailly, dont on connaît le succès, en ajoutant que la nullité ne serait pas encourue si le créancier bénéficiaire de la fiducie n'est pas lui-même fiduciaire, ajoutant ainsi une précaution à celles déjà prises au moment du contrat constitutif.

La fiducie-*equitization* : instrument novateur de désendettement des sociétés cotées

Stéphan CATOIRE
Président du Conseil de surveillance d'Equitis

Daniela KOTZEVA
Responsable du département fiducie, Equitis

Antoine TRIFFAULT MOREAU
Juriste structuration fiducies

Selon une étude du Conseil d'analyse économique, en août 2021, 15 % à 25 % des 693 000 entreprises ayant souscrit un prêt garanti par l'État (PGE) seraient dans l'incapacité de rembourser tout ou partie de leurs échéances[1]. À ce titre, dans cette période de ralentissement de l'activité économique les sociétés cotées disposent d'une faculté innovante pour se désendetter grâce à la fiducie. Cette faculté a en outre la particularité, sous certaines conditions, de ne pas mobiliser la trésorerie de la société et de faire supporter par les marchés financiers son désendettement. Instituée en 2007 dans le système normatif français, la fiducie est une opération tripartite par laquelle un ou plusieurs constituants transfèrent des biens, des droits et des sûretés dans un patrimoine d'affectation géré par un fiduciaire, agissant en qualité de tiers de confiance, dans un but déterminé contractuellement. La grande souplesse juridique de la fiducie permet ainsi dans le cadre de mécanismes d'*equitization* de faire converger, par l'intermédiaire d'un patrimoine affecté, les intérêts des créanciers et ceux du débiteur.

I. – Description des mécanismes de fiducie-*equitization*

La fiducie-*equitization* est un mécanisme fiduciaire permettant la gestion et la cession de titres sociaux ou de créances, transférés dans un patrimoine d'affectation par une société cotée selon des modalités convenues contractuellement, dans le but de désintéresser certains de ses créanciers grâce au produit de cession des actifs fiduciaires. L'opération d'*equitization* peut se réaliser selon deux schémas différents :

Premièrement, par le biais d'un mécanisme d'« *equitization* simple » par lequel les créanciers convertissent leurs créances convertibles en actions nouvelles, émises

(1) A. Épaulard, E. Fize, T. Le Calve, P. Martin, H. Paris, K. Parra Ramirez et D. Sraer, *La situation financière des PME/TPE en août 2021 au vu de leurs comptes bancaires*, Focus, Conseil d'analyse économique, n° 065-2021, sept. 2021, p. 12.

par la société débitrice, puis deviennent constituants d'un contrat de fiducie-gestion en transférant ces mêmes actions dans un patrimoine fiduciaire. Le fiduciaire aura la charge de céder tout ou partie des titres acquis sur les marchés financiers et de redistribuer aux créanciers les revenus et les produits générés. Les créanciers, puis dans un second temps le fiduciaire cessionnaire des actions, devront cependant veiller à procéder le cas échéant aux déclarations liées au franchissement de seuils légaux et statutaires et au seuil de dépôt d'une offre publique obligatoire. Cependant, les conséquences de cette conversion massive peuvent être assez significatives. Les titres émis dans le cadre de ces conversions risquent de provoquer une dilution importante des actionnaires et leur cession rapide sur le marché peut entraîner une grande pression baissière sur le cours de bourse. À cet effet, l'Autorité des marchés financiers (AMF) alerte régulièrement les investisseurs sur la complexité et les risques liés au mécanisme d'*equity lines*[2].

Deuxièmement, par le biais d'un mécanisme plus sophistiqué d'« *equitization/monétisation* » par lequel les créanciers transfèrent directement en fiducie leurs créances sur la société débitrice. Le fiduciaire cédera à son tour à la société débitrice ses propres créances en vue de leur annulation par le biais d'un crédit-vendeur. Il devient ainsi *in fine* à son tour créancier de la société débitrice. Cette dernière émettra et attribuera, sur autorisation expresse des actionnaires, gratuitement des bons de souscription d'actions (BSA) en faveur du fiduciaire. Le tiers de confiance exercera au fil de l'eau ses BSA par compensation avec la créance que la fiducie détient sur la société relative au crédit-vendeur. La cession des nouveaux titres détenus par la fiducie de la société débitrice sur les marchés financiers permettra au fiduciaire de faire remonter aux créanciers constituants les revenus et les produits de cession des nouvelles actions émises. Tout comme le mécanisme précédemment décrit d'*equitization* simple, l'exercice des BSA conduit à une dilution de l'actionnariat. Cependant, il convient de noter que la gestion par le fiduciaire, d'une part, de l'exercice progressif des BSA et, d'autre part, des cessions opérées dans de faibles volumes des nouveaux titres émis tous les jours de bourse, permet de limiter la pression baissière et de maintenir normalement la cotation du titre. Ce second mécanisme expose moins les investisseurs et l'émetteur. Le nombre d'opérations de fiducie-*equitization/monétisation* tend à cet égard à s'accroître ces dernières années.

II. – La restructuration de dettes par le biais de la fiducie-*equitization*

À cet effet, les systèmes d'*equitization* simple ou d'*equitization/monétisation* peuvent permettre de gérer les actions issues de la conversion en capital de tout ou partie des créances des sociétés cotées en difficulté. Tout particulièrement, le second schéma de la fiducie « *equitization/monétisation* » constitue une puissante alternative aux rééchelonnements de paiement et aux abandons de créances

(2) P. Vernimmen, P. Quiry et Y. Le Fur, *Finance d'entreprise*, Dalloz, 21e éd., 2023, n° 27.35 : la ligne de financement en fonds propres (parfois appelés OCABSA) ou *equity line* consiste pour une société cotée à émettre au profit d'un investisseur des obligations convertibles, généralement en plusieurs tranches, qui seront converties en actions sur la base du cours de bourse en appliquant une décote.

partiels traditionnellement consentis. D'une part, ce montage permet aux créanciers de garantir le remboursement de leur créance selon des modalités définies sur mesure par les prêteurs grâce à la grande liberté contractuelle du régime juridique de la fiducie-gestion. Cette garantie de remboursement fluctue cependant suivant le niveau de liquidité du titre sur les marchés régulés. D'autre part, les créanciers bancaires n'auront pas à devenir actionnaires de la société débitrice, contrairement au schéma d'*equitization* simple. Enfin et surtout, le mécanisme de la fiducie-*equitization/monétisation* permet au débiteur de se désendetter sans affecter sa trésorerie disponible et sans freiner ses capacités de développement. Par voie de conséquence, c'est le marché au fil de l'eau des augmentations de capital successives qui rembourse les créanciers. À ce jour, ce schéma vertueux a été utilisé par de nombreuses sociétés cotées de renom telles que Cybergun, Archos, Neovacs, le groupe GECI International, Delta Drones ou encore Pharnext.

La fiducie, condamnée au sur-mesure contractuel ?

Alexandre BORDENAVE
Avocat associé, CMS Francis Lefebvre
et
Benoît FOURNIER
Avocat, CMS Francis Lefebvre

Comme avocats, le plus souvent comme conseil des créanciers, nous sommes régulièrement appelés à intervenir dans le cadre de notre pratique professionnelle sur des opérations de financement impliquant la mise en place de fiducies-sûretés.

Si, initialement, la fiducie-sûreté était l'instrument privilégié des financements *distressed*, c'est-à-dire impliquant un emprunteur rencontrant des difficultés financières, son usage s'est très largement répandu aux financements d'emprunteurs *in bonis*.

Ce qui s'apparente à de nouveaux débouchés sur le marché des opérations de financement n'est pas sans conséquences pour la fiducie-sûreté. Nul besoin, auprès d'un tel auditoire, de revenir sur les qualités de cet instrument, unanimement reconnues, qui lui confèrent le titre de « reine des sûretés » et expliquent que dans des situations dégradées, son recours ait souvent été rendu nécessaire pour rassurer les créanciers. L'usage de la fiducie-sûreté pour garantir des opérations de financement *in bonis* l'expose à la comparaison avec les sûretés auxquelles les praticiens recourent habituellement sur ce marché, lesquelles disposent de standards éprouvés.

Or, on ne peut vraiment en dire de même s'agissant de la fiducie-sûreté, encore largement dominée par le « sur-mesure » contractuel. Il convient donc de s'interroger sur la nécessité d'un passage de ce « sur-mesure contractuel », qu'exigeait le contexte délicat de nos premières fiducies-sûretés, au « prêt-à-porter » contractuel.

À ce propos, l'intitulé même de notre intervention trahit un parti pris ; à quel titre le sur-mesure contractuel constituerait-il, pour le contrat de fiducie-sûreté, une condamnation ?

En réalité, les praticiens que nous sommes doivent confesser que la perspective d'évoluer hors les sentiers battus, de rédiger chaque ligne d'un contrat pour refléter au mieux les spécificités propres de l'opération dans lequel ce contrat est utilisé ou encore de s'affranchir des pratiques de marché avant d'avoir à défendre ce contrat à l'occasion d'importantes négociations (ce que l'on appelle généralement le « sur-mesure contractuel ») est un motif de réjouissance. C'est faire, pour les parties, la part belle à la liberté contractuelle de l'article 1102 du Code civil et, pour le rédacteur d'acte, il s'agit d'une occasion de faire jouer à plein sa dextérité contractuelle.

Cependant, lorsque l'on envisage de recourir à la fiducie-sûreté en matière de financements *in bonis*, l'on ne peut ignorer l'une des caractéristiques de ce marché : la standardisation de sa documentation contractuelle.

Cette standardisation répond aux contraintes spécifiques à ce marché :

– la garantie octroyée doit pouvoir être appréhendée rapidement et simplement par les acteurs du dossier afin de s'inscrire dans un calendrier de mise en place serré (en particulier, lorsque l'on envisage le recours à la fiducie dans les financements d'acquisition) ;

– la rédaction de la garantie doit avoir un coût « maîtrisé » et, partant, elle ne doit donner lieu qu'à des discussions limitées ; et

– la garantie choisie doit être connue (sinon reconnue) des acteurs du marché, dans une perspective de liquidité sur le marché secondaire du crédit garanti.

À l'aune de ces critères de sélection des garanties, l'institution fiduciaire encore jeune peut parfois avoir des allures d'adolescent turbulent.

Afin de déterminer si la fiducie-sûreté est condamnée au « sur-mesure contractuel », nous nous proposons d'évoquer d'abord les obstacles que nous avons identifiés à la standardisation du contrat de fiducie-sûreté (I) avant d'aborder les voies de standardisation qui nous semblent envisageables (II).

I. – Les obstacles identifiés à la standardisation de la fiducie-sûreté

Au premier rang des obstacles que rencontre une tentative de standardisation de la fiducie-sûreté figurent le jeune âge de la fiducie (A) ainsi que la fougue qui la caractérise (B).

A. – L'adolescence de la fiducie-sûreté

La fiducie en droit français souffle sa quinzième bougie, et c'est cet anniversaire qui nous réunit aujourd'hui. À bien y regarder, elle pourrait encore être rajeunie de quelques années, puisque son recours effectif a dû attendre que les textes originels de 2007 soient progressivement affinés. Par conséquent, elle ne fait l'objet que d'une jurisprudence très limitée (sinon inexistante).

Si beaucoup d'éminents intervenants ont pu se réjouir ce jour de la solidité de la fiducie, dont l'absence de jurisprudence serait l'écho, nous nous risquerions à porter une voix légèrement discordante : une jurisprudence stable, dont il n'y a pas de raison de craindre qu'elle remette en cause les atouts de la fiducie (au contraire !), serait vue d'un très bon œil par les créanciers bénéficiaires d'une fiducie-sûreté.

En effet, s'il ne viendrait à personne l'idée sérieuse de contester la robustesse de la fiducie, il nous semble que bien des pans du droit, à défaut d'avoir été envisagés à l'aune de la fiducie, soulèvent encore des questions lorsqu'on les conjugue avec les textes spéciaux de la fiducie. Toute proportion gardée, la fiducie est un royaume de l'impensé.

Pour l'illustrer, l'exception au monopole bancaire de l'article L. 511-7 du Code monétaire et financier, qui est le siège des opérations de centralisation de trésorerie, trouve-t-elle encore à s'appliquer lorsque les titres d'une société sont transférés dans une fiducie, coupant son lien en capital avec le groupe ? L'esprit du texte le justifierait... mais la lettre demeure. Dans la même veine, l'avis (généralement partagé) qu'il n'est pas nécessaire de purger le droit de préemption urbain en cas de transfert dans une fiducie d'un immeuble pourrait être évoqué.

La pratique et la doctrine ont pu adopter certaines positions pour répondre à ces impensés et un certain nombre de solutions sont aujourd'hui communément reprises par les praticiens. Les fiduciaires, au carrefour des différentes pratiques pouvant exister, y sont pour beaucoup : ils jouent un rôle essentiel dans la diffusion de ces solutions, selon qu'ils y adhèrent et les prônent ou les refusent, les condamnant alors de fait.

Dans la perspective d'un créancier, la fiducie-sûreté souffre donc encore de cette jeunesse. En effet, face à elle se trouve l'arsenal du droit français des sûretés, dont la dernière réforme vient, pour sa part, peaufiner des solutions largement éprouvées par les tribunaux. Qu'il s'agisse d'une cession Dailly de créances à titre de garantie, d'un nantissement de fonds de commerce ou d'un nantissement de compte-titres, l'outil est bien connu des prêteurs et ne soulève quasiment pas (ou plus) d'interrogations quant à la lecture prétorienne qui pourrait en être faite. En d'autres termes, la fiducie-sûreté et ses impensés sont concurrencés dans l'esprit des créanciers par des instruments séculaires ou perçus comme tels.

Aussi, la consécration jurisprudentielle de certaines pratiques contribuerait, de notre point de vue, à la standardisation de l'instrument, et ferait l'objet d'un accueil favorable par les bénéficiaires.

B. – Une adolescente fougueuse

Le titre de reine des sûretés que l'on attribue à la fiducie lui vient de sa nature translative de propriété. Elle relève de la catégorie des sûretés-propriétés et opère, de ce fait, une véritable « confiscation » des biens ou droits transférés par le constituant dans le patrimoine fiduciaire. Cette confiscation se trouve même renforcée par la pratique généralement observée suivant laquelle les bénéficiaires aménagent une possible révocation des mandataires sociaux, procèdent à une réécriture plus ou moins importante des statuts pour limiter les pouvoirs des représentants légaux, etc.

Si tirer pleinement parti des atouts de la fiducie impose de procéder de la sorte, le coût affectif pour le constituant s'en trouve augmenté, ce qui est générateur de négociations importantes résultant souvent dans des clauses plus verbeuses qu'efficaces à la portée principalement pédagogique ou rassurante.

Par ailleurs, l'assiette potentiellement illimitée d'un même patrimoine fiduciaire, qui permet d'utiliser la fiducie comme une sûreté « omnibus », a non seulement un effet multiplicateur à propos de ce qui vient d'être dit mais aussi rend plus complexes les contrats qui doivent prévoir des stipulations spécifiques à chaque actif. À titre de comparaison, qui songerait à incorporer dans un même acte un nantissement de fonds de commerce et une cession Dailly à titre de garantie ?

Ce problème peut être relativisé puisque l'on pourrait considérer qu'il s'agit simplement de faire cohabiter au sein d'un même *instrumentum* l'équivalent de plusieurs *negocia* : il en irait donc de même si l'on rassemblait au sein d'un même acte plusieurs sûretés classiques. Ceci posé, reste donc à constater que c'est surtout l'habitude qui est source de trouble en la matière.

En conséquence, pour commencer à standardiser la fiducie, au nom d'une méthode des petits pas, ce n'est pas la fiducie-sûreté en tant que telle à laquelle il conviendrait de s'attaquer mais plutôt à chacune des fiducies-sûretés portant spécifiquement une catégorie d'actif. Dans cette perspective, la fiducie sur titres sociaux semble être le cobaye tout désigné.

II. – Les voies envisageables de standardisation de la fiducie-sûreté

Dans le vaste catalogue des biens et des droits pouvant être transférés dans un patrimoine fiduciaire, les titres sociaux occupent une place de choix. En effet, la fiducie-sûreté portant sur des titres sociaux est aujourd'hui la plus utilisée dans les opérations de financement. L'on a ainsi pu assister, ces dernières années, à la naissance de ce qui pourrait être qualifié de « pratiques de marché » en la matière (A), peut être annonciatrices d'un modèle de place, pour autant que cela soit souhaitable (B).

A. – L'apparition de pratiques de marché en matière de fiducie sur titres sociaux

La généralisation du recours à la fiducie sur titres sociaux a accouché de la généralisation de certaines clauses et mécanismes. Parmi ceux-ci, on peut notamment citer :

– les stipulations relatives au remplacement du dirigeant assujetties à la réalisation de certaines conditions ;

– le transfert, en sus des titres sociaux, des créances intragroupes ;

– la renonciation, chaque fois que cela est possible, à la nomination d'un tiers protecteur au sens de l'article 2017 du Code civil ; ou

– l'insertion d'une clause de rechargement.

Il nous semble possible d'affirmer aujourd'hui qu'un standard de contrat de fiducie-sûreté se développe, tendant à limiter la négociation à ce qui fait la spécificité de la fiducie concernée. En la matière, outre les travaux des rédacteurs d'actes eux-mêmes, il convient de saluer l'œuvre unificatrice des fiduciaires, véritables agents pollinisateurs.

B. – La nécessité d'un modèle ?

En dépit de la naissance de pratiques de marché, un constat s'impose : il existe très peu de modèles disponibles de contrat de fiducie-sûretés et les rares « formules » que proposent les éditeurs juridiques sont, du fait de la plasticité de la fiducie, plus proches du patron de couture que du prêt-à-porter. Les contrats de fiducie rédigés par les conseils ou même les fiduciaires ne sont, en principe, pas publiés et ne circulent pas en dehors du petit monde des professionnels travaillant sur ces opérations.

Pourtant, la perspective de pouvoir modéliser le plus possible la fiducie-sûreté (au moins celle portant sur les titres sociaux) présenterait bien des avantages (parmi lesquels, ainsi que nous l'évoquions, la rapidité de rédaction, la simplicité qui en découle et le coût qui en résulte). En la matière, il n'est pas rare que les associations professionnelles s'emparent d'un instrument et fassent œuvre collective afin d'établir ce qui deviendra un « modèle de place ». C'est ainsi qu'est née, par exemple, la charte *Euro Private Placement*[1] et les modèles de contrats y afférents ou encore les modèles d'avis juridique (*legal opinion*) au Royaume-Uni ou aux États-Unis.

Ces initiatives peuvent aussi bien naître d'une volonté de partager et standardiser les « bonnes pratiques » (*best pratices*) que de la volonté d'encadrer ce qui apparaît vite, en l'absence desdites bonnes pratiques, comme un véritable enjeu de responsabilité.

Moins prosaïquement, nous sommes convaincus que l'émergence d'un modèle de fiducie de place serait un facteur de sécurité juridique qui concourrait à l'attractivité de l'outil. En effet, à la manière d'une *lex fiduciaria*, ce modèle pourrait proposer – jusqu'à peut-être les imposer – des solutions à certains des impensés de la fiducie. Les praticiens ne sauraient en prendre ombrage, cela devrait permettre de concentrer les échanges sur ce qui fait toute leur valeur ajoutée.

(1) Disponible sur le site internet www.euro-privateplacement.com/fr.

Propositions d'axes d'amélioration de la fiducie-sûreté sur titres de sociétés

Antoine ARSAC
Docteur en droit
Directeur Juridique Immobilier chez BPCE Lease

Depuis quelques années, on constate que les documentations contractuelles comprennent des documents de sûreté organisant des fiducies-sûretés portant sur des titres de sociétés. La fiducie-sûreté vient ainsi réduire le monopole des nantissements de parts sociales et de comptes de titres financiers.

Il est vrai que, jusqu'en 2012-2013, la fiducie-sûreté était très souvent réservée à des opérations dites « de restructuration de dettes ». Les emprunteurs qui y avaient recours n'avaient qu'une seule issue pour rebondir : obtenir un financement garanti par une fiducie-sûreté. Mais depuis dix ans, les emprunteurs en bonne santé économique ont compris l'intérêt et décident volontairement d'avoir recours à la fiducie[1].

Si l'une des premières fiducies-sûretés a organisé le transfert en fiducie d'un actif immobilier[2], les professionnels du droit ont très vite saisi l'intérêt d'avoir recours à une fiducie organisant le transfert de la propriété de titres d'une société détenant des actifs immobiliers. L'absence de frottements fiscaux liés à ce transfert est l'une des principales raisons du développement de ce type de fiducie-sûreté.

À l'occasion du quinzième anniversaire de la fiducie, il est temps d'identifier les changements qui pourraient être apportés au régime juridique de la fiducie-sûreté lorsque cette dernière porte sur des titres de société. Ces modifications permettraient de consolider définitivement la greffe de la fiducie dans notre système juridique.

Première amélioration : la précision de la qualification juridique des recommandations de droit de vote adressées au fiduciaire.

Pour s'assurer de l'absence de frottement fiscal du transfert de titres de société en fiducie, il est nécessaire que le constituant conserve le contrôle des titres transférés en fiducie. Pour ce faire, le contrat de fiducie stipule que le fiduciaire exerce son droit de vote après avoir reçu, au préalable, les recommandations de droit de vote (appelées parfois directives de droits de vote, instructions, etc.).

(1) Colloque du 22 octobre 2015 organisé par l'Association française des fiduciaires sur le thème de « Fiducie sur titres : nouvelles perspectives ».

(2) www.lesechos.fr/2008/02/premiere-application-de-la-fiducie-letat-montre-lexemple-480477 : Première application de la fiducie : l'État montre l'exemple.

De cette pratique, certains considèrent que ces recommandations de droit de vote pourraient être assimilables aux conventions de mise à disposition prévues lorsque la fiducie-sûreté transfère la propriété directe d'un actif immobilier nécessaire à l'activité de l'emprunteur.

Ces conventions de mise à disposition[3], visées à l'article L. 622-23-1 du Code de commerce, bénéficient d'un régime juridique particulier en cas d'ouverture de procédure collective[4]. En effet, ces conventions ne peuvent pas être résiliées automatiquement du seul fait de l'ouverture de la procédure collective. Cette protection suspend ainsi pendant quelques mois la possibilité pour les bénéficiaires d'une fiducie-sûreté portant sur un actif immobilier, objet d'une convention de mise à disposition, de reprendre l'actif et d'organiser ainsi sa vente.

On pourrait raisonner par analogie et considérer que ces recommandations de droit de vote seraient assimilables aux conventions de mise à disposition. Cette approche pourrait être contestée puisque le législateur, en introduisant cette disposition[5], visait exclusivement les conventions de mise à disposition portant sur un actif immobilier.

Dans ce doute, les rédacteurs de contrat de fiducie portant sur des titres de société écartent ce risque de requalification juridique en stipulant que chaque partie n'entend pas organiser, aux termes du contrat de fiducie, une convention de mise à disposition au sens de l'article L. 622-23-1 du Code de commerce (ou un contrat en cours au sens de l'article L. 622-13 du Code de commerce).

Cependant, chacun sait que ce type de stipulation peut être balayé par les magistrats en vertu des dispositions de l'article 12 du Code de procédure civile qui dispose que les magistrats peuvent « donner ou restituer leur exacte qualification aux faits et actes litigieux sans s'arrêter à la dénomination que les parties en auraient proposée ».

À l'heure actuelle, où les créanciers acceptent de financer sur le long terme leurs clients au moyen de financements rehaussés par des fiducies sur titres de sociétés, il conviendrait que cette précision soit apportée dans le cadre d'une question parlementaire ou d'une réforme de la fiducie afin de clore définitivement ce débat et de préciser que les recommandations de droit de vote ne sont pas assimilables à des conventions de mise à disposition au sens des dispositions de l'article L. 622-23-1 du Code de commerce.

Deuxième amélioration : la compatibilité du maintien des conventions de centralisations après la mise en place d'une fiducie sur titres au regard des dispositions de l'article L. 511-7 du Code monétaire et financier.

(3) Ces conventions sont généralement gratuites pour éviter des frottements fiscaux qui rendraient la fiducie alors plus coûteuse pour le constituant.

(4) « Lorsque des biens ou droits présents dans un patrimoine fiduciaire font l'objet d'une convention en exécution de laquelle le débiteur constituant en conserve l'usage ou la jouissance, aucune cession ou aucun transfert de ces biens ou droits ne peut intervenir au profit du fiduciaire ou d'un tiers du seul fait de l'ouverture de la procédure, de l'arrêté du plan ou encore d'un défaut de paiement d'une créance née antérieurement au jugement d'ouverture. Cette interdiction est prévue à peine de nullité de la cession ou du transfert. »

(5) Cet article du Code de commerce a été introduit par l'ordonnance n° 2008-1345 du 18 décembre 2008 portant réforme du droit des entreprises en difficulté et entrée en vigueur le 15 février 2009. Cette ordonnance a permis notamment de coordonner la fiducie avec le droit des procédures collectives.

L'article L. 511-5, alinéa 1er, du Code monétaire et financier interdit « (...) à toute personne autre qu'un établissement de crédit (...) d'effectuer des opérations de crédit à titre habituel (...) ». La violation de cette interdiction fait encourir aux personnes physiques trois ans d'emprisonnement et 375 000 € d'amende[(6)], et aux personnes morales 1 875 000 € d'amende.

L'article L. 511-7 du Code monétaire et financier autorise des dérogations au monopole bancaire. L'une d'entre elles concerne les opérations de trésorerie (ce qui comprend les conventions de centralisation de trésorerie) conclues entre des sociétés ayant avec elles, directement ou indirectement, des liens de capital conférant à l'une des entreprises liées un pouvoir de contrôle effectif sur les autres.

Cette exception au monopole bancaire est-elle maintenue lorsque les titres d'une société appartenant à un groupe de sociétés sont transférés auprès d'un fiduciaire ?

La pratique considère logiquement que l'esprit d'une fiducie-sûreté sur titres est de permettre au constituant de conserver le contrôle de la société dont les titres sont transférés en fiducie. Par conséquent, tant qu'une notification de réalisation de la fiducie n'a pas été adressée au fiduciaire, les conventions de centralisation peuvent et doivent être maintenues. Dans cet esprit, les rédacteurs ont pris l'habitude de préciser que le fiduciaire, à compter de la réception de cette notification de réalisation, peut demander au nouveau représentant légal de résilier toutes les conventions signées par la société dont les titres sont mis en fiducie. Ainsi, lorsque le processus de réalisation de la fiducie est enclenché, ladite société résilie cette convention de centralisation de trésorerie. Cela est logique car le constituant défaillant a alors perdu la possibilité de récupérer la propriété des titres. La société sort ainsi définitivement du groupe de sociétés auquel appartient le constituant.

Compte tenu des sanctions de la violation du monopole bancaire et de la nécessité de ne pas paralyser un groupe de sociétés par le transfert de l'une de ses sociétés en fiducie, il serait nécessaire que l'article L. 511-7 du Code monétaire et financier vienne préciser que cette dérogation s'applique également aux sociétés dont les titres sont transférés en fiducie-sûreté tant que le financement garanti ne fait pas l'objet d'une résiliation anticipée.

Troisième amélioration : la compatibilité du transfert en fiducie de 100 % des parts d'une société civile au regard des dispositions de l'article 1844-5 du Code civil.

On le sait, les actifs immobiliers sont détenus généralement *via* des sociétés civiles. Les fiducies sur titres de société organisent le transfert de la presque totalité des parts de ces sociétés civiles.

Or l'article 1844-5 du Code civil dispose que : « La réunion de toutes les parts sociales en une seule main n'entraîne pas la dissolution de plein droit de la société. Tout intéressé peut demander cette dissolution si la situation n'a pas été régularisée dans le délai d'un an ».

(6) J. Lasserre Capdeville, *Compte courant d'associé et monopole bancaire : l'occasion manquée*, Lextenso, 7 oct. 2019, à retrouver sur www.actu-juridique.fr/affaires/bancaire-credit/compte-courant-dassocie-et-monopole-bancaire-loccasion-manquee/#ftn1.

Dans ce contexte, et pour éviter les effets de cette disposition du Code civil, seule une part de ces sociétés civiles est conservée par le constituant. Cette part non transférée fait l'objet d'un nantissement au profit du prêteur bénéficiaire de la fiducie-sûreté ou d'un acte de transfert en fiducie dont l'effet serait retardé à la survenance d'une défaillance de la part de l'emprunteur.

En pratique, les dispositions de l'article 1844-5 du Code civil sont rarement invoquées ou appliquées. Dans un souci de simplifier la documentation juridique relative à la mise en place d'une fiducie sur titres de sociétés civiles, il serait apprécié de prévoir un nouvel alinéa à cet article du Code civil pour préciser que la dissolution de la société ne pourrait pas être provoquée par le transfert en fiducie de 100 % des titres d'une société civile.

TROISIÈME PARTIE

FIDUCIE PATRIMONIALE ET FIDUCIE-SURETÉ IMMOBILIÈRE

Introduction

À l'heure actuelle, la fiducie conclue à des fins patrimoniales demeure sous exploitée. Pourtant, elle a sa place dans la panoplie des outils d'anticipation successorale et des personnes vulnérables ou encore en matière immobilière. La pratique innove en réalisant des « libéralités-fiducie » (une donation avec charge de mettre en fiducie). Une levée de l'interdiction de la fiducie à des fins libérales de l'article 2013 du Code civil permettrait de faciliter les schémas mis en place. Avec une telle réforme, la fiducie serait à même de s'ouvrir à de nouveaux acteurs, comme les notaires, cantonnés pour l'instant à la qualité de tiers protecteur. Encore faudrait-il que le législateur accepte de réformer la fiducie afin de lui redonner son pan originel, la fiducie patrimoniale.

Sabrina LE NORMAND-CAILLÈRE

TITRE 1

FIDUCIE FAMILIALE

Le tiers-protecteur : « homme-clé » de la fiducie

Marceau CLERMON
Notaire et membre FIDNOT

La faculté d'un tiers-protecteur d'ordre public pour le constituant personne physique. Ainsi l'article 2017 du Code civil prévoit-il que :

« Sauf stipulation contraire du contrat de fiducie, le constituant peut, à tout moment, désigner un tiers chargé de s'assurer de la préservation de ses intérêts dans le cadre de l'exécution du contrat et qui peut disposer des pouvoirs que la loi accorde au constituant. Lorsque le constituant est une personne physique, il ne peut renoncer à cette faculté. Le constituant doit informer le fiduciaire de la désignation de ce tiers ».

***Back-up* dans un univers contractuel.** Pourtant, loin de constituer un élément accessoire de la fiducie, le tiers-protecteur est bien au contraire apparu d'emblée, à l'occasion des travaux préparatoires de la loi du 19 février 2007, comme constituant un élément-clé de la fiabilité du dispositif et, par voie de conséquence, de sa pérennité. Deux éléments étaient ainsi intégrés, lors de l'élaboration de la loi, dans la feuille de route du tiers-protecteur :

- être rendu destinataire des comptes-rendus de gestion du fiduciaire ;
- pouvoir le cas échéant solliciter du juge la résiliation du contrat de fiducie[(1)].

Antichambre du judiciaire. Ainsi l'article 2027 du Code civil prévoit-il que :

« (...) si le fiduciaire manque à ses devoirs et met en péril les intérêts qui lui sont confiés ou encore s'il fait l'objet d'une procédure de sauvegarde ou de redressement judiciaire, le constituant, le bénéficiaire ou le tiers désigné en application de l'article 2017 peut demander en justice la nomination d'un fiduciaire provisoire ou solliciter le remplacement du fiduciaire. La décision judiciaire faisant droit à la demande emporte de plein droit dessaisissement du fiduciaire originaire et transfert du patrimoine fiduciaire en faveur de son remplaçant »[(2)].

Indépendamment, et en deçà du recours ultime à ce pouvoir, c'est sans équivoque que le législateur a entendu abandonner le contenu même des missions du tiers-protecteur à la libre appréciation des parties. Tel est bien l'esprit de la loi clairement exprimé par les parlementaires : « Il reviendrait en outre aux parties de préciser les prérogatives de ce protecteur »[(3)].

Il convient toutefois, avant de déterminer les contours possibles du mandat du tiers-protecteur, d'en définir le statut.

---

(1) Rapp. Sénat n° 11, 11 oct. 2006, de M. Henri de Richemont au nom de la commission des lois du Sénat.
(2) C. civ., art. 2027 issu de L. n° 2007-211, 19 févr. 2017.
(3) Rapport de la commission des lois du Sénat.

A. – Un acteur clé de la fiducie...

Aux origines anglo-saxonnes. Dans ses conclusions, la commission des lois du Sénat[4] estimait, s'agissant de la faculté de désigner un « protecteur » chargé de veiller sur les intérêts du constituant, qu'il était impératif de « prévoir expressément pour le constituant, la faculté de désigner un protecteur de la fiducie. Une telle institution existe notamment en droit anglais. Le protecteur y est chargé de surveiller la gestion des biens du *settlor* [constituant] faite par le *trustee* [fiduciaire]. Votre commission estime que l'intervention d'un tiers au contrat de fiducie pourrait se révéler particulièrement utile dans l'hypothèse où le fiduciaire serait lui-même l'un des bénéficiaires ou le seul bénéficiaire du contrat de fiducie (...) Votre commission souhaite que la fonction de protecteur puisse être exercée par toute personne qui aura la confiance du constituant de la fiducie »[5].

Du *protector* au tiers, vers un « tiers-protecteur ». De son côté, le rapporteur de la proposition de loi à l'Assemblée nationale, Xavier de Roux, prônait avec force la création d'une « institution similaire au "protecteur" qui existe dans le droit anglais et se trouve chargé de surveiller la gestion des biens du *settlor* par le *trustee* », rappelant que, lors de la séance publique du 17 octobre 2006, M. Robert Badinter[6] lui-même avait fait valoir « toutes les ambiguïtés du terme » « protector », lui préférant celui de « tiers »[7].

Ordre public. Pour n'être à l'origine que facultatif[8], le recours au tiers-protecteur[9] n'en revêt donc pas moins un caractère majeur. Dans nos schémas de « libéralité-fiducie », le constituant/donataire étant personne physique, le tiers-protecteur est devenu depuis d'ordre public, d'où nos prochains développements.

B. –... par nature extérieur au contrat de fiducie...

Tiers. Ainsi qu'il résulte de la lettre même de l'article 2017 du Code civil précité, le tiers-protecteur n'est pas partie au contrat. Il constitue bien un « tiers ». Possèdent véritablement seuls la qualité de *partie au contrat* au sens des dispositions de l'article 1101[10] du Code civil le constituant et le fiduciaire, ainsi que le bénéficiaire lorsque constituant et bénéficiaire ne font qu'un ou lorsque fiduciaire et bénéficiaire ne font qu'un.

Et non une « partie ». Ainsi, le tiers-protecteur, s'il est appelé au contrat, ne pourra pas y figurer en qualité de partie mais uniquement d'intervenant à l'acte.

(4) Rapp. Sénat n° 11, 11 oct. 2006, de M. Henri de Richemont au nom de la commission des lois du Sénat.
(5) Rapport de la commission des lois du Sénat.
(6) Coauteur du numéro d'*Actes pratiques et stratégie patrimoniale* (2018, n° 1) rédigé sur la fiducie-gestion sous la direction de Marceau Clermon.
(7) Rapp. AN n° 3655 de M. Xavier de Roux au nom de la commission des lois sur la proposition de loi n° 3385.
(8) *Ibid.* ; C. civ., art. 2017 : « (...) le constituant peut (...) désigner un tiers... ».
(9) Prenant en compte l'économie de la pensée sémantique de Robert Badinter relative à l'ambiguïté qui s'attache au terme de « protecteur », il sera ci-après recouru au concept de TIERS DE CONFIANCE dans les propositions de rédaction de clauses contractuelles relatives à ce tiers, l'expression de TIERS-PROTECTEUR étant réservée au développement de la protection doctrinale sur ce point, l'adjonction de « tiers » en préfixe permettant à notre sens d'écarter toute équivoque qui s'attache au substantif de « protecteur ». Il convient cependant de relever que le complément « digne de confiance » adjoint au substantif « tiers » ne résulte pas de la loi et qu'il ne peut dès lors être regardé comme plus pertinemment normatif que le qualificatif « protecteur ».
(10) C. civ., art. 1101 : « Le contrat est un accord de volontés entre deux ou plusieurs personnes destinées à créer, modifier, transmettre ou éteindre des obligations ».

Dans le cas où le bénéficiaire n'est ni le constituant[11] ni le fiduciaire, ce bénéficiaire est également tiers au contrat. Nous sommes alors bien en présence d'une stipulation pour autrui au sens de l'ancien article 1121[12] du Code civil en vigueur à la date de la loi du 19 février 2007, aujourd'hui article 1205 du même code[13]. La proposition de loi déposée par M. Philippe Marini le 8 février 2005 devant l'Assemblée nationale n'avait du reste pas manqué de relever que si « la fiducie créera un nouveau type de contrat spécial » les règles « relatives à la stipulation pour autrui aur[ont] vocation à jouer, sauf dispositions contraires, lors de fiducies pour le bénéfice de tiers »[14]. S'agissant du tiers (protecteur) visé à l'article 2017 du Code civil, sa désignation ne résulte pas d'un accord de volontés entre les parties. Il s'agit sans ambiguïté d'un pouvoir unilatéral de désignation par le constituant.

Priorité originelle au consensualisme. Les seules stipulations au contrat de fiducie mentionnées par le texte comme pouvant concerner le tiers-protecteur sont celles en vertu desquelles les parties (hormis, bien sûr, le cas visé au second alinéa de l'article 2017)[15] renonceraient, d'un commun accord, à la faculté de désigner un tel tiers-protecteur. L'article 2017 débute dans sa rédaction par un « Sauf stipulations contraires du contrat de fiducie » pour évoquer cette possibilité pour le constituant de « désigner » un tiers-protecteur, préalable très révélateur de la priorité donnée à la volonté commune des parties et, par suite, à la liberté contractuelle.

Un acteur endogène à la fiducie « personnelle ». L'on pourrait même en inférer que le contrat de fiducie a par nature vocation à ne pas prévoir la désignation du tiers-protecteur, cette désignation intervenant concomitamment à la formation du contrat de fiducie ou postérieurement à celle-ci, cette désignation pouvant intervenir « à tout moment »[16], y compris de très nombreuses années plus tard[17]. L'on imaginerait difficilement en effet qu'un avenant au contrat de fiducie doive être formalisé en cours d'exécution de ce contrat, alors que la nécessité de recourir à un tiers-protecteur serait apparue tardivement aux yeux du constituant, là où aucun n'avait été précédemment désigné, cette nécessité apparue progressivement ou subitement révélant précisément une mésentente entre constituant et fiduciaire, incompatible avec la désignation consensuelle d'un tiers-protecteur en cours d'exécution du contrat. Au demeurant, il est intéressant de relever que l'article 2018 du Code civil[18], qui énumère limitativement les stipulations devant être

(11) Ce qui ne sera pas le cas dans une stratégie de donation à charge de mise en fiducie dans laquelle le constituant est bénéficiaire, sauf le cas d'une donation graduelle.

(12) C. civ., ancien art. 1121.

(13) C. civ., art. 1205 : « On peut stipuler pour autrui. L'un des contractants, le stipulant, peut faire promettre à l'autre, le promettant, d'accomplir une prestation au profit d'un tiers, le bénéficiaire (...) ».

(14) Proposition de loi instaurant la fiducie, M. Philippe Marini, Sénat, session ordinaire de 2004-2005 ; annexe au procès-verbal de séance du 8 février 2005.

(15) En vertu desquelles lorsque le constituant est une personne physique, il ne peut renoncer à la faculté de pouvoir désigner un tiers-protecteur s'il le souhaite.

(16) C. civ., art. 2017, al. 1.

(17) Le 2° de l'article 2018 du Code civil fixe la durée maximale du contrat de fiducie à 99 ans à compter de la signature du contrat.

(18) C. civ., art. 2018 : « Le contrat de fiducie détermine, à peine de nullité : 1°) Les biens, droits ou sûretés transférés (...) 2°) La durée du transfert qui ne peut excéder quatre-vingt-dix-neuf ans à compter de la signature du contrat ; 3°) L'identité du ou des constituants ; 4°) L'identité du ou des fiduciaires ; 5°) L'identité du ou des bénéficiaires, ou, à défaut les règles permettant leur désignation ; 6°) La mission du ou des fiduciaires et l'étendue de leurs pouvoirs d'administration et de disposition ».

présentes au contrat à peine de nullité, ne mentionne pas, lorsqu'il est envisagé par les parties, le recours à un tiers-protecteur, sa désignation, et, *a fortiori*, ses pouvoirs ou encore les modalités de son remplacement.

Institué par la fiducie ou un acte autonome par souci de discrétion. Ainsi, la désignation du tiers-protecteur pourrait-elle être formalisée dans le cadre d'un acte unilatéral émis par le constituant, parallèlement ou postérieurement au contrat de fiducie, désignation notifiée(19) au tiers-protecteur lui-même, au fiduciaire et au bénéficiaire. Certains clients demandent une rédaction détachable par souci de discrétion, le contrat de fiducie étant souvent communiqué à des tiers.

Notification au fiduciaire. Le troisième alinéa de l'article 2017 du Code civil issu de l'article 12 de l'ordonnance n° 2020-115 du 12 février 2020(20) est du reste venu préciser cette exigence vis-à-vis du fiduciaire, à l'égard duquel la désignation du tiers-protecteur a de fait pour objet et pour effet de créer un véritable contre-pouvoir : « Le constituant doit informer le fiduciaire de la désignation de ce tiers », obligation de notification de laquelle il résulte nécessairement que la désignation du tiers-protecteur s'effectue ainsi hors contrat. S'agissant d'une ordonnance ratifiée par le Parlement, seuls le Rapport au Président de la République relatif à l'ordonnance n° 2020-115 du 12 février 2020 renforçant le dispositif national de lutte contre le blanchiment de capitaux et le financement du terrorisme(21), puis l'Exposé des motifs du projet de loi n° 3408 portant ratification de cette ordonnance n° 2020-115 du 12 février 2020 nous permettent d'accéder à l'esprit du texte(22).

Relation triangulaire clarifiée. Si l'objectif poursuivi, s'agissant de l'article 12 du projet modifiant le Code civil « prévoyant, d'une part, l'information du fiduciaire par le constituant en cas de désignation d'un tiers en application de l'article 2017 et, d'autre part, l'enregistrement de cette désignation »(23), tendait uniquement à « rationaliser et renforcer la cohérence de notre dispositif national de lutte contre le blanchiment des capitaux et le financement du terrorisme (LCB-FT) »(24), il n'en demeure pas moins que l'obligation nouvelle ainsi créée vient préciser et régir avec davantage encore de clarté les relations triangulaires unissant constituant, fiduciaire et tiers-protecteur(25).

(19) Une telle notification étant manifestement impérative pour rendre la désignation du tiers-protecteur opposable au fiduciaire, pour déterminer à l'égard du tiers-protecteur la date à laquelle celui-ci commence officiellement à exercer ses fonctions et à en assumer la responsabilité professionnelle, et, enfin pour informer le bénéficiaire de son existence, notification de nature à le rassurer également sur la préservation de ses intérêts futurs.

(20) Renforçant le dispositif national de lutte contre le blanchiment de capitaux et le financement du terrorisme.

(21) *JO* 13 févr. 2020.

(22) « L'ordonnance n° 2020-115 du 12 février 2020 constitue, avec les deux décrets n° 2020-118 et n° 2020-119, le principal texte de transposition en droit français de la cinquième directive européenne "anti-blanchiment". (...) Parmi les mesures introduites, pourront être notés : (...) – le renforcement du rôle des registres des bénéficiaires effectifs des personnes morales ainsi que des trusts et fiducies comme outils de transparence des transactions financières (ouverture au public de la majeure partie des données relatives aux bénéficiaires effectifs des personnes morales, introduction d'un mécanisme de signalement des informations incohérentes contenues dans les registres par les entités assujetties) (...) » (Exposé des motifs du projet de loi n° 3408 ratifiant l'ordonnance n° 2020-115 du 12 février 2020 renforçant le dispositif national de lutte contre le blanchiment de capitaux et le financement du terrorisme, 14 oct. 2020).

(23) Rapport au Président de la République relatif à l'ordonnance n° 2020-115 du 12 février 2020 renforçant le dispositif national de lutte contre le blanchiment de capitaux et le financement du terrorisme.

(24) *Ibid.*

(25) À noter qu'en vertu du dernier alinéa de l'article 2019 du Code civil issu de l'ordonnance n° 2020-115 du 12 février 2020, « la désignation d'un tiers en application de l'article 2017 et l'information sur l'identité du ou des bénéficiaires effectifs de la fiducie mentionnés à l'article L561-2-2 du code monétaire et financier doivent également, à peine de nullité, donner lieu à un acte écrit établi par le fiduciaire et enregistré dans les mêmes conditions ».

C. –… dont il convient néanmoins de prévoir l'intervention à l'acte lors de la signature de la convention de fiducie

Agrément facultatif du fiduciaire. Pour autant, et en premier lieu, le constituant pourra assurément librement consentir à soumettre à l'agrément du fiduciaire le choix du tiers-protecteur normalement désigné par lui seul en vertu de la loi et renoncer à la prérogative qu'il tire des dispositions précitées du premier alinéa de l'article 2017 du Code civil. Par ailleurs, et sans même entendre soumettre le choix du tiers-protecteur à l'agrément du fiduciaire, le constituant pourra vouloir en mentionner l'existence au contrat, cette mention écartant de façon définitive tout contentieux possible relatif à l'opposabilité au fiduciaire de la désignation de ce tiers-protecteur.

Dans cette hypothèse, l'obligation de notification prévue au troisième alinéa de l'article 2017 du Code civil[26] devient sans objet, étant d'elle-même satisfaite par l'intervention au contrat du tiers-protecteur.

Notification du contrat. En second lieu, et alors même que la possibilité d'une désignation unilatérale distincte du contrat de fiducie, ainsi qu'il a été dit, découle des dispositions légales susvisées, le contenu de la mission du tiers-protecteur paraît non seulement pouvoir, mais devoir malgré tout être clairement précisée au contrat, alors même que le tiers-protecteur n'est pas partie au contrat, mais intervenant à l'acte. Une totale transparence et un risque minimal de contentieux en résulteront ainsi s'agissant du rôle du tiers-protecteur et de l'étendue de ses pouvoirs à l'égard du fiduciaire, les pouvoirs du tiers-protecteur pouvant être très étendus.

Opposabilité de ses larges prérogatives. La doctrine opte en effet de façon pertinente et argumentée en faveur de l'interprétation de « très larges pouvoirs »[27] résultant des dispositions de l'article 2017 du Code civil. La jurisprudence, plus que maigre en matière de contrat de fiducie, souligne bien l'existence de ces larges pouvoirs, rappelant que « le *trustee* dispose de larges pouvoirs de gestion des biens qui lui ont été confiés »[28]. À juste titre : le tiers-protecteur ayant pour charge de « s'assurer de la préservation des intérêts du constituant dans le cadre de l'exécution du contrat » et pouvant « disposer des pouvoirs que la loi accorde au constituant », la rédaction de ces dispositions du premier alinéa de l'article 2017 du Code civil peut être regardée, en elle-même et à elle seule, compte tenu de son caractère très général, comme rendant possibles tous actes (bien sûr conformes au droit positif et non contraires à l'ordre public et aux bonnes mœurs !) et toutes actions (y compris contentieuses), de nature à garantir la préservation des intérêts du constituant, et cela sans même qu'il soit besoin de décrire et de déterminer *a priori* au contrat la nature exacte de ces actes et actions.

Préservation des intérêts du constituant. Le seul fait que le tiers-protecteur agisse afin de préserver les intérêts du constituant lui conférerait ainsi un intérêt lui donnant nécessairement qualité pour agir, notamment devant les tribunaux, et pour accomplir tous actes de contrôle requis par sa fonction sans nécessité d'une

(26) Dispositions issues de Ord. n° 2020-115, 12 févr. 2020, art. 12, préc.
(27) M. Clermon et H. Brothier, *Le tiers-protecteur : Actes prat. strat. patrimoniale* 2018, n° 1, p. 38.
(28) Cass. com., 6 nov. 2019, n° 17-26.985.

énumération préalable au contrat des moyens par lesquels il exerce ce contrôle. Une telle interprétation pourrait d'autant plus prospérer que le même article 2017 du Code civil, après avoir défini le *but* de la mission assignée au tiers-protecteur (« s'assurer de la préservation des intérêts du constituant dans le cadre de l'exécution du contrat ») lui en reconnaît la plénitude des *moyens* propres à la mener à bien, en prévoyant qu'il « peut disposer des pouvoirs que la loi accorde au constituant ». Ces pouvoirs allant jusqu'à la révocation du contrat de fiducie tant qu'il n'a pas été accepté par le bénéficiaire(29), c'est dès lors à bon droit que la doctrine, après avoir relevé les « très larges pouvoirs » sus-évoqués dont bénéficie le tiers-protecteur, a souligné la « quasi absolue liberté contractuelle »(30) des parties en la matière pour délimiter le périmètre des fonctions du tiers-protecteur.

Un contrôle à définir contractuellement. Une incertitude peut cependant être relevée s'agissant de la portée exacte à donner à la rédaction de l'article 2017, non pas quant à l'étendue des pouvoirs du tiers-protecteur, mais quant à la nécessité, voire à l'obligation faite aux parties de définir au contrat les moyens de contrôle dont dispose le tiers-protecteur. En d'autres termes, si la rédaction de l'article 2017 peut être regardée comme donnant au tiers-protecteur, dès lors qu'il agirait dans le seul but de « s'assurer de la préservation des intérêts du constituant dans le cadre de l'exécution du contrat », un véritable blanc-seing l'autorisant à tous actes et toutes actions possibles pourvu qu'ils n'encourent pas la sanction de l'illégalité, cette même rédaction ne peut-elle être regardée inversement, compte tenu de la généralité du but poursuivi, comme imposant de délimiter contractuellement et précisément l'exacte nature et l'exacte étendue des pouvoirs du tiers-protecteur, celui-ci ne pouvant être regardé comme susceptible, par le seul effet de la loi, de recourir à tous les moyens possibles dans l'exercice de son contrôle.

Objectif cible. Ainsi, la rédaction de la mission du tiers-protecteur définie au premier alinéa de l'article 2017 du Code civil (« s'assurer de la préservation » des intérêts du constituant « dans le cadre de l'exécution du contrat ») peut en effet s'analyser comme la définition d'un unique objectif cible nécessitant la définition contractualisée entre le constituant et le fiduciaire des moyens par lesquels ce contrôle devra s'exercer.

***Alter ego* du constituant.** De même, le fait que le tiers-protecteur « peut » disposer des pouvoirs que la loi(31) accorde au constituant est susceptible de deux interprétations :

– dans le sens de : « le tiers-protecteur dispose des exacts mêmes pouvoirs que ceux du constituant et peut donc en user en totalité », ce, sans qu'il soit besoin de rappeler la nature et l'étendue de ces pouvoirs au contrat ;

– inversement, dans le sens de : « le tiers-protecteur dispose des pouvoirs qui sont ceux dont le constituant dispose, mais de ceux-là seulement sur lesquels les parties se sont accordées pour lui reconnaître la faculté de pouvoir les exercer ».

Dès lors : suffisance des dispositions légales ou nécessité de leur déclinaison contractuelle ? Lors des travaux préparatoires à l'adoption de la loi du 19 février

(29) C. civ., art. 2028.
(30) M. Clermon et H. Brothier, *Le tiers-protecteur : Actes prat. strat. patrimoniale* 2018, n° 1, p. 38.
(31) C. civ., art. 2017, al. 1.

2007, le renvoi à la liberté contractuelle a expressément été opéré : si « la désignation par le constituant d'une telle personne [le tiers-protecteur] », a été clairement décrite comme « relev[ant] de [la] seule volonté [du constituant] », l'exercice de ce pouvoir unilatéral a été évoqué comme devant manifestement s'accompagner, dans l'esprit du législateur, de l'obligation pour « les parties de préciser les prérogatives de ce protecteur »(32).

Une obligation de fait de définir les pouvoirs du tiers-protecteur. Ainsi, et alors même que les dispositions générales de la loi fixant pour objectif au tiers-protecteur de « s'assurer de la préservation des intérêts du constituant dans le cadre de l'exécution du contrat » paraîtraient pouvoir suffire à délimiter (en affirmant implicitement l'absence de limites quant aux moyens utilisés) les pouvoirs du tiers-protecteur, la volonté du législateur semble bien avoir été au contraire celle de donner compétence aux parties pour délimiter les exacts contours des pouvoirs du tiers-protecteur. Ainsi, dans l'incertitude de la lettre du texte, mais en présence de la volonté du législateur clairement exprimée lors des travaux préparatoires à la loi du 19 février 2007 compte tenu du renvoi alors expressément opéré à la liberté contractuelle(33), est-il raisonnable de considérer qu'il y a bien lieu de préciser au contrat les modalités précises sur lesquelles les parties (constituant et fiduciaire) s'accorderont s'agissant des pouvoirs reconnus au tiers-protecteur ? Cette lecture conduit, en définitive, à faire de l'intervention au contrat du tiers-protecteur ainsi que de la définition audit contrat de ses exactes prérogatives un impératif majeur, ce, nonobstant la qualité de tiers au contrat du protecteur et nonobstant le pouvoir de désignation unilatérale qui demeure celui du constituant en la matière.

Constaté par la pratique fiduciaire. Impératif d'autant plus catégorique que le seul et unique pouvoir en réalité expressément reconnu au tiers-protecteur par la loi elle-même sans nécessiter aucune déclinaison conventionnelle, est celui mentionné à l'article 2027 du Code civil en vertu duquel, lorsque le contrat ne prévoit pas de modalités spécifiques de remplacement du fiduciaire et que celui-ci « manque à ses devoirs ou met en péril les intérêts qui lui sont confiés », le tiers-protecteur « peut demander en justice la nomination d'un fiduciaire provisoire ou solliciter le remplacement du fiduciaire », et ce, au même titre que le constituant ou le bénéficiaire.

Il n'empêche qu'en l'état, une définition stricte de ses missions et de la nature de son contrôle (*a priori*, *a posteriori*, automatique) apparaît seule de nature à rendre efficient et à sécuriser le dispositif de la fiducie, sans omettre, assurément, la prévention du contentieux résultant favorablement d'une telle définition suffisamment anticipée. Le tiers-protecteur est selon nous le garant éclairé du respect de l'esprit de l'opération dans sa globalité. Ceci ne peut néanmoins être opéré qu'en déterminant précisément ceux-ci avec toute la bienveillance qui doit caractériser cette libéralité-fiducie, quasi fiducie-libéralité.

(32) Rapport de la commission des lois du Sénat.

(33) Ainsi qu'il vient d'être dit ci-avant, « la désignation par le constituant d'une telle personne [le tiers-protecteur] relev[ant] de [la] seule volonté [du constituant] » s'accompagnant manifestement, dans l'esprit du législateur, de la nécessité pour « les parties de préciser les prérogatives de ce protecteur ».

Transmission, fiducie et « incapables »

Claire FARGE
Docteure en droit
Avocate, Cabinet d'avocats Fidal

1. **Annonce du plan.** Est-il possible, en l'état du droit positif, de faire gérer par un fiduciaire les biens transmis à un « incapable » par donation, par succession ou par assurance-vie ?

On tentera de répondre à cette question en s'intéressant non seulement aux vrais « incapables de contracter », ceux visés par l'article 1146 du Code civil, les mineurs (I) et les majeurs protégés (II), mais aussi à ces majeurs qui, sans pourtant être soumis à un régime de protection sont, à tort ou à raison, jugés « incapables » par le disposant détenteur d'un patrimoine complexe de gérer eux-mêmes le patrimoine transmis (III).

I. – Le mineur

2. **Les obstacles textuels et les schémas interdits.** Une lecture rapide du Code civil nous conduit directement à l'affirmation que les biens ou droits d'un mineur ne peuvent être transférés dans un patrimoine fiduciaire, fût-ce avec l'autorisation du juge des tutelles. Cette solution est énoncée à deux endroits du Code civil :

– à l'article 408-1 pour le cas où le mineur est sous tutelle ;

– à l'article 387-2, 4° pour le cas où le mineur est soumis au régime de l'administration légale.

Plusieurs schémas sont donc interdits.

1) Un administrateur légal ou un tuteur qui voudrait se décharger de la gestion du patrimoine de l'enfant qu'il représente ne peut pas transférer tout ou partie des biens de celui-ci dans un patrimoine fiduciaire.

2) De même, un donateur ou un testateur, qui se méfierait des qualités de gestionnaire du représentant légal du mineur donataire, ne pourrait pas apposer comme charge à la donation ou au legs qu'il consent à un mineur celle d'apporter le bien transmis à une fiducie. Car une telle charge s'exécutant une fois la transmission réalisée nous replace dans le schéma d'une fiducie contractée dans le cadre des règles de l'administration légale ou de la tutelle et les deux articles précités du Code civil y font obstacle.

3) Enfin, rappelons que si un père ou une mère a transféré de son vivant tout ou partie de ses biens en fiducie en dehors de tout contexte de sûreté d'une dette dont il/elle serait débiteur/trice, donc en fiducie de pure gestion, ses héritiers, mineurs ou majeurs, recueilleront lesdits biens en dehors de toute fiducie : une fiducie-gestion

constituée par une personne physique s'éteint nécessairement au décès de celle-ci, ainsi que le prévoit l'article 2029 du Code civil[1].

Alors bien sûr, une voie serait envisageable : elle consisterait à faire conclure le contrat de fiducie par une société à laquelle auraient été apportés les biens à transmettre au mineur. À condition de prévoir dans les statuts que le pouvoir de révoquer le contrat de fiducie appartiendra à un gérant choisi parmi un entourage de confiance, il pourrait ainsi être organisé que le patrimoine transmis à un mineur soit géré, par le miracle de l'écran de la personnalité morale, par un fiduciaire. Cependant, cette solution présente l'inconvénient de faire apparaître un intérêt social, distinct de l'intérêt du mineur qui est pourtant le seul qu'il s'agit de protéger.

Sauf par le truchement de l'écran de la personnalité morale, la fiducie semble donc à première vue une voie interdite pour organiser la gestion d'un patrimoine transmis à un mineur.

Voilà pour une première lecture, rapide, du Code civil.

3. **La clause de l'article 384 du Code civil.** S'arrêter là serait faire l'impasse sur les potentialités d'un article qui valide la clause de désignation d'un tiers administrateur aux biens donnés ou légués au mineur. Cette clause, insérée dans le Code civil en 1910 et aujourd'hui prévue par l'article 384 du même code, permet de mettre en place, sur tout ou partie des biens transmis par donation ou par legs à un mineur[2], une gestion non soumise aux règles ordinaires de l'administration légale, si tel est le souhait du donateur ou du testateur. Cette gestion libérée, notamment de toute nécessité d'une autorisation préalable du juge des tutelles, peut être confiée à n'importe quel tiers de confiance, fût-ce le donateur s'autodésignant tiers administrateur du bien qu'il transmet ou encore l'administrateur légal lui-même[3].

La clause d'administration par un tiers permet ainsi d'écarter les règles de l'administration légale. Et selon une doctrine très autorisée, « la clause d'administration aux biens donnés ou légués permet (...) d'affranchir le tiers administrateur des interdictions de l'article 387-2 »[4]... et donc de l'interdiction de transférer les biens du mineur en fiducie ! Précision étant faite que cette interdiction n'est pas répétée dans le droit commun de la fiducie énoncée aux articles 2011 et suivants du même code. Et, en raison de la disparition du renvoi opéré par l'ancien article 389-7 du Code civil aux règles de la tutelle, on ne pourrait soutenir que l'article 408-1 du même code est applicable à tout mineur : il n'est applicable qu'au mineur placé sous un régime de tutelle.

Nous voilà donc capables de répondre à l'objectif, exprimé par certains clients, d'organiser la gestion d'un patrimoine transmis à des mineurs en dehors des règles de l'administration légale. Et nous avons donc le choix entre confier les pleins pouvoirs de gestion :

– soit à un tiers de confiance librement choisi par le disposant dans le cadre de l'article 384 du Code civil ;

(1) V. cependant notre argumentaire pour la reconnaissance, en l'état du droit positif, d'une transmission par donation ou par legs des droits contractuels du constituant à un donataire ou un légataire : Cl. Farge et J.-F. Desbuquois, *Permettre la transmission de la fiducie gestion* : *JCP* N 2016, n° 39, 1284.

(2) Y compris sur ceux composant sa réserve héréditaire : V. Cass. 1re civ., 6 mars 2013, n° 11-26.728.

(3) Cl. Farge et S. Guillaud-Bataille, *La clause de désignation d'un tiers administrateur aux biens donnés ou légués à un mineur : état des lieux et perspectives d'évolution* : *JCP* N 2019, n° 16, 1167.

(4) N. Peterka et A. Caron-Déglise, *Protection de la personne vulnérable*, Dalloz Action, 2021-2022, n° 126-27.

– soit à un fiduciaire. Pour arriver à ce dernier résultat, il conviendra de passer par la désignation d'un tiers administrateur de l'article 384 du Code civil et de faire du pouvoir du tiers administrateur de transférer les biens donnés ou légués en fiducie la condition déterminante de la libéralité consentie au mineur[5].

II. – Les majeurs protégés

4. **Le schéma de la donation avec charge à l'épreuve des régimes de protection.** En l'état du droit positif, et notamment de la prohibition de la fiducie-libéralité, pour transmettre à un majeur protégé des actifs sous condition qu'ils soient gérés par un fiduciaire il y a, tout d'abord, la technique de la charge[6] : je donne ou lègue à charge pour le gratifié d'apporter en fiducie le bien donné ou légué. Dans un tel schéma, le constituant de la fiducie est le majeur protégé sur lequel en qualité de donataire ou de légataire pèse la charge d'apporter en fiducie. Il convient donc, tout d'abord, de vérifier que ce dernier a la capacité de jouissance de constituer une fiducie sur les biens qui lui appartiennent. Examinons successivement les différents régimes de protection.

Sous le régime de la tutelle, l'article 509 du Code civil inscrit le transfert en fiducie dans la liste des actes interdits au tuteur. Donc si la donation ou le legs prend effet à un moment où le majeur est déjà sous tutelle, la charge ne pourra être exécutée. En revanche, si la donation ou le legs a pris effet à un moment où le majeur n'était placé sous aucun régime de protection et que s'ouvre ensuite une tutelle, la fiducie ouverte le reste[7], à condition toutefois d'avoir évité sa conclusion pendant la période suspecte de l'article 464 du Code civil.

Pour contourner l'article 509 du Code civil, un schéma pourrait être envisagé. Il consisterait à désigner un légataire universel à charge pour ce dernier de verser au majeur protégé une rente et, pour sécuriser le versement de ladite rente, de mettre en fiducie le montant d'actif nécessaire pour confier au fiduciaire le règlement de la rente.

Notons également que l'article 509 du Code civil n'interdit que le transfert de biens du majeur en tutelle dans un patrimoine fiduciaire. Il n'interdit donc pas la cession, à titre onéreux ou à titre gratuit, par un constituant de ses droits fiduciaires au profit d'un majeur en tutelle...

Si le majeur donataire ou légataire sur lequel pèse la charge de constituer une fiducie est sous curatelle ou, semble-t-il[8], sous habilitation familiale aux

(5) Cl. Farge, *Des techniques fiduciaires au service de la gestion du patrimoine du mineur* : *JCP* N 2020, n° 19, 1105. – M. Grimaldi, *L'article 384 du Code civil permet-il de confier à un fiduciaire la gestion des biens donnés ou légués à un mineur ?* : *Defrénois* 2020, n° 48, p. 27. – Colloque Fidal, 12 mai 2022, *Rev. Ingénierie patrimoniale*, 4-2022, étude 3.4, n° 69. – M. Clermon et H. Brothier, *Fiducie-gestion : outil d'accompagnement* : *Actes prat. strat. patrimoniale* 2022, n° 2, étude 8, n°s 2 et s.

(6) Sur la validation doctrinale de la technique de la donation avec charge d'apporter en fiducie, V. M. Clermon et H. Brothier, *op. et loc. cit.*, n°s 18 et s.

(7) C'est ce que l'on doit comprendre à la lecture de l'article 2022, alinéa 2 du Code civil lorsqu'il dispose que lorsque pendant l'exécution du contrat de fiducie le constituant fait l'objet d'une mesure de tutelle, le fiduciaire rend compte de sa mission au tuteur à la demande de ce dernier au moins une fois par an.

(8) Il existe ici une incertitude quant aux pouvoirs de la personne habilitée de constituer une fiducie, car si la Cour de cassation a pu décider dans un avis rendu en 2018 que, dans le silence ou l'ambiguïté des textes, ceux-ci doivent être interprétés dans un sens favorable à la capacité de la personne protégée (Cass. 1re civ., 6 déc. 2018, n° 15015 : *JurisData*

fins d'assistance il peut, en l'état actuel du droit, conclure une fiducie pourvu qu'il soit assisté du curateur ou de la personne habilitée (C. civ., art. 468, al. 2). Donc, ici, le schéma de transmission consistant en une libéralité avec charge est possible.

En présence d'un majeur déjà placé sous un mandat de protection future, la question se pose de savoir si le mandataire de protection future va pouvoir conclure le contrat de fiducie au nom du mandant, donataire ou légataire. Ce qui revient à déterminer si l'interdiction faite au tuteur à l'article 509 du Code civil s'applique dans le cadre du mandat de protection future. Le professeur N. Peterka a développé un argumentaire très convaincant en faveur de la possibilité de reconnaître au mandataire de protection future le pouvoir de transférer les biens du mandant en fiducie. Mais elle a également souligné qu'il était de sage précaution de prévoir expressément dans le mandat de protection future le pouvoir du mandataire de constituer une fiducie(9). Cet argumentaire ayant été bâti notamment sur le fondement d'un avis rendu par la Cour de cassation en 2018 dont la portée a été significativement amoindrie par un nouvel avis rendu par la même formation le 20 octobre 2022(10), il n'est plus du tout certain de pouvoir assurer sereinement à un mandataire qu'il pourra transférer tout ou partie des actifs du mandant en fiducie. Il y a pourtant, selon nous, une vraie différence de situations selon que l'on est en présence de la mise à exécution d'une stipulation d'un mandat de protection future écrite à un moment de capacité du mandant ou d'une situation purement judiciaire d'habilitation familiale aux fins de représentation, spécifiquement visée par ledit avis d'octobre 2022.

5. **Le schéma de la donation avec charge à l'épreuve de la réserve héréditaire.** L'efficacité du schéma de la libéralité avec charge d'apporter en fiducie doit également être éprouvée au regard des règles relatives à la réserve héréditaire. En effet, la charge de transférer en fiducie heurte, si elle grève la réserve du majeur protégé, le principe posé par l'article 912 du Code civil selon lequel la réserve doit être reçue libre de charges. Ce qui ouvre au majeur protégé la voie de l'action en cantonnement pour être libéré de cette charge en ce qu'elle porterait sur sa part de réserve. Il y a, il est vrai, l'outil de la renonciation anticipée de l'action en réduction (RAAR) qui, selon la doctrine civiliste, permet également de renoncer par anticipation à cette action en cantonnement de la charge(11). Mais, ici, rappelons que la RAAR fait partie des actes interdits de l'article 509 du Code civil et est donc considérée comme interdite au majeur en tutelle ou sous habilitation familiale aux fins de représentation ou sous mandat de protection future(12). Seul un majeur sous un

n° 2018-022047 ; *JCP* G 2018, 1338, note D. Noguéro ; *D.* 2019, p. 365, note N. Peterka ; *Dr. famille* 2019, n° 64, obs. I. Maria ; *AJ fam.* 2019, p. 41, obs. G. Raoul-Cormeil), elle a rendu un avis très différent en 2022 (Cass. 1re civ., 20 oct. 2022, n° 22-70.011) qui, bien que visant spécifiquement l'habilitation familiale par représentation, pourrait s'appliquer à l'habilitation familiale par assistance et exclure, dans l'une comme dans l'autre, la possibilité que la personne habilitée puisse se voir reconnaître le pouvoir de réaliser des actes interdits au tuteur par l'article 509 du Code civil.

(9) *La fiducie au soutien du mandat de protection future* : *JCP* N 2021, 1287.

(10) V. les références des avis *supra*, note 8.

(11) En ce sens : S. Godechot-Patris, *Fiducie, trust et gestion de patrimoine* : *Ing. Patr.* 4-2022, n° 61. – Cl. Brenner, *La fiducie-libéralité* : *Actes prat. strat. patrimoniale* 2022, n° 2, étude 10, n° 9. – M. Clermon et H. Brothier, *Fiducie-gestion : outil d'accompagnement* : *Actes prat. strat. patrimoniale* 2022, n° 2, étude 8, n° 21.

(12) Cl. Farge, *Droit patrimonial de la famille*, ss dir. M. Grimaldi, Dalloz Action, 2021-2022, 264-242.

régime d'assistance – majeur sous curatelle ou sous habilitation familiale aux fins d'assistance – peut faire une RAAR.

Cela dit, il y a un moyen très simple de contourner l'obstacle de l'article 912 du Code civil. Il suffit d'adosser la charge de transférer en fiducie à une clause bénéficiaire d'un contrat d'assurance-vie. Alors, par le miracle du Code des assurances qui répute transmis hors succession les capitaux décès[13], on peut faire gérer par un fiduciaire sans être contraint par les règles de la réserve héréditaire la totalité des capitaux décès, hors l'hypothèse de prime manifestement exagérée et celle de requalification du contrat en donation[14].

On peut aussi, pour contourner les règles de la réserve héréditaire, se servir de la société civile. Le schéma auquel on pense est alors le suivant. La donation ou le legs porte sur des parts de société civile, libres de charge. Et un contrat de fiducie est conclu par la société civile pour faire gérer par un fiduciaire les actifs logés dans la société civile et que l'on souhaite transmettre au majeur qui, par hypothèse, est associé de la société civile. *A priori*, ici, la personnalité morale fait écran : il n'y a pas de charge qui doive être cantonnée à la quotité disponible et il n'y a pas de majeur en tutelle qui soit constituant d'une fiducie. Les articles 509 et 912 du Code civil ne sont donc plus des freins ou des obstacles dans la transmission d'un patrimoine géré par un fiduciaire au profit d'un majeur protégé, fût-il placé sous tutelle...

On peut enfin penser au mandat de protection future pour autrui comme moyen de contourner l'obstacle tiré du principe de la réserve héréditaire libre de charges. En présence d'un enfant ne pouvant pas pourvoir seul à ses intérêts pour l'une des causes prévues à l'article 425 du Code civil[15], le parent disposant – que l'on supposera être le dernier vivant des deux parents ayant eu la charge matérielle effective de cet enfant – peut désigner un (ou plusieurs) tiers de confiance comme mandataire(s) de protection future pour autrui au profit de l'enfant vulnérable. Le mandat de protection future pour autrui, nécessairement notarié, est prévu par l'article 477, alinéa 3 du Code civil. Investi par ledit mandat d'un pouvoir de représentation du majeur vulnérable, le tiers de confiance désigné comme mandataire peut gérer l'ensemble des actifs patrimoniaux de l'enfant, y compris ceux reçus en qualité d'héritier réservataire dans la succession de ses parents.

Et, les nombreux arguments avancés par Mme le Professeur Peterka[16] en faveur de la reconnaissance d'un pouvoir de constituer une fiducie au profit du mandataire dans le cadre du mandat de protection future pour soi-même sont parfaitement transposables dans le cadre d'un mandat de protection future pour autrui, avec toutefois les mêmes réserves quant à la sécurité d'un tel schéma après l'avis rendu par la Cour de cassation le 20 octobre 2022[17].

(13) V. C. assur., art. L. 132-12 et L. 132-13.

(14) Cl. Farge et S. Comparot, *Contrôler la consommation des capitaux décès reçus par le bénéficiaire majeur vulnérable* : *JCP* N 2022, n° 24, 1177, n°s 14 et s.

(15) Cette altération devra, au décès du parent disposant, être établie au vu d'un certificat médical dressé par un médecin mentionné sur la liste du procureur de la République.

(16) N. Peterka, *La fiducie au soutien du mandat de protection future* : *JCP* N 2021, 1287.

(17) V. *supra*.

III. – La fiducie prévoyance, au service des autres « incapables »

6. **Une fiducie à effet différé.** Souvent, le client détenteur d'un patrimoine complexe à gérer et notamment de titres d'une société opérationnelle, directement ou *via* une holding, considère que l'un de ses enfants, voire son conjoint, est « incapable » de savoir gérer le patrimoine qu'il va recevoir en héritage. Plus précisément, les dirigeants d'entreprise peuvent être particulièrement sensibles aux répercussions de leur décès sur la pérennité de leur entreprise. Ils craignent que leurs héritiers qui, par hypothèse, ne sont pas du tout impliqués dans l'entreprise, soient « incapables » de mener une négociation en vue de trouver un repreneur ou que l'indivision successorale mette l'entreprise à la merci de conflits familiaux entraînant des blocages dans la prise de décisions.

Pour ces incapables-là, au sens large, et pour tous les autres aussi, les vrais incapables de l'article 1146 du Code civil pouvant figurer parmi les héritiers du dirigeant, un schéma de prévoyance peut très facilement être mis en place pour sécuriser, en la professionnalisant, la cession des titres du dirigeant qui décéderait brutalement.

Pour éviter de buter sur l'article 2029 du Code civil selon lequel le contrat de fiducie prend fin par le décès du constituant personne physique, ces fiducies prévoyances sont conclues par une personne morale, précisément par une holding qui détient les titres de la société opérationnelle. La holding met en fiducie les titres de la société opérationnelle sous condition suspensive du décès du dirigeant. Ce qui met à l'abri d'un entourage jugé incompétent les opérations de cession de la société opérationnelle qui seront réalisées sous la surveillance du fiduciaire et sous sa seule signature, ès qualités de fiduciaire. On évite donc les tracas liés à une indivision successorale conflictuelle, ou à la présence d'enfant mineur qui serait représenté par un ex-conjoint dont on ne veut pas qu'il ou elle puisse s'immiscer dans les affaires sociales, ou encore ceux liés à la présence d'un juge des tutelles si parmi les héritiers on a un majeur sous régime de protection[18]...

7. **Proposition conclusive.** À l'issue de ces propos, une nécessité s'impose : celle d'une évolution des textes pour ouvrir la fiducie à toutes les personnes protégées, mineurs et majeurs sous tutelle, mandat de protection future et habilitation familiale avec représentation. Bien sûr, cette ouverture se ferait sous le contrôle du juge des tutelles, gardien de l'intérêt des personnes vulnérables. Cela participerait d'une meilleure prise en charge des patrimoines de ces dernières, du moins lorsque ces patrimoines appellent des compétences ou du temps que n'ont pas les mandataires judiciaires à la protection des majeurs ou les proches tiers de confiance. Autrement dit, la fiducie participe, d'une part, des outils de lutte contre la maltraitance financière des personnes vulnérables et, d'autre part, d'un mouvement profond de déjudiciarisation de la protection qui doit être organisée dans leur intérêt. Il n'y a aucune raison de ne pas en permettre l'usage le plus large possible quant aux personnes, dès lors que le patrimoine ou le contexte familial le commande.

(18) Cl. Farge, S. Weisgerber, B. Berger-Perrin et D. Davodet, *La fiducie à effet différé, complément du mandat de protection future dans le pack prévoyance du dirigeant* : JCP N 2021, n° 38-39, 1288.

Argumentaire en faveur de la fiducie au service de la protection des personnes vulnérables (majeures ou mineures)[(1)]

Nathalie PETERKA
Professeur à l'Université Paris-Est Créteil (UPEC, Paris 12)

Argumentaire

1. La fiducie a été introduite en droit français par la loi n° 2007-211 du 19 février 2007 (C. civ., art. 2011 et s.). L'article 2011 du Code civil la définit comme « l'opération par laquelle un ou plusieurs constituants transfèrent des biens, des droits ou des sûretés, ou un ensemble de biens, de droits ou de sûretés, présents ou futurs, à un ou plusieurs fiduciaires qui, les tenant séparés de leur patrimoine propre, agissent dans un but déterminé au profit d'un ou plusieurs bénéficiaires ».

La fiducie peut être conclue afin de constituer une sûreté ou confier la gestion d'un patrimoine à un tiers fiduciaire pour le compte du constituant ou d'un ou de plusieurs bénéficiaires désignés par ce dernier. La fiducie-libéralité est, en revanche, interdite. Le contrat est ici entaché d'une nullité d'ordre public (C. civ., art. 2013).

2. À l'origine réservée aux seules personnes morales, la fiducie a été étendue aux personnes physiques par la loi n° 2008-776 du 4 août 2008. Perçue à l'époque comme un acte dangereux en raison du transfert de droits qu'elle entraîne du patrimoine du constituant à celui du fiduciaire, la fiducie a été encadrée par des règles strictes lorsqu'elle est utilisée par des personnes physiques.

D'une part, ce contrat est impérativement soumis au formalisme notarié, à peine de nullité, si les biens, droits ou sûretés transférés dans le patrimoine fiduciaire dépendent de la communauté existant entre les époux ou d'une indivision (C. civ., art. 2012, al. 2). D'autre part, le transfert de biens communs au sein d'un patrimoine fiduciaire est soumis, à peine de nullité relative, au double consentement des époux, sans égard pour la nature des biens communs apportés en fiducie (C. civ., art. 1424 et 1427).

Enfin, dans le domaine de la protection juridique des majeurs, la loi du 4 août 2008 a exclu les personnes en tutelle de la faculté de conclure un contrat de fiducie.

(1) Cet argumentaire et ces propositions de textes s'inspirent de la proposition émise conjointement avec Maîtres Marie-Hélène Isern-Réal et Laurent Pottier dans le cadre du rapport mission interministérielle sur la protection juridique des majeurs remis en septembre 2018 par Mme Anne Caron-Déglise à la Garde des sceaux et à la ministre de la Santé et des solidarités, et reproduit en annexe de ce rapport : A. Caron-Déglise (dir.), *L'évolution de la protection juridique des personnes. Reconnaître, soutenir et protéger les personnes les plus vulnérables* : *Doc. fr.*, sept. 2018.

Cette dernière correspond à un acte interdit au tuteur, même avec l'autorisation du juge des tutelles (C. civ., art. 509, 5°). C'est dire que l'autorisation judiciaire ouvre l'exercice des voies de recours et ne purge pas le contrat de la nullité dont il est infecté. L'interdiction posée à l'article 509, 5° est susceptible de s'appliquer, par le jeu de renvoi de textes (C. civ., art. 437, al. 2 ; 490 et 494-6), au mandat spécial sous la sauvegarde de justice, au mandat de protection future ainsi qu'à l'habilitation familiale aux fins de représentation. En définitive, seules les personnes en curatelle et celles sous habilitation familiale aux fins d'assistance(2) peuvent, en l'état actuel du droit, conclure une fiducie pourvu qu'elles soient assistées du curateur ou de la personne habilitée (C. civ., art. 468, al. 3).

Or, pareille restriction apparaît aujourd'hui injustifiée à l'aune des potentialités que recèle la fiducie pour la gestion du patrimoine des personnes vulnérables, mineures ou majeures, qu'elles bénéficient ou non d'une mesure de protection.

3. Le recours à ce mécanisme permet, en effet, de confier la gestion d'un patrimoine important et/ou complexe à un spécialiste de l'ingénierie patrimoniale, doté du savoir-faire nécessaire pour la gestion de tels biens. La fiducie participe ainsi des **outils de lutte contre la maltraitance financière** des personnes vulnérables.

Elle pourrait contribuer, en outre, à assurer **une meilleure adéquation du droit français de la protection des majeurs** aux principes édictés par la **Convention internationale relative aux droits des personnes handicapées** (CIDPH)(3). L'article 12 de cette convention prescrit de garantir à la personne souffrant d'un handicap physique ou mental « la capacité juridique dans tous les domaines » pour l'exercice de ses droits. Or, ainsi que le soulignent le Défenseur des droits et la Cour des comptes(4), le droit français use trop des mesures substitutives, *i.e.* de mesures de représentation lourdement attentatoires à la capacité juridique des personnes vulnérables, telles que la tutelle et la curatelle renforcée. L'élargissement de la fiducie à toutes les personnes protégées, quelle que soit la nature de la mesure ouverte à leur égard, voire aux personnes fragiles hors mesure de protection, dans le cadre d'une anticipation de la vulnérabilité, permettrait d'assurer une **protection plus respectueuse de la personne** et tout aussi efficace, si ce n'est plus efficace, que les mesures de protection traditionnelles.

Pareil élargissement s'insérerait, de manière cohérente, dans le mouvement de déjudiciarisation de la protection des majeurs et des mineurs, initié par la loi n° 2007-308 du 5 mars 2007 avec la création du mandat de protection future, et poursuivi par l'ordonnance n° 2015-1288 du 15 octobre 2015 ayant introduit la mesure d'habilitation familiale et réformé l'administration légale des biens du

(2) Le renvoi de l'article 494-1 à l'article 467 définissant la mission de la personne habilitée à assister la personne protégée par rapport aux actes qui, en tutelle, requerraient l'autorisation du juge des tutelles, crée ici une incertitude quant aux pouvoirs du protecteur de constituer une fiducie. Néanmoins, la Cour de cassation décide que, dans le silence ou l'ambiguïté des textes, ceux-ci doivent être interprétés dans un sens favorable à la capacité de la personne protégée, ce qui milite en faveur de la validité de la fiducie constituée par la personne protégée avec l'assistance de la personne habilitée (Cass. 1re civ., 6 déc. 2018, n° 15015 : *JurisData* n° 2018-022047 ; *JCP* G 2018, 1338, note D. Noguéro ; *D.* 2019, p. 365, note N. Peterka ; *Dr. famille* 2019, n° 64, obs. I. Maria ; *AJ fam.* 2019, p. 41, obs. G. Raoul-Cormeil).

(3) Ratifiée par la France le 20 mars 2010.

(4) Défenseur des droits, Rapport *La protection juridique des majeurs vulnérables*, sept. 2016. – C. comptes, *La protection juridique des majeurs. Une réforme ambitieuse, une mise en œuvre défaillante*, communication à la commission des Finances, de l'Économie générale et du contrôle budgétaire de l'Assemblée nationale, 4 oct. 2016.

mineur ainsi que par la loi du 23 mars 2019, de réforme et de programmation pour la justice 2018-2022, ayant déjudiciarisé un certain nombre d'actes sous la tutelle.

4. Souvent perçue à tort comme un outil dangereux en raison de l'affectation des biens du constituant dans un patrimoine fiduciaire, la fiducie incarne en réalité **un dispositif alternatif de protection** des personnes vulnérables. Elle pourrait ainsi contribuer à renforcer le principe de subsidiarité des mesures de protection des majeurs, dans le sillage des recommandations du Défenseur des droits et du rapport de la Cour des comptes ou être utilisée en complément de l'ouverture d'une mesure de protection. La fiducie pourrait aussi constituer une alternative intéressante au mandat de protection future, lequel rencontre pour l'heure peu de succès.

Cette perspective a conduit la mission interministérielle sur la protection juridique des majeurs, présidée par Mme Anne Caron-Déglise, à proposer en 2018 d'ouvrir la fiducie-gestion à l'ensemble des personnes protégées sous certaines garanties tenant, notamment, à l'autorisation du juge des tutelles ainsi qu'à un encadrement renforcé de la fiducie lorsque le constituant est un majeur protégé. Le rapport envisage, par ailleurs, le recours à la fiducie-libéralité afin de pourvoir à l'avenir d'un enfant handicapé après le décès de ses parents ou de permettre la transmission pérenne d'une entreprise notamment lorsque les descendants et le conjoint survivant forment une famille recomposée où l'harmonie ne règne pas nécessairement[(5)].

5. L'évolution du droit des personnes vulnérables frappe ainsi d'obsolescence les objections traditionnellement opposées à la fiducie (A). Elle fournit aujourd'hui des arguments favorables à l'ouverture de la fiducie à toutes les personnes vulnérables, mineures ou majeures, qu'elles bénéficient ou non d'une mesure de protection (B). Pareille ouverture pourrait être assortie de quelques précisions de nature à renforcer l'encadrement du mécanisme lorsqu'il est utilisé pour le compte d'une personne protégée (C).

A. – L'obsolescence des objections traditionnellement opposées à la fiducie

6. Un double argument a été avancé, par le passé, pour écarter les personnes protégées de la faculté de constituer une fiducie, un argument fiscal (1°), d'une part, et un argument de nature constitutionnelle (2°), d'autre part. De ces deux arguments, ni l'un ni l'autre n'apparaît désormais justifié.

1° L'obsolescence de l'argument fiscal

7. À l'origine, la loi du 19 février 2007 ayant institué la fiducie s'est opposée à ce que celle-ci soit utilisée par des personnes physiques par crainte que la fiducie soit instrumentalisée pour éluder l'impôt. Cette réticence initiale – fruit d'une méfiance généralisée à l'égard de la fiducie – avait conduit à exclure les personnes physiques de la qualité de constituant. Or, la loi du 4 août 2008 a depuis élargi aux personnes physiques la possibilité de constituer une fiducie. Il ne reste de cette réticence qu'un reliquat : l'interdiction à l'égard d'une personne physique majeure ou mineure sous

(5) A. Caron-Déglise, Rapport préc., p. 46 et s.

tutelle (C. civ., art. 509, 5° et 408-1) ou d'un mineur sous l'administration légale (C. civ., art. 387-2).

Surtout, l'argument cède aujourd'hui devant la neutralité fiscale de la fiducie. Cette dernière est fiscalement translucide et fait l'objet d'une imposition au nom du constituant(6).

2° L'obsolescence de l'argument constitutionnel, tiré du transfert « contraint » de propriété

8. À l'occasion des débats relatifs à la loi n° 2007-308 du 5 mars 2007, l'Assemblée nationale s'est opposée à l'utilisation de la fiducie pour la gestion du patrimoine des personnes protégées, au motif que « le transfert de propriété résultant d'un tel contrat, dans la mesure où il intervenait à l'insu de la personne protégée, posait des difficultés au regard du droit de propriété, constitutionnellement garanti ».

L'argument ne tient pas. En effet, cette crainte, antérieure à l'institution de la question prioritaire de constitutionnalité, ne tient pas compte du fait que depuis lors le Conseil constitutionnel a approuvé à diverses reprises des limitations au droit de propriété (à propos du 2° de l'article 274 du Code civil, décision du 13 juillet 2011 ; à propos de la seconde phrase du deuxième alinéa de l'article L. 631-19-1 du Code de commerce, décision du 7 octobre 2015).

On ajoutera, d'une part, que l'on ne voit pas pourquoi cette mesure serait prise « à l'insu de la personne protégée » si celle-ci est capable d'un certain discernement et, d'autre part, qu'il arrive au tuteur de vendre un bien du majeur protégé, avec l'autorisation du juge, et qu'il y a bien dans ce cas un « transfert de propriété ».

9. Enfin, le « transfert de propriété » qu'opère la fiducie produit des effets bien moins radicaux que ceux résultant d'un acte ordinaire d'aliénation, tel qu'une vente immobilière ou la cession d'un portefeuille de valeurs mobilières. Il est, en réalité, inexact de confondre la propriété fiduciaire et la propriété ordinaire définie à l'article 544 du Code civil.

En effet, d'une part, à la différence du propriétaire ordinaire, le fiduciaire détient des **prérogatives limitées** sur les biens. L'étendue de ses pouvoirs d'administration et de disposition peut être limitée par les clauses du contrat (C. civ., art. 2018, 6°).

Ce dernier peut réserver, par ailleurs, au constituant l'usage ou la jouissance des biens placés en fiducie, lorsque ceux-ci correspondent à un fonds de commerce ou à un immeuble à usage professionnel (C. civ., art. 2018-1).

S'il est vrai que « dans ses rapports avec les tiers, le fiduciaire est réputé disposer des pouvoirs les plus étendus sur le patrimoine fiduciaire », il n'en est plus ainsi lorsqu'il est « démontré que les tiers avaient connaissance de la limitation de ses pouvoirs ». (C. civ., art. 2023).

L'ensemble de ces restrictions fait ressortir que, loin d'être propriétaire des biens fiduciés, le fiduciaire est davantage **un conservateur** ou un **gestionnaire** de ces biens. Ses prérogatives sont inféodées au but assigné par le contrat de fiducie et à la mission que ce dernier a bien voulu lui confier. La propriété fiduciaire apparaît, en définitive, comme une **propriété finalisée**, dont les limitations sont mises en

(6) A. Hinfray et V. Mialhe, *La fiducie et son régime fiscal* : Gaz. Pal. 15-17 juin 2014, n°s 166 à 168, p. 13, 183r0.

place dans **l'intérêt d'un tiers**. Il s'agit, en d'autres termes, d'une propriété **pour le compte d'autrui** [7].

10. D'autre part, à la différence de la propriété ordinaire, la propriété fiduciaire ne revêt **pas** un **caractère exclusif**. Non seulement, le fiduciaire est tenu de se conformer à la mission qui lui a été confiée par le constituant mais, encore, il est tenu de rendre compte de sa gestion à ce dernier (C. civ., art. 2022) et de répondre des fautes qu'il commet dans l'exercice de sa mission (C. civ., art. 2026). Enfin, le constituant peut à tout moment désigner un tiers chargé de s'assurer de la préservation de ses intérêts dans le cadre de l'exécution du contrat (C. civ., art. 2017). Le « fiduciaire agit alors sous l'œil d'un censeur, représentant du constituant » [8].

Lorsque le constituant fait l'objet d'une mesure de protection, le fiduciaire rend compte de sa mission au tuteur ou au curateur à la demande de ce dernier, ainsi qu'à la personne en curatelle, au moins une fois par an, sans préjudice de la périodicité fixée par le contrat (C. civ., art. 2022, al. 2).

Le fiduciaire rend compte, par ailleurs, de sa mission au bénéficiaire et au tiers protecteur à leur demande, selon la périodicité fixée au contrat (C. civ., art. 2022, al. 3).

Pareil encadrement de la fiducie l'érige en une mesure dynamique et sécurisée de gestion du patrimoine de la personne protégée et, cela, indifféremment de toute logique d'anticipation.

B. – Les arguments en faveur de l'élargissement de la fiducie à toutes les personnes vulnérables

11. Les questions soulevées par l'ouverture de la fiducie aux personnes sous tutelle font toucher du doigt l'incohérence du droit français en la matière. Il est incohérent d'ériger la fiducie, sous la tutelle, en un acte interdit au tuteur même avec l'autorisation du juge des tutelles (C. civ., art. 509, 5°, 408-1) et de l'autoriser, dans le même temps, sous la curatelle avec l'assistance du curateur (C. civ., art. 468, al. 3). On ne comprend pas pourquoi le majeur en tutelle est écarté d'instruments de gestion du patrimoine ouverts à la personne en curatelle. L'argument tiré de la prétendue contrariété de la fiducie à l'intérêt de la personne protégée (1°), des risques qu'elle présenterait pour cette dernière (2°) et l'instrument d'évasion fiscale qu'offrirait la fiducie ne tient pas (3°). Au-delà, il convient d'envisager l'utilisation de la fiducie comme un dispositif alternatif de protection venant se substituer à l'ouverture d'une mesure de protection, notamment dans le cadre d'une démarche d'anticipation de la vulnérabilité (4°).

1° La question tirée de l'intérêt de la personne protégée

12. L'argument selon lequel la fiducie porterait atteinte aux droits de la personne protégée, en raison de l'externalisation du patrimoine qu'elle réalise, est inopérant ainsi qu'il a été déjà démontré (V. *supra*, n°s 8 et s.).

(7) Sur tout ceci, B. Mallet-Bricout, *Le fiduciaire propriétaire ?* : *JCP* N 2010, 1191.
(8) B. Mallet-Bricout, art. préc., spéc. n° 8.

Un tel argument prouve trop. S'il était retenu, il conviendrait d'interdire également toute vente faite par le tuteur au nom du tutélaire.

Surtout, le transfert de propriété résultant de la fiducie opère des effets bien moins radicaux qu'un transfert ordinaire de propriété car :

– les droits du fiduciaire sont encadrés – à la différence de ceux d'un propriétaire ordinaire (V. *supra*, n°s 9 et 10) ;

– la fiducie peut être constituée dans l'intérêt du constituant, ce dernier étant alors désigné en **qualité de bénéficiaire du contrat**. C'est dire que les biens fiduciés feront retour, au terme de la fiducie, dans le patrimoine de la personne protégée. En ce sens, la fiducie constitue un outil performant de la gestion de ses biens. Il convient ici de rappeler qu'elle concerne, au premier chef, des patrimoines importants et/ou complexes. Elle fournit ainsi un instrument de sécurisation de la gestion par le recours à un professionnel de l'ingénierie patrimoniale[9].

2° La question tirée des risques de la fiducie pour la personne protégée

13. L'argument selon lequel l'aliénation fiduciaire pourrait entraîner des conséquences graves sur le patrimoine du constituant, notamment lorsqu'elle est constituée à titre de garantie, ne tient pas. Pareil raisonnement conduirait, s'il était retenu, à interdire aux personnes en tutelle de constituer une hypothèque au profit de leur créancier et ainsi à les exclure du commerce juridique, notamment de la possibilité de souscrire un emprunt en vue d'acquérir un immeuble mieux adapté à leur état de santé.

En réalité, en présence d'un patrimoine complexe, le risque véritable pour la personne protégée réside dans le fait de laisser le tuteur – familial ou professionnel – gérer seul les différentes facettes du patrimoine, sans recours à la délégation à des spécialistes.

Enfin, le fiduciaire personne physique[10] est avocat. En cette qualité, il est contrôlé par le Barreau et spécialement formé. Sur le terrain de la responsabilité civile, il est bien mieux assuré que n'importe quel tuteur familial ou professionnel.

3° La question tirée de l'objectif poursuivi

14. Ainsi qu'il a été déjà souligné (V. *supra*, n° 7), la fiducie obéit à un principe de neutralité fiscale. Elle fait l'objet d'une imposition dans le patrimoine du constituant et ne peut donc être utilisée comme un outil d'optimisation fiscale.

L'objectif poursuivi est la sécurisation ainsi que la dynamisation de la gestion du patrimoine de la personne protégée.

4° L'utilisation de la fiducie comme un dispositif alternatif de protection

15. L'ensemble des arguments en faveur de l'ouverture de la fiducie au service de la gestion du patrimoine des majeurs protégés conduit à admettre le recours à

(9) V. l'exemple cité par L. Pottier en annexe du rapport Caron-Déglise, préc.

(10) Nous n'envisageons pas ici les personnes morales habilitées à être fiduciaires (établissements de crédit, entreprises d'investissement, entreprises d'assurance), car elles interviennent dans le domaine des affaires et non dans celui des personnes vulnérables.

cet outil d'ingénierie patrimoniale en faveur des mineurs sous tutelle ou administration légale et, donc, à abroger l'interdiction de la fiducie édictée sous ces régimes de protection par les articles 408-1 et 387-2 du Code civil.

Au demeurant, le recours à un tiers administrateur aux biens donnés ou légués au mineur avec charge de constituer une fiducie sur les biens qui lui sont transmis permet déjà, en l'état actuel des textes, d'écarter l'interdiction de la fiducie. L'article 384 du Code civil prévoit, en effet, que : « Ne sont pas soumis à l'administration légale les biens donnés ou légués au mineur sous la condition qu'ils soient administrés par un tiers (al. 1er). Le tiers administrateur a les pouvoirs qui lui sont conférés par la donation, le testament ou, à défaut, ceux d'un administrateur légal (al. 2) ». La clause d'administration aux biens donnés ou légués permet ainsi de soustraire le tiers administrateur aux interdictions de l'article 387-2 et, spécialement, à la prohibition de la fiducie constituée au nom d'un mineur[(11)]. Elle fournit également un moyen de contourner l'interdiction de la fiducie-libéralité.

16. Au-delà, les avantages de la fiducie-gestion invitent à en permettre l'utilisation au service de la gestion du patrimoine d'une personne vulnérable, hors mesure de protection. La fiducie pourrait être ainsi érigée au rang de dispositif alternatif de protection, au côté du mandat de protection future, du droit des régimes matrimoniaux et du régime primaire ainsi que du droit commun de la représentation. Cette fiducie-protection pourrait incarner un nouveau dispositif d'anticipation de la vulnérabilité. Elle pourrait être également constituée à l'heure de la survenance de la vulnérabilité, soit par le constituant vulnérable lui-même assisté ou représenté par un mandataire spécial autorisé par le juge des tutelles, soit au profit d'un tiers bénéficiaire vulnérable, majeur ou mineur. Cette dernière option implique d'abroger l'interdiction de la fiducie-libéralité afin d'éviter que le décès du constituant ne provoque le retour du patrimoine fiduciaire dans sa succession[(12)].

C. – Les précisions de nature à encadrer la fiducie constituée pour le compte d'une personne protégée

Trois séries de précisions pourraient assortir la consécration de la fiducie en faveur des personnes protégées, sur le terrain du primat de la fiducie, de son fonctionnement ainsi que de la portée du contrôle du juge des tutelles.

1° Les nuances sur le primat de la fiducie

17. La suggestion de proposition de loi inscrit la fiducie aux articles 428 et 494-2 du Code civil consacrant le principe de subsidiarité des mesures de protection judiciaire des majeurs et de l'habilitation familiale. Ce principe conduit à faire prévaloir le recours à des dispositifs alternatifs de protection non attentatoires à la capacité juridique de la personne vulnérable (mandat de protection future, droit commun

(11) M. Grimaldi, *L'article 384 du Code civil permet-il de confier à un fiduciaire la gestion des biens donnés ou légués à un mineur ?* : *Defrénois* 26 nov. 2020, n° 166e7, p. 27. – N. Peterka et A. Caron-Déglise, *Protection de la personne vulnérable*, Dalloz Action, 5e éd., 2021-2022, n° 126-27.

(12) Proposition du Conseil supérieur du notariat en faveur d'une fiducie-protection (19 juin 2018) *in* annexes au Rapport Caron-Déglise, préc.

de la représentation, mesures de sauvegarde conjugales du régime primaire et des régimes matrimoniaux) **toutes les fois qu'ils suffisent à pourvoir à ses intérêts.**

Le principe de subsidiarité n'a donc rien d'absolu ni de systématique.

Il permet, en revanche, d'assurer une **protection respectueuse de la capacité juridique** de la personne vulnérable, conformément aux dispositions de l'article 12 de la CIDPH.

La réflexion sur l'élargissement de la fiducie à l'ensemble des personnes vulnérables s'inscrit ici dans le **prolongement des travaux** menés par la **mission interministérielle** sur la protection juridique des majeurs et la mise en conformité du droit français avec la CIDPH.

18. La suggestion de proposition de loi ne vise donc pas à placer la fiducie en position de primauté **mais à en réserver la possibilité** toutes les fois qu'elle suffit à protéger les intérêts patrimoniaux de la personne vulnérable. En effet, d'une part, il n'est certainement pas prétendu que la fiducie est une panacée et que toute mesure de tutelle devrait s'accompagner ou être suppléée par la constitution d'une fiducie. En revanche, il peut se trouver des situations patrimoniales qui seront résolues par priorité par le recours à cet outil. D'autre part, dans certains cas, on peut concevoir que les difficultés de gestion patrimoniale seront résolues par la fiducie et que le protecteur pourra se consacrer à la protection de la personne, ainsi que l'autorise l'article 425 du Code civil depuis la loi du 5 mars 2007.

19. On peut représenter l'application de la fiducie par le schéma suivant :

Majeur protégé « sans patrimoine »	➔ Protecteur se consacrant uniquement à la personne.
Majeur protégé doté d'un patrimoine « simple »(13)	➔ Protecteur se consacrant essentiellement à la personne et gérant le patrimoine simple.
Majeur protégé doté d'un patrimoine important et « complexe »(14)	➔ Protecteur se consacrant essentiellement à la personne et gérant la partie « simple » du patrimoine. ➔ Fiduciaire gérant la partie complexe du patrimoine.

20. En l'absence d'anticipation de la fiducie, sa mise en place pourrait être envisagée pendant la procédure de sauvegarde de justice, après un diagnostic de la situation patrimoniale de la personne vulnérable, afin d'éviter le prononcé d'une mesure de protection dans le souci de préserver la capacité juridique de la personne. Cette dernière ne sera pas abandonnée pour autant : ses intérêts patrimoniaux seront protégés par la fiducie, ses intérêts extrapatrimoniaux et/ou la partie « simple » de son patrimoine par une mesure de protection dont la portée sera limitée par la fiducie (V. les propositions de textes *infra*).

(13) On entend par patrimoine « simple » un patrimoine ne posant pas de difficultés de gestion (par ex. : un appartement de rapport donné à bail à un locataire s'acquittant régulièrement de ses loyers).

(14) On entend par patrimoine « complexe » un patrimoine comportant des biens et droits de nature variée et nécessitant des compétences diverses (par ex. : biens immobiliers + actions non cotées en Bourse + œuvres d'art + droits d'auteur...).

2° La portée du contrôle du juge

21. Il est incohérent que la fiducie soit permise sous la curatelle avec l'assistance du curateur (C. civ., art. 468, al. 3) et interdite sous la tutelle même avec l'autorisation du juge des tutelles (C. civ., art. 509 et 408-1). Il serait préférable tout à la fois pour la protection des intérêts patrimoniaux de la personne vulnérable et la cohérence du droit des personnes protégées, d'autoriser la fiducie sous la tutelle et les autres mesures substitutives (sous lesquelles sa validité est actuellement controversée), tout en l'entourant de règles de nature à préserver les intérêts du constituant et notamment en la soumettant à l'autorisation préalable du juge des tutelles. Il serait également cohérent, à l'aune de l'hypothèse de bienveillance parentale faite par l'ordonnance du 15 octobre 2015, de permettre la fiducie pour la gestion des biens d'un mineur sous l'administration légale avec l'autorisation du juge des tutelles et de modifier en ce sens les articles 387-1 et 387-2 du Code civil.

Il serait ainsi parfaitement concevable, comme l'avait suggéré le Sénat au cours des travaux préparatoires de la loi du 5 mars 2007 (15), de mettre en place des garde-fous afin de sécuriser la constitution de la fiducie par une personne vulnérable.

3° Le fonctionnement de la fiducie

22. Le fonctionnement de la fiducie en présence d'une personne protégée pourrait être encadré.

En l'état actuel du droit, la fiducie peut être constituée en faveur d'un ou de plusieurs bénéficiaires ou du constituant lui-même.

En présence d'une personne sous tutelle ou habilitation familiale aux fins de représentation, le bénéfice de la fiducie-gestion pourrait être limité *de lege ferenda* au profit du constituant sous mesure de protection, afin de sécuriser le contrat.

Par exception, le bénéfice du contrat pourrait être étendu au profit de certaines personnes limitativement énumérées par la loi, telles que la maison de retraite ou l'établissement de soins accueillant le majeur vulnérable, afin d'en faciliter le financement.

a) Sous la tutelle

23. Outre la nécessité de l'autorisation du juge, la fiducie constituée par une personne sous mesure de protection pourrait être soumise, à peine de nullité, à l'acte d'avocat (comme en matière de mandat de protection future par acte sous seing privé) ou au formalisme notarié, afin de garantir la préservation des intérêts de la personne protégée.

La soumission à l'acte d'avocat ou au formalisme notarié permettrait d'établir **un dialogue entre le juge des tutelles et le professionnel rédacteur** de l'acte quant à **l'adéquation** de la fiducie aux **intérêts patrimoniaux** de la personne protégée.

Par ailleurs, la désignation d'un tiers protecteur de la fiducie (C. civ., art. 2017) pourrait être obligatoire en présence d'un constituant sous mesure de protection.

(15) Rapport H. de Richemont, Doc. Sénat n° 212, session ord., 2006-2007, p. 219-221.

L'ouverture de la fiducie à la tutelle impose d'en explorer les perspectives sous les autres mesures substitutives, *i.e.* de représentation (mandat spécial sous la sauvegarde de justice, habilitation familiale aux fins de représentation, mandat de protection future).

b) Sous la sauvegarde de justice avec mandat spécial

24. Sous la sauvegarde de justice, le **mandataire spécial** pourrait recevoir du juge des tutelles la mission de conclure un contrat de fiducie au nom de la personne sauvegardée. Pareille évolution conduirait à **renforcer les principes de nécessité et de subsidiarité des mesures de protection** (C. civ., art. 428, al. 1er). En présence d'un patrimoine complexe, la mise en place d'une sauvegarde autonome avec mandat spécial permettrait d'organiser un dispositif adapté de gestion des biens.

Le mandat spécial pourrait être limité à la constitution de la fiducie et imposer, le cas échéant, la désignation d'un **tiers protecteur de celle-ci**(16). Le mandat prendrait fin avec la conclusion de la fiducie.

La protection des intérêts extrapatrimoniaux du constituant pourrait être assurée par une mesure de protection limitée à la seule protection de sa personne, ainsi que l'autorise l'article 425.

c) Sous l'habilitation familiale

25. L'ouverture de la fiducie à la tutelle impose d'envisager sa conclusion sous **l'habilitation familiale**, dont il faut ici rappeler qu'elle ne participe pas de l'éventail des mesures judiciaires de protection(17). Il n'en est pas moins impossible d'évacuer cette question, tant il est vrai que l'habilitation familiale est un succédané des mesures traditionnelles.

Il reste que l'admission de la fiducie sous l'habilitation familiale ne se pose pas dans les mêmes termes qu'à propos de ces mesures. Cela tient à l'exclusion de tout contrôle judiciaire en amont et en aval des actes de gestion de la personne habilitée. Non seulement, cette dernière peut effectuer, sous l'habilitation générale aux fins de représentation, l'ensemble des actes de disposition à titre onéreux sans autorisation judiciaire mais, encore, elle n'est pas tenue de rendre compte de sa gestion pendant le fonctionnement de la mesure. **Il convient, dès lors, d'adapter les règles gouvernant l'habilitation familiale à la constitution d'une fiducie, dans la mesure où celle-ci conduit à soustraire la gestion des biens mis en fiducie du mandat conféré par le juge des tutelles à la personne habilitée à représenter la personne protégée dans la gestion de son patrimoine.** Il pourrait être envisagé de soumettre la conclusion de la fiducie à l'autorisation du juge. Cette solution conduirait à la soumettre à des règles dérogatoires sous l'habilitation générale aux

(16) Cette désignation correspond à une simple faculté dans le droit commun de la fiducie.

(17) Cass. 1re civ., 20 déc. 2017, n° 16-27.507, FS-P+B+I : *JurisData* n° 2017-026461 ; *JCP* N 2018, n° 1, act. 118 ; *Dr. famille* 2018, comm. 73, obs. I. Maria ; *Procédures* 2018, comm. 83, obs. M. Douchy-Oudot ; *Dalloz actualité*, 8 janv. 2018, obs. N. Peterka ; *D.* 2018, p. 223, obs. D. Noguéro ; *AJ fam.* 2018, p. 125, obs. G. Raoul-Cormeil ; *RTD civ.* 2018, p. 74, D. Mazeaud ; *Sol. Not.* 2017, n° 1, p. 31, obs. N. Peterka.

fins de représentation[18] et à lui imprimer, sous l'habilitation spéciale, les règles ordinaires de gestion.

26. Il convient ici de souligner l'importance de trancher la question de la constitution de la fiducie par la personne sous habilitation familiale. La personne protégée conservant ici la capacité juridique d'accomplir les actes ne relevant pas de la mission de la personne habilitée et l'interdiction de l'article 509, 5° étant susceptible de s'appliquer sous l'habilitation familiale, la personne protégée peut, en l'état actuel des textes, conclure seule une fiducie quel que soit son degré de vulnérabilité (C. civ., art. 494-8, al. 1er), sous réserve du jeu de la nullité pour insanité d'esprit (C. civ., art. 414-1).

27. Sous l'habilitation familiale aux fins d'assistance, il conviendrait de clarifier la capacité de la personne protégée de constituer une fiducie avec l'assistance de la personne habilitée. En effet, en l'état actuel des textes, le renvoi de l'article 494-1 à l'article 467 du Code civil (lequel définit le périmètre des pouvoirs du curateur et, par extension, de la personne habilitée à assister la personne protégée, par référence aux actes qui, en tutelle, requerraient l'autorisation du juge) est ambigu. Or, on conçoit mal que la personne en habilitation assistance ne puisse pas conclure une fiducie avec l'assistance de la personne habilitée, alors qu'une telle possibilité est ouverte à la personne en curatelle.

d) Sous le mandat de protection future

28. La constitution d'une fiducie doit-elle relever du périmètre des pouvoirs du mandataire de protection future ?

Il était généralement admis que ce dernier ne pouvait pas conclure un tel contrat en raison de l'extension au mandat de protection future, même notarié, de la liste des actes interdits sous la tutelle (arg. C. civ., art. 509, 5° et 490). L'avis de la Cour de cassation en date du 6 décembre 2018, bien que rendu sous la curatelle et à propos d'un acte interdit autre que la fiducie, semble remettre en cause cette solution, en retenant une interprétation étroite du domaine de l'article 509 quant aux mesures de protection[19].

À vrai dire, on discerne mal, si la proposition d'autoriser la fiducie en tutelle était adoptée, ce qui justifierait l'interdiction de ce contrat sous le mandat de protection future notarié. Le recours à la fiducie pourrait ici être permis avec l'autorisation du juge des tutelles. La solution serait cohérente avec celle proposée sous l'habilitation familiale aux fins de représentation dont le régime fait de nombreux emprunts au mandat de protection future. Néanmoins, l'exigence de l'autorisation du juge des tutelles pourrait être écartée en présence d'une clause du mandat de protection future notarié permettant expressément au mandataire de transférer dans un patrimoine fiduciaire les biens désignés par le mandant (ou par les parents de l'enfant bénéficiaire du mandat dans le cas d'un mandat de protection future pour autrui).

(18) Où la personne habilitée peut en principe accomplir seule les actes de disposition à titre onéreux relatifs aux biens de la personne protégée.

(19) Cass. 1re civ., 6 déc. 2018, n° 15015, préc.

e) Les modalités de constitution de la fiducie sous l'éventuelle mesure unique de protection judiciaire et la déjudiciarisation relative des actes de gestion

29. Dans la perspective de la mise en place d'une **mesure unique de protection judiciaire**[20], la fiducie pourrait s'insérer dans la sphère ordinaire des pouvoirs du protecteur ainsi que dans leur éventuel aménagement, à la faveur de la reconnaissance de poches ponctuelles de représentation.

Une fois le contrat signé, la mesure pourrait être réduite à la seule sphère de la protection de la personne et/ou des biens non apportés en fiducie.

Ainsi conçue, la fiducie offrirait une ***alternative performante*** **à la déjudiciarisation de la gestion des patrimoines** complexes ou importants réalisée actuellement, dans le seul cadre familial, par la mesure d'habilitation (C. civ., art. 494-1 et s.) et, sous réserve de l'anticipation, par le mandat de protection future notarié.

Une fois la fiducie judiciairement constituée, le fiduciaire exercerait sa mission, conformément aux stipulations du contrat, sans avoir à solliciter de nouvelles autorisations judiciaires.

Le **contrôle des comptes** se ferait par la personne en charge de la mesure et par le tiers protecteur de la fiducie, comme le prévoit l'article 2022, alinéas 2 et 3 du Code civil. On relèvera que la fiducie s'inscrit ici dans le mouvement de déjudiciarisation du contrôle des comptes de gestion mise en place par la loi du 23 mars 2019, de réforme et de programmation pour la justice (C. civ., art. 512).

L'apport du logement de la personne protégée en fiducie serait soumis au droit commun de la protection des majeurs et, donc, aux dispositions de l'article 426 du Code civil quelle que soit la nature de la mesure de protection.

Il en serait de même sous les mesures de protection juridique actuellement prévues par le Code civil.

(20) V. sur ce point, les travaux de la mission interministérielle sur la réforme de la protection juridique des majeurs, mise en place par le garde des Sceaux le 15 mars 2018.

Argumentaire à l'appui de propositions d'amélioration du régime de la fiducie

Bruno BERGER-PERRIN
Ancien Bâtonnier

La loi du 19 février 2007 introduisant la fiducie dans notre droit national (C. civ., art. 2011 et s.) était ouvertement destinée à doter la France d'un instrument apte à concurrencer voire à dépasser en efficacité le trust anglo-saxon qui régnait jusqu'alors en maître universel absolu du Monde juridique et économique.

L'ordonnance du 4 mai 2017 réformant le statut de l'agent des sûretés (C. civ., art. 2488-6 et s.) avait aussi officiellement vocation à offrir un substitut interne efficient au *security trustee* anglo-saxon jusqu'alors sans équivalent chez nous.

Il y allait de l'attraction et de la compétitivité de notre pays en tant que place internationale du droit des affaires comme du droit privé.

Mais le législateur a aussi veillé à ce que la fiducie à la française soit vertueuse, contrairement à l'image sulfureuse souvent attribuée, à tort ou à raison, au trust anglo-saxon.

C'est ainsi que plusieurs dispositions tendent à empêcher toute utilisation de la fiducie aux fins de fraude fiscale, de blanchiment d'argent sale ou de financement du terrorisme :

– limitation des qualités de constituant et de fiduciaire à des personnes physiques ou morales résidant dans l'Union européenne ou dans un État ayant passé une convention fiscale avec la France (L. 19 févr. 2007, art. 13) ;

– obligation d'un contrat écrit, notarié dans certains cas (C. civ., art. 2012) ;

– enregistrement, à peine de nullité, du contrat d'origine, des avenants ultérieurs, des écrits du fiduciaire relatifs aux bénéficiaires effectifs de l'opération ou au tiers protecteur désigné par le constituant (C. civ., art. 2019) ;

– dépôt d'une déclaration d'existence de la fiducie au service des impôts des entreprises du fiduciaire (CGI, art. 238 quater L) ;

– publication de tous les actes concernant l'opération au Registre national des fiducies (C. civ., art. 2020 ; LPF, art. L. 167) ;

– obligation pour toutes les parties au contrat de fiducie et pour toute personne exerçant un pouvoir de décision sur l'opération de communiquer sur leur demande l'ensemble des documents relatifs audit contrat, à toutes les autorités financières, fiscales, douanières ou judiciaires, et ce jusque dix ans après la fin de l'opération (L. 19 févr. 2007, art. 15) ;

– obligation pour le fiduciaire de tenir une comptabilité autonome pour chaque opération qui lui est confiée et d'établir des comptes annuels, soumis dans certains cas au contrôle d'un commissaire aux comptes de la fiducie (L. 19 févr. 2007, art. 12) ;

– principe de la neutralité fiscale de l'opération de fiducie, le constituant restant redevable des impôts affectant les biens transférés dans le patrimoine fiduciaire (CGI, art. 238 quater A et s.).

Le législateur a également voulu protéger les intérêts des différentes parties au contrat, au premier plan desquelles naturellement les constituants, et plus particulièrement les personnes physiques, mais aussi les intérêts des tiers.

• Intervention nécessaire des deux époux communs en biens (C. civ., art. 1424) ; consentement nécessaire de tous les indivisaires (C. civ., art. 815-3) ; conclusion par acte authentique dans ces deux cas (C. civ., art. 2012).

• Possibilité pour le constituant de désigner à tout moment un tiers chargé de la défense de ses intérêts, avec délégation de tout ou partie de ses propres pouvoirs ; impossibilité pour le constituant personne physique de renoncer à cette faculté (C. civ., art. 2017).

• Obligation pour le fiduciaire de faire mention de cette qualité quand il agit pour le compte de la fiducie (C. civ., art. 2021).

• Reddition de comptes périodique par le fiduciaire au constituant ainsi que, le cas échéant, au tiers protecteur et/ou aux tiers bénéficiaires (C. civ., art. 2022).

• Responsabilité du fiduciaire sur son patrimoine propre pour les fautes commises dans l'exercice de sa mission (C. civ., art. 2026).

• En cas de manquement par le fiduciaire à ses devoirs ou de mise en péril des intérêts qui lui sont confiés, possibilité pour le constituant, le tiers protecteur et le bénéficiaire de demander en justice son remplacement ou la nomination d'un fiduciaire provisoire (C. civ., art. 2027).

• Les droits des créanciers du constituant bénéficiaires d'une sûreté publiée antérieurement au contrat de fiducie sont bien entendu préservés (C. civ., art. 2025).

• Nullité de plein droit de tout transfert de propriété dans un patrimoine fiduciaire opéré pendant la période suspecte par le constituant en redressement ou en liquidation judiciaire, sauf pour garantir une dette contractée concomitamment (C. com., art. L. 632-1, 10° et 11°).

• L'ouverture d'une procédure collective à l'égard du fiduciaire n'affecte pas le patrimoine fiduciaire (C. civ., art. 2024).

Tout serait donc parfait si le dispositif légal ne comportait pas de graves lacunes qui nuisent à son développement et donc à son attractivité, tant sur le plan national qu'international, et que rien ne justifie vraiment.

Il s'agit essentiellement des cinq points suivants :

– l'exclusion des mineurs d'une telle opération (C. civ., art. 387-2 et 408-1), sauf *via* un administrateur de biens donnés ou légués (C. civ., art. 384) ;

– l'exclusion des majeurs sous tutelle (C. civ., art. 509), mais non de ceux sous curatelle (C. civ., art. 468) ;

– l'interdiction, frappée d'une nullité d'ordre public et de très lourdes sanctions fiscales, de la fiducie procédant d'une intention libérale (C. civ., art. 2013 ; CGI, art. 792 bis) ;

– la possibilité pour le constituant de révoquer le contrat de fiducie à tout moment, tant qu'il n'a pas été accepté par un tiers bénéficiaire (C. civ., art. 2028) ;

– le fait que le contrat prend fin automatiquement au décès du constituant personne physique, sauf en présence d'une fiducie-sûreté (C. civ., art. 2029).

Toutes ces entraves inutiles empêchent ou freinent le recours à la fiducie dans des domaines où elle pourrait au contraire rendre d'immenses services.

On pense notamment au droit des successions, bien sûr, mais aussi à la protection des biens des personnes vulnérables, à la transmission des entreprises et à tout ce qui permettrait de faire face à des situations humaines, familiales, sociales compliquées ou conflictuelles, notamment en matière patrimoniale.

C'est ce qui justifie des propositions de modification de la loi, permettant de donner à la fiducie française sa pleine dimension sans porter la moindre atteinte à son caractère vertueux et protecteur de tous les intérêts en cause.

TITRE 2

FIDUCIE DE BIENS ET DROITS IMMOBILIERS

Les difficultés de la fiducie-sûreté immobilière

David VITTORI
Notaire associé

1. La fiducie-sûreté, lorsqu'elle a pour objet un bien immobilier, est régie principalement par les articles 2011 et suivants et 2488-1 et suivants du Code civil. Indépendamment de ces dispositions, les praticiens sont confrontés à des difficultés pratiques qui trouvent leur source notamment dans d'autres matières juridiques (droit de l'urbanisme et droit fiscal notamment) que nous avons choisi d'aborder ici.

I. – Droit de préemption urbain et droit de préemption des SAFER

2. L'article L. 213-1 du Code de l'urbanisme soumet au droit de préemption urbain les aliénations à titre onéreux.

Afin de déterminer si le transfert de propriété de l'immeuble qui résulte de la conclusion d'une fiducie-sûreté est soumis à ce droit de préemption, il convient donc de répondre aux deux questions suivantes : (i) ce transfert de propriété constitue-t-il une aliénation, et, en cas de réponse positive, (ii) cette aliénation est-elle à titre onéreux ?

3. Il est parfois soutenu que ce transfert de propriété, qui a vocation à être temporaire, n'est pas une aliénation, puisque cette dernière impliquerait un abandon définitif du droit de propriété[1]. Cet argument ne nous semble pas décisif puisqu'en doctrine, l'aliénation est parfois définie comme l'extinction du droit de propriété de celui qui aliène et la constitution simultanée d'un nouveau droit de propriété en la personne d'un tiers, sans que le caractère définitif ou temporaire de cette extinction-constitution ne soit pris en considération ni ne soit déterminant à ce titre[2].

Ainsi, nous considérerons, dans le cadre de nos réflexions, que la fiducie-sûreté opère bien une aliénation de l'immeuble qui en est l'objet, par le constituant au profit du fiduciaire (au sein du patrimoine fiduciaire, plus précisément).

4. Reste donc la question du caractère onéreux ou gratuit de ce transfert de propriété.

Il résulte de l'article 1107 du Code civil qu'un contrat (i) est à titre onéreux lorsque chacune des parties reçoit de l'autre un avantage en contrepartie de celui

(1) Cridon de Paris : consultation n° 720665, 13 déc. 2007 et consultation n° 797608, 15 déc. 2012.
(2) T. Zenati-Chastaing et T. Revêt, *Les Biens*, PUF, 3e éd., 2008, n° 210.

qu'elle procure, et (ii) est à titre gratuit lorsque l'une des parties procure à l'autre un avantage sans attendre ni recevoir de contrepartie.

La fiducie-sûreté est fondamentalement une sûreté constituée sur un bien du débiteur (ou d'un tiers garant), en qualité de constituant, au profit du créancier, en qualité de bénéficiaire garanti, qui repose sur le mécanisme du transfert de propriété. Elle nécessite à cet effet l'intervention d'un tiers, le fiduciaire, pour détenir ce bien pendant une durée convenue par les parties. Dans un tel contexte, il paraît évident que le constituant ne reçoit aucune véritable contrepartie à ce transfert de propriété tant de la part du bénéficiaire garanti que de celle du fiduciaire.

La fiducie-sûreté ne semble pas être pour autant un contrat à titre gratuit. En effet, elle fait partie d'un ensemble contractuel, qui repose bien souvent sur une relation d'affaires entre le constituant et le bénéficiaire garanti, à l'origine de la créance garantie par la fiducie-sûreté, tel qu'un prêt d'argent à intérêt, qui est un contrat à titre onéreux. Cette relation d'affaires exclut toute intention libérale dans les contrats qui la composent.

5. La fiducie-sûreté ne pouvant être qualifiée ni de contrat à titre onéreux ni de contrat à titre gratuit, nous en déduisons qu'il s'agit d'un contrat innommé[(3)].

Puisque ce transfert de propriété ne peut être qualifié d'onéreux, il devrait être hors du champ d'application du droit de préemption urbain.

Pour les mêmes raisons, le transfert de propriété de l'immeuble qui intervient lors de l'extinction d'une fiducie-sûreté, au profit du constituant, devrait également échapper au droit de préemption urbain.

En revanche, la vente (par exemple) de cet immeuble par le fiduciaire, en cours de fiducie-sûreté, sera bien évidemment soumise au droit de préemption urbain, dès lors que les autres conditions applicables à ce dernier sont réunies. De même, la remise de l'immeuble, à titre définitif, au bénéficiaire garanti, dans le cadre de la réalisation de la fiducie-sûreté en cas de défaut de paiement du débiteur, sera également soumise au droit de préemption urbain, cette attribution revêtant à l'évidence un caractère onéreux puisqu'elle permet de remédier au non-respect d'une obligation de paiement.

6. Cette analyse est transposable à l'identique en matière de droit de préemption des sociétés d'aménagement foncier et d'établissement rural (dites « SAFER »), puisque l'article L. 143-1 du Code rural et de la pêche maritime institue à leur profit un droit de préemption en cas d'aliénation à titre onéreux d'un immeuble.

7. De manière générale, qu'il s'agisse d'un droit de préemption trouvant son origine dans une réglementation quelconque, ou d'un droit de préférence de nature conventionnelle, il convient d'analyser le texte qui le régit afin d'identifier la nature des opérations qui y sont soumises et de déterminer ainsi s'il s'applique à la fiducie-sûreté concernée, au stade de sa conclusion, en cours de vie et lors de sa mise en jeu ou de son extinction.

(3) À l'instar du prêt à usage, dans les relations d'affaires : cf. Malaurie, L. Aynès et P.-Y. Gautier, *Droit des contrats spéciaux*, LGDJ, 12e éd., 2022, n° 638.

II. – Taxe sur la valeur ajoutée

8. Il résulte de l'article 256 du Code général des impôts, que sont soumises à la taxe sur la valeur ajoutée (TVA), les opérations réalisées par un assujetti qui agit en tant que tel et qui entraînent une livraison de bien à titre onéreux.

L'administration fiscale considère que constitue une livraison tout transfert du pouvoir de disposer d'un bien comme un propriétaire[4].

Il n'existe pas de dispositions fiscales spécifiques qui traitent du régime de la TVA applicable au transfert de propriété qui résulte de la conclusion d'une fiducie. La question est donc la suivante : la fiducie-sûreté entraîne-t-elle une livraison de bien à titre onéreux, au sens de la TVA ?

Cette question ne semble pas parfaitement résolue en pratique et les opinions divergent. Les conséquences financières sont pourtant importantes puisque se pose la problématique, en matière de fiducie-sûreté immobilière, (i) de la taxation de l'opération à la TVA en application dudit article 256, (ii) de la régularisation de droits à déduction de la TVA de l'article 207 de l'annexe 2 au Code général des impôts, et (iii) de la dispense de TVA de l'article 257 bis dudit code.

9. L'article 2488-3, alinéa 1 du Code civil, dispose qu'« à défaut de paiement de la dette garantie et sauf stipulation contraire du contrat de fiducie, le fiduciaire, lorsqu'il est créancier, acquiert la libre disposition du bien cédé à titre de garantie ».

Il pourrait en être déduit que, tant que ce défaut de paiement n'est pas survenu, le transfert de propriété qui résulte de la conclusion d'une fiducie-sûreté n'a pas entraîné de livraison de l'immeuble concerné au sens de la TVA, puisque le fiduciaire n'a pas, à ce stade, le pouvoir d'en disposer comme un propriétaire.

Il faut toutefois réserver l'hypothèse où le contrat de fiducie stipulerait le contraire, donnant ainsi tout pouvoir au fiduciaire de vendre l'immeuble concerné à tout moment, dans les conditions prévues à cet effet.

En outre, même dans le cas où le fiduciaire ne peut pas encore disposer de l'immeuble concerné (parce qu'aucun cas de défaut n'est survenu, et que le contrat ne lui attribue pas ce pouvoir à ce stade du contrat), il est certain que ni le constituant ni le bénéficiaire garanti ne peuvent disposer de cet immeuble, puisqu'ils n'en sont pas propriétaires.

Or, il n'est pas discutable que, pendant la durée de la fiducie, l'immeuble concerné appartient bien au seul fiduciaire, et qu'il en est donc bien propriétaire. En réalité, il semble que ce dernier ait bien le pouvoir de disposer de cet immeuble, mais que ce pouvoir soit encadré par le contrat de fiducie.

La réponse à notre question ne se trouve donc pas là.

10. En effet, comme indiqué précédemment[5], la fiducie-sûreté semble être un contrat innommé, et le transfert de propriété qui en résulte ne peut donc pas être qualifié d'onéreux. Il convient d'en déduire que ce transfert de propriété, tout comme celui qui intervient lors de l'extinction d'une fiducie-sûreté, ne constitue pas un fait générateur d'imposition à la TVA au sens des articles 256 et suivants du

(4) BOI-TVA-CHAMP-10-10-40-10, n° 40.
(5) V. *supra*, n°s 4 et 5.

Code général des impôts. Cette conclusion semble d'ailleurs conforme au principe de neutralité qui gouverne le régime fiscal de la fiducie.

Nous recommandons toutefois de couvrir ce point au moyen d'un rescrit fiscal[6], puisqu'à notre connaissance, l'administration fiscale n'a pas encore publié de commentaire y afférent.

III. – Précautions rédactionnelles

A. – Actifs fiduciaires

11. L'exigence d'évaluation, dans le contrat de fiducie, du bien dont la propriété est transférée dans le patrimoine fiduciaire lors de sa conclusion, qui était requise à peine de nullité par l'ancien article 2488-2 du Code civil, a été supprimée par l'ordonnance n° 2021-1192 portant réforme du droit des sûretés du 15 septembre 2021 (entrée en vigueur le 1er janvier 2022).

Toutefois, dans le cadre d'une fiducie-sûreté immobilière, cette évaluation reste nécessaire pour la liquidation de la taxe de publicité foncière au taux global (avec les impositions additionnelles y afférentes de 0,715 % prévues par l'article 1020 du Code général des impôts, et la contribution de sécurité immobilière au taux de 0,10 % prévue par l'article 881 K du même code, qui sont toutes deux assises sur la valeur vénale de ce bien).

B. – Obligations garanties par la fiducie

12. Depuis la réforme du droit des sûretés du 15 septembre 2021, la fiducie-sûreté peut garantir une créance future, à condition qu'elle soit déterminable (C. civ., art. 2488-1, al. 2).

Cette possibilité est très utile en pratique notamment dans certains financements obligataires (C. com., art. L. 228-38 et s.) pour lesquels il est prévu que les obligations soient réparties en différentes tranches. En effet, il est fréquent, dans de telles opérations, que certaines tranches (dites « additionnelles ») soient souscrites postérieurement à la souscription des tranches initiales. En ce qui concerne ces tranches additionnelles, la créance de remboursement y afférente ne naîtra qu'à compter de leur souscription. Cette créance future pourra toutefois, grâce à cette disposition, être garantie par la fiducie-sûreté dès la conclusion de l'opération.

C. – Convention dite de « mise à disposition »

13. En vertu de l'article 2018-1 du Code civil, lorsque le contrat de fiducie prévoit que le constituant conserve l'usage ou la jouissance d'un immeuble à usage professionnel transféré dans le patrimoine fiduciaire, la convention conclue à cette fin (dite « convention de mise à disposition ») n'est pas soumise aux dispositions relatives aux baux commerciaux, sauf stipulation contraire.

En pratique, il est systématiquement recouru à cette convention lorsque le constituant exerce son activité professionnelle dans l'immeuble concerné par

(6) LPF, art. L. 80 B, 1°.

l'opération de fiducie-sûreté, afin de lui permettre de poursuivre son activité malgré la fiducie-sûreté et le transfert de propriété de l'immeuble concerné qui en résulte.

Lorsque cette convention est conclue à titre onéreux, et qu'en conséquence le constituant verse une somme au fiduciaire en contrepartie de son occupation de l'immeuble, il s'agit en réalité d'un bail. Dans un tel cas, les parties choisissent généralement d'écarter le régime juridique du bail commercial en application dudit article 2018-1, et optent pour celui du bail civil des articles 1713 et suivants du Code civil.

Cette convention peut toutefois être conclue à titre gratuit, auquel cas il s'agira alors nécessairement d'un prêt à usage des articles 1875 et suivants du Code civil.

Pourtant, il arrive que cette convention soit qualifiée, à tort nous semble-t-il, par les parties, de contrat innommé (voire qu'elle ne soit pas qualifiée).

D. – Convention dite de « rechargement »

14. L'immeuble objet de la fiducie peut être ultérieurement affecté à la garantie de dettes autres que celles mentionnées par l'acte constitutif pourvu que celui-ci le prévoit expressément (C. civ., art. 2488-5, al. 1).

Cette stipulation est dénommée « convention de rechargement ». Si elle ne figure pas dès l'origine dans le contrat de fiducie, il ne sera pas possible de la prévoir par la suite.

Le contrat de rechargement, qui est l'acte aux termes duquel est stipulé que la fiducie garantit désormais une créance supplémentaire à celle prévue initialement, peut être conclu au profit du créancier originaire ou au profit d'un nouveau créancier, et ce même si le premier n'a pas encore été payé (C. civ., art. 2488-5, al. 2).

Il faut déduire de cette disposition que le rechargement peut avoir lieu à un moment où le créancier initial a déjà été payé. Cela signifie que, dès lors que la fiducie est « rechargeable », elle peut, à un moment quelconque de son existence, ne garantir aucune créance (comme l'hypothèque rechargeable, en application de l'article 2416 du Code civil). Cela sera le cas lorsque le créancier initial aura été intégralement payé, et que le constituant n'aura pas encore utilisé sa faculté de rechargement pour garantir une nouvelle créance. À ce stade, la fiducie ne garantira aucune créance et continuera d'exister jusqu'à son terme (99 ans maximum), qu'elle soit rechargée ou non (sauf si le constituant décide d'y mettre fin avant, dans les conditions prévues au contrat de fiducie ou d'un commun accord avec le fiduciaire).

15. Il convient de bien avoir ce point à l'esprit lorsque la créance initialement garantie est totalement remboursée. À défaut, les parties seraient tentées de constater, à tort, l'extinction de la fiducie dès le remboursement de la créance initialement garantie, au motif que le but poursuivi serait réalisé (C. civ., art. 2029, al. 1), omettant ainsi la faculté de rechargement. Le constituant perdrait alors le bénéfice d'une fiducie qui aurait pu perdurer jusqu'à son terme conventionnel en garantissant de nouvelles créances, à moindres frais pour le constituant puisque l'aliénation de l'immeuble concerné aurait, par hypothèse, déjà été constatée préalablement à un éventuel rechargement.

IV. – Avenant

16. Aux termes de l'article 2019, alinéa 1er du Code civil, le contrat de fiducie et ses avenants doivent être enregistrés dans le mois de leur signature, au service des impôts compétent, sous peine de nullité.

L'alinéa 2 de cet article prévoit quant à lui que le contrat de fiducie et ses avenants, lorsqu'ils portent sur des immeubles, doivent être publiés au service de la publicité foncière compétent, sous la même sanction.

Afin de permettre cette publication, l'article 710-1 dudit code impose de recourir à la forme notariée pour établir le contrat de fiducie et ses avenants.

17. Ces dispositions entraînent les conséquences suivantes :

– le contrat de fiducie-sûreté qui porte sur un immeuble doit être établi par acte notarié, sous peine de nullité, puisqu'à défaut il ne pourra pas être publié au service de la publicité foncière ; et

– tout avenant à un tel acte, qui, par hypothèse, porte sur un immeuble et ce quel que soit son contenu (puisque le contrat auquel il s'applique porte bien sur un immeuble), doit également être reçu en la forme notariée.

18. Il est sans doute regrettable de soumettre à un acte notarié les avenants qui apportent des modifications mineures au contrat de fiducie initial, compte tenu des coûts qui en résultent(7). Il semblerait préférable de réserver cette forme protectrice des intérêts du constituant, aux modifications importantes du contrat de fiducie initial.

19. En outre, selon l'article 2012, alinéa 2 du Code civil, le contrat de fiducie qui porte sur un bien qui dépend de la communauté existante entre les époux ou d'une indivision doit être établi par acte notarié, sous peine de nullité. Cette disposition est muette sur la forme que doit revêtir un avenant à un tel acte. Il serait surprenant de lui réserver un sort différent de celui applicable aux avenants de l'article 2019 dudit code. Pourtant, en l'absence de disposition sur ce point, il faut en déduire qu'un avenant à un contrat de fiducie-sûreté notarié en vertu dudit article 2012, alinéa 2, peut être établi par acte sous seings privés, dès lors qu'il ne porte pas sur un immeuble.

(7) Cet avenant donne lieu aux émoluments des notaires au taux de 0,799 % (hors TVA) et à la contribution de sécurité immobilière au taux de 0,10 %, tous deux assis sur la valeur vénale de l'immeuble concerné au jour de la conclusion de l'avenant, sauf exception (CGI, art. 881).

QUATRIÈME PARTIE

FIDUCIE : INTERNATIONAL ET STRATÉGIES

Introduction

Bien qu'ignoré du droit français, faute de ratification de la Convention de La Haye du 1er juillet 1985 relative à la loi applicable au *trust* et à sa reconnaissance, le *trust* régulièrement constitué à l'étranger est susceptible de produire des effets en France. La jurisprudence française reconnaît sa validité. Toutefois, les juges éprouvent des difficultés à qualifier cette institution étrangère. Ils sont contraints de forcer les qualifications de la loi du *for* afin de l'assimiler à des institutions comparables. Les incertitudes juridiques en résultant ont des effets indéniables sur la fiscalité des *trusts* en France aboutissant en 2011 à l'adoption d'un régime fiscal sui generis.

L'intégration de la fiducie dans le Code civil permettrait de réceptionner les effets d'un trust conclu à l'étranger. Différente du trust, la fiducie pourrait apparaître à terme comme une alternative intéressante au trust anglo-saxon dans les opérations internationales. En témoignent les expériences québécoise et tahitienne.

Sabrina LE NORMAND-CAILLÈRE

TITRE 1

EXPÉRIENCES ÉTRANGÈRES

Le fiduciaire, un *trustee* en devenir ?

Éric FONGARO
Professeur des Universités
Université de Bordeaux

Se demander si le fiduciaire est un *trustee* en devenir invite à comparer les deux institutions du *trust* et de la fiducie[(1)], ainsi qu'à prolonger cette comparaison par une projection de ce que pourrait devenir la fiducie dans le futur[(2)].

Aujourd'hui mis en œuvre de manière naturelle par près d'un tiers de l'humanité, le *trust* a servi de modèle lors de l'adoption de la loi n° 2007-211 du 19 février 2007 instituant la fiducie[(3)]. Cependant, la fiducie, telle qu'adoptée à l'origine, avait, et a toujours, un champ d'application assez réduit, de sorte que la question se pose, à l'heure actuelle, de savoir si le *trust* ne peut pas de nouveau servir de modèle afin d'élargir le champ d'application de la fiducie et de faciliter le recours à celle-ci.

Le *trust* et la fiducie se prêtent assez aisément à la comparaison selon la méthode fonctionnaliste, laquelle se développe en cinq points[(4)].

En premier lieu, le *trust* et la fiducie permettent de répondre à un problème fonctionnel : ils apportent des réponses aux problèmes que soulève la propriété dans l'intérêt d'un tiers[(5)]. Aussi bien la confiance se trouve-t-elle au cœur de chacune des deux institutions. Étymologiquement, le mot fiducie vient du latin *fides, fidei*, qui signifie confiance ; tout comme le mot *trust* en anglais.

Une fois identifié le problème fonctionnel qui oriente la comparaison, celle-ci suppose, en deuxième lieu, d'arrêter le choix des droits à comparer. La fiducie se rencontre dans différents systèmes juridiques[(6)], tout comme le *trust*, qui n'est pas l'apanage des seuls pays de *common law*[(7)]. C'est bien évidemment la fiducie du droit français, telle que définie à l'article 2011 du Code civil, qui constituera l'un des pôles de la comparaison, l'autre pôle étant constitué du *trust* tel que mis en œuvre

(1) Sur le sujet, V. *Fiducie, trust et gestion de patrimoine*, Actes du colloque organisé par Fidal le 12 mai 2022 à l'Institut de droit comparé (Paris) : *Ing. Patr.* 2022, n° 4, p. 81 et s., spéc. p. 110 et s. – V. égal. *Fiducie et trust : le droit français est-il à la hauteur ?* : *JCP* N 2022, 1250 (dossier).

(2) Sur le sujet, V. égal. P. Bouathong, *Fiducie et trust : le droit français est-il à la hauteur ?* : *JCP* N 2022, 1251.

(3) F. Barrière : *Rép. civ.* Dalloz, V° *Fiducie*, n°s 1 et s., spéc. n°s 9 et s. et les réf.

(4) S. Goltzberg, *Le droit comparé*, PUF, coll. « Que sais-je ? », 2018, p. 11.

(5) C. Pisani, *La fiducie fait son entrée en droit français* : *LPA* 15 mars 2007, n° 54.

(6) V. *Fiducie, trust et gestion de patrimoine*, *op. cit.*, p. 110 et s. – J. Dubarry, *La fiducie en Allemagne et en Autriche : confiance et pragmatisme plutôt que méfiance et dogmatisme !* : *JCP* N 2022, n° 1257. – A. Riano Saad, *Du fidéicommis civil à la fiducie mercantile en droit colombien* : *JCP* N 2022, n° 1258.

(7) Sur le sujet, V. *Fiducie, trust et gestion de patrimoine*, *op. cit.* – F. Barrière, *Rép. civ.* Dalloz, *op. cit.* – V. égal. J.-P. Beraudo : *Rép. internat.* Dalloz, V° *Trust*.

au Royaume-Uni[8], car c'est à partir du Royaume-Uni, par l'effet de la colonisation, d'une part, et de greffes juridiques, d'autre part – de *legal transplants* –, que le *trust* s'est répandu dans le monde[9].

La troisième étape de la comparaison consiste en principe en la description des droits objets de la comparaison. Partant du postulat que les lecteurs de ces lignes connaissent déjà le *trust* et la fiducie, c'est la quatrième étape de la méthode fonctionnaliste qui retiendra l'attention : l'identification des similitudes et des différences entre le *trust* et la fiducie. De fait, c'est bien cette quatrième étape qui doit permettre de porter une appréciation critique sur les droits comparés, évaluation indispensable si l'on souhaite faire évoluer la fiducie.

Par conséquent, pour répondre à la question posée – le fiduciaire est-il un *trustee* en devenir ? –, il conviendra de diviser le propos en deux temps. Dans un premier temps, il importera de se livrer à une comparaison entre le *trust* et la fiducie, selon la méthode fonctionnaliste. Ce n'est que dans un second temps qu'il sera permis d'avancer quelques pistes quant aux évolutions envisageables de la fiducie.

I. – La comparaison du *trust* et de la fiducie

Si le *trust* et la fiducie présentent certaines similitudes (A), de nombreuses différences existent aussi entre les deux institutions (B).

A. – Les similitudes entre le *trust* et la fiducie

Trust et fiducie semblent présenter certaines similitudes quant à leur objet. La fiducie implique un transfert d'éléments du patrimoine du constituant vers celui du fiduciaire[10]. Ce transfert peut porter sur des droits, des biens, des sûretés ou des ensembles de droits, de biens ou de sûretés, présents ou futurs[11]. S'agissant du *trust*, l'article 2 de la Convention de La Haye du 1er juillet 1985, signée par la France sans y être entrée en vigueur à ce jour, ne vise que des biens placés sous le contrôle d'un *trustee*, mais en réalité, la portée du transfert est au moins aussi large dans le *trust* que dans la fiducie[12]. L'absence de définition légale du *trust*, au Royaume-Uni[13], ouvre la porte à tout type de transfert.

Une autre similitude importante entre le *trust* et la fiducie concerne le patrimoine fiduciaire. Le fiduciaire, une fois propriétaire du bien ou du droit transféré

(8) Sur le sujet, V. P. Delas, *A matter of trust : Actes prat. strat. patrimoniale* 3-2022, p. 15 ; du même auteur, *Le trust au Royaume-Uni*, in *Fiducie, trust et gestion de patrimoine, op. cit.*, p. 114 et s. – G. Helleringer, *Le trust de droit anglais : JCP N* 2022, 1256.

(9) Sur le *trust* aux États-Unis, V. P. Tour-Sarkissian, *Les trusts : un outil de gestion de patrimoine essentiel aux États-Unis : Actes prat. strat. patrimoniale* 3-2022, p. 6 et s. ; du même auteur, *Le trust aux États-Unis*, in *Fiducie, trust et gestion de patrimoine, op. cit.*, p. 111 et s. – V. égal. H. Peisse et P. Tour-Sarkissian, *Trusts américains et pratique notariale française*, Defrénois, 2013. V. égal. M. Di Terlizzi, *Le trust et les autres institutions fiduciaires en Italie*, in *Fiducie, trust et gestion de patrimoine, op. cit.*, p. 117 et s. – J. Tron, *La fiducie et le trust en droit suisse*, in *Fiducie, trust et gestion de patrimoine, op. cit.*, p. 119 et s. – M. Dupas, *Les trusts et autres institutions à Singapour et au Liechtenstein*, in *Fiducie, trust et gestion de patrimoine, op. cit.*, p. 120 et s.

(10) V. par ex., A. Delfosse et J.-F. Peniguel, *Premières vues sur la fiducie : Defrénois* 30 avr. 2007, p. 581.

(11) C. civ., art. 2011.

(12) Sur les rapports entre la fiducie et la Convention de La Haye du 1er juillet 1985, V. C. Witz, *La fiducie française face aux expériences étrangères et à la convention de La Haye relative au « trust » : D.* 2007, p. 1369.

(13) P. Delas, *Fiducie, trust et gestion de patrimoine, op. cit.*, n° 109.

par le constituant, le tient séparé de son patrimoine propre[14]. Tel est également le cas du *trustee*.

S'agissant enfin des effets personnels de la fiducie relatifs au fiduciaire, l'on sait que le fiduciaire a pour obligation principale de réaliser l'objet de la fiducie, en principe personnellement, avec un degré élevé de « diligence et loyauté »[15], qu'il doit rendre compte de la réalisation de la fiducie, et que les fautes, notamment de gestion, commises par le fiduciaire engagent sa responsabilité personnelle. Quant au *trustee*, celui-ci se trouve investi du pouvoir et chargé de l'obligation dont il doit rendre compte, d'administrer, de gérer ou de disposer des biens selon les termes du *trust*, et, plus rarement, selon les règles particulières imposées par la loi. De façon générale, le *trustee* est tenu à un devoir de loyauté, qui lui interdit par exemple de contracter avec lui-même. Il doit aussi exécuter personnellement ses fonctions, il doit tenir des comptes et rendre compte, il doit fournir des informations, garder des archives de la gestion du *trust*. Il est aussi soumis à un devoir de vigilance et être impartial. Enfin, il est responsable à titre personnel pour les actes délictueux commis par lui ou par ses représentants dans le cadre de l'exécution de ses fonctions[16].

En bref, *trust* et fiducie présentent de nombreuses similitudes, notamment quant à leurs effets personnels.

L'ensemble de ces similitudes ne doit pas occulter les nombreuses différences existant entre les deux institutions.

B. – Les différences entre le *trust* et la fiducie

Une première différence entre le *trust* et la fiducie concerne leurs sources respectives. Aux termes de l'article 2012 du Code civil, la fiducie est établie par la loi ou par contrat. Le *trust* est parfois imposé par la loi – ce sont les *statutory trusts* –, mais la plupart des *trusts* sont des *trusts* exprès, créés volontairement et intentionnellement[17], sans pour autant que cette manifestation de volonté s'analyse en un contrat. Le *trust* n'est pas un contrat[18].

Une autre différence importante entre le *trust* et la fiducie concerne la propriété fiduciaire. Bien que le texte ne le précise pas, le transfert du patrimoine du constituant vers celui du fiduciaire est « assimilable » à un transfert de propriété d'un bien ou d'un droit. Plus précisément, la propriété du fiduciaire réunit *a priori* la trilogie de l'article 544 du Code civil. Le fiduciaire a *l'usus*, le *fructus* et *l'abusus*, de la propriété transférée ; mais le fiduciaire ne peut user de ses prérogatives que dans le seul but de réaliser l'objet de la fiducie. « Sa propriété, exclusive, est une propriété finalisée »[19]. En ce qui concerne le *trust*, la situation est différente ; celui-ci crée une sorte de démembrement de propriété inconnu du droit français[20]. Le *trustee*

(14) C. civ., art. 2011.
(15) F. Barrière : *Rép. civ.* Dalloz, *op. cit.*, n°s 85 et s.
(16) Sur toutes ces obligations pesant sur le *trustee* aux États-Unis, V. H. Peisse et P. Tour-Sarkissian, *Trusts américains et pratique notariale française*, *op. cit.*, p. 87 et s., n°s 177 et s.
(17) Sur les différentes catégories de *trusts*, V. J.-P. Beraudo, *op. cit.*, n°s 12 et s.
(18) P. Delas, *Fiducie, trust et gestion de patrimoine*, *op. cit.*, n° 109.
(19) Sur le sujet, V. F. Barrière : *Rép. civ.* Dalloz, *op. cit.*, n° 68 et les réf.
(20) *Contra*, P. Delas, *op. cit.*, estimant que le *trust* n'est pas un démembrement de propriété. « Il se dit bien que le *trustee* est le "legal owner" par opposition au "beneficial owner" (le bénéficiaire) mais il ne s'agit pas de droits réels ».

est titulaire de la *legal ownership* ; mais le véritable propriétaire est le bénéficiaire, qui a l'*equitable ownership*.

Autre différence importante, la fiducie, en droit français, entre dans un cadre juridique unitaire, sans distinguer entre la fiducie-gestion et la fiducie-sûreté, étant rappelé que la fiducie-libéralité est prohibée en droit français(21). L'objet du *trust* peut être beaucoup plus large. Les notaires se trouvent régulièrement confrontés à la reconnaissance en France de *trusts* testamentaires établis outre-Manche(22) ; et parmi les sous-catégories de *trusts* exprès, il est notamment permis d'opposer les *trusts* entre vifs, *intervivos*, aux trusts testamentaires.

D'autres différences apparaissent entre le *trust* et la fiducie lorsque l'on s'intéresse aux intervenants à la fiducie et au *trust*. L'article 2015 du Code civil limite les personnes pouvant être fiduciaires : banquier, assureur, avocat. Le *trust* est beaucoup plus libéral. Même si la plupart du temps les *trustees* sont des professionnels de la gestion de patrimoine ayant suivi une formation spécifique pour ce faire(23), il n'est pas rare, en présence par exemple d'un *trust* testamentaire, que le *trustee* soit simplement un membre de la famille du constituant.

Autre différence notoire entre le *trust* et la fiducie, l'article 2012 du Code civil insiste sur le caractère exprès de la fiducie et sur la nécessité, à peine de nullité, que le contrat de fiducie comprenne un certain nombre de mentions obligatoires. Le *trust*, lui, peut-être écrit sur un bout de papier, sans mentions obligatoires.

Une dernière différence concerne les effets de la fiducie et du *trust*. Selon l'article 2025, alinéa 2 du Code civil, « en cas d'insuffisance du patrimoine fiduciaire, le patrimoine du constituant constitue le gage commun des créanciers, sauf stipulation contraire du contrat de fiducie mettant tout ou partie du passif à la charge du fiduciaire ». C'est dire que l'« enveloppe » qu'est la fiducie est perméable(24). Tel n'est pas le cas dans le *trust*. Dans le *trust*, les dettes nées du chef de la gestion fiduciaire sont dues seulement par le *trustee* personnellement, lequel peut ensuite exercer un droit de recours contre les actifs du *trust* afin de se faire rembourser(25).

Que retenir de cette comparaison ? Quelle évaluation critique – objet de la cinquième étape de la méthode comparatiste fonctionnaliste – porter sur elle ? Il ressort de ce qui précède que si *trust* et fiducie se ressemblent sur un certain nombre de points, lorsque des divergences existent, celles-ci tendent à mettre en relief une certaine souplesse du *trust* et, à l'inverse, une certaine rigidité de la fiducie. À partir de là, quelles évolutions avancer pour la fiducie ?

II. – Les évolutions envisageables de la fiducie

Avant de proposer quelques évolutions possibles de la fiducie, il est permis de souligner que la fiducie a déjà connu quelques évolutions.

(21) C. civ., art. 2013.
(22) É. Fongaro, *Reconnaissance en France d'un trust testamentaire : Actes prat. strat. patrimoniale* 3-2022, p. 44. – V. égal. S. Godechot-Patris, *L'articulation du trust et du droit des successions*, préf. Y. Lequette, Panthéon-Assas, 2004 ; du même auteur, *Validité et reconnaissance d'un trust constitué à l'étranger*, in *Fiducie, trust et gestion de patrimoine*, *op. cit.*, nos 142 et s.
(23) V. H. Peisse et P. Tour-Sarkissian, *Trusts américains et pratique notariale française*, *op. cit.*, n° 176.
(24) F. Barrière, *Rép. civ.* Dalloz, *op. cit.*, n° 77.
(25) F. Barrière, *Rép. civ.* Dalloz, *op. cit.*, n° 78.

Même si, au sens strict, le phénomène ne marque pas une évolution de la fiducie, il importe de mettre en lumière le rôle de la pratique en matière de fiducie. « La fiducie a longtemps peiné à rencontrer son public »(26) ; cette réticence s'expliquait peut-être par l'absence d'utilisations intéressantes identifiées. La situation a considérablement évolué. Forts de la liberté contractuelle accordée par le Code civil, les praticiens se sont approprié tant la fiducie-gestion que la fiducie-sûreté(27). La fiducie peut être un mode d'organisation des opérations immobilières. Elle peut être un outil de protection des majeurs vulnérables(28), un outil de transmission, une alternative au mandat de protection future. Le recours à la fiducie peut compléter certaines opérations réalisées par une société civile, ou constituer un outil d'organisation de l'actionnariat. La fiducie est aussi un excellent moyen de sécuriser les pactes d'actionnaires. Cette appropriation de la fiducie par la pratique s'explique, en partie, par les différents textes qui, entre août 2008 et mai 2009, ont successivement modifié le régime de la fiducie, complétés par le décret du 23 décembre 2009(29). Ces textes sont assez symptomatiques de la méthode suivie par le législateur français lorsqu'il s'agit de réformer un texte. On ouvre la fiducie aux personnes physiques(30), on valide sous certaines conditions la fiducie sans dépossession(31), la durée maximum de la propriété fiduciaire passe de 33 à 99 ans(32), la qualité de fiduciaire s'ouvre à la profession d'avocat(33). Au regard de cette méthode des petits pas, sans doute ne faut-il pas s'attendre, à l'avenir, à une révolution copernicienne de la fiducie, d'autant que celle-ci, en l'état, s'avère déjà assez attractive. Mais quelles évolutions avancer pour la fiducie, au regard notamment de ce point de référence que constitue le *trust* ?

Il est d'abord une fausse bonne idée, qui sera donc évoquée pour l'écarter. Cela a été observé, à la différence du *trust*, le contrat de fiducie est assujetti à un formalisme assez lourd(34). Faut-il alléger ce formalisme ? Cela ne serait pas judicieux. Les règles de forme applicables à la fiducie sont en réalité destinées à protéger les parties à un contrat qui reste malgré tout complexe et à prendre la mesure de leurs engagements. Le formalisme, ici comme ailleurs, est gage de sécurité juridique et permet de s'assurer que les prévisions des parties seront respectées.

Autre piste d'évolution, potentiellement plus fructueuse, l'ouverture de la qualité de fiduciaire à de nouvelles personnes et, plus précisément, à de nouvelles professions. En matière de *trust*, en théorie, toute personne peut avoir la qualité de *trustee*. Sans doute n'est-il pas concevable d'en arriver à un tel libéralisme en matière de fiducie. Néanmoins, en théorie, rien ne semble s'opposer à une ouverture de

(26) S. Schiller, *Droit des biens*, Dalloz, 10e éd., n° 24.

(27) Dossier *S'approprier la fiducie... enfin !*, ss dir. S. Schiller et A. Raynouard : *Actes prat. strat. patrimoniale* 2011, n° 1, p. 4 et s. – V. égal. Dossier *Les utilisations pratiques de la fiducie-gestion* : *Dr. & patr.* 4/2012, p. 212 ; Dossier *La fiducie : retour sur des utilisations réussies* : *Dr. & patr.* 9/2013, p. 227.

(28) V. par ex. N. Peterka, *La fiducie-gestion, un outil de protection de la personne vulnérable ?* : *JCP* N 2022, 1253.

(29) S. Schiller, *Droit des biens*, *op. cit.*

(30) Abrogation de l'article 2014 du Code civil, qui prévoyait que seules certaines personnes morales pouvaient être constituants, par la loi n° 2008-776 du 4 août 2008.

(31) C. civ., art. 2018-1.

(32) C. civ., art. 2018, tel qu'issu L. n° 2008-776, 4 août 2008.

(33) C. civ., art. 2015.

(34) V. par ex., A. Delfosse et J.-F. Peniguel, *Premières vues sur la fiducie*, *op. cit.*

la fiducie, par exemple, aux notaires ou aux gestionnaires de patrimoine. Encore faudrait-il, bien entendu, que ces professions souhaitent s'ouvrir à l'activité de fiduciaire ; et, si tel était le cas, il faudrait sans doute, comme les avocats en leur temps, qu'elles adaptent leurs règles déontologiques. Cependant, il n'existe aucun obstacle à l'ouverture de la qualité de fiduciaire à de nouvelles professions dont la compétence des praticiens est clairement reconnue. On observera à cet égard que lors de leur 118e Congrès, les notaires de France ont émis le vœu « de modifier l'article 2015 du Code civil en élargissant le *corpus* de fiduciaires aux notaires et lorsque le but déterminé est à caractère environnemental, aux personnes énoncées à l'article L. 132-3 du Code de l'environnement, pouvant être créancières dans le cadre d'une obligation réelle environnementale ».

Une autre piste de réflexion conduisant à un rapprochement de la fiducie et du *trust* concerne les effets *inter partes* de la fiducie. Ainsi que cela a été relevé, selon l'article 2025, alinéa 2 du Code civil, « en cas d'insuffisance du patrimoine fiduciaire, le patrimoine du constituant constitue le gage commun des créanciers, sauf stipulation contraire du contrat de fiducie mettant tout ou partie du passif à la charge du fiduciaire ». Une fois encore, l'« enveloppe » qu'est la fiducie est perméable[35]. Tel n'est pas le cas dans le *trust*. Dans le *trust*, les dettes nées du chef de la gestion fiduciaire sont dues seulement par le *trustee* personnellement, lequel peut ensuite exercer un droit de recours contre les actifs du *trust* afin de se faire rembourser, sauf essentiellement en cas d'excès de pouvoir ou de faute lourde du *trustee*[36]. Au regard de ces éléments de comparaison, certains auteurs ont proposé un alignement des effets de la fiducie sur le *trust*. Ce principe permettrait de responsabiliser le fiduciaire. Au demeurant, le droit d'action des créanciers nés de la fiducie contre le fiduciaire personnellement ne serait pas un frein au succès de la fiducie. Dès lors que le fiduciaire procéderait à une gestion conforme aux termes du contrat et s'assurerait que les droits des créanciers correspondent à une valeur équivalente à celle des actifs en fiducie, le risque de supporter la charge s'estomperait[37].

Reste une dernière piste d'évolution de la fiducie, en considération notamment du *trust* testamentaire. Est-il possible d'ouvrir la fiducie à la fiducie-libéralité[38] ? Lorsque la loi du 19 février 2007 a été adoptée, la prohibition de la fiducie-libéralité, consacrée par l'article 2013 du Code civil, a été justifiée par plusieurs arguments : d'une part, la protection de la réserve et, d'autre part, la précaution de ne pas porter ombrage, par la fiducie, aux nouvelles libéralités, graduelles et résiduelles, instaurées par la loi du 23 juin 2006. Tous ces arguments ne sont pas d'égale valeur ; mais à supposer ces obstacles surmontés, au-delà d'une éventuelle réforme de la fiducie qui admettrait les fiducies-libéralités, une telle réforme soulèverait la question de savoir qui pourrait être fiduciaire dans une fiducie-libéralité. À la différence de ce qu'il en est dans les *trusts intervivos*, où le *trustee* est généralement un professionnel de la gestion de patrimoine ayant suivi une formation spécifique, dans les *trusts* testamentaires le *trustee* est très souvent un membre de la famille du constituant.

(35) F. Barrière, *Rép. civ.* Dalloz, *op. cit.*, n° 77.
(36) F. Barrière, *Rép. civ.* Dalloz, *op. cit.*, n° 78.
(37) V. en ce sens, au sujet du *trust*, et proposant d'étendre la solution à la fiducie, F. Barrière, *Rép. civ.* Dalloz, *op. cit.*, n° 78.
(38) Sur la question dans son ensemble, V. *Fiducie, trust et gestion de patrimoine*, *op. cit.*, spéc. nos 54 et s.

Est-il envisageable qu'une telle possibilité soit transposée en matière de fiducie ? La réponse n'est pas du tout évidente. Si tel était le cas, il n'est pas certain que le cadre unitaire actuel de la fiducie, qui repose, entre autres règles, sur un nombre limité de fiduciaires, puisse résister à l'avènement de la fiducie-libéralité. Le modèle du *trust* invite donc à la réflexion sur le sujet, en gardant sans doute bien présent à l'esprit que si le *trustee*, en droit anglo-américain, en cas de *trust* testamentaire, peut être « Monsieur ou Madame Toulemonde », le droit français des successions et des libéralités, de par sa complexité, empêcherait certainement que la fiducie-libéralité s'autorise d'un tel degré de libéralisme. Il ne s'agit pas de témoigner ici une quelconque méfiance à l'encontre de la fiducie-libéralité. Ce qui doit être mis en exergue est que si le *trust* a pu, et peut encore, à certains égards, servir de modèle à la fiducie, il ne semble pas que le *trust* puisse servir de modèle s'il s'agit d'ouvrir la fiducie à la fiducie-libéralité. Le droit patrimonial de la famille français invite, sur ce sujet, à se démarquer du *trust*(39).

(39) Pour une ouverture de la fiducie à la fiducie-libéralité, V. le rapport du 118e Congrès des notaires de France, n° 30636. Lors de ce congrès a notamment été émis le vœu :
« De modifier l'article 2012 du Code civil comme suit :
"La fiducie est établie par la loi, par contrat ou par testament authentique. Elle doit être expresse.",
D'abroger l'article 2013 du Code civil qui prohibe, à ce jour, la fiducie motivée par une intention libérale, ainsi que le régime fiscal d'exception qui la sanctionne lourdement,
De modifier le premier alinéa de l'article 2029 du Code civil de telle sorte que le décès du constituant personne physique ne mette pas fin au contrat de fiducie,
D'abroger le second alinéa de l'article 2030 du Code civil qui prévoit le retour du patrimoine fiduciaire à la succession du constituant à son décès ».

La fiducie québécoise : une perspective comparative

Yaëll EMERICH[1]
Professeure à la Faculté de droit de l'Université McGill
Titulaire de la Chaire de recherche du Canada en droit des biens transsystémique et communautés durables

Introduction

Au-delà de l'idée traditionnelle d'une traduction impossible du trust en droit civil[2], les dernières décennies ont donné à l'institution de la fiducie une vitalité particulière dans les traditions juridiques romano-germaniques et mixtes[3], que l'on pense à la reconnaissance de la fiducie en France[4], ou au Québec[5], mais aussi en Louisiane, au Japon, en Suisse, au Luxembourg, ou encore en Écosse[6]. Si la fiducie était présente en droit romain[7], c'est surtout sous l'influence du *trust* de la *common law* que se sont développés les récents modèles fiduciaires dans les traditions civilistes[8]. Cela n'a pas été sans appeler un certain nombre d'aménagements pour tenter d'adapter le modèle du trust au droit civil, puisque la *common law* reconnaît sans difficulté une division du titre de propriété entre plusieurs personnes[9].

Si la fiducie française fête ses quinze années de reconnaissance juridique, la fiducie québécoise est un peu plus ancienne, puisqu'elle était déjà reconnue à l'état embryonnaire sous le *Code civil du Bas-Canada*[10]. Toutefois, sa mouture a changé

(1) L'auteure remercie la professeure Sabrina Le Normand pour son invitation à participer à cet ouvrage collectif sur les quinze ans de la fiducie, ainsi que Mme Yuxiao Zhang pour son aide précieuse au titre d'assistante de recherche. L'auteure tient également à souligner le soutien financier du Conseil de recherches en sciences humaines (CRSH).

(2) H. Motulsky, *De l'impossibilité juridique de constituer un « Trust » anglo-saxon sous l'empire de la loi française : Rev. crit. DIP* 1948, p. 467.

(3) V. not. F. Barrière, *La réception du trust au travers de la fiducie*, Cahors, Litec, coll. « Fédération Nationale pour le Droit de l'Entreprise », 2004, p. 15.

(4) La reconnaissance de la fiducie en France date de 2006. V. L. n° 2007-211, 19 févr. 2007 instituant la fiducie.

(5) La reconnaissance de la fiducie au Québec date de 1774. V. l'*Acte de Québec*, 14 Geo. III, c. 83, 1774, art. 10.

(6) V. par ex. : en Louisiane (loi sur la fiducie de 1920 et *Louisiana Trust Code* de 1964, incorporé aux art. 1721 et s. du *Code civil*) ; au Japon (loi de 1922) ; en Suisse (art. 149a, 149d de la *Loi fédérale sur le droit international privé*) ; au Luxembourg (*Loi du 27 juillet 2003 relative au trust et aux contrats fiduciaires*). V. aussi en Écosse : *Trusts (Scotland) Act 1921* et *Trusts (Scotland) Act 1961*.

(7) R. Monier, *Manuel élémentaire de droit romain*, t. 2, Paris, Montchretien, 6e éd., 1947, p. 120.

(8) V. sur ce point : *Office de révision du Code civil*, Comité du droit de la fiducie, Rapport sur la fiducie, Montréal, L'office, 1976, p. 2. V. aussi : F. Zenati-Castaing et T. Revet, *Les biens*, Paris, PUF, 3e éd., 2008, p. 405. – C. Larroumet, *La fiducie inspirée du trust : D.* 1990, 1, 120.

(9) Sur la possibilité de diviser le titre propriétaire en titre légal (*legal title*) et titre équitable (*equitable title*) en *common law* : B. Nicholas, *Le langage des biens dans la common law*, in *Les biens et les choses en droit : Arch. phil. dr.* 1979, p. 63.

(10) V. *Code civil du Bas-Canada*, art. 981*a* et s. La fiducie québécoise date même d'avant le *Code civil du Bas-Canada*, puisqu'elle existait dans l'*Acte de Québec* de 1774 (l'article 10 autorisant la fiducie en droit privé comme acte de transmission des biens à cause de mort) et dans l'*Acte concernant la fiducie* de 1879 – élargissant le domaine de la fiducie aux donations entre vifs et établissant un régime propre à l'institution – qui sera par la suite intégré au *Code civil du Bas-Canada* : V. S. Normand, *Introduction au droit des biens*, Montréal, Wilson & Lafleur, 3e éd., 2020, p. 423.

avec *le Code civil du Québec* de 1994, si bien qu'à l'aube de son trentième anniversaire, le modèle actuel de fiducie québécoise est une institution d'une relative maturité.

L'objectif de cet article est de rendre compte de la spécificité de la fiducie québécoise, face au *trust* de la *common law* et au modèle fiduciaire français. Si la fiducie québécoise a certainement pris pour modèle le trust de la *common law*, elle s'en est toutefois détachée, pour réaliser un modèle de fiducie civiliste pleinement autonome et ancré dans le patrimoine d'affectation. Ce modèle fiduciaire inédit se détache tant de la vision classique du patrimoine que du schéma propriétaire. En cela, la fiducie québécoise constitue un modèle distinct de la fiducie française qui, d'une part, ne coupe pas ses liens avec la propriété et, d'autre part, n'assume pas une séparation étanche du patrimoine fiduciaire. Dès lors, la fiducie québécoise, qui n'est pas sans poser quelques énigmes théoriques, propose un modèle de fiducie civiliste novateur susceptible d'applications pratiques importantes. Après avoir envisagé le caractère novateur du concept de la fiducie québécoise (I), il s'agira d'illustrer sa spécificité dans une perspective comparative face au trust de la *common law* et à la fiducie française (II).

I. – La fiducie québécoise comme concept novateur

On rendra compte de la rupture de la fiducie québécoise avec le modèle propriétaire (A), puis de la spécificité de la fiducie québécoise comme patrimoine d'affectation autonome (B).

A. – La fiducie québécoise et la rupture avec le modèle propriétaire

Après avoir rendu compte de la rupture de la fiducie québécoise avec le modèle du droit subjectif de propriété (1°), nous examinerons le recours au concept de pouvoir et au régime juridique de l'administration du bien d'autrui (2°).

1° La rupture avec le droit subjectif de propriété

L'article 1261 du *Code civil du Québec* définit la fiducie comme « un patrimoine d'affectation autonome et distinct de celui du constituant, du fiduciaire ou du bénéficiaire, *sur lequel aucun d'entre eux n'a de droit réel* » (nos italiques). Cette définition, qui n'est pas sans poser plusieurs défis théoriques, a le mérite de la clarté : la fiducie québécoise rompt les liens avec le modèle propriétaire, puisqu'aucun des protagonistes à la fiducie n'a de droit réel sur les biens en fiducie. Cela écarte désormais les difficultés d'interprétation qui avaient cours sous le régime de la fiducie du *Code civil du Bas-Canada* quant au sort du droit de propriété des biens en fiducie(11).

Sous l'ancien *Code civil du Bas-Canada*, la jurisprudence s'était interrogée, face à des textes lapidaires et ambigus, sur la question de savoir qui était propriétaire des biens en fiducie. Dans l'affaire *Royal Trust c/ Tucker*, la Cour suprême du Canada avait considéré que le fiduciaire pouvait être analysé comme un propriétaire(12).

(11) V. Boucher, *Fiducie*, *in JurisClasseur Québec*, Montréal, LexisNexis, 2012, n° 4, p. 9.

(12) *Royal Trust Company c/ Tucker* [1982] 1 RCS 250, au § 272-273 (juge Beetz).

Selon le raisonnement du juge Beetz, puisque le constituant n'était plus propriétaire – ayant transféré les biens de son patrimoine personnel à un autre patrimoine – et que le bénéficiaire pouvait ne pas encore exister, « [i]l ne rest[ait] donc que le fiduciaire sur la tête de qui puisse porter la propriété des biens de la fiducie »(13).

La nouvelle formulation du *Code civil du Québec* fait en sorte que la notion de droit réel et donc celle de propriété est « dépassée »(14). Ainsi, aucun des protagonistes à l'opération de fiducie n'a de droit réel sur les biens en fiducie, y compris le fiduciaire. Certains se sont interrogés pour savoir si le fiduciaire dépourvu de droit réel aurait un droit personnel sur les biens en fiducie. Pourtant, là encore, la réponse est négative puisqu'aucun des acteurs n'a de droit autre que réel sur le patrimoine fiduciaire(15).

La rupture face au concept de droit réel est réalisée par le recours au concept de patrimoine d'affectation. Comme le précisait l'*Office de révision du Code civil* dans son « Rapport sur la fiducie » : « les droits que le fiduciaire exerce quant aux biens mis en fiducie ne sont pas ceux d'un propriétaire (...). Le rapport propose de considérer que les choses ou les droits mis en fiducie constituent un patrimoine distinct de celui du fiduciaire dont ce dernier a la gestion exclusive (...) »(16). Dès lors, la coupure avec la propriété se fait dans le cadre du recours au patrimoine d'affectation et par l'intermédiaire de la notion de pouvoir(17).

Cette rupture avec la propriété n'est pas sans emporter certains défis théoriques. En effet, la fiducie constituée en patrimoine d'affectation détaché du droit réel rompt avec le modèle propriétaire, sans toutefois que cette séparation soit totale, si bien que l'on peut considérer la fiducie comme réalisant une forme de parenthèse à la propriété(18), puisque la propriété se reconstituera pleine et entière à l'extinction de la fiducie.

2° Le recours au concept de pouvoir et au régime juridique de l'administration du bien d'autrui

Si le fiduciaire n'a pas de droit réel, il exerce en revanche des pouvoirs sur les biens transférés en fiducie. En matière de fiducie québécoise, il ne faut plus désormais raisonner en termes de droits subjectifs mais plutôt en termes de pouvoirs juridiques(19). La notion de pouvoir est une notion récente en droit civil québécois. On peut y voir un concept alternatif à celui du droit subjectif, puisque le droit subjectif est généralement exercé dans son propre intérêt(20), alors que

(13) *Royal Trust Company c/ Tucker*, préc., p. 272.

(14) J. Brierley, *Regards sur le droit des biens dans le nouveau Code civil du Québec* : *RID comp.* 1995, vol. 47, n° 1, p. 33, § 23.

(15) A. Popovici, *Êtres et avoirs : les droits sans sujet en droit privé actuel*, Montréal, éd. Yvon Blais, 2019, p. 66-67. V. aussi sur ce point : Y. Emerich, *La fiducie civiliste : modalité de la propriété ou intermède à la propriété ?* : *RD McGill* 2013, vol. 58, n° 4, p. 837. – S. Normand, *Introduction au droit des biens*, *op. cit.*, p. 426.

(16) Office de révision du Code civil, *Comité du droit de la fiducie, Rapport sur la fiducie*, Montréal, 1976, p. 4.

(17) M. Cantin Cumyn, *L'administration du bien d'autrui*, Cowansville, éd. Yvon Blais, 2e éd., 2014, p. 5 et p. 73-99. V. aussi : Y. Emerich, *La fiducie civiliste : modalité de la propriété ou intermède à la propriété ?*, *loc. cit.*, p. 837-846. – A. Popovici, *Êtres et avoirs*, *op. cit.*, p. 66-67. – S. Normand, *Introduction au droit des biens*, *op. cit.*, p. 425-426.

(18) V. déjà sur cette idée : Y. Emerich, *La fiducie civiliste : modalité de la propriété ou intermède à la propriété ?*, *loc. cit.*, p. 846.

(19) M. Cantin Cumyn, *Le pouvoir juridique* : *RD McGill* 2007, vol. 52, n° 2, p. 225. – Y. Emerich, *La fiducie civiliste : modalité de la propriété ou intermède à la propriété ?*, *loc. cit.*, p. 831. – A. Popovici, *Êtres et avoirs*, *op. cit.*, p. 73. Plus globalement sur le pouvoir juridique : E. Gaillard, *Le pouvoir en droit privé*, Paris, Economica, 1985, p. 232-233.

(20) Pour une définition du droit subjectif, V. not. G. Cornu, *Vocabulaire juridique*, Paris, PUF, coll. « Quadrige », 14e éd., 2022, V° *Droit subjectif* : « prérogative individuelle reconnue et sanctionnée par le Droit objectif qui permet à

le pouvoir prend la forme d'un pouvoir d'administration exercé pour le compte des bénéficiaires[21].

Le fiduciaire québécois agit au titre d'administrateur du bien d'autrui, ce qui comprend à la fois des pouvoirs mais aussi des devoirs, qui sont réglementés au titre sur l'administration du bien d'autrui. La qualité d'administrateur du bien d'autrui peut dès lors être interprétée comme une fonction exercée dans l'intérêt d'autrui[22]. Cette fonction est essentielle à l'institution de la fiducie, puisque celle-ci prend naissance lors de l'acceptation par le fiduciaire de sa charge[23].

Le régime juridique applicable au fiduciaire est réglementé, outre par l'acte de fiducie, par les règles applicables en matière d'administration du bien d'autrui, qui sont prévues au titre 7 du livre sur les biens dans le *Code civil du Québec*. C'est ainsi notamment que l'article 1278 C.c.Q. prévoit que le fiduciaire « agit à titre d'administrateur du bien d'autrui chargé de la pleine administration », ce qui réfère à un régime juridique poussé d'administration, qui « vise une augmentation du rendement des biens, voire un accroissement de la valeur du patrimoine », par opposition à la simple administration dont l'objet est simplement la préservation de la valeur des biens[24].

B. – La fiducie québécoise comme patrimoine d'affectation autonome

Si la fiducie québécoise est constituée en patrimoine d'affectation (1°), il s'agit d'un patrimoine d'affectation entièrement autonome (2°).

1° La fiducie québécoise comme patrimoine d'affectation

Le concept de patrimoine d'affectation a pu être interprété comme une alternative voire un rempart à la propriété fiduciaire, considérée par certains comme un concept trop marqué par la *common law*[25]. Le patrimoine d'affectation peut être défini comme une forme de patrimoine objectif, qui tire son critère de cohésion de son but ou affectation, plutôt que de son rattachement à la personne du débiteur[26]. Cette conception objectiviste moderne du patrimoine, issue de la doctrine allemande de Brinz et Becker, remet en cause la définition classique personnaliste du patrimoine d'Aubry et Rau[27]. En effet, la conception classique du patrimoine considérait le patrimoine comme une universalité de droit indissociablement liée

son titulaire de faire, d'exiger ou d'interdire quelque chose dans son propre intérêt ou, parfois, dans l'intérêt d'autrui. Ex. : droit de propriété, droit de créance ».

(21) M. Cantin Cumyn, *L'administration du bien d'autrui, op. cit.*, p. 5.

(22) M. Cantin Cumyn, *L'administration du bien d'autrui, op. cit.*, p. 4-5. – S. Normand, *Introduction au droit des biens, op. cit.*, p. 436. – A. Popovici, *Êtres et avoirs, op. cit.*, p. 73-74.

(23) Art. 1260 et 1264 C.c.Q.

(24) M. Cantin Cumyn, *L'administration du bien d'autrui, op. cit.*, n° 173, p. 164-165.

(25) V. J.E.C. Brierley, *Regards sur le droit des biens dans le nouveau Code civil du Québec, op. cit.*, § 17. V. aussi, M. Cantin Cumyn, *The Quebec Trust : A Civilian Institution with English Law Roots, in* J.M. Milo et J.M. Smits (ss dir.), *Trusts in Mixed Legal Systems*, Ars Aequi Libri, Nijmegen, 2001, 73, à la p. 80. V. cependant sur la possibilité d'une propriété fiduciaire en droit civil : Y. Emerich, *La fiducie civiliste : modalité de la propriété ou intermède à la propriété ?, loc. cit.*, p. 5 et s.

(26) P. Charbonneau, *Les patrimoines d'affectation : vers un nouveau paradigme en droit québécoise du patrimoine : Revue du notariat* 1983, vol. 85, n° 9-10, p. 491.

(27) C. Aubry et C. Rau, *Droit civil français*, t. 2, P. *Esmein*, Paris, Librairies Techniques, 7e éd., 1961, p. 14. V. aussi sur ce point : N. Kasirer, *Translating Part of France's Legal Heritage : Aubry and Rau on the Patrimoine* : RGD 2008, vol. 38, n° 1, p. 453, au § 4.

à la personnalité juridique – ce qui expliquait qu'il devait tout comme elle être unique, indivisible et inaliénable[(28)].

Le patrimoine d'affectation est composé de deux masses de biens : d'une part, l'actif affecté au but déterminé et, d'autre part, le passif né à l'occasion de la réalisation de ce but[(29)]. Plus précisément, l'actif du patrimoine fiduciaire est composé des biens transférés lors de la constitution du patrimoine, des biens transférés par la suite ainsi que des biens acquis en remploi, alors que le passif se compose des obligations assumées par le fiduciaire en vue de l'accomplissement de sa mission[(30)].

La fiducie constituant un patrimoine d'affectation, aucun des protagonistes à la fiducie n'est personnellement responsable des dettes de la fiducie : « [s]euls les biens constituant le patrimoine répondent des dettes contractées pour la réalisation de la fiducie »[(31)]. Les seules exceptions à ce principe sont l'excès de pouvoir du fiduciaire[(32)], ou la fraude aux droits des créanciers[(33)]. Le recours au concept de patrimoine d'affectation pour définir la fiducie écarte également le recours au concept de personne morale. Si cette qualification avait été proposée en doctrine sous l'ancien *Code civil du Bas-Canada*[(34)], la solution du *Code civil du Québec* s'en écarte désormais clairement, à l'instar du trust de la *common law*[(35)].

2° La fiducie québécoise comme patrimoine d'affectation entièrement autonome

Dans le cadre de la fiducie québécoise, le patrimoine d'affectation est analysé comme un patrimoine d'affectation entièrement autonome, qui peut être constitué « sans que personne ne puisse en revendiquer la titularité »[(36)]. Comme le précisent les *Commentaires du ministre de la Justice*, il s'agit d'un patrimoine sans titulaire, puisque des droits ou des biens peuvent être reconnus sans qu'une personne leur serve de support[(37)]. Pour autant, cela ne signifie pas qu'il s'agisse de biens sans maître, puisque « le fiduciaire en a la maîtrise et la détention »[(38)].

Le patrimoine d'affectation est un patrimoine entièrement autonome, puisqu'il est séparé du patrimoine du constituant, du patrimoine du fiduciaire, du patrimoine bénéficiaire, ainsi que du patrimoine de leurs créanciers personnels respectifs.

(28) C. Aubry et C. Rau, *Droit civil français*, *op. cit.*, p. 14.

(29) J. Beaulne, *Droit des fiducies*, mise à jour par A. J. Barette, Montréal, Wilson et Lafleur, 2015, p. 27-29.

(30) V. V. Boucher, *Fiducie*, *loc. cit.*, n° 12, p. 11.

(31) V. Boucher, *Fiducie*, *loc. cit.*, n° 17, p. 13.

(32) Art. 1290 C.c.Q. : « Le constituant, le bénéficiaire ou un autre intéressé peut, malgré toute stipulation contraire, agir contre le fiduciaire pour le contraindre à exécuter ses obligations ou à faire un acte nécessaire à la fiducie, pour lui enjoindre de s'abstenir de tout acte dommageable à la fiducie ou pour obtenir sa destitution. Il peut aussi attaquer les actes faits par le fiduciaire en fraude du patrimoine fiduciaire ou des droits du bénéficiaire ».

(33) Art. 1292 C.c.Q. ; V. Boucher, *Fiducie*, *loc. cit.*, n° 17, p. 13.

(34) V. not. Y. Caron, *The Trust in Quebec* : *RD McGill* 1980, vol. 25, p. 421-440 ; *Karam c/ Sucession de Yared*, 2018 QCCA 320, § 72.

(35) Sur le rejet de l assimilation du trust à la personne morale, V. not. L. Smith, *Trust and patrimony* : *RGD* 2008, vol. 38, n° 2, p. 379, p. 397-398.

(36) S. Normand, *Introduction au droit des biens*, *op. cit.*, p. 33.

(37) Ministère de la Justice (Québec), *Commentaires du ministre de la Justice : le Code civil du Québec*, t. 1, Québec, Publication du Québec, 1993, p. 418 et s. V. aussi A. Popovici, *Êtres et avoirs*, *op. cit.*, p. 67.

(38) Ministère de la Justice (Québec), *Commentaires du ministre de la Justice : le Code civil du Québec*, *op. cit.* p. 418. V. aussi : art. 1278 C.c.Q. : « Le fiduciaire a la maîtrise et l'administration exclusive du patrimoine fiduciaire et les titres relatifs aux biens qui le composent sont établis à son nom ; il exerce tous les droits afférents au patrimoine et peut prendre toute mesure propre à en assurer l'affectation. Il agit à titre d'administrateur du bien d'autrui chargé de la pleine administration ».

En effet, contrairement au patrimoine de division qui peut s'analyser comme une forme de sous-patrimoine au sein du patrimoine personnel, le patrimoine d'affectation constitue un patrimoine entièrement autonome des patrimoines personnels des différents protagonistes à la fiducie[39].

À l'origine de la fiducie, le constituant opère un transfert de biens vers le patrimoine fiduciaire qu'il constitue. Suite à ce transfert, les biens sont définitivement sortis de son patrimoine, et ni lui ni ses créanciers ne sauraient désormais y accéder. C'est ainsi que dans l'affaire *Royal Trust c/ Tucker*, la donatrice ne pouvait revenir sur la donation qu'elle avait consentie, dès lors que les biens avaient quitté son patrimoine pour constituer le patrimoine fiduciaire[40]. S'agissant des créanciers personnels du constituant, ils ne peuvent saisir des biens qui ne figurent plus dans son patrimoine. La situation est similaire pour les créanciers du bénéficiaire, qui n'ont pas accès au patrimoine fiduciaire et ne sauraient avoir accès à des biens qui n'ont pas encore intégré le patrimoine personnel du bénéficiaire. Quant au fiduciaire, il agit comme administrateur du bien d'autrui pour des biens qui ne lui appartiennent pas, et ses créanciers ne sauraient donc pas plus accéder aux biens tenus en fiducie. Le patrimoine d'affectation de la fiducie québécoise est donc un patrimoine entièrement autonome du patrimoine personnel des protagonistes à la fiducie.

II. – La fiducie québécoise et le droit comparé

Si la fiducie québécoise puise ses racines dans le *trust* de la *common law*, elle entretient des liens naturels avec d'autres institutions fiduciaires civilistes telles que la fiducie française. Après avoir envisagé la fiducie québécoise face au *trust* de la *common law* (A), on rendra compte des liens de la fiducie québécoise avec la fiducie française (B).

A. – La fiducie québécoise face au trust de la *common law*

La fiducie québécoise se distingue du *trust* de la *common* en ce que le *trust* de la *common law* reconnaît une propriété fiduciaire, généralement fondée sur la division du titre de propriété (1°), et en raison du caractère fondamental de l'institution du trust en *common law* (2°).

1° Le trust de la *common law* et la propriété fiduciaire

Le trust de la *common law* est généralement analysé comme opérant une division du titre de la propriété en un titre légal et un titre équitable, le fiduciaire (*trustee*) détenant le titre légal (*legal title*) lui permettant d'administrer le bien, alors que le bénéficiaire a le titre équitable (*equitable title*), qui l'autorise à la jouissance des biens[41].

(39) V. sur cette distinction : R.A. Macdonald et J.-F. Ménard, *Credo, Credere, Credidi, Creditum : Essai de Phénoménologie des Sûretés Réelles*, *in* S. Normand (ss dir.), *Mél. offerts au Professeur F. Frenette*, Sté Foy, PU Laval, 2006, p. 324. *Royal Trust Company c/ Tucker*, préc., p. 268.

(40) *Royal Trust Company c/ Tucker*, préc., p. 268.

(41) J. R. Long, *The Definition of a Trust* (1922) 8 *Virginia L. Rev.* 426, p. 433 : « A trust is an arrangement of property in which the technical ownership is vested in one or more persons who are to hold, administer, or otherwise deal with the property, as may be directed for the benefit of some other person or persons to whom the property beneficially

La définition du trust comme une institution fondée sur la division du titre de propriété a toutefois été critiquée par une partie de la doctrine, qui considère que la division du titre est largement métaphorique, si bien que la division du titre en un titre légal et équitable ne saurait être au cœur du concept de fiducie en *common law*. Ainsi, selon le professeur Lionel Smith, la division du titre est une caractéristique non essentielle du trust(42). D'autres définitions voient alors dans le *trust* une obligation du fiduciaire (*trustee*) vis-à-vis du bénéficiaire (*beneficiary* ou *cestui que trust*)(43), ou encore une relation qui naît lorsqu'une personne (fiduciaire/*trustee*) est tenue en équité (*equity*) de détenir des biens au profit d'autres personnes ou pour certaines fins autorisées par le droit(44).

Quelle que soit la définition retenue(45), le trust de la *common law* reste fondé sur la propriété fiduciaire, contrairement à la fiducie québécoise organisée sur le modèle d'un patrimoine d'affectation détaché du droit réel. En effet, le fiduciaire/*trustee* a un titre légal (*legal title*) de propriété sur les biens *in trust*(46). La particularité du statut du fiduciaire/*trustee* est qu'il détient ces biens pour le bénéfice d'autrui, ce qui explique qu'il se voit imposer des obligations fiduciaires corrélatives à son pouvoir de gestion des biens en trust(47). C'est ainsi par exemple que le *trustee* est tenu à une obligation de loyauté envers le bénéficiaire(48), ainsi qu'à une obligation de rendre des comptes sur sa gestion(49).

2° Le trust comme institution fondamentale de la *common law*

Le trust est une institution fondamentale de la *common law*, un peu comme la propriété est parfois décrite comme une institution fondamentale ou centrale du droit civil. La polyvalence du *trust* est telle qu'il serait impossible de dresser la liste de toutes ses fonctionnalités potentielles(50). Le trust de la *common law* a un domaine d'application très large, ne serait-ce qu'en raison de la présence de l'*Equity* et de la possibilité de reconnaître des trusts y compris implicites(51). Les *trusts* peuvent notamment naître en dehors de tout contrat, puisqu'en plus des trusts exprès/*express trusts* (créés par déclaration, donation, contrat ou testament), la *common law* admet les trusts judiciaires ou par déclaration de la loi, qui regroupent les trusts

belongs ». V. aussi : G. W. Keeton et L. A. Sheridan, *The Law of Trusts*, London, Barry Rose Law Publishers, 12e éd., 1994, p. 3 : « A trust is the relationship which arises whenever a person (called the trustee) is compelled in equity to hold property, whether real or personal, and whether by legal or equitable title, for the benefit of some persons (of whom he may be one, and who are termed beneficiaries) or for some object permitted by law, in such a way that the real benefit of the property accrues, not to the trustees, but to the beneficiaries or other objects of the trust ».

(42) L. Smith, *Introduction*, *in* L. Smith (ss dir.), *Re-imagining the Trust. Trusts in Civil Law*, Cambridge, Cambridge University Press, 2012, p. 2.

(43) D. Hayton, *Underhilll and Hayton. Law Relating to Trusts and Trustees*, London, LexisNexis, 19e éd., 2016, p. 4-6.

(44) D. Waters, M. Gillen et S. Smith, *Waters's Law of Trusts in Canada*, Carswell, 5e éd., 2021, p. 3.

(45) La question de savoir si le bénéficiaire a également un titre de propriété, réalisant ainsi un dédoublement de propriété, est davantage controversée : D. Waters, M. Gillen et S. Smith, *Waters's Law of Trusts in Canada, op. cit.*, p. 11-12.

(46) J.W. Singer, *Property*, New York, Aspen Publishers, 3e éd., 2010, p. 313.

(47) V. D. Waters, M. Gillen et L. Smith, *Waters's Law of Trusts in Canada, op. cit.*, p. 9. – A. Grenon, *Les fiducies*, Montréal, éd. Yvon Blais, 1997, p. 64.

(48) A.H. Oosterhoff, R. Chambers et M. McInnes, *Oosterhoff on Trusts : Text, Commentary and Materials*, Toronto, Carswell, 8e éd., 2014, p. 1049.

(49) V. sur ce point : D. Hayton, *Underhilll and Hayton. Law Relating to Trusts and Trustees, op. cit.*, 2016, p. 673-924.

(50) P. Lepaulle, *Traité théorique et pratique des trusts en droit interne, en droit fiscal et en droit international*, Paris, Rousseau, 1932, p. 12.

(51) G. W. Keeton et L. A. Sheridan, *The Law of Trusts, op. cit.*, p. 3. – D. Waters, M. Gillen et S. Smith, *Waters's Law of Trusts in Canada, op. cit.*, p. 3.

réversifs/*resulting trusts* (déclarés par le juge et fondés sur l'intention présumée des parties), ainsi que les trusts par interprétation/*constructive trusts* (mis en place pour assurer l'exécution d'obligations et éviter des situations injustes)(52).

Si l'on compare le domaine du trust à celui de la fiducie en droit québécois, et *a fortiori* au domaine de la fiducie en droit français, l'amplitude du domaine du trust est nette(53). En droit civil français, le domaine de la fiducie exclut les fiducies-libéralités, notamment en raison des restrictions en matière de transmission successorale(54). En droit civil québécois, on trouve des fiducies expresses (fiducies testamentaires et fiducies contractuelles), ainsi que des fiducies statutaires, créées par la loi ou par un jugement(55). Tout comme leurs homologues de la *common law*, les fiducies expresses ont pour objectif de permettre au constituant de créer une fiducie correspondant à sa volonté. En outre, les fiducies contractuelles peuvent être à titre gratuit, ce qui constituait le domaine traditionnel de la fiducie québécoise, mais aussi à titre onéreux depuis le *Code civil du Québec*(56). En dépit de son domaine d'application étendu, la fiducie québécoise ne constitue pas une institution aussi centrale que le trust de la *common law*, puisque le droit des biens reste organisé autour du paradigme propriétaire dans le *Code civil du Québec*(57) et que la pratique conserve certaines réticences dans l'utilisation de la fiducie(58).

B. – La fiducie québécoise face à la fiducie française

La fiducie québécoise se distingue de la fiducie française, en ce que cette dernière n'a pas clairement rompu ses liens avec la propriété (1°) et en ce qu'elle n'a pas fait du patrimoine fiduciaire un patrimoine totalement étanche (2°).

1° La fiducie française et la propriété fiduciaire

Contrairement à la fiducie québécoise, la fiducie française n'a pas rompu ses liens avec la propriété et la reconnaissance de la propriété fiduciaire est fréquemment admise en droit français.

Aux termes de l'article 2011 du Code civil, « [l]a fiducie est l'opération par laquelle un ou plusieurs constituants transfèrent des biens, des droits ou des sûretés, ou un ensemble de biens, de droits ou de sûretés, présents ou futurs, à un ou plusieurs fiduciaires qui, les tenant séparés de leur patrimoine propre, agissent dans un but déterminé au profit d'un ou plusieurs bénéficiaires ».

(52) A.J. Oakley, Parker et Mellows, *The Modern Law of Trust*, London, Sweet and Maxwell, 2003, p. 271 et s.

(53) V. sur la portée de la fiducie française plus restreinte que le trust de la *common law* : F. Barrière, *La fiducie française ou le réveil chaotique d'une « belle au bois dormant »* : *RD McGill* 2013, vol. 58, p. 847, à la p. 851.

(54) C. civ., art. 2013 : « Le contrat de fiducie est nul s'il procède d'une intention libérale au profit du bénéficiaire. Cette nullité est d'ordre public ». V. aussi : D. Louis-Caporal, *La fiducie-libéralité : réflexion sur une opération prohibée* : *RTD civ.* 2016, p. 49.

(55) Art. 1266 C.c.Q. V. aussi S. Normand, *Introduction au droit des biens*, *op. cit.*, p. 429 et s.

(56) V. S. Normand, *Introduction*, *op. cit.*, p. 429-430.

(57) C'est ainsi que le la propriété occupe le titre deuxième du livre sur les biens, alors que la fiducie est traité au titre cinquième de ce même livre.

(58) Tel est le cas par exemple de l'utilisation de la fiducie d'utilité sociale, qui reste un mécanisme encore sous-utilisé en pratique : G. Gidrol-Mistral, *L'environnement à l'épreuve du droit des biens* : *RD McGill* 2017, vol. 62, n° 3, p. 704-712. – Y. Emerich avec la collaboration de F. P.-E. Rivard, *La résurgence des communs en droit des biens contemporain : étude sur les cohabitats écologiques et les ruelles vertes* : *RGD* 2020, vol. 50, p. 264-268.

Il ressort de cette définition que le modèle propriétaire n'est pas exclu, contrairement à la fiducie québécoise et, si l'on resitue cette définition dans le contexte des travaux qui ont précédé son adoption, que la fiducie française repose tout comme le modèle du trust sur la propriété fiduciaire. En effet, comme le soulignait le sénateur Philippe Marini à l'origine de la loi introduisant la fiducie, il s'agit d'un « contrat synallagmatique translatif de propriété à titre temporaire et pour une fin déterminée, impliquant une relation triangulaire »(59). Cette qualification de propriété fiduciaire est renforcée par la place du titre sur la fiducie, qui se trouve au livre III du Code civil, intitulé « Des différentes manières dont on acquiert la propriété ». On peut dès lors considérer que, lorsque le constituant transfère des biens au fiduciaire, ce dernier est investi d'une propriété fiduciaire(60).

S'il est clair que le bénéficiaire n'est titulaire d'aucun droit réel sur les biens en fiducie(61), la question du droit du fiduciaire a davantage questionné la doctrine. C'est ainsi que selon certains auteurs, la propriété fiduciaire serait une propriété diminuée(62), voire dévoyée(63). Pourtant, s'il est vrai que la propriété fiduciaire est une propriété spécifique – que l'on pourrait qualifier de modalité de la propriété(64) –, rien n'empêche selon nous d'y voir une forme particulière de propriété, y compris en droit civil. En effet, il s'agit simplement d'une propriété dans laquelle les droits sont exercés de manière fiduciaire(65), ou dit autrement, dans un but déterminé(66).

2° La fiducie française et l'absence de patrimoine d'affectation autonome

Contrairement à la fiducie québécoise, la fiducie française n'a pas reconnu l'existence d'un patrimoine entièrement autonome. En effet, les biens en fiducie dans le cadre de la fiducie française semblent davantage relever d'une forme de sous-patrimoine au sein du patrimoine du fiduciaire, que l'on pourrait dénommer patrimoine de division, plutôt que d'un véritable patrimoine d'affectation autonome(67).

Selon l'article 2011 du Code civil, le fiduciaire détient les biens séparés de son patrimoine propre et il agit au profit d'un bénéficiaire. Pourtant, il n'y a pas de séparation étanche entre le patrimoine personnel du constituant et le patrimoine fiduciaire. En effet, les créanciers personnels du constituant ont des droits sur le patrimoine fiduciaire s'ils sont titulaires d'un droit de suite lié à la publication d'une

(59) P. Marini, *Enfin la fiducie à la française* : D. 2007, I, chron. p. 1347. V. aussi dans le même sens : F. Zenati-Castaing et T. Revet, *Les biens*, *op. cit.*, p. 410.

(60) V. not. en ce sens : F. Barrière, *Commentaire de la loi n° 2007-211 du 19 février 2007 (2e partie)* : BJS 2007, 555, n° 3, p. 555. – M. Grimaldi, *La fiducie : réflexions sur l'institution et sur l'avant-projet de la loi qui la consacre* 12 : *Défrénois* 1999, p. 916. V. aussi plus récemment : S. Normand, *Introduction au droit des biens*, *op. cit.*, p. 426.

(61) B. Mallet Bricout, *Le fiduciaire, véritable pivot ou simple rouage de l'opération de fiducie ?* : *RD McGill* 2013, vol. 58, n° 4, p. 905 et s., spéc. p. 916.

(62) *Ibid.*

(63) P. Decheix, *La fiducie ou le sens des mots* : D. 1997, p. 36.

(64) V. sur ce point : Y. Emerich, *La fiducie civiliste : modalité de la propriété ou intermède à la propriété ?*, *loc. cit.*, p. 20.

(65) V. G. Blanluet et J.-P. Le Gall, *La fiducie, une œuvre inachevée* : *Dr. fisc.* 2007, 12, 676, n° 10, selon lesquels les « droits du fiduciaire s'exercent de manière fiduciaire, c'est-à-dire dans l'intérêt d'autrui ». V. aussi : G. Cornu (ss dir.), *Vocabulaire juridique*, Assoc. H. Capitant, Paris, PUF, coll. « Quadrige », 14e éd., 2022, V° *Droit subjectif*, p. 375, selon lequel le droit subjectif peut être exercé « dans son propre intérêt ou, parfois, dans l'intérêt d'autrui ».

(66) Sur l'idée selon laquelle le fiduciaire agit « dans un but déterminé par le constituant » : P. Marini, *Enfin la fiducie à la française*, *loc. cit.*, p. 1347.

(67) V. sur cette distinction : R. A. Macdonald, *Reconceiving the Symbols of Property : Universalities, Interests and Other Heresies* : *RD McGill* 1994, vol. 39, p. 761.

sûreté antérieurement au contrat de fiducie (C. civ., art. 2025, al. 1). Surtout, il est prévu qu'« en cas d'insuffisance du patrimoine fiduciaire, le patrimoine du constituant constitue le gage commun de ces créanciers » (C. civ., art. 2025, al. 2).

De plus, il n'y a pas non plus de séparation étanche entre le patrimoine fiduciaire et le patrimoine personnel du fiduciaire. En effet, le fiduciaire peut être personnellement responsable des dettes du patrimoine fiduciaire, au moyen d'une clause insérée au contrat de fiducie (C. civ., art. 2025, al. 2 *in fine*). En outre, si « le contrat de fiducie peut (...) limiter l'obligation au passif fiduciaire au seul patrimoine fiduciaire » (C. civ., art. 2025, al. 3), l'opposabilité de cette clause n'est opposable qu'aux créanciers qui l'ont expressément acceptée. Dès lors, l'étanchéité du patrimoine fiduciaire n'est pas de principe, mais doit être expressément stipulée. Le patrimoine d'affectation de la fiducie française ne constitue donc pas un patrimoine d'affectation entièrement autonome.

Conclusion

Nous avons donc tenté de montrer l'originalité de la fiducie québécoise, qui se situe entre le modèle du trust de la *common law* et celui de la fiducie civiliste française. La fiducie du *Code civil du Québec* propose en effet un modèle de fiducie inédit, qui est à la fois clairement détaché du modèle propriétaire – contrairement au trust de la *common law* et au modèle de la fiducie française – et qui va jusqu'au bout de l'adoption d'un patrimoine d'affectation totalement autonome et détaché du patrimoine personnel des différents acteurs du trust.

En *common law*, il existe une multiplicité de fonctions du trust, qui peut être utilisé tant à des fins de planification successorale qu'à des fins de planification fiscales, dans le cadre de structures corporatives (trusts de revenus d'entreprise ou trusts d'investissements), dans des projets de construction ou par des employeurs gouvernementaux (trusts d'origine législative), ou encore pour des fins d'utilité publique, incluant des fins environnementales(68).

S'agissant de la portée pratique de la fiducie québécoise, il en existe trois types : la fiducie personnelle (art. 1267 C.c.Q.), qui peut être familiale ou testamentaire, la fiducie d'utilité privée (art. 1268 et 1269 C.c.Q.), qui peut être à titre gratuit ou à titre onéreux, et la fiducie d'utilité sociale (art. 1270 C.c.Q.), qui a un but d'intérêt général(69). Alors que les deux premiers types de fiducie visent à procurer un bénéfice privé(70), la fiducie d'utilité sociale a pour finalité l'intérêt général(71). En pratique, ces trois types de fiducie s'adaptent à plusieurs fonctions(72), mais chacune a des fonctions pratiques particulières. Par exemple, même si la fiducie d'utilité privée peut être utilisée dans

(68) Sur la diversité des fonctions du trust, V. H. Oosterhoff et *al.*, *Oosterhoff on Trusts*, *op. cit.*, p. 29-34.

(69) Sur les trois types de fiducies en droit civil québécois : S. Normand, *Introduction au droit des biens*, *op. cit.*, p. 431-432. V. aussi V. Boucher, *Fiducie*, *loc. cit.*, n° 5, p. 9.

(70) La fiducie personnelle peut prendre la forme d'une « fiducie familiale », dont l'objectif est d'assurer la sécurité financière du constituant, ou d'une fiducie testamentaire. Le bénéficiaire est soit « une personne déterminée », soit « une personne ou à un groupe » : S. Normand, *Introduction au droit des biens*, *op. cit.*, p. 432, 434.

(71) S. Normand, *Introduction au droit des biens*, *op. cit.*, p. 436 : « La fiducie d'utilité sociale cherche à favoriser un but d'intérêt général à caractère culturel, éducatif, philanthropique, religieux ou scientifique (1270 C.c.Q.). Elle pourra viser, par exemple, la recherche dans le domaine de la santé, l'appui à une institution d'enseignement d'un parc, la conservation de l'environnement ».

(72) Par ex., pour la conservation de la faune, assurer la gestion des sols contaminés, ou construire des logements abordables. V. J. Beaulne, *Droit des fiducies*, *op. cit.*, 3e éd., p. 101-102.

un but de protection environnementale, la fiducie d'utilité sociale lui prévaut, dans la mesure où elle inclut un but social général[73], alors que la fiducie d'utilité privée est limitée à un cadre privé. La fiducie d'utilité sociale peut en effet avoir un but d'intérêt général à caractère culturel, éducatif, philanthropique, religieux.

Quant à la fiducie française, on retrouve également différents types de fiducie, qui répondent à une variété des fonctions. Par exemple, la fiducie française peut s'appliquer dans un contexte de fiducie-sûreté[74] ou de fiducie-gestion[75]. La fiducie française a récemment aussi été considérée comme une garantie novatrice de la protection environnementale[76]. À travers l'outil des obligations réelles environnementales (ORE)[77], les propriétaires immobiliers peuvent « conclure un contrat d'une durée maximale de 99 ans » en faveur de la protection écologique. En associant la fiducie avec l'ORE, on pourrait créer un contrat pour une durée jusqu'à 99 ans, garantissant une « bonne réalisation sur le long terme des mesures compensatoires »[78] pour protéger l'environnement.

Si la fiducie d'utilité sociale québécoise peut être utilisée pour des fins de conservation environnementale, certaines difficultés subsistent néanmoins. La première difficulté est d'ordre financier. Puisqu'en dehors du patrimoine à protéger, le fonctionnement de la fiducie engendre d'autres frais importants comme les coûts occasionnés à sa constitution[79]. La deuxième difficulté tient à la rupture du patrimoine d'affectation avec le sujet de droit[80]. En effet selon certains auteurs, en l'absence de propriétaire du patrimoine affecté, il n'y a pas de personne responsable des dettes contractées par la fiducie[81]. Toutefois, on peut estimer dans ce cas que la responsabilité revient au fiduciaire d'assurer la bonne gestion patrimoniale de la fiducie sur l'actif de la fiducie.

Finalement, si tant la fiducie québécoise que la fiducie française peuvent servir d'outils de gestion ou de sûreté[82], il serait intéressant de donner davantage d'ampleur à la fiducie d'utilité sociale ou à l'utilisation de la fiducie à des fins sociales et environnementales dans ces deux pays, afin que la fiducie civiliste puisse pleinement remplir l'ampleur de ses potentialités.

(73) V. G. Gidrol-M stral, *L'environnement à l'épreuve du droit des biens*, *loc. cit.*, p. 703-704.

(74) V. C. civ., art. 2372-1 et s. et 2488-1 et s.

(75) V. C. assur., art. L. 311-41, II et s. : « La structure de gestion de passifs est établie sous la forme d'un patrimoine fiduciaire régi par un contrat de fiducie relevant des dispositions du titre XIV du livre III du code civil, à l'exception des articles 2017, 2024 et 2027 de ce même code ».

(76) O. Cizel, *Quel bilan pour les obligations réelles environnementales ? : Dalloz actualité*, 15 juin 2021, p. 1.

(77) L'ORE a été créée par l'article 72 de la loi n° 2016-1087 du 8 août 2016 pour la reconquête de la biodiversité, de la nature et des paysages, codifié à l'article L. 132-3 du Code de l'environnement. V. Ministère de la Transition écologique et de la Cohésion des territoires et Ministère de la Transition énergétique, « Obligation réelle environnementale », 30 mai 2022, en ligne : www.ecologie.gouv.fr/obligation-reelle-environnementale# :~ :text=La%20loi%20pour%20la%20reconqu%C3%AAte,obligation%20r%C3%A9elle%20environnementale%20(ORE).

(78) O. Cizel, *Quel bilan pour les obligations réelles environnementales ?*, *loc. cit.*, p. 3.

(79) V. sur ce point : M. Marchand, *Les fiducies d'utilité sociale à l'usage des idéalistes*, Montréal, Territoires innovants en Économie sociale et solidaire liaison (TIESS), 2021, p. 20-22.

(80) Sur cette question : Y. Emerich, *Vers une reconceptualisation du droit des biens face aux défis environnementaux : Revue du notariat* 2017, vol. 119, n° 2, p. 321. – S. Normand, *Introduction au droit des biens*, *op. cit.*, p. 436. – M. Cantin Cumyn, *L'eau, une ressource collective : portée de cette désignation dans la loi affirmant le caractère collectif des ressources en eau et visant à renforcer leur protection : Les Cahiers de droit* 2010, vol. 51, n° 3-4, p. 595.

(81) V. en ce sens : G. Gidrol-Mistral, *L'environnement à l'épreuve du droit des biens*, *op. cit.*, p. 709-710.

(82) Sur la fiducie-sûreté en droit civil québécois : L. Payette, *Les sûretés réelles dans le Code civil du Québec*, Payette, 6e éd., p. 1018-1019. – J. Deslauriers et A. Benadiba, *Les sûretés au Québec*, Montréal, Wilson & Lafleur ltée, 2e éd., 2018, p. 757. V. aussi en droit français : P. Crocq, *La fiducie, reine des sûretés*, in *La fiducie : assise théorique et applications pratiques*, Actes du colloque tenu le 29 septembre 2017 à l'Université Lyon 2, Paris, LexisNexis, 2017.

La fiducie au secours de la Polynésie française

Sophie SCHILLER
Professeur à Paris-Dauphine PSL
Directrice de l'École Droit Dauphine
Co-présidente de la Fédération Nationale Droit du Patrimoine (FNDP)

En Polynésie française, 58 % du foncier est en indivision. L'impact sur l'économie du pays est énorme. À titre d'exemple, le Club Med qui avait une magnifique implantation à Moorea a fermé ses portes en décembre 2001, faute de pouvoir conclure un accord avec les ayants droit du terrain sur le loyer. Il employait directement environ cent cinquante personnes et en faisait vivre six cents, ce qui représente 1/10e de la population active de l'île. Au-delà des problèmes économiques, ce sont d'innombrables conflits, qui donnent parfois lieu à des violences, qui sont causés par cette situation. Un partage massif entraînerait un morcellement excessif du territoire et créerait un risque de vente d'une partie significative des terres par ceux qui auraient des besoins économiques à satisfaire et une insatisfaction à posséder une parcelle trop petite. Il constituerait également un déchirement personnel et une atteinte aux fondements de la culture du pays qui accorde une place essentielle à la terre. Pour permettre à de nombreux Polynésiens de conserver leur lien structurel avec le *fenua*, il faut maintenir des propriétés collectives. L'indivision empêche le plus souvent un usage satisfaisant des terres. L'amélioration de ses règles de fonctionnement ne sera pas suffisante pour répondre à toutes les situations. A donc été proposée une figure juridique tout à fait originale, clairement distincte des instruments juridiques existants. Pour la distinguer de la fiducie régie par le Code civil, elle serait intitulée la *Te Tia'i*, ce qui signifie « espérance et confiance » ou fiducie d'intérêt social.

Afin d'optimiser la sécurisation de l'outil, il a été choisi de retenir au maximum des règles dont la mise en œuvre a déjà été éprouvée par quinze ans d'application sur le territoire métropolitain et de ne les écarter que quand elles sont incompatibles avec l'objectif poursuivi de réponse à la situation polynésienne. Vu le caractère très circonscrit de cet objectif, n'ont pas été reprises toutes les dispositions étrangères à ce but, en particulier le régime de la fiducie-sûreté. Pour répondre au mieux aux situations locales, une autre source d'inspiration a été mobilisée, le droit québécois, qui connaît une fiducie très intéressante pour répondre à un objectif d'intérêt général : la fiducie d'utilité sociale (FUS), intégrée dans le Code civil du Québec en 1994 (art. 5). Ainsi, la FUS est utilisée localement pour « la préservation environnementale ; le patrimoine bâti historique et religieux ; l'agriculture paysanne ; l'habitation sociale ; le développement de milieux de vie », ces objectifs étant proches de l'exploitation du foncier recherchée sur le territoire polynésien. Un arrêté (forme locale de décret) déterminera les intérêts généraux qui peuvent justifier la création d'une fiducie d'intérêt social.

Ce principe de sécurité doit s'accompagner d'une recherche de simplicité, vu le très grand nombre de situations d'indivisions à gérer et l'impossibilité le plus souvent de recourir à des conseils. C'est donc une réponse légale qui doit être proposée sans que les parties n'aient forcément à construire des montages contractuels complexes. Vu l'absence d'empiétement sur les domaines réservés aux lois nationales, en particulier le droit des successions, le texte proposé pourra prendre la forme d'une loi du pays. Il devra être complété par divers arrêtés (forme locale de décrets), en particulier l'un précisant la neutralité fiscale de l'opération, y compris une exonération de la taxe foncière. Des règles de Code civil applicables à la Polynésie interdisent les constituants mineurs et majeurs sous tutelle (C. civ., art. 408-1 et 509, 5°). Elles font l'objet de plusieurs rapports fort critiques[1] et leur évolution, très réclamée, est probable. Si elles étaient toujours en vigueur lors de l'adoption de la *Te Tïa'i*, l'impact réel devrait être évalué. Il semble que très peu d'indivisaires soient aujourd'hui des mineurs ou majeurs sous tutelle. Dans le cas contraire, il conviendra de soutenir les évolutions du droit national qui devraient très vite aboutir.

Plusieurs des caractéristiques de cette fiducie d'intérêt social lui permettraient de constituer une réponse très efficace aux problèmes du foncier en Polynésie française.

I. – Propriété collective

Parmi les difficultés identifiées en Polynésie française figurent l'incertitude concernant les titulaires des droits immobiliers et l'absence de règlement des successions qui est à l'origine d'indivisions importantes. Il est donc nécessaire de prévoir un rapport juridique avec la terre qui n'impose pas l'identification d'une personne spécifique et qui puisse reposer sur un groupe identifié par ses seules caractéristiques. Cela suppose de choisir une propriété collective qui soit susceptible de renvoyer à des titulaires définis par un critère général plus que par leur identité propre. Vu l'attachement à la terre des ancêtres et l'importance des lignages, le critère de définition pourrait consister en l'existence d'un ancêtre commun.

La *Te Tïa'i* peut être constituée par « un ou plusieurs constituants » au profit de « un ou plusieurs bénéficiaires ». Les deux catégories seront déterminées soit dès la conclusion du contrat, soit par des conditions de détermination prévues. Elles peuvent donc être définies par une condition de rattachement, par exemple « tous les descendants de X », ce qui permet à l'outil de constituer une propriété collective en phase avec les besoins. Ce groupe défini par des critères pourra transférer « un ensemble de biens, de droits ou de sûretés, présents ou futurs » sans qu'il soit nécessaire là encore d'avoir établi de lien précis et direct entre une terre et une personne.

(1) Par ex. Rapp. Sénat n° 212 [2006-2007], de Richemont, p. 219 (www.senat.fr/rap/l06-212/l06-212.html) et mission interministérielle de 2018, p. 48-50 (www.justice.gouv.fr/art_pix/rapport_pjm_dacs_rapp.pdf).

II. – Propriété affectée

La propriété fiduciaire présente la spécificité que le droit de propriété est affecté à un but déterminé, à une mission. Loin de la propriété traditionnelle qui permet « de jouir et disposer des choses de la manière la plus absolue », selon les termes de l'article 544 du Code civil, la *Te Tia'i* offre la possibilité de préciser une affectation que le fiduciaire devra respecter. Toutes les parties en présence ont ainsi un outil très efficace grâce à l'attribution de droits réels, mais qui garantit que celui qui reçoit la propriété ne pourra en faire un usage que selon les missions qui lui ont été attribuées.

Pour des biens fonciers polynésiens, le fiduciaire pourra ainsi recevoir une mission soit d'en organiser l'usage entre les constituants si ces derniers veulent l'occuper ou se charger de le gérer, soit de prendre personnellement en charge la gestion, ce qui lui permettra alors de conclure des baux, effectuer les réparations nécessaires, les actes conservatoires, etc.

III. – Confiance inhérente à l'outil

Lors de son introduction en droit français, la fiducie a été présentée comme inspirée du trust. Or, par ce mécanisme, le chevalier qui partait combattre aux Croisades transférait la propriété de ses droits à un ami en confiance (*in trust*), qui percevait les droits féodaux pour le compte de la famille du croisé. Ce dernier récupérait ses droits à son retour. La qualité de la vertu morale du *trustee* était en principe la meilleure garantie des bénéficiaires.

Pour maintenir cette confiance à la base de l'outil, le régime applicable à la *Te Tia'i* prévoit que seuls certains professionnels soumis à une déontologie et un contrôle très stricts pourront avoir la qualité de fiduciaire : certains types d'organismes financiers, en particulier les établissements de crédit, les entreprises d'investissement et les entreprises d'assurance, ainsi que La Poste et la Caisse des dépôts et consignations et les avocats (C. civ., art. 2015).

Cette confiance rassurera les utilisateurs polynésiens et devrait permettre un fort développement de l'outil.

IV. – Efficacité de la gestion contrôlée

Propriété collective, l'indivision se caractérise malheureusement par des règles peu favorables à une gestion efficace. La *Te Tia'i* offre une grande souplesse qui permettra de mettre en place un fonctionnement optimisé.

Le fiduciaire aura le pouvoir d'agir « pour le compte de la *Te Tia'i* », et assurera ainsi la gestion. Néanmoins, ses fonctions ne seront pas dénuées de contrôles.

Le fiduciaire devra rendre des comptes au(x) constituant(s) selon les conditions définies par le contrat de *Te Tia'i*, ses fonctions seront limitées par sa mission et il est possible de « désigner un tiers chargé de s'assurer de la préservation de ses intérêts dans le cadre de l'exécution du contrat et qui peut disposer des pouvoirs que la loi accorde au constituant » (C. civ., art. 2017). Les membres de la famille pourront choisir l'un d'entre eux ou un tiers chargé de contrôler l'action du fiduciaire et vérifier qu'il agit conformément aux missions du contrat d'origine. Sa désignation sera obligatoire dans l'hypothèse où tous les constituants n'auront pas été définis lors de la constitution du contrat.

La combinaison entre efficacité et contrôle constitue un facteur favorable au développement économique et devrait contribuer encore à mettre en place l'outil en rassurant les utilisateurs.

V. – Pérennité

Outil de gestion du foncier, la *Te Tīa'i* doit pouvoir se maintenir sur le long terme. Aucune règle de limitation de durée, tant sous forme de terme obligatoire du contrat (99 ans maximum) que par une extinction au décès du constituant personne physique (C. civ., art. 2019).

Le régime mis en place en Polynésie française devra déroger au Code civil sur ce point. Un tel régime est tout à fait compatible avec l'outil, comme le montrent des fiducies existantes en dehors du droit français (par ex. canadienne) et le trust. La *Te Tīa'i* se maintiendra pour la durée fixée à l'origine ou jusqu'à la disparition de l'intérêt qui a justifié sa création. Ainsi, si la fiducie a été créée en présence de descendants non identifiés, le fiduciaire s'efforcera de rechercher tous ces descendants inconnus et lorsqu'ils seront tous trouvés, ils pourront ensemble décider de mettre fin à leur propriété collective.

VI. – Outil souple applicable à tous les cas souhaités

L'article 676 du Code de procédure civile de Polynésie organise le rôle d'un curateur aux biens et successions vacants appelé « pour y représenter les ayants droit qui ne se sont pas fait connaître ou qui seraient restés introuvables ». La mission est essentielle et utile pour faire face aux difficultés du foncier en Polynésie française, mais la nomination d'un tel curateur n'est possible que dans des cas très restreints.

La *Te Tīa'i*, outil contractuel, peut être mise en place pour gérer « tous biens, des droits ou des sûretés, ou un ensemble de biens, de droits ou de sûretés, présents ou futurs » sans limitation.

Un projet de loi a été rédigé en ce sens et présenté aux différentes autorités locales au printemps 2022. L'accueil a été très positif. Affaire à suivre…

TITRE 2

DÉMEMBREMENT/DROITS RÉELS DE JOUISSANCE SPÉCIALE/FIDUCIE

La fiducie, instrument de garantie de l'effectivité des obligations environnementales

Thibault SOLEILHAC
Docteur en droit de l'environnement
Avocat associé Hélios Fiducie

Tout praticien du droit de l'environnement est très rapidement confronté au besoin de recourir à un ou plusieurs instruments afin de garantir l'effectivité des obligations environnementales. Les instruments juridiques qu'il utilise peuvent être variés (contrat, police...) et doivent être choisis en fonction de leur pertinence respective dans chaque dossier environnemental. Puisqu'il est question d'environnement, on peut éclairer le propos avec une illustration botanique et sa classification linnéenne : *Citrus maxima, citrus sinensis, citrus grandis*, citron, orange douce, pamplemousse, tous sont des agrumes. Il est en de même de la fiducie : quelle que soit la matière concernée, affaires, immobilier, procédures collectives, environnement, la fiducie trouve à s'appliquer avec des utilités évidentes.

Instrument contractuel, la fiducie est souvent louée pour sa souplesse. La généralité des dispositions du Code civil permet de donner sa pleine expression à cette malléabilité puisque le champ d'application de la fiducie dépasse les distinctions droit privé/droit public chères à l'Université.

La pratique professionnelle d'un avocat environnementaliste l'amène à intervenir en droit civil (du trouble de voisinage à la réparation du préjudice écologique), en droit pénal (nombreuses infractions dont les éléments légaux sont souvent techniques) autant qu'en droit public avec pour l'essentiel du Code de l'environnement, la mise en œuvre de régimes de police administrative dans le cadre de décisions administratives (autorisations et déclarations applicables par exemple en matière de droit des installations classées ou de droit de l'eau) prenant la forme de prescriptions et donc d'obligations.

L'actualité autant que la problématique récurrente des dernières décennies sont bien l'ampleur des dégradations environnementales tous azimuts à un rythme toujours plus effréné. Théodore Monod résumait ce triste constat avec cet aphorisme terrible : « l'homme, ce primate qui ravage la planète ». Quant au droit qui est censé réguler cet état de fait, la problématique essentielle réside dans l'effectivité et l'efficacité de sa mise en œuvre.

Concrètement, de l'entrée en vigueur de la règle à sa disparition, c'est-à-dire tout au long de sa durée de validité, la règle produit-elle un effet (effectivité) entraînant ou non la réalisation de l'effet de droit prévu par le texte (efficacité) ? Or, force est de constater que l'effectivité du droit de l'environnement laisse à désirer et que son efficacité demeure au mieux aléatoire et au pire insuffisante. En ce sens, les contentieux climatiques menés par des citoyens contre les États et la condamnation judiciaire de ces derniers illustrent suffisamment le constat d'échec des politiques publiques en la matière et la carence des gouvernants. Les requérants espèrent de la sorte contraindre judiciairement l'action publique et, ce faisant, mettent bien en lumière l'inaction publique en matière de protection de l'environnement ou, dit autrement, dénoncent l'ineffectivité et l'inefficacité du droit de l'environnement.

Au-delà de ces grandes actions médiatisées sur le sujet majeur du changement climatique, le constat est sévère puisque localement, projet par projet, il n'est pas une branche du droit de l'environnement où la situation n'est pas la même. La biodiversité connaît un effondrement scientifiquement établi que les textes nationaux et communautaires qui s'empilent depuis le milieu des années soixante-dix ne parviennent pas à enrayer. Aménagements et urbanisation galopante en sont l'une des causes majeures. La pollution des milieux aquatiques et des eaux s'intensifie malgré un encadrement législatif et réglementaire encore plus ancien des activités industrielles et agricoles.

Le droit de l'environnement lui-même ne paraît pas en cause. Il bénéficie d'une codification depuis 2000 et connaît comme beaucoup une inflation normative soutenue. Il a même été constitutionnalisé avec une Charte de l'environnement depuis 2004, le Conseil d'État venant d'affirmer le 20 septembre 2022 (dix-sept ans après la Charte...) que le droit de vivre dans un environnement équilibré et respectueux de la santé présente le caractère d'une liberté fondamentale[1]. Ainsi au-delà de l'application de la règle, c'est la façon dont elle est mise en œuvre qu'il convient d'améliorer. C'est dans ce cadre que, confronté à des obligations environnementales dont la particularité est notamment le déploiement sur des pas de temps inhabituels aux activités économiques, il a fallu réfléchir à l'amélioration de la mise en œuvre d'obligations administratives légales, c'est-à-dire d'obligations délictuelles.

Cette demande provenait notamment des services instructeurs de l'État ou des organismes consultatifs (autorités environnementales ou Conseil national de la protection de la nature saisis dans le cadre de l'instruction des demandes d'autorisation administrative). Elle visait à obtenir des pétitionnaires qu'ils détaillent *comment* ils allaient garantir la bonne exécution des obligations administratives qui leur seraient prescrites par arrêtés et en particulier la pérennité et l'effectivité de leur mise en œuvre.

La traduction juridique d'une demande de garantie prenait la forme d'une sûreté et, à choisir, la plus sécurisée d'entre elles s'imposait car les obligations administratives en question sont des obligations de résultat et pas de moyens. Il ne restait plus qu'à articuler l'application de la sûreté fiduciaire dans le cadre de l'exécution d'une prescription administrative et en l'occurrence environnementale avec pour objectif son effectivité.

D'une nature juridique très proche, deux obligations environnementales seront évoquées, car elles présentent des enjeux financiers importants autant que des

(1) CE, 20 sept. 2022, ord. n° 451129.

problématiques de long terme et donc d'effectivité : la compensation environnementale des atteintes à la biodiversité et la remise en état des sites industriels. Dans ce cadre, le contrat intervient comme garantie d'obligations administratives (I). Mais il ne faudrait pas cantonner la réflexion aux seules prescriptions administratives. La réparation d'un milieu implique une effectivité des mesures, y compris lorsqu'elles sont prescrites par la justice. La fiducie judiciaire apparaît comme un instrument de garantie de l'effectivité des décisions de justice (II).

I. – La fiducie au soutien de l'effectivité des obligations environnementales prescrites par l'administration

A. – L'obligation de remise en état des sites dans le cadre de la législation ICPE

Parmi les obstacles auxquels se heurte la reconversion des friches industrielles figure en bonne place la charge administrative et financière de la remise en état. La reconversion étant indispensable au développement urbain et à la résorption des risques pour la santé et l'environnement, fournir une réponse opérationnelle à ce blocage implique nécessairement de mobiliser toutes les ressources juridiques envisageables. Le cadre juridique dans lequel s'inscrit la reconversion des friches reste complexe, les responsabilités sont entremêlées, la quête des responsables s'avère souvent longue et aléatoire en cas de procédure collective ou de disparition des anciens exploitants. La jurisprudence ne connaît comme responsable que le dernier exploitant ou à défaut le propriétaire du site et encore, après réunion de conditions restrictives. Même l'engagement de responsabilité des maisons mères ou la prise en charge par ces dernières du passif environnemental – essentiellement sites pollués – est subordonné à de drastiques conditions par les textes. Quant aux autorités administratives susceptibles d'intervenir, elles sont multiples (police des installations classées, police des déchets), leurs compétences couvrent très rarement toute l'opération de réhabilitation et leurs moyens demeurent limités.

L'obligation de remise en état du site d'une installation soumise à autorisation et mise à l'arrêt est prévue à l'article L. 512-6-1 du Code de l'environnement. Une concertation a été instaurée entre l'exploitant, les collectivités et le propriétaire pour le choix de l'usage futur du site des installations. La procédure inclut des mesures de mise en sécurité, l'établissement d'un mémoire de réhabilitation, et la réalisation des travaux sera constatée par un procès-verbal de récolement. Enfin, le préfet peut imposer à tout moment des prescriptions nécessaires à la protection des intérêts mentionnés à l'article L. 511-1, même après la remise en état d'un site ou encore en cas de modification ultérieure de l'usage du site, si l'exploitant est lui-même à l'initiative de ce changement d'usage.

Le problème essentiel de la mise en œuvre de l'obligation de remise en état réside dans son financement. Nombreuses sont les fins d'exploitation qui mettent en lumière les difficultés financières de la société, parfois déjà entrée en procédure collective. Le passif environnemental n'est pas légalement prioritaire. Généré par les exploitants, il est amplement supporté *in fine* par la collectivité dans le cadre d'une socialisation du risque, non financée. Dans ce contexte, le recours à la fiducie apparaît comme une solution concrète permettant de rendre effective l'exécution de l'obligation administrative.

En premier lieu, et de façon la plus simple, il peut s'agir de constituer volontairement des garanties financières séparées du patrimoine et affectées à la remise en l'état, à l'abri des créanciers. Mais, au-delà de la démarche volontaire, le législateur pourrait utilement compléter le régime de la remise en état par l'instauration d'une obligation légale de constituer ces garanties pour toutes installations classées pour la protection de l'environnement. Actuellement, seuls les exploitants des ICPE autorisées les plus dangereuses (SEVESO 2, déchets...) sont soumises à cette obligation.

En deuxième lieu, outre l'externalisation de la charge financière nécessaire à la remise en état ou à la réhabilitation d'un immeuble, l'exploitant pourrait transférer un site à dépolluer ou un immeuble bâti à réhabiliter afin que ces missions soient gérées par le fiduciaire. Le transfert doit être accompagné des sommes nécessaires à l'opération dans le cadre d'une fiducie-gestion. Cette dernière peut parallèlement être doublée d'une fiducie-sûreté, les biens servant de garantie à l'organisme qui financera les travaux d'autant plus volontiers qu'ils sont à l'abri des autres créanciers du constituant. La possibilité de prévoir une absence de dépossession du constituant malgré le transfert de propriété rend ce montage attractif. Non seulement le passif environnemental sort du patrimoine social – et du bilan –, mais l'activité peut se poursuivre concurremment à la réhabilitation. Le site et les fonds nécessaires sont logés dans la fiducie, ce qui allégera l'exploitant constituant et lui permettra de se concentrer et de se recentrer sur son activité. La mise à l'abri des créanciers est de nature à sécuriser le prêteur de deniers qui assure le financement. C'est l'effectivité même de l'objectif de remise en état qui est dès lors elle-même sécurisée.

Par ailleurs, la constitution de fiducies trouverait sa place dans le cadre des procédures collectives. Les fonds transférés au fiduciaire par une entreprise en difficulté sont sécurisés vis-à-vis des créanciers puisque le transfert de propriété extrait le bien du gage commun de tous les créanciers, chirographaires comme privilégiés, pour les créances postérieures à la signature du contrat de fiducie et que l'ouverture de la procédure collective est sans effet vis-à-vis de la fiducie (C. civ., art. 2024 et 2025 ; C. com., art. L. 622-13, VI). Naturellement, comme tous les actes translatifs de propriété accomplis par le débiteur entre la date de cessation des paiements et celle du jugement ouvrant la procédure collective dite « période suspecte », le contrat de fiducie signé dans ce délai est nul de plein droit (C. com., art. L. 632-1 et L. 641-14). Mais, d'une part, cette nullité n'atteint pas les transferts intervenus à titre de garantie d'une dette concomitamment contractée. Ainsi reste valable la fiducie-sûreté destinée à garantir une dette future. D'autre part, la nullité n'atteint pas non plus le transfert opéré après le jugement d'ouverture du moment qu'elle est au service de la procédure.

À l'image de la logique de responsabilité élargie des producteurs de déchets qui veut que les producteurs ou les metteurs sur le marché contribuent auprès d'éco-organismes compétents pour la récupération des déchets issus de leurs produits, tous les exploitants soumis à une obligation de remise en état pourraient devoir contribuer à un ou plusieurs fonds mobilisables pour le financement des remises en état notamment en cas de procédure collective. La souplesse et les garanties du modèle fiduciaire qualifient ce dernier pour instituer et porter de tels fonds.

Enfin, outre l'insuffisance de financement, le manque d'effectivité des remises en état tient pour une grande part au découplage entre l'obligation administrative qui pèse sur le dernier exploitant et la propriété foncière. La loi n° 2014-366 du 24 mars 2014 pour l'accès au logement et un urbanisme rénové, dite loi « ALUR », a introduit dans le Code de l'environnement un nouveau dispositif permettant au préfet, sur initiative d'un tiers intéressé, de lui prescrire la réalisation de travaux de réhabilitation d'une installation classée mise à l'arrêt définitif, en substitution du dernier exploitant (C. envir., art. L. 512-21 et D. 18 août 2015). Désormais, un tiers qui n'est ni exploitant ni propriétaire peut demander au préfet de prendre en charge la réhabilitation du site et ainsi se substituer au responsable débiteur de l'obligation. Ce nouvel opérateur spécialisé, financièrement intéressé à l'opération dépollution/reconversion, vient soulager l'exploitant historique de son obligation administrative de remise en état. L'objectif est bien de lever un obstacle majeur constaté lors des reconversions : permettre le transfert du foncier en même temps que celui de l'obligation administrative.

Le tiers demandeur demeure néanmoins un prestataire – d'ailleurs lui-même astreint à la constitution de garanties financières qui n'incluent pas la fiducie (C. envir., art. R. 512-80) – c'est-à-dire un tiers intervenant auquel est confiée une mission technique à réaliser sur un espace déterminé. S'il libère l'ancien exploitant de sa responsabilité administrative, il lui manque toutefois une dimension essentielle à un programme de reconversion, celle de la maîtrise foncière. Cet outil du tiers demandeur, innovant en soi, trouvera toute son efficacité si on le couple à un second issu du Code civil et *a priori* plus orienté vers l'organisation patrimoniale : la fiducie.

Le mécanisme fiduciaire apparaît parfaitement adapté aux problématiques de passifs environnementaux puisqu'il permet de transférer un passif (le site pollué) du moment que le constituant transfère en même temps un actif, même d'un montant inférieur, qui est affecté au service de « la dette environnementale ». La figure du tiers demandeur permet, en premier lieu, une substitution de responsabilité. Le transfert fiduciaire permet de contourner la difficulté de vendre des sites dont la valeur est souvent négative. Il s'agit de transférer en l'état des sites pollués à un fiduciaire dont la mission sera celle que la loi offre au tiers demandeur : assurer leur dépollution et de leur donner une nouvelle vie.

Chronologiquement, le site est confié au fiduciaire. En tant que tiers demandeur, celui-ci réalise ou fait réaliser les études environnementales, l'audit juridique (environnement, urbanisme, immobilier) et les diagnostics techniques. Il conduit les procédures administratives de substitution puis prend en charge les travaux de réhabilitation nécessaires en fonction de l'usage futur du site conjointement arrêté avec l'exploitant, le propriétaire, les collectivités locales, le tout sous le contrôle du préfet. Il exécute enfin des travaux d'aménagement ou de promotion immobilière. La mission du fiduciaire s'achève avec la cession du site, une fois le programme réalisé, et le débouclage financier de l'opération effectué.

Ainsi, plutôt que d'avoir un opérateur économique, aménageur ou promoteur, qui souhaite acquérir une friche industrielle, en endossant seulement une partie des responsabilités tout en laissant une autre partie à un vendeur dès lors peu disposé, ce couple d'instruments juridiques permet aux exploitants propriétaires de sites pollués de confier, par une seule opération, les opérations de dépollution à un tiers spécialisé provisoirement propriétaire du site le temps de la dépollution. Ils se libèrent ainsi des obligations administratives de remise en état et du passif environnemental. Ils peuvent ainsi se concentrer sur leur métier, sans que les considérations inhérentes à celui-ci parasitent la dépollution. L'administration y gagne un interlocuteur spécialiste. Pragmatiquement, le fiduciaire n'endossera certainement que la fonction d'un assistant à maîtrise d'ouvrage spécialisé, missionné par un aménageur public ou privé à des fins de portage immobilier pour une durée déterminée, celle du contrat de fiducie et pour une fonction précise, celle du tiers demandeur. De façon imagée, sa fonction consiste en un sas de dépollution. Le propriétaire et l'ancien exploitant sont ainsi libérés d'une obligation juridique et d'un immobilier encombrant.

Au-delà de la figure du « tiers demandeur » qui se substitue à l'exploitant dans le cadre du régime légal spécial, se pose la question de savoir si la substitution du responsable dans le cadre de l'obligation de remise en état pourrait être généralisée. L'article 2011 du Code civil autorise le fiduciaire à être titulaire de droits, l'autorisation administrative pouvant sans grande difficulté être qualifiée de bien.

Ainsi analysée, et eu égard à la mission du fiduciaire définie au contrat, en faire le titulaire d'une autorisation d'exploitation n'est pas inenvisageable, surtout dans la perspective de remise en état. Le droit des ICPE saisit le fait d'exploitation indépendamment de la qualité publique ou privée du demandeur ou de la question de la propriété. La démarche est finaliste : appréhender un responsable. En ce sens, une demande d'autorisation peut être faite « pour le compte » du futur exploitant du moment que l'administration n'est pas induite en erreur. Le fiduciaire devant obligatoirement indiquer sa qualité, un tel risque n'existe pas et le transfert de droit devrait exclure l'application de la procédure de déclaration de changement d'exploitant.

Délier le nœud des responsabilités des exploitants successifs, des détenteurs et des propriétaires peut s'avérer particulièrement complexe, à tel point que la jurisprudence au fil des années a fait de la recherche du responsable débiteur de l'obligation une identification d'un débiteur solvable. Prévoir *ab initio* une fiducie dédiée à la remise en état serait un gage de responsabilité. Les arrêtés préfectoraux pourraient ainsi vraisemblablement viser le fiduciaire, professionnel objectif dédié à cette mission, pour peu que la fiducie soit correctement financée.

B. – L'obligation de compensation des atteintes à la biodiversité

L'obligation de compensation environnementale existe en droit français depuis la loi n° 76-629 du 10 juillet 1976 relative à la protection de la nature et figure depuis la loi n° 2016-1087 du 8 août 2016 dite « loi Biodiversité » aux articles L. 163-1 à 5 du Code de l'environnement. Elle vise à compenser les atteintes prévues ou prévisibles à la biodiversité occasionnées par la réalisation d'un projet de travaux ou d'ouvrage ou par la réalisation d'activités ou l'exécution d'un plan, d'un schéma, d'un programme ou d'un autre document de planification. L'objectif est celui d'une absence de perte nette, voire de gain de biodiversité.

La particularité de cette obligation administrative complexe est qu'il s'agit d'une obligation de résultat, sanctionnée et dont le non-respect constitue un vice substantiel non régularisable des autorisations environnementales délivrées. Mais surtout, la compensation doit être effective pendant toute la durée des atteintes. L'État a d'abord préconisé des durées standard de trente ans, puis cinquante ans pour la plupart des projets d'importance.

L'enjeu est donc celui de la pérennité et de l'effectivité de la compensation sur de telles durées. Cela suppose de relever un double défi : assurer la sécurisation foncière du terrain d'assiette des programmes de compensation sur des décennies et garantir le financement des programmes de compensation sur des durées qui peuvent être supérieures aux durées de vie de nombre de sociétés porteuses de projet.

Parmi les différentes façons d'assurer les compensations prescrites par l'État, le législateur a prévu qu'elles pouvaient être menées par le porteur de projet lui-même ou qu'elles pouvaient être déléguées à un opérateur de compensation contractuellement chargé de leur exécution. Ainsi, de la même façon que le fiduciaire peut assurer les missions du tiers demandeur pour la remise en état des friches industrielles, il pourrait à l'avenir exercer les fonctions d'opérateur de compensation et entreprendre une réhabilitation ou renaturation de fonciers avec pour objectif de leur rendre une certaine naturalité sur la longue durée par la conduite notamment d'actions de restauration, reconquête, préservation, gestion et valorisation de la biodiversité remarquable comme ordinaire, grâce au financement issu de nouveaux projets d'aménagement ou industriels.

La distinction majeure est qu'il s'agira alors d'une simple délégation de mission, les dispositions législatives relatives à la compensation n'ayant pas prévu de substitution de responsable comme celle du tiers demandeur. Ici aussi se pose donc la question de savoir si la fiducie ne permettrait pas dans le cadre du transfert de « droits » un transfert de responsabilité à la charge de l'opérateur de compensation.

Les maîtres d'ouvrage soumis à l'obligation de compensation peuvent donc constituer des fiducies pour réaliser leurs opérations de compensation, d'une part, par des transferts de foncier affectés à la compensation et, d'autre part, par le transfert au fiduciaire du financement des mesures de compensation. Le fiduciaire se voit alors déléguer le pilotage des actions nécessaires, du plan de gestion à la réalisation des travaux de génie écologique ainsi que du suivi de la gestion sur le long terme. Il rend compte au constituant ou aux autorités de contrôle et devient surtout le garant d'une gestion qui dépasse la seule conservation des milieux.

Le recours à la fiducie permet au porteur de projet de fournir à l'État des garanties d'effectivité et de pérennité en cantonnant les fonds et le foncier et en les affectant. Isolés dans des patrimoines d'affectation, aucun créancier extérieur ne peut menacer la bonne exécution de l'obligation administrative. Qui plus est, dans un contexte où les projets font l'objet de contentieux assez systématiques, la qualité de tiers de confiance du fiduciaire et son régime particulier permettent en partie de combler le déficit de confiance envers les porteurs de projets.

Au-delà des débats scientifiques sur le recours à la compensation, la critique récurrente porte en effet sur le risque d'ineffectivité d'une obligation dont la mise en œuvre implique une temporalité inhabituelle pour les acteurs économiques. Assurer l'effectivité d'une telle obligation suppose donc le recours à un mécanisme à même de la garantir. La fiducie, notamment par le transfert de propriété qu'elle permet sur la durée, apparaît toute désignée. La réflexion est identique en matière judiciaire.

II. – La fiducie au soutien de l'effectivité des obligations environnementales prescrites par la justice

Suivant la même logique d'une articulation entre obligation administrative et contrat de fiducie, la question s'est posée de savoir comment une décision de justice pouvait produire ses pleins effets en matière environnementale. Tel est particulièrement le cas du préjudice écologique.

A. – La problématique récurrente de l'effectivité de la réparation du préjudice écologique

Issu d'un long cheminement jurisprudentiel, la notion de préjudice écologique consacrée par la Cour de cassation dans le dossier de l'Erika[2] a vu sa définition codifiée à l'article 1247 du Code civil par la loi n° 2016-1087 du 8 août 2016. Désormais, il convient donc de faire une distinction entre deux types de réparation cumulables avec, d'un côté, la réponse au préjudice écologique affectant exclusivement l'environnement et, de l'autre, la réparation des dommages causés par l'infraction en elle-même, qui relève de l'indemnisation classique des préjudices matériels et moraux[3].

La Cour de cassation a pu entériner cette autonomie complète en admettant même l'indemnisation d'un préjudice moral en l'absence de préjudice écologique. La seule violation de la réglementation environnementale peut ainsi ouvrir droit à indemnisation, indépendamment de la caractérisation de la gravité d'une atteinte aux éléments ou aux fonctions des écosystèmes ou aux bénéfices collectifs tirés par l'homme de l'environnement[4].

L'article 1247 du Code civil exige la preuve d'une « atteinte non négligeable aux éléments ou aux fonctions des écosystèmes ou aux bénéfices collectifs tirés par l'homme de l'environnement » afin de caractériser le préjudice écologique. L'atteinte à l'environnement ne saurait donc suffire pour entraîner le mécanisme de réparation du préjudice écologique. Il est en effet impératif de démontrer le caractère « non négligeable » de l'atteinte.

Cette démonstration restant à la charge du demandeur, l'apport d'une preuve scientifique quant à la gravité de l'atteinte semble ici primordial. Ce caractère non négligeable d'une atteinte peut prendre plusieurs aspects et être aussi bien

(2) Cass. crim., 25 sept. 2012, n° 10-82.938, publié au bulletin.
(3) Cons. const., 5 févr. 2021, n° 2020-881 QPC.
(4) Cass. crim., 29 juin 2021, n° 20-82.245, publié au bulletin.

quantitatif que qualitatif[5]. La jurisprudence de la chambre criminelle de la Cour de cassation impose toutefois au juge judiciaire de chiffrer, le cas échéant en ayant recours à une expertise, le préjudice écologique qu'il a reconnu préalablement[6].

À ce jour aucune disposition législative ou réglementaire n'impose une méthode particulière d'évaluation du préjudice. Toutefois, dans le cadre de la rédaction du chapitre du Code civil relatif à la réparation du préjudice écologique, deux méthodes ont été élaborées par un groupe de travail composé d'experts et d'acteurs de terrain. Qui plus est, dans la logique de réparation du préjudice écologique, l'article 1249 du Code civil pose un principe de réparation en priorité en nature. En cas d'impossibilité, la réparation s'effectuera par le versement de dommages et intérêts « affectés à la réparation de l'environnement, au demandeur ou, si celui-ci ne peut prendre les mesures utiles à cette fin, à l'État ». Un principe d'effectivité des mesures de réparation du préjudice écologique se dégage de la lettre de l'article 1249 du Code civil.

L'appréhension juridique du préjudice écologique inclut donc de garantir l'effectivité de sa réparation. En cela, le recours à la fiducie apparaît à nouveau particulièrement pertinent.

B. – Imposer la fiducie comme garantie de l'exécution des CJIP

La convention judiciaire d'intérêt public environnementale – ou CJIP environnementale – prend sa source dans la loi n° 2020-1672 du 24 décembre 2020 relative au Parquet européen, à la justice environnementale et à la justice pénale spécialisée. Ce mécanisme d'une convention initiée par le Parquet dans les cas où une personne morale serait mise en cause pour des délits prévus par le Code de l'environnement et les infractions connexes est codifié à l'article 41-1-3 du Code de procédure pénale. Concrètement, cet outil permet la répression d'infractions environnementales commises par une personne morale, l'indemnisation civile lorsque la victime est identifiée, et la réparation du préjudice écologique. L'emploi volontaire par le 3° de l'article 41-1-3 de l'expression « préjudice écologique » ne peut que renvoyer à la seule définition codifiée de ce préjudice : celle inscrite à l'article 1247 du Code civil par la loi « Biodiversité » du 8 août 2016. Aussi, si la réparation du dommage causé par l'infraction est prévue en cas d'identification de la victime, il ne peut s'agir là que des intérêts civils (parfois dénommés, en cas d'un dommage environnemental comme fait générateur, préjudices écologiques « dérivés »).

Sur la réparation du dommage causé par l'infraction, à l'inverse des obligations du 1° au 3° de l'article 41-1-3 qui peuvent, selon les situations, être toutes édictées ou seulement certaines d'entre elles, la réparation des préjudices propres à la victime semble être imposée et obligatoire à la lecture de l'alinéa 6 en cas d'identification de celle-ci. En effet, « la convention prévoit également le montant et les modalités de la réparation des dommages causés par l'infraction ». Tout semble donc indiquer que, en cas de manifestation d'une victime, celle-ci devra nécessairement être prise en compte dans le cadre de la CJIP qui n'aura d'autre choix que de prévoir son indemnisation.

(5) Cass. crim., 25 janv. 2022, n° 21-84.366.
(6) Cass. crim., 22 mars 2016, n° 13-87.650, publié au bulletin.

Concernant le préjudice écologique (ou préjudice écologique « pur »), il importe de souligner que la CJIP n'est en aucun cas exclusivement réservée aux infractions entraînant un préjudice écologique, mais bien ouverte pour tout délit du Code de l'environnement ainsi que pour les infractions connexes. La technique de la réparation du préjudice écologique suit un processus d'ores et déjà défini par le Code civil. C'est ainsi que l'article 1249 dudit code doit se lire suivant un ordre de priorité précis et dépendant de la teneur des réparations, de l'affectation des sommes et du bénéficiaire de celles-ci : une priorité à la réparation en nature ; en cas d'impossibilité de réparation en nature, une *affectation* des sommes versées au titre des dommages et intérêts à la réparation de l'environnement au demandeur et enfin, en cas d'impossibilité pour le demandeur de prendre les mesures utiles à cette fin, un versement des sommes l'État.

Dès lors, en droit et au sens de cette disposition légale qui doit être lue strictement, la réparation du préjudice écologique doit se concevoir en priorisant la réparation en nature puis une affectation des dommages et intérêts à la réparation du préjudice écologique. Logiquement, et à notre sens, les termes de la CJIP relatifs à la réparation du préjudice écologique ne peuvent s'abstenir de suivre l'ordre de priorité indiqué à l'article 1249. Surtout, la pratique de la négociation des clauses de la convention le permet aisément. En effet, dans le cadre d'une CJIP envisagée, une phase de négociation entre les différents acteurs (demandeur, ministère public et personne morale mise en cause) se met naturellement en place.

La réparation du préjudice écologique prévue par la CJIP suppose donc pour elle de prévoir une réparation en nature et, à défaut, une indemnisation dédiée au financement de cette réparation. Il est en effet primordial que la réparation d'un tel préjudice ne se transforme pas en un mécanisme automatique de versement de dommages et intérêts sans bénéfice direct pour l'environnement endommagé. Même en cas d'impossibilité avérée et justifiée de réparation en nature, le système subsidiaire de réparation par versement de dommages et intérêts doit tout de même présenter des garanties d'affectation à la réparation de l'environnement.

Il est impératif que le demandeur bénéficiaire des sommes fasse l'effort d'une démonstration des mesures utiles qu'il prendra, permettant la bonne affectation de celles-ci à la réparation de l'environnement. Rien ne s'oppose – et même tout semble motiver – qu'il détaille un programme de mesures ainsi qu'un calendrier de mise en œuvre. La technique conventionnelle facilite l'exposé de ces mesures utiles d'affectation, notamment en prévoyant directement au sein de la CJIP des mesures de sûreté à même de garantir l'affectation voulue par les textes et, partant, l'effectivité de la réparation.

L'affectation des sommes à l'État constitue ainsi un réel levier de négociations avec le demandeur : dans le but d'assurer une réparation certaine et réelle du préjudice, si le demandeur n'assure pas suffisamment au procureur de la République que les sommes seront effectivement utilisées à cette fin, celles-ci ne lui seront pas versées mais bien redistribuées à l'État. On comprend ici tout l'intérêt d'une fiducie environnementale adossée à une CJIP : son mécanisme permet de garantir l'affectation des sommes versées en dommages et intérêts à la réparation de l'environnement.

La CJIP prévoira le transfert des sommes versées en conséquence d'un préjudice écologique à un fiduciaire qui agira dans le but déterminé et contractualisé de réparation de l'environnement. En prévoyant l'obligation pour le demandeur de constituer un tel contrat de fiducie, le procureur de la République, ayant constaté l'impossibilité de réparation en nature par l'auteur de la pollution, pourra *a minima* s'assurer de la constitution de mesures utiles tendant à l'affectation des sommes à la réparation de l'environnement, notamment dans le cadre d'un programme de mesures détaillées et soumises à échéancier.

Notons ici qu'il nous semble d'ailleurs préférable que l'obligation de constitution d'un contrat de fiducie pèse sur le demandeur et non sur la personne morale mise en cause. En effet, bien que cela puisse paraître paradoxal, compte tenu de ce que le demandeur se verrait ainsi obligé dans la relation contractuelle, tout indique que ce même demandeur soit bien plus enclin à faciliter la bonne affectation des montants à la réparation du préjudice écologique que la personne morale mise en cause. Par ailleurs, plusieurs autres garanties à la bonne exécution de la mission fiduciaire s'attachent à ce mécanisme.

L'article 2017 du Code civil permet en effet de désigner un tiers chargé de s'assurer de la préservation des intérêts du constituant, en l'occurrence lors d'une CJIP, du demandeur. Le mécanisme peut donc ainsi prévoir son propre tiers contrôleur qui n'aura d'intérêt envers aucune des parties. L'Office français de la biodiversité (OFB) apparaît tout désigné pour exercer cette fonction.

À ce jour deux ordonnances du tribunal judiciaire du Puy-en-Velay ont validé deux CJIP le 12 septembre 2022 prévoyant une fiducie destinée à recueillir les sommes affectées à la réparation du préjudice écologique d'une fédération départementale de pêche à la suite de pollutions de cours d'eau[7].

C. – Imposer la fiducie comme garantie de l'exécution des décisions de justice

Le mécanisme étant éprouvé pour garantir l'effectivité de la réparation du préjudice écologique dans le cadre particulier des conventions judiciaires, la même question se posait logiquement dans un cadre contentieux « classique ». Le législateur ayant prévu une réparation par priorité en nature et *a minima* une affectation des sommes, prononcer seulement une condamnation à l'indemnisation correspondant à ce préjudice spécifique ne répond pas totalement aux prévisions du texte. Il paraissait nécessaire que le jugement rendu prévoie, au-delà de la reconnaissance du préjudice écologique et du montant, le *modus operandi* permettant de se conformer au texte en termes d'affectation et donc d'effectivité de la réparation.

C'est chose faite avec le jugement rendu par le tribunal correctionnel d'Aurillac le 15 décembre 2022 qui prévoit, outre le prononcé d'une peine d'amende pour un délit de pollution de cours d'eau, la condamnation de la société prévenue à une somme en réparation du préjudice écologique, à verser sur un compte fiduciaire dans le cadre d'une fiducie préalablement constituée par l'auteur de la pollution

(7) www.ecologie.gouv.fr/convention-judiciaire-dinteret-public-cjip.

au bénéfice de la Fédération départementale des associations agréées de pêche et de protection du milieu aquatique du Cantal, sous le contrôle de l'Office français de la biodiversité.

Le constituant de la fiducie est donc la personne morale condamnée. Le fiduciaire assurera la gestion des fonds destinés au financement de la réparation du préjudice que l'association bénéficiaire mettra en œuvre, les opérations se faisant sous le contrôle de l'OFB dont on peut supposer qu'il pourrait être tiers contrôleur au sens de l'article 2017 du Code civil.

Enfin, il faut noter une décision récente du juge administratif encore plus exigeante en termes d'effectivité de la réparation. Le tribunal administratif de Nancy a en effet rejeté la demande de réparation du préjudice écologique formulée par une association qui ne justifiait pas de la méthode de calcul employée « ni même, le cas échéant, de *l'affectation* de cette somme à la réparation de l'environnement »(8). Ainsi, suivant une lecture rigoureuse du texte, la démonstration de l'affectation des sommes deviendrait une condition d'allocation juridictionnelle de la réparation du préjudice écologique.

Dès lors, que ce soit pour donner des gages en termes d'affectation des indemnisations civiles voire pour obtenir le principe même d'une indemnisation, la proposition de la constitution d'une des sûretés du Code civil est assurément la meilleure stratégie. La fiducie est depuis l'origine désignée comme leur reine.

Lyon, le 4 janvier 2023

(8) TA Nancy, 1re ch., 3 nov. 2022, n° 2101336, *Assoc. Oiseaux Nature 88*.

CONCLUSION

Propos conclusifs

Michel GRIMALDI
Professeur émérite de l'Université Panthéon-Assas Paris 2

1. Lorsque la proposition me fut faite de participer à la célébration du quinzième anniversaire de la naissance de la fiducie, je m'interrogeai sur l'importance de ce passage à la seizième année.

Je me souvins d'abord qu'en France, de 1804 à 2006, ce fut pour la femme l'âge de la nubilité : l'âge auquel elle pouvait entrer en mariage. Puis, il me revint qu'en Amérique latine, singulièrement au Mexique, le 15e anniversaire est aujourd'hui encore l'occasion d'une fête aussi joyeuse que traditionnelle, la *quinceañera*, qui marque le passage d'une jeune fille à l'âge adulte : la fête comprend généralement une chorégraphie dans laquelle quatorze couples, en habits chamarrés, valsent autour de la *quinceañera*, laquelle est accompagnée du danseur de son choix. Eh bien, me suis-je dit, nous allons fêter le passage de la fiducie à l'âge de la maturité.

C'est bien ce que nous avons fait durant cette journée. La fiducie a été notre *quinceañera* et l'on a valsé autour d'elle pour contempler le chemin parcouru et lui souhaiter un bel avenir.

2. Quant au danseur qu'elle aurait dû choisir, c'est incontestablement Claude Witz. Car, enfin, c'est bien à lui qu'elle doit d'être ce qu'elle est aujourd'hui. C'est lui qui, dans les années 1980, dans une thèse dont le retentissement fut considérable, remit la fiducie en scène. Avant la parution de sa thèse, à la couverture bleue et blanche, en 1980, la fiducie n'était guère évoquée. On se souvenait parfois de la *fiducia* du droit romain, mais celle-ci appartenait à l'histoire. On n'ignorait pas l'importance qu'avait le *trust* en pays de *Common law*, mais celle-là relevait d'une culture juridique différente. Je ne sais si, comme Phèdre à la vue d'Hippolyte, Claude Witz vit la fiducie, rougit et pâlit à la vue de la fiducie, mais je sais qu'il sut la découvrir dans les interstices du droit positif, qu'il en montra les avantages et qu'il en devint le héraut.

C'était donc tout naturellement à Claude Witz qu'il revenait d'ouvrir la fête ce matin en nous rappelant la lente genèse de la fiducie, les obstacles qu'il fallut franchir pour que fût adoptée la loi du 19 février 2007 qui l'introduisit dans le Code civil.

3. S'en est suivie une très riche journée durant laquelle la fiducie a été considérée dans tous ses aspects. Nous avons parlé de l'acte juridique, du contrat, qui la fait naître. Nous en avons évoqué les acteurs : le constituant, le fiduciaire, le bénéficiaire, sans oublier le protecteur de la fiducie. Nous en avons détaillé les différentes utilités en contemplant le triptyque de la fiducie-gestion, de la fiducie-sûreté et de la fiducie-libéralité. Nous l'avons vu se déployer sur des terres lointaines, en Polynésie, ou sur des terres nouvelles, celles du droit de l'environnement. Et puis, naturellement, nous avons été attentif à la fiscalité qui peut la laisser vivre, voire en assurer la promotion, ou… la tuer.

Toutes ces questions devaient être ordonnées. Sabrina Le Normand-Caillère s'y est essayée et y est parvenue : de cette journée, elle a su concevoir un programme cohérent. Alors, après tous les orateurs de ce colloque, je lui dis à mon tour mes félicitations et mes remerciements. Parce qu'elle combat inlassablement pour la promotion de la fiducie et qu'elle en chante les vertus, on l'a présentée comme la Jeanne d'Arc ou la Diva de la fiducie. Je ne doute pas de son air préféré : le *vincero* de Turandot.

4. Tant de choses ont été dites aujourd'hui, et aussi lors des multiples colloques sur la fiducie qui se sont tenus ces dernières années et même ces dernières semaines (à l'Institut de droit comparé de l'Université Panthéon-Assas Paris 2 au mois de mai, au Conseil supérieur du notariat au mois de juillet), qu'il n'est pas facile de conclure notre rencontre. Mais c'est ce que l'on m'a demandé de faire et je ne saurais me dérober…

De nos échanges, il m'a semblé qu'un double vœu se dégage. L'hypothèse de départ étant que la fiducie est une bonne chose (soyons honnêtes : notre colloque était orienté), il a été souhaité l'extension de son domaine et une amélioration de son régime. C'est sur ces deux points que je vous présenterai quelques propos conclusifs.

5. Mais auparavant je voudrais présenter deux observations liminaires un peu longues mais qui me semblent de nature à dissiper certaines équivoques planant sur la fiducie.

Ces équivoques naissent de la définition même que l'article 2011 du Code civil donne de la fiducie : le contrat par lequel une personne, le constituant, transfère à une autre personne, le fiduciaire, des biens et droits au profit d'un bénéficiaire. Aussitôt lu, le texte suscite deux interrogations : – le contrat de fiducie est-il un contrat translatif de propriété, alors que le texte parle d'un transfert de biens et droits ? ; – à quoi sert la fiducie, quelle en est l'utilité, alors que le texte ne dit rien de la raison, du but de ce transfert, et la présente ainsi comme un mécanisme abstrait ?

1) S'agissant de la première question, la réponse de la doctrine dominante est claire : la fiducie est un contrat par lequel la propriété de certains biens est transférée au fiduciaire. Et cette lecture de l'article 2011 se trouve confortée par les dispositions relatives à la fiducie-sûreté, où, suivant les dispositions des articles 2329 et 2373, la « propriété » est cédée à titre de garantie.

Soit… Mais il ne faut pas se laisser abuser par les mots. Comme cela a été dit aujourd'hui, et comme j'en ai toujours été convaincu, la propriété fiduciaire n'est pas la propriété de l'article 544 du Code civil : elle n'est pas la propriété ordinaire.

Elle s'en distingue d'abord par son *contenu*. Alors que le propriétaire ordinaire est *riche* de ses biens, qu'il peut vendre puis en dissiper le prix, le fiduciaire n'est jamais riche des biens fiduciaires (ce pourquoi ses créanciers personnels ne peuvent les saisir ; et ce pourquoi le droit fiscal, réaliste, en répute propriétaire le constituant bénéficiaire). En outre, alors que la propriété ordinaire confère la plénitude des *pouvoirs* (*usus, fructus, abusus*) sur la chose, le fiduciaire n'a que ceux qui sont nécessaires à l'accomplissement de sa mission (et, dans un contrat de fiducie-sûreté, il peut n'en avoir d'autre que celui de veiller à la conservation de la chose, comme un créancier gagiste dans un gage avec dépossession).

Quant à ses *caractères*, la propriété ordinaire est *perpétuelle*, en ce sens qu'elle dure aussi longtemps que dure la chose sur laquelle elle porte. La propriété fiduciaire, en revanche, est toujours temporaire : non pas seulement parce que la loi en limite la durée à 99 ans, mais parce qu'elle ne se conçoit que le temps nécessaire à l'achèvement de la mission confiée au fiduciaire.

La propriété du fiduciaire serait-elle donc comparable à ce fameux couteau de Lichtenberg qui n'a ni lame ni manche ? Certes, non. Car la propriété fiduciaire emprunte à la propriété ordinaire ce caractère essentiel qu'est l'*exclusivité* (où d'ailleurs certains voient, plus qu'un caractère, l'essence même de la propriété). Le propriétaire ordinaire peut exclure toute personne de sa chose : la propriété est un monopole. Or, dans la fiducie-gestion, nul autre que le fiduciaire ne peut gérer le bien : c'est dans cette exclusivité de gestion que cette variété de fiducie trouve sa raison d'être et se distingue fondamentalement d'un simple mandat, dans lequel le mandant n'est pas dessaisi des pouvoirs qu'il confère à son mandataire (C. civ., art. 1159 : « La représentation conventionnelle laisse au représenté l'exercice de ses droits »). Dans la fiducie-sûreté, nul autre que le fiduciaire ne peut obtenir le paiement de sa créance sur le bien considéré : c'est dans ce droit exclusif sur la valeur du bien que la fiducie-sûreté trouve sa raison d'être, et c'est par là qu'elle se distingue des sûretés traditionnelles, qui, ne conférant qu'un simple droit de référence, exposent leur titulaire au risque de se trouver un jour primé par un créancier jugé préférable. C'est d'ailleurs bien ainsi que l'ordonnance du 15 septembre 2021 portant réforme des sûretés caractérise la fiducie-sûreté : distinguant entre les sûretés réelles qui confèrent un droit de préférence et celles qui confèrent un droit exclusif, elle classe implicitement parmi les secondes la fiducie-sûreté (à côté de la réserve de propriété).

Cette exclusivité suffit-elle à justifier que l'on parle de la *propriété* du fiduciaire ? Oui, sans doute, puisque certains voient dans l'exclusivité le signe de la propriété ordinaire.

Mais à la condition de ne pas être dupe et de ne pas assimiler la propriété du fiduciaire à une propriété ordinaire. Car enfin, quel est ce propriétaire qui ne peut être qu'un banquier, un assureur ou un avocat ? qui ne répond pas de ses dettes sur ses biens ? dont les pouvoirs doivent être précisés par le contrat qui le rend propriétaire ? qui doit rendre compte de sa gestion ? et qui peut être déchu de son droit ? La neutralité fiscale est très révélatrice, qui loge la propriété dans le patrimoine du bénéficiaire de la fiducie. Et Éric Fongaro nous a dit que les Anglais, qui sont des personnes pragmatiques, considèrent que la propriété « vraie » est du côté de l'*equitable ownership*, autrement dit du bénéficiaire du trust, et non du côté du *trustee*.

Aussi serait-il plus précis et plus exact de parler de *propriété fiduciaire* et de *propriétaire fiduciaire*. C'est d'ailleurs ainsi que la loi oblige le fiduciaire à se présenter (C. civ., art. 2021, al. 1). Et il est dommage qu'aient succombé à la censure du Conseil constitutionnel (pour des raisons de pure procédure : il s'agissait d'un cavalier budgétaire) les dispositions d'une loi qui, modifiant l'article 2011 du Code civil, énonçaient que « le fiduciaire exerce la *propriété fiduciaire* des actifs figurant dans le patrimoine fiduciaire, au profit du ou des bénéficiaires, selon les stipulations du contrat de fiducie »[(1)]. Ainsi distinguée de la propriété ordinaire, il n'y aurait plus

(1) Cons. const., 14 oct. 2009, n° 2009-589 DC.

de raison d'y voir une propriété dévoyée, diminuée, instrumentalisée : autant de termes péjoratifs. Elle apparaîtrait simplement comme une propriété particulière.

De plus, on comprendrait alors que, d'un point de vue *économique*, le contrat de fiducie relève non pas, comme la vente ou l'apport en société, de la catégorie des contrats d'échange, mais de celle des contrats de service (fiducie-gestion) ou de garantie (fiducie-sûreté) ; et que, d'un point de vue *juridique*, il n'est pas véritablement un contrat translatif de propriété, mais un contrat *constitutif* d'un droit réel particulier, la propriété fiduciaire, qu'il détache de la propriété du constituant. Un peu comme certains baux spéciaux constituent sur la tête du preneur un droit réel pour lui permettre la bonne exécution de son obligation, de construire ou de réhabiliter.

Cette analyse permettrait sans doute de donner la réponse à des questions *a priori* embarrassantes comme celle de savoir si le contrat de fiducie peut justifier l'exercice d'un droit de préemption.

2) S'agissant de la seconde question – *À quoi sert la fiducie ?* – la définition légale n'est d'aucune utilité, puisqu'elle ne dit rien de la cause du transfert de propriété : la fiducie y apparaît comme un acte neutre, dont on ne voit pas la finalité.

Mais, depuis la thèse de Claude Witz, on sait que, considérée dans son but, la fiducie peut être soit une fiducie-gestion, soit une fiducie-sûreté, soit une fiducie-libéralité, selon que le transfert de propriété s'explique par le souci du constituant de donner au fiduciaire les moyens d'une gestion efficace, de conférer à son créancier une sûreté hors concours, ou de gratifier une personne par l'intermédiaire d'un tiers.

Or, de cette polyvalence, il résulte fatalement que la fiducie ne saurait faire l'objet d'un corps unique de règles. Certes, il faut un tronc commun de règles qui gouvernent le transfert (ou la constitution…) de la propriété fiduciaire (formalisme, publicité, obligation de rendre compte, etc.). Mais il doit s'y ajouter un corps de règles spécifiques à la fiducie-gestion, à la fiducie-sûreté et à la fiducie-libéralité, qui prenne en compte les données propres à la gestion des biens d'autrui (notamment des personnes vulnérables), aux sûretés réelles ou aux libéralités. À cet égard, on rappellera l'avant-projet de loi sur la fiducie de 1991 (2), dont un article remarquable, après avoir défini la fiducie, ajoutait : « la fiducie est soumise aux règles ci-après énoncées sans préjudice des dispositions particulières d'ordre public propres à la matière concernée ». Et l'on observera que le législateur, après avoir introduit au Code civil en 2007, dans le livre III où sont réglementés les contrats, un chapitre dédié au contrat de fiducie en général, a dû en 2009 y ajouter, dans le livre dédié aux sûretés, un corps de règles propres à la fiducie-sûreté (3). Si donc, demain, la fiducie-libéralité ou la fiducie-gestion des biens des personnes vulnérables venaient à être enfin permises, ce serait moyennant des règles propres à chacune d'elles, qui en organiseraient l'insertion dans le droit des successions et des libéralités ou dans le droit des incapacités.

Cette même polyvalence explique encore qu'en droit international privé la loi d'autonomie, applicable en principe au contrat de fiducie, trouve (ou trouvera

(2) *Defrénois* 1991, art. 35094, Annexe.
(3) Ord. 30 janv. 2009.

demain) ses limites dans les dispositions impératives de la loi réelle, de la loi personnelle ou de la loi successorale.

Ces deux longues observations expliquent les difficultés avec lesquelles la fiducie pénètre le droit français. Sans doute des réformes sont-elles encore nécessaires : cela a été montré durant cette journée. Mais attention aux cadences législatives, aux réformes en cascade qui déstabilisent le droit. Il est des questions qu'il appartient à la pratique et à la jurisprudence de régler.

I. – L'expansion du domaine de la fiducie

6. Avant de contempler les terres à conquérir (A), jetons un regard sur les terres conquises (B).

A. – Les terres conquises

7. Ces terres sont celles des sûretés et de la gestion : il existe en droit positif une fiducie-sûreté et une fiducie-gestion.

8. L'essor de la fiducie-sûreté est patent en législation comme en pratique.

En législation, le terrain avait été préparé, dès 1980, avec l'introduction de la cession de créance à titre de garantie, connue sous l'appellation de cession Dailly. Avec la loi de 2007, la fiducie-sûreté entre au Code civil, implicitement comprise dans la fiducie polyvalente prévue par la loi, mais ne fait l'objet d'aucune disposition particulière. Ce vide embarrassant est comblé par l'ordonnance du 30 janvier 2009, qui introduit au livre IV des dispositions propres à la fiducie-sûreté mobilière et à la fiducie sûreté immobilière. Et, quelque dix années plus tard, l'ordonnance du 15 septembre 2021 y ajoute des figures particulières et simplifiées de fiducie, avec la cession de créance ou de somme d'argent à titre de garantie (moyennant quoi la cession Dailly est ouverte à tous et le mal nommé gage espèces trouve sa place dans le Code civil).

En pratique, la fiducie-sûreté a trouvé son public, c'est-à-dire ses créanciers. Mais quels créanciers ? Certes, la fiducie-sûreté peut garantir toute espèce de créance (j'en ai connu en garantie de paiement d'une indemnité de réduction pour atteinte à la réserve...). Mais elle se rencontre surtout dans les opérations de restructuration ou, si l'on préfère, dans le financement des entreprises en difficulté. Tantôt elle garantit le remboursement des sommes avancées à l'entreprise, de cette *new money* dont l'entreprise en difficulté a besoin. Tantôt elle garantit la bonne exécution d'un plan salarial : on a pu alors parler de fiducie sociale. Cela dit, elle gagne du terrain et vient aujourd'hui consolider le financement de débiteur *in bonis*.

9. L'essor de la fiducie-gestion est plus discret et donc plus difficile à mesurer.

En législation, il n'existe pas d'innovation qui révélerait un engouement pour cette forme de fiducie. Il n'existe d'ailleurs même pas de texte qui la vise en particulier (sauf ceux qui l'interdisent sur les biens d'une personne vulnérable). Sans doute parce que les textes qui forment le droit commun y suffisent.

En pratique, il est difficile de savoir si la fiducie-gestion a trouvé sa clientèle. Les choses semblent cependant en bonne voie. Un fiduciaire historique nous a dit que 30 % des fiducies qu'il a créées sont des fiducies-gestion. Il s'en constituerait au cours d'opérations de restructuration pour l'exercice des droits attachés aux titres sociaux, ou pour la gestion de droits de propriété intellectuelle ou de titres *cash*. En attendant la fiducie qui pourrait régler les problèmes fonciers que posent les indivisions polynésiennes...

10. Qu'elle soit à fin de sûreté ou de gestion, la fiducie semble se développer pour l'instant dans le monde des affaires. Pourrait-elle s'étendre aux patrimoines privés ? L'emprunteur acceptera-t-il un jour la constitution, non pas d'une hypothèque, mais d'une fiducie-sûreté sur sa résidence principale, et l'épargnant ou le rentier le placement, non pas sous un mandat, mais sous une fiducie-gestion, de son portefeuille de valeurs mobilières ?

L'obstacle pourrait être d'ordre psychologique. Le bon père de famille, comme on disait naguère, accepte que ses biens soient affectés à la garantie de son endettement ou gérés par un professionnel, mais il se cabre s'il lui est proposé d'en transférer, à cette fin, la propriété. Déjà, dit-on, l'emprunteur préfère souvent le cautionnement (mutuel) à l'hypothèque parce qu'il a le sentiment que, fort de son droit réel, le créancier est installé dans le salon. Alors, à ses yeux, lui céder la propriété à titre de garantie, c'est lui remettre les clés de l'appartement...

Pour vaincre la résistance de cet honnête citoyen, il faudra lui expliquer ce qu'est la propriété fiduciaire...

B. – Les terres à conquérir

11. La conquête que l'on a souhaitée est double : elle est d'obtenir du législateur l'extension de la fiducie-gestion et la consécration de la fiducie-libéralité.

12. L'extension de la *fiducie-gestion* consisterait à permettre qu'elle fût une *fiducie-protection* et une fiducie successorale.

La *fiducie-protection* serait la fiducie-gestion portant sur les biens d'une personne vulnérable, mineur ou majeur protégé. Claire Farge nous a montré les avantages escomptés d'une telle fiducie : une gestion plus fluide, plus dynamique. Elle nous a aussi montré la voie d'une réforme prudente : peu de textes à abroger ou à créer ; une fiducie qui ne serait pas une sixième mesure de protection (s'ajoutant à la sauvegarde de justice, à la curatelle, à la tutelle, à l'habilitation familiale et au mandat de protection future), mais qui serait préférée ou adossée à l'une des mesures légales de protection ; une fiducie, enfin, qui, eu égard aux principes gouvernant la protection des personnes vulnérables, conserverait au juge son pouvoir de surveillance.

La *fiducie successorale*, qu'il faut distinguer de la fiducie-libéralité, est une fiducie-gestion portant sur une succession. Elle permettrait au *de cujus* de confier à un tiers de confiance la gestion des biens qu'il laissera à sa mort : ses héritiers recueillent sa succession, mais ils ne la géreront pas. Certes un instrument permet déjà d'obtenir ce résultat : le mandat à effet posthume (C. civ., art. 812 et s.). Ce mandat est bien d'esprit fiduciaire puisqu'il dessaisit les héritiers des pouvoirs conférés au mandataire. Mais on sait la double faiblesse qui le condamne : d'abord, l'incertitude sur l'étendue des pouvoirs qui peuvent être conférés au mandataire (peut-il avoir le pouvoir de disposer ?) ; ensuite le pouvoir que la loi accorde à l'héritier dessaisi de mettre fin au mandat en aliénant les biens qui y sont compris. Reste qu'il est une preuve de l'utilité d'une fiducie successorale. Et une preuve supplémentaire en est le mandat que le donateur ou le testateur peut donner à un tiers de gérer les biens dont il gratifie un mineur (C. civ., art. 384). C'est dire que le principe d'une fiducie successorale est d'ores et déjà admis par le législateur. La seule question est celle régime de cette fiducie. Il faut à présent en consacrer une qui soit affranchie des contraintes excessives et expurgées des anomalies qui empêchent l'essor du mandat à effet posthume. Ce qui, d'ailleurs, exigera des arbitrages difficiles : faudrait-il, par exemple, exiger que la fiducie fût justifiée par un intérêt légitime et sérieux (comme le mandat à effet posthume, mais non le mandat de l'article 384 du Code civil) ?

13. La *fiducie-libéralité* est une fiducie dans laquelle le bénéficiaire est désigné dans une intention libérale. Le fiduciaire y est un intermédiaire de transmission. Parfois, il n'est que cela : ainsi lorsqu'il ne conserve aucunement les biens, qu'il remet immédiatement au bénéficiaire, donataire ou légataire. Mais le plus souvent la transmission est différée ou progressive, et peut s'étirer sur de nombreuses années. Dans ce cas, la fiducie-libéralité se double d'une fiducie-gestion.

La fiducie-libéralité est d'une utilité certaine. Elle permet de protéger les biens ou les personnes : les biens en conservant leur intégrité, les personnes en les protégeant de leur fragilité, qui peut être liée à leur âge, ou de leur prodigalité.

Il en existe des germes dans notre droit, avec les libéralités graduelles ou résiduelles, et plus généralement avec les libéralités assorties de charges. Bref le recours à un tiers intermédiaire, à un patrimoine intercalaire, n'est pas étranger au droit positif. Mais la spécificité du fiduciaire tient à ce qu'il n'est aucunement gratifié.

II. – L'amélioration du régime de la fiducie

14. L'amélioration du régime de la fiducie a été considérée sous deux angles : celui de la loi (A) et celui de la liberté contractuelle (B).

A. – L'amélioration légale

15. *De lege lata*, observons que, depuis la grande loi de 2007, le régime de la fiducie n'a cessé de s'assouplir et de se préciser. Les vents sont donc favorables.

Voyez le contrat de fiducie en général. À l'origine, le constituant devait être une personne morale, il peut être aujourd'hui une personne physique ; le fiduciaire devait être un banquier ou un assureur, il peut être aujourd'hui un avocat ; la fiducie ne pouvait durer plus que trente-trois ans, elle peut aujourd'hui durer trois fois plus longtemps.

Voyez la fiducie-sûreté. Désormais, en cas de défaillance du débiteur, la réalisation de la sûreté est facilitée puisque le bien peut être vendu en deçà de sa valeur d'expertise s'il ne se trouve aucun acquéreur pour payer un prix qui y soit égal ; lors de la constitution de la sûreté, il n'est plus nécessaire que les biens soient évalués ; et sont apparues des fiducies-sûretés très simplifiées avec la cession de créance ou de somme d'argent à titre de garantie.

Voyez la fiducie-gestion. L'introduction de l'agence des sûretés en consacre une variété originale : une fiducie ayant pour objet la gestion de sûretés.

Bref, à l'origine le régime de la fiducie était d'une rigidité extrême qui traduisait une forte défiance à l'égard de l'institution. Cela a été maintes fois souligné. Cette défiance s'estompe. On s'en réjouira.

Peut-être d'ailleurs ce nouveau climat explique-t-il l'audace de certains juges, tels ceux qui ont ordonné une mise en fiducie de sommes réparant un préjudice écologique. Ce qui revient à admettre l'existence de fiducies judiciaires.

16. *De lege ferenda*, plusieurs correctifs – assouplissements ou précisions – ont été demandés au législateur et plusieurs questions lui ont été soumises au fil de la journée.

Il lui a été naturellement réclamé les amendements qui permettraient l'extension du domaine de la fiducie à la fiducie successorale et à la fiducie-libéralité, qui supposent respectivement la modification de l'article 2029 et l'abrogation de l'article 2013 du Code civil.

Il lui a été aussi vivement suggéré d'abroger la disposition qui impose un acte notarié pour une fiducie portant sur un bien de communauté, car c'est assez d'exiger, sur le fond, le consentement des deux époux.

La question lui a été posée de savoir : – si, en cas d'insuffisance du patrimoine fiduciaire, il faut conserver au créancier de la fiducie le droit de poursuivre le paiement de ce qui leur reste dû sur le patrimoine du constituant ou, à défaut, du fiduciaire sauf s'ils y ont renoncé ; – si la responsabilité du fiduciaire sur son patrimoine personnel en cas de faute de gestion ne devrait pas être limitée au cas de faute détachable des fonctions.

Et puis l'on a débattu du coût de la fiducie. On a dit que l'on ne se bouscule pas pour devenir fiduciaire – quelques banquiers, peu d'avocats et nul assureur –, même si les choses semblent évoluer et que l'on voit apparaître de jeunes fiduciaires à côté des fiduciaires historiques. Mais, a observé André Prüm, peut-être le tarif d'un fiduciaire, qui se mesure à sa responsabilité et donc au coût de son assurance, est-il souvent trop élevé pour le constituant. Et comme la garantie de restitution imposée par la loi est évidemment d'ordre public (ce dont il a pourtant été débattu), les évolutions législatives de nature à diminuer le coût d'une fiducie ne sont pas évidentes...

B. – L'amélioration contractuelle

17. On ne peut tout attendre du législateur. Relisons Portalis : « L'office de la loi est de fixer, par de grandes vues, les maximes générales du droit ; d'établir des principes féconds en conséquence, et non de descendre dans le détail des questions qui peuvent naître sur chaque matière. C'est au magistrat et au jurisconsulte, pénétrés de l'esprit général des lois, à en diriger l'application (...) Tout prévoir est un but qu'il est impossible d'atteindre ». Cette réflexion tombe d'autant mieux plus en matière de fiducie que celle-ci irradie toutes les branches du droit.

Or la liberté contractuelle laisse aux parties le soin de construire dans le détail la fiducie qui leur convient. Inscrite à l'article 1102 du Code civil, elle permet aux parties de préciser la loi lorsqu'elle est trop générale, de la compléter lorsqu'elle est lacunaire et de l'écarter lorsqu'elle est inappropriée. Il a d'ailleurs été dit que 99 % des contrats de fiducie étaient du sur-mesure (peut-être même parfois, ajouterai-je, de la haute couture...).

18. Pour autant, la liberté contractuelle a des limites. Je voudrais en signaler trois.

1) La première tient à ce que les parties ne sauraient écarter les principes d'ordre public de la matière concernée. Ainsi, pas de fiducie-sûreté dans laquelle on écarterait le recours à l'expertise en cas de réalisation de la sûreté, car cette expertise est le corollaire du principe fondamental suivant lequel le créancier, riche de sa créance et de rien de plus, ne doit point trouver dans la sûreté un supplément de richesse. Ainsi encore, pas de fiducie successorale qui grèverait la réserve de l'héritier, car l'héritier doit recevoir sa réserve libre de charge (C. civ., art. 912, al. 1).

Les choses ne sont cependant pas si simples.

D'une part, la vigueur de l'ordre public est parfois incertaine. Ainsi, je disais à l'instant que la fiducie successorale ne peut grever la réserve de l'héritier parce que l'héritier doit recevoir sa réserve libre de charge. Mais le mandat à effet posthume comme le mandat de l'article 384 du Code civil peuvent porter sur la réserve. Alors ne pourrait-il en aller de même pour la fiducie successorale (sous la condition, peut-être, qu'elle fût, comme doit l'être le mandat à effet posthume, justifiée par un intérêt légitime et sérieux...) ? À voir... Quant à la fiducie-gestion portant sur des biens d'un incapable, serait-il possible de donner au fiduciaire le pouvoir d'accomplir des actes qu'un tuteur non autorisé ne peut faire ? Car tel est le cas dans le mandat de protection future notarié. Comme ces deux exemples le montrent, l'ordre public est en repli en matière de successions comme d'incapacités, de sorte qu'il n'est pas toujours facile de dire si telle ou telle clause y est contraire.

D'autre part, il n'est pas exclu que le contrat de fiducie puisse s'affranchir de certaines règles d'ordre public de la matière concernée, dont il pourrait d'ailleurs annoncer l'évolution prochaine. Le va-et-vient entre le droit spécial et le droit commun est trop connu pour que l'on y insiste. L'émergence des cessions de propriété à titre de garantie explique largement la validation en droit commun du pacte commissoire.

Résumons les difficultés : l'ordre public n'est pas toujours facile à définir et la fiducie pourrait être le banc d'essai de certaines évolutions.

2) La deuxième limite à la liberté contractuelle tient au fait qu'une clause ne saurait contredire la nature de la fiducie. La sanction d'une telle dénaturation serait, sinon la nullité, du moins la requalification du contrat.

En voici un exemple. Le cœur de la propriété fiduciaire est l'exclusivité qu'y trouve le fiduciaire. Dans une fiducie-gestion, le fiduciaire a seul la gestion du bien : le constituant ne peut aucunement la conserver. Certes, cela n'empêche pas que le constituant puisse *tenir du fiduciaire* des prérogatives sur le bien : par exemple, qu'une convention de mise à disposition lui permette de conserver l'usage de la chose, comme d'ailleurs la loi le prévoit expressément. En revanche il me paraît exclu que le fiduciaire puisse conserver ou même partager la gestion du bien. D'où le doute que l'on peut avoir sur les clauses suivant lesquelles le fiduciaire gère le bien, tel un portefeuille de valeurs mobilières, suivant les instructions du constituant. Il me semble qu'en ce cas la qualification de l'acte est démentie par son continu. C'est, en vérité, d'un mandat qu'il s'agit.

3) La troisième limite, enfin, est qu'il n'est pas certain que l'on puisse créer une fiducie en marge de la loi : construire une fiducie qui ne se rattacherait ni à la

fiducie de droit commun des articles 2011 et suivants du Code civil, ni à l'une des fiducies spéciales qui existent par-ci par-là. Au Luxembourg, ces fiducies innommées sont permises, nous a appris André Prüm. Rien n'est moins sûr en France, si l'on se rappelle l'arrêt par lequel la Cour de cassation refusa d'admettre, avant que la loi ne l'autorise, une cession de créance civile à titre de garantie et requalifia cette cession en nantissement(4). Il est vrai que la solution peut s'expliquer par les principes gouvernant la matière concernée : le *numerus clausus* des sûretés réelles.

Nous verrons si, dans l'avenir, la pratique osera des fiducies innommées…

*

* *

19. Je ne voudrais pas finir sans remercier une nouvelle fois les organisateurs de cette Journée, avec une mention spéciale pour les étudiants de Sabrina Le Normand-Caillère, qui ont beaucoup travaillé à la réussite de notre rencontre et dont certains, pianistes, nous ont offert de très agréables interludes.

J'ai débuté mon propos en évoquant la *quinceañera* de l'Amérique latine. Je le terminerai en évoquant la *Sweet Sixteen* des États-Unis où l'on fête la seizième année de la jeune fille. Alors pourquoi ne pas nous retrouver l'an prochain pour la *Sweet Sixteen* de la fiducie ?

(4) Cass. com., 19 déc. 2006, n° 05-16.395.

ANNEXE

PROJET DE RÉFORME DE LA FIDUCIE
ASPECTS CIVILS ET FISCAUX

Décembre 2022

Présentation générale de l'avant-projet

L'esprit et la méthode

Ce projet est le fruit d'une réflexion menée à l'initiative d'un collectif d'universitaires et de praticiens en vue de faire évoluer la loi n° 2007-211 du 19 février 2007 relative à la fiducie.

Définie à l'article 2011 du Code civil, la fiducie est « *l'opération par laquelle un ou plusieurs constituants transfèrent des biens, des droits ou des sûretés, ou un ensemble de biens, de droits ou de sûretés, présents ou futurs, à un ou plusieurs fiduciaires qui, les tenant séparés de leur patrimoine propre, agissent dans un but déterminé au profit d'un ou plusieurs bénéficiaires* ».

Attendue par la pratique, cette loi a permis **l'introduction d'un nouveau contrat dans le Code civil conclu à des fins de gestion ou de garantie**.

C'est ainsi que des biens et/ou des droits ou sûretés peuvent être placés dans un patrimoine fiduciaire afin de garantir des créances. La fiducie-sûreté permet au créancier de bénéficier d'une sûreté efficace, fondée sur la propriété des actifs placés en fiducie, contre le risque de défaillance de son débiteur. Il s'agit de la principale utilisation actuelle de la fiducie. Très utilisée pour les entreprises en difficulté dans le cadre des plans de cession ou des opérations de *new money*, la fiducie s'impose également comme instrument de financement des entreprises *in bonis*.

Cet instrument est également utilisé à des fins de gestion. Elle est un outil idéal à la disposition des personnes physiques ou morales pour confier leurs biens à autrui, le fiduciaire, lequel aura la mission de les gérer pour leur compte. La fiducie est ainsi à la disposition des personnes vulnérables (personnes ayant eu un accident, affectées par les séquelles d'une maladie ou autre) pour décharger de la gestion de leurs biens. Une personne de confiance, le fiduciaire, prendra alors le relais. Reposant sur la liberté contractuelle, la fiducie permet au constituant de bénéficier d'un contrat sur-mesure et d'être un outil efficace d'anticipation aux situations de dépendance.

La possibilité d'utiliser la fiducie **dans le cadre des transmissions de patrimoine est réclamée par la pratique**.

Elle l'est, <u>d'abord</u>, pour répondre au souci de sécuriser la gestion d'un patrimoine destiné à un donataire, à un légataire ou à un héritier qui – lui ou son représentant – n'a pas les compétences ou la capacité de gérer ce patrimoine.

Elle l'est <u>ensuite</u> par des dirigeants d'entreprises ou les détenteurs de patrimoines complexes (droits d'auteur, collections...) dont les successeurs ne sauraient conduire les négociations en vue de la cession de l'entreprise ou de la bonne exploitation du patrimoine dans le cas où le dirigeant décéderait brutalement.

Elle l'est enfin par des investisseurs étrangers qui, habitués au *trust* anglo-saxon ou à la fiducie-transmission dans leur pays d'origine, souhaiteraient se voir proposer un outil juridique français facilement reconnaissable par les autorités françaises pour la transmission des biens qu'ils possèdent en France.

Ces attentes de la pratique (avocats, notaires, sociétés de gestion, ingénieurs patrimoniaux, les mandataires des personnes incapables) ont été de nombreuses fois exprimées lors de récents colloques[1].

Toutefois, le recours à la fiducie reste pour l'instant limité en raison des **contraintes imposées par le législateur**, justifiées notamment par des craintes de fraude et d'évasion fiscale[2]. Si l'adoption de la loi du 19 février 2007 a eu pour mérite d'introduire la fiducie dans le Code civil, il est temps aujourd'hui de la modifier. Cette réforme de la levée de l'interdiction de la fiducie permettrait de rendre le droit français compétitif à l'aune des droits étrangers.

Pour rendre possible cette utilisation de la fiducie, il est nécessaire d'amender le régime de protection des majeurs vulnérables ou des mineurs ainsi que le régime des libéralités. Il s'avère indispensable d'abroger ou de corriger certains textes du Code civil consacrés à la fiducie, ainsi que certaines dispositions du Code général des impôts.

Certains aménagements seraient souhaitables afin de permettre la fiducie-libéralité :

- L'exclusion des mineurs d'une telle opération (*Art. 387-2 et 408-1 du Code civil*), sauf *via* un administrateur de biens donnés ou légués (*Art. 384 du Code civil*) ;
- L'exclusion des majeurs sous tutelle (*Art. 509 du Code civil*), mais non de ceux sous curatelle (*Art. 468 du Code civil*) ;
- L'interdiction, frappée d'une nullité d'ordre public et de très lourdes sanctions fiscales, de la fiducie procédant d'une intention libérale (*Art. 2013 du Code civil, Art. 792 bis du Code général des impôts*) ;

(1) En 2022, de nombreux colloques ont eu lieu sur le thème de la fiducie. Un premier colloque a eu lieu le 12 mai dernier à l'Institut de droit comparé à Paris organisé par le Cabinet Fidal. Les actes du colloque sont parus à la revue *Ingénierie patrimoniale* d'octobre 2022 (Éditions JFA Juristes et fiscalistes Associés). Une deuxième manifestation organisée par le Conseil supérieur du notariat a eu lieu au mois de juillet 2022. Les actes du colloque sont parus à la *Semaine juridique notariale* en octobre 2022. Enfin, un troisième colloque a eu lieu à Orléans regroupant une grande majorité des praticiens de la fiducie. Les actes paraîtront courant 2023 dans un ouvrage collectif publié aux éditions LexisNexis.

(2) C'est ainsi que plusieurs dispositions tendent à empêcher toute utilisation de la fiducie aux fins de fraude fiscale, de blanchiment d'argent sale ou de financement du terrorisme : limitation des qualités de constituant et de fiduciaire à des personnes physiques ou morales résidant dans l'Union européenne ou dans un État ayant passé une convention fiscale avec la France (L. 19 févr. 2007, art. 13) ; Obligation d'un contrat écrit, notarié dans certains cas (C. civ., art. 2012) ; Enregistrement, à peine de nullité, du contrat d'origine, des avenants ultérieurs, des écrits du fiduciaire relatifs aux bénéficiaires effectifs de l'opération ou au tiers protecteur désigné par le constituant (C. civ., art. 2019) ; Dépôt d'une déclaration d'existence de la fiducie au service des impôts des entreprises du fiduciaire (CGI, art. 238 quater L) ; Publication de tous les actes concernant l'opération au Registre National des Fiducies (C. civ., art. 2020 ; LPF, art. L. 167) ; Obligation pour toutes les parties au contrat de fiducie et pour toute personne exerçant un pouvoir de décision sur l'opération de communiquer sur leur demande l'ensemble des documents relatifs audit contrat, à toutes les autorités financières, fiscales, douanières ou judiciaire, et ce jusque dix ans après la fin de l'opération (L. 19 févr. 2007, art. 15) ; Obligation pour le fiduciaire de tenir une comptabilité autonome pour chaque opération qui lui est confiée et d'établir des comptes annuels, soumis dans certains cas au contrôle d'un commissaire aux comptes de la fiducie (L. 19 févr. 2007, art. 12) ; Principe de la neutralité fiscale de l'opération de fiducie, le constituant restant redevable des impôts affectant les biens transférés dans le patrimoine fiduciaire (CGI, art. 238 quater A et s.)

• La possibilité pour le constituant de révoquer le contrat de fiducie à tout moment, tant qu'il n'a pas été accepté par un tiers bénéficiaire (*Art. 2028 du Code civil*) ;

• Le fait que le contrat prend fin automatiquement au décès du constituant personne physique, sauf en présence d'une fiducie-sûreté (*Art. 2029 du Code civil*).

L'offre de loi « Fiducie patrimoniale », présentée ci-dessous, précise les ajouts, modifications et abrogations de lois dont il s'agit.

L'esprit qui a présidé à ces nécessaires travaux a été de lever l'interdiction de la fiducie-libéralité (C. civ. art. 2013), de laisser autant que possible intact le droit commun de la fiducie (C. civ. art. 2011 à 2031) et d'introduire les seules dispositions nécessaires au fonctionnement de la libéralité dans les différentes branches du droit privé (droit des incapacités, droit des libéralités et droit fiscal). Le droit spécial de la fiducie-sûreté a ainsi été une source d'inspiration pour édicter un droit spécial « Des fiducies-libéralités ».

Le projet présenté est une **forme de réalisme** dictée par le souci de construire le droit à partir de la pratique. « *Les lois sont faites pour les hommes et non les hommes pour les lois* », écrivit Portalis dans son fameux discours préliminaire sur le projet de Code civil. Le groupe de travail a tenté de faire preuve de Sagesse. Le but n'est pas de réformer l'ensemble du droit civil, mais **d'acclimater la « fiducie-libéralité »** dans notre droit positif en toute sécurité au regard de l'ordre public. La concision du projet le démontre. La « fiducie-libéralité » a sa place dans le droit français. Il s'agit ici le faire évoluer, sans tout révolutionner.

N.B. : Les mots tramés en gris constituent des modifications apportées sur les textes initialement diffusés.

N.B. : ce groupe de travail informel est composé de :

- Michel Grimaldi, *professeur émérite à l'Université Paris-Panthéon-Assas, président de la commission de réforme du droit des sûretés*
- Marie Goré, *professeure à l'Université Paris-Panthéon-Assas, Directrice de l'Institut de droit comparé*
- Daniel Gutmann, *professeur à l'Université Panthéon-Sorbonne (École de droit de la Sorbonne)*
- Nathalie Peterka, *professeure à l'Université Paris-Est Créteil (UPEC, Paris 12)*
- Sabrina Le Normand, *maître de conférences à l'Université d'Orléans*
- Bruno Berger Perrin, *avocat honoraire, ancien bâtonnier des Hauts-de-Seine*
- Marceau Clermon, *notaire*
- Michel Collet, *avocat, CMS Francis Lefebvre*
- Dominique Davodet, *avocat, président de Fidal Fiducie*
- Claire Farge, *avocate, Fidal*
- Bruno Robin de Malet, *avocat fiduciaire*

Les libéralités

CODE CIVIL

Livre troisième : Des différentes manières dont on acquiert la propriété
Titre II : Des libéralités
Chapitre VI bis – Des fiducies-libéralités

Article 1.

Proposition de texte

« *La fiducie-libéralité est une fiducie dans laquelle le bénéficiaire est désigné par le constituant dans une intention libérale.*

Le contrat de fiducie est, sous réserve des dispositions du présent chapitre, soumis aux règles du titre quatorze du présent livre.

La libéralité consentie au bénéficiaire est, sous la même réserve, soumise aux règles régissant les donations et les testaments. »

Commentaire

L'article 1 pose trois principes directeurs :

• Principe de validité de la fiducie-libéralité.

• Caractérisation de la fiducie-libéralité par la désignation d'un bénéficiaire dans une intention libérale.

• Principe de soumission du contrat de fiducie et de la libéralité respectivement au droit commun de la fiducie et au droit commun des libéralités.

Du second principe, il résulte qu'il est nécessaire et suffisant pour que l'on soit en présence d'une fiducie-libéralité que le bénéficiaire soit désigné dans une intention libérale.

Nécessaire. Une fiducie dont le bénéficiaire est le constituant ne peut constituer une fiducie-libéralité : on ne peut avoir une intention libérale envers soi-même... Ainsi, une fiducie constituée en exécution d'une charge apposée à une donation ou à un legs n'est pas une fiducie-libéralité : elle est une pure fiducie-gestion. Déjà permise en l'état du droit positif, elle le demeurerait bien évidemment sous l'empire de la loi proposée.

Suffisant. Il y a fiducie-libéralité dès que le fiduciaire doit remettre les revenus ou le capital à un bénéficiaire qui n'est pas le constituant et que celui-ci a désigné dans une intention libérale.

La libéralité dont la fiducie est l'instrument sera analysée comme une donation ou comme un legs selon que le bénéficiaire aura ou non acquis un droit irrévocable du vivant du constituant (ce qui suppose qu'il ne soit pas désigné par testament et que son acceptation soit antérieure au décès du constituant).

La fiducie-libéralité doit être distinguée d'une cession à titre gratuit des droits fiduciaires, qui, déjà autorisée par le droit positif (*C. civ., art. 2019, al. 3 ; CGI, art. 668 ter*), consiste à transférer la position contractuelle du constituant. Car le bénéficiaire d'une fiducie-libéralité ne dispose nullement des prérogatives contractuelles du constituant.

Article 2.

Proposition de texte

« Le contrat de fiducie peut porter sur tout ou partie des biens et droits que le constituant laissera à sa mort.

Il est alors librement révocable par le constituant. »

Commentaire

Validité de la fiducie à cause de mort

L'article 2 valide la constitution d'un patrimoine fiduciaire constitué de tout ou partie des biens que le constituant laissera à sa mort et qui seront remis par le fiduciaire au(x) bénéficiaire(s) désigné(s) dans une intention libérale.

Une telle fiducie est, par définition, un acte de dernière volonté, parfaitement révocable.

La fiducie à cause de mort revêt la qualification de fiducie-libéralité alors même que les bénéficiaires désignés sont les héritiers légaux du constituant et qu'ils le sont dans le respect de leur vocation légale.

Illustrations pratiques

1. Nina, dirigeante de société, inquiète d'avoir un entourage qui ne connaît rien à la vie des affaires et qui serait incapable d'organiser une cession de sa société en cas de décès brutal, a constitué un patrimoine fiduciaire composé des titres de sa société qui pourront figurer dans son patrimoine à son décès. Elle peut librement révoquer le contrat de fiducie alors même qu'elle conserverait les titres.

2. Pierre célibataire et sans enfants mais ayant deux frères et quatre neveux souhaite que sa succession soit transmise à ses héritiers au sein d'une fiducie. Il a donc conclu un contrat de fiducie prévoyant qu'à son décès tous ses biens seront transférés en fiducie.

Article 3.

Proposition de texte

« Le constituant peut désigner le bénéficiaire dans le contrat de fiducie ou par testament. »

Commentaire

Désignation du bénéficiaire entre vifs ou testamentaire

Selon le droit commun des libéralités auquel renvoie l'article 1, le bénéficiaire :

– doit être désigné par le constituant, et non, dans le cas d'une fiducie à cause de mort, par le fiduciaire : simple application de l'interdiction du legs avec faculté d'élire ;

– peut être simplement conçu et non encore né au jour du décès du constituant, pourvu qu'il naisse vivant et viable, sous réserve de ce qui est permis au profit des enfants non encore conçus et à naître dans le cadre des libéralités graduelles et résiduelles (*C. civ., art. 1054, al. 4*).

Article 4.

Proposition de texte

« La libéralité se forme par l'acceptation du bénéficiaire.

Le bénéficiaire désigné dans le contrat de fiducie peut accepter la libéralité après le décès du constituant. »

Commentaire

Tant que le bénéficiaire n'a pas accepté, la libéralité n'est pas formée. Le constituant peut donc révoquer sa désignation. Il peut aussi, le cas échéant, mettre fin au contrat de fiducie et obtenir restitution des actifs transférés en fiducie.

L'acceptation de la libéralité ne met pas systématiquement fin aux droits du constituant sur les actifs transférés en fiducie ainsi qu'il est précisé à l'article 5 bis.

Si la libéralité doit prendre effet après le décès du constituant, le bénéficiaire peut accepter après le décès. Une telle acceptation tardive permet de rendre la désignation du bénéficiaire unilatéralement révocable par le constituant de son vivant. Le bénéficiaire n'est donc pas nécessairement présent ni informé de la constitution d'une fiducie-libéralité à son profit.

Article 5.

Proposition de texte

« Le contrat de fiducie détermine la mission du fiduciaire et précise ainsi l'étendue et les modalités de la libéralité.

La transmission dont est tenu le fiduciaire peut porter sur le capital ou les revenus des biens et droits qui forment l'objet de la fiducie.

Elle peut être immédiate, à terme unique ou à termes successifs.

Lorsque la fiducie porte sur des biens présents, la transmission peut être différée à la mort du constituant. »

Commentaire

Transmission immédiate : le contrat de fiducie-libéralité porte sur des titres sociaux et il est prévu que les dividendes seront dès leur mise en distribution remis au bénéficiaire désigné dans une intention libérale.

Transmission à terme unique : la fiducie-libéralité porte sur les titres sociaux et il est prévu que les titres seront remis avec tous les dividendes versés depuis le transfert en fiducie à son trentième anniversaire au bénéficiaire désigné dans une intention libérale.

Transmission à termes successifs : la fiducie-libéralité porte sur une somme d'argent et il est prévu qu'une rente trimestrielle sera versée au bénéficiaire désigné dans une intention libérale.

Transmission différée à la mort du constituant : la fiducie porte sur une collection d'œuvres d'art et il est prévu que cette collection sera remise au bénéficiaire désigné dans une intention libérale au décès du constituant.

Article 5 bis.

Proposition de texte

« Lorsque la fiducie porte sur des biens présents dont la transmission est différée, le constituant peut, jusqu'à l'échéance du terme, en être le premier bénéficiaire. En ce cas, les dispositions des articles 944 à 946 du présent code ne s'appliquent pas à la donation faite au tiers bénéficiaire. »

Commentaire

Soit une mère qui transfère en fiducie un portefeuille titres pour qu'il soit remis à sa fille le jour de ses 30 ans, d'abord sous forme d'une rente puis en cas d'achat immobilier ou problème professionnel sous forme de remise du capital. Ainsi que le précise l'article 5 bis, jusqu'à l'arrivée du terme convenu, l'anniversaire des 30 ans de sa fille, la mère constituante peut être la bénéficiaire de la fiducie et ainsi se réserver jusque-là, la propriété des revenus et du produit des éventuelles cessions de titres non suivies de remploi dans l'acquisition de nouveaux titres.

Article 6.

Proposition de texte

« Par dérogation à l'article 2029 du présent code, la fiducie-libéralité ne prend pas fin par la mort du constituant. »

Commentaire

Se cantonnant à l'hypothèse de la fiducie-libéralité, ce nouveau texte écarte la règle de l'extinction de la fiducie au décès du constituant afin de permettre la fiducie-libéralité dont les effets se produisent ou se poursuivent après la mort du constituant.

La mort du bénéficiaire n'est pas visée. Mais, faute d'une clause graduelle ou résiduelle, le contrat de fiducie prendra fin et les héritiers du bénéficiaire recevront les biens qui étaient destinés à leur auteur libres de toute fiducie.

Article 7

Proposition de texte

« La fiducie-libéralité ne peut préjudicier à la réserve de l'héritier du constituant.

Si le bénéficiaire est un tiers, l'héritier demande la réduction de la fiducie-libéralité à la quotité disponible dans les conditions prévues aux articles 918 et suivants du présent code. Il exerce son action contre le bénéficiaire, le fiduciaire dûment appelé en la cause.

Si l'héritier est le bénéficiaire, il demande le cantonnement de la fiducie-libéralité à la quotité disponible afin de recouvrer la libre disposition de sa réserve. Il exerce son action contre le fiduciaire. »

Article 8.

Proposition de texte

« Pour l'application de l'article 922 du présent code, les biens et droits qui n'ont pas été transmis au bénéficiaire sont comptés pour leur valeur à la date de l'ouverture de la succession.

Ceux qui l'ont été sont comptés pour leur valeur à cette même date mais d'après leur état à la date de leur transmission. S'ils ont été aliénés, ils le sont pour leur valeur à l'époque de leur aliénation ou la valeur à la date de l'ouverture de la succession des biens ou droits qui y ont été subrogés. »

Commentaire

Les articles 7 et 8 envisagent le traitement de la fiducie-libéralité lors du règlement de la succession du constituant.

Ils prévoient l'application des règles protectrices de la réserve à la libéralité dont la fiducie est l'instrument. Cette libéralité est traitée comme une libéralité ordinaire : elle ne bénéficie d'aucun régime civil de faveur.

Illustrations pratiques

1. Gustave peut agir en réduction contre la fiducie-libéralité constituée par son père au profit de sa concubine et réclamer la même indemnité de réduction que celle qui lui aurait été due si les biens avaient été directement transmis à ladite concubine. Mais il peut aussi renoncer à agir en réduction tant au moment du règlement de la succession de son père que du vivant de ce dernier aux conditions de la renonciation anticipée à l'action en réduction.

2. Gustave peut agir en cantonnement de la fiducie pour récupérer la gestion en direct des biens qui composent sa part de réserve dans la succession de son père qui aurait mis en fiducie tout ou partie des biens de sa succession au profit de ses héritiers. Mais il peut aussi renoncer à agir en cantonnement tant au moment du règlement de la succession que du vivant de son père en utilisant la renonciation anticipée à l'action en réduction.

Les personnes vulnérables

I. Argumentaire

Le recours à la fiducie permet de confier la gestion d'un patrimoine important et/ou complexe à un spécialiste de l'ingénierie patrimoniale, doté du savoir-faire nécessaire pour la gestion de tels biens. La fiducie participe ainsi des outils de lutte contre la maltraitance financière des personnes vulnérables.

Elle pourrait contribuer, en outre, à assurer une meilleure adéquation du droit français de la protection des majeurs aux principes édictés par la Convention internationale relative aux droits des personnes handicapées (CIDPH). L'article 12 de cette convention prescrit de garantir à la personne souffrant d'un handicap physique ou mental « la capacité juridique dans tous les domaines » pour l'exercice de ses droits.

Or, ainsi que le soulignent le Défenseur des droits et la Cour des comptes, le droit français use trop des mesures substitutives, *i.e.* de mesures de représentation lourdement attentatoires à la capacité juridique des personnes vulnérables, telles que la tutelle et la curatelle renforcée. L'élargissement de la fiducie à toutes les personnes protégées, quelle que soit la nature de la mesure ouverte à leur égard, voire aux personnes fragiles hors mesure de protection, dans le cadre d'une anticipation de la vulnérabilité, permettrait d'assurer une protection plus respectueuse de la personne et tout aussi efficace, si ce n'est plus efficace, que les mesures de protection traditionnelles.

Pareil élargissement s'insérerait, de manière cohérente, dans le mouvement de déjudiciarisation de la protection des majeurs et des mineurs, initié par la loi n° 2007-308 du 5 mars 2007 avec la création du mandat de protection future, et poursuivi par l'ordonnance n° 2015-1288 du 15 octobre 2015 ayant introduit la mesure d'habilitation familiale et réformé l'administration légale des biens du mineur ainsi que par la loi du 23 mars 2019, de réforme et de programmation pour la justice 2018-2022, ayant déjudiciarisé un certain nombre d'actes sous la tutelle.

Souvent perçue à tort comme un outil dangereux en raison de l'affectation des biens du constituant dans un patrimoine fiduciaire, la fiducie incarne en réalité un dispositif alternatif de protection des personnes vulnérables.

Elle pourrait ainsi contribuer à renforcer le principe de subsidiarité des mesures de protection des majeurs, dans le sillage des recommandations du Défenseur des droits et du rapport de la Cour des comptes ou être utilisée en complément de l'ouverture d'une mesure de protection. La fiducie pourrait aussi constituer une alternative intéressante au mandat de protection future, lequel rencontre pour l'heure peu de succès.

Cette perspective a conduit la mission interministérielle sur la protection juridique des majeurs, présidée par Mme Anne Caron-Déglise, à proposer en 2018 d'ouvrir la fiducie-gestion à l'ensemble des personnes protégées sous certaines garanties tenant, notamment, à l'autorisation du juge des tutelles ainsi qu'à un encadrement renforcé de la fiducie lorsque le constituant est un majeur protégé. Le rapport envisage, par ailleurs, le recours à la fiducie-libéralité afin de pourvoir à l'avenir d'un enfant handicapé après le décès de ses parents ou de permettre la transmission pérenne d'une entreprise notamment lorsque les descendants et le conjoint survivant forment une famille recomposée où l'harmonie ne règne pas nécessairement.

La réflexion sur l'élargissement de la fiducie à l'ensemble des personnes vulnérables s'inscrit ici dans le prolongement des travaux menés par la mission interministérielle sur la protection juridique des majeurs et la mise en conformité du droit français avec la CIDPH.

La suggestion de proposition de loi ne vise donc pas à placer la fiducie en position de primauté mais à en réserver la possibilité toutes les fois qu'elle suffit à protéger les intérêts patrimoniaux de la personne vulnérable. En effet, d'une part, il n'est certainement pas prétendu que la fiducie est une panacée et que toute mesure de tutelle devrait s'accompagner ou être suppléée par la constitution d'une fiducie. En revanche, il peut se trouver des situations patrimoniales qui seront résolues par priorité par le recours à cet outil.

D'autre part, dans certains cas, on peut concevoir que les difficultés de gestion patrimoniale seront résolues par la fiducie et que le protecteur pourra se consacrer à la protection de la personne, ainsi que l'autorise l'article 425 du Code civil depuis la loi du 5 mars 2007.

On peut représenter l'application de la fiducie par le schéma suivant :

Majeur protégé « sans patrimoine »	➔ Protecteur se consacrant uniquement à la personne.
Majeur protégé doté d'un patrimoine « simple »(3)	➔ Protecteur se consacrant essentiellement à la personne et gérant le patrimoine simple.
Majeur protégé doté d'un patrimoine important et « complexe »(4)	➔ Protecteur se consacrant essentiellement à la personne et gérant la partie « simple » du patrimoine. ➔ Fiduciaire gérant la partie complexe du patrimoine.

En l'absence d'anticipation de la fiducie, sa mise en place pourrait être envisagée pendant la procédure de sauvegarde de justice, après un diagnostic de la situation patrimoniale de la personne vulnérable, afin d'éviter le prononcé d'une mesure de protection dans le souci de préserver la capacité juridique de la personne. Cette dernière ne sera pas abandonnée pour autant : ses intérêts patrimoniaux seront protégés par la fiducie, ses intérêts extrapatrimoniaux et/ou la partie « simple » de son patrimoine par une mesure de protection dont la portée sera limitée par la fiducie (V. les propositions de textes *infra*).

(3) On entend par patrimoine « simple » un patrimoine ne posant pas de difficultés de gestion (par ex. : un appartement de rapport donné à bail à un locataire s'acquittant régulièrement de ses loyers).

(4) On entend par patrimoine « complexe » un patrimoine comportant des biens et droits de nature variée et nécessitant des compétences diverses (par ex. : biens immobiliers + actions non cotées en Bourse + œuvres d'art + droits d'auteur...).

II. Propositions de textes

EN CE QUI CONCERNE LES DISPOSITIONS GÉNÉRALES SUR LES MESURES DE PROTECTION JURIDIQUE DES MAJEURS

Modification de l'article 425 du Code civil :

De lege lata[5]	*De lege ferenda*[6]
« Toute personne dans l'impossibilité de pourvoir seule à ses intérêts en raison d'une altération, médicalement constatée, soit de ses facultés mentales, soit de ses facultés corporelles de nature à empêcher l'expression de sa volonté peut bénéficier d'une mesure de protection juridique prévue au présent chapitre. S'il n'en est disposé autrement, la mesure est destinée à la protection tant de la personne que des intérêts patrimoniaux de celle-ci. Elle peut toutefois être limitée expressément à l'une de ces deux missions. »	*« Toute personne dans l'impossibilité de pourvoir seule à ses intérêts en raison d'une altération, médicalement constatée, soit de ses facultés mentales, soit de ses facultés corporelles de nature à empêcher l'expression de sa volonté peut bénéficier d'une mesure de protection juridique prévue au présent chapitre. S'il n'en est disposé autrement, la mesure est destinée à la protection tant de la personne que des intérêts patrimoniaux de celle-ci. Elle peut toutefois être limitée expressément à l'une de ces deux missions. Dès, la personne chargée de la protection recherche si la constitution d'une fiducie permettrait une limitation ultérieure de la mesure à la mission de protection de la personne. »*

EN CE QUI CONCERNE LES DISPOSITIONS COMMUNES AUX MESURES DE PROTECTION JUDICIAIRES

Modification de l'article 428 du Code civil :

De lege lata	*De lege ferenda*
« La mesure de protection judiciaire ne peut être ordonnée par le juge qu'en cas de nécessité et lorsqu'il ne peut être suffisamment pourvu aux intérêts de la personne par la mise en œuvre du mandat de protection future conclu par l'intéressé, par l'application des règles du droit commun de la représentation, de celles relatives aux droits et devoirs respectifs des époux et des règles des régimes matrimoniaux, en particulier celles prévues aux articles 217, 219, 1426 et 1429 ou, par une autre mesure de protection moins contraignante. La mesure est proportionnée et individualisée en fonction du degré d'altération des facultés personnelles de l'intéressé. »	*« La mesure de protection judiciaire ne peut être ordonnée par le juge qu'en cas de nécessité et lorsqu'il ne peut être suffisamment pourvu aux intérêts de la personne par la mise en œuvre du mandat de protection future conclu par l'intéressé,* ***par une fiducie****, par l'application des règles du droit commun de la représentation, de celles relatives aux droits et devoirs respectifs des époux et des règles des régimes matrimoniaux, en particulier celles prévues aux articles 217, 219, 1426 et 1429 ou, par une autre mesure de protection moins contraignante. La mesure est proportionnée et individualisée en fonction du degré d'altération des facultés personnelles de l'intéressé. »*

(5) La loi telle qu'elle existe actuellement.
(6) La loi qu'on souhaiterait voir adopter.

EN CE QUI CONCERNE LA SAUVEGARDE DE JUSTICE

Modification de l'article 437 du Code civil :

De lege lata	*De lege ferenda*
« S'il y a lieu d'agir en dehors des cas définis à l'article 436, tout intéressé peut en donner avis au juge. Le juge peut désigner un mandataire spécial, dans les conditions et selon les modalités prévues aux articles 445 et 448 à 451, à l'effet d'accomplir un ou plusieurs actes déterminés, même de disposition, rendus nécessaires par la gestion du patrimoine de la personne protégée. Le mandataire peut, notamment, recevoir mission d'exercer les actions prévues à l'article 435. Le mandataire spécial est tenu de rendre compte de l'exécution de son mandat à la personne protégée et au juge dans les conditions prévues aux articles 510 à 515. »	*« S'il y a lieu d'agir en dehors des cas définis à l'article 436, tout intéressé peut en donner avis au juge. Le juge peut désigner un mandataire spécial, dans les conditions et selon les modalités prévues aux articles 445 et 448 à 451, à l'effet d'accomplir un ou plusieurs actes déterminés, même de disposition, rendus nécessaires par la gestion du patrimoine de la personne protégée. Le mandataire peut, notamment, recevoir mission* ***de conclure un contrat de fiducie adapté à la situation patrimoniale de la personne protégée ou*** *d'exercer les actions prévues à l'article 435. Le mandataire spécial est tenu de rendre compte de l'exécution de son mandat à la personne protégée et au juge dans les conditions prévues aux articles 510 à 515. »*

EN CE QUI CONCERNE LA CURATELLE

Modification de l'article 468 du Code civil :

De lege lata	*De lege ferenda*
« Les capitaux revenant à la personne en curatelle sont versés directement sur un compte ouvert à son seul nom et mentionnant son régime de protection, auprès d'un établissement habilité à recevoir des fonds du public. La personne en curatelle ne peut, sans l'assistance du curateur conclure un contrat de fiducie ni faire emploi de ses capitaux. Cette assistance est également requise pour introduire une action en justice ou y défendre. »	*« Les capitaux revenant à la personne en curatelle sont versés directement sur un compte ouvert à son seul nom et mentionnant son régime de protection, auprès d'un établissement habilité à recevoir des fonds du public.* ***La personne en curatelle ne peut, sans l'assistance du curateur, faire emploi de ses capitaux.*** *Cette assistance est également requise pour introduire une action en justice ou y défendre. »*(7)

(7) La mention de la fiducie à l'article 468, alinéa 2 du Code civil devient inutile dès lors que la constitution de la fiducie est permise avec l'autorisation du juge des tutelles en tutelle. Le renvoi de l'article 467 aux actes qui, en tutelle, requerraient l'autorisation du juge suffit pour soumettre la conclusion de la fiducie à la règle de l'assistance en curatelle et en habilitation familiale aux fins d'assistance.

EN CE QUI CONCERNE L'HABILITATION FAMILIALE

Modification de l'article 494-2 du Code civil :

De lege lata	De lege ferenda
« *L'habilitation familiale ne peut être ordonnée par le juge qu'en cas de nécessité et lorsqu'il ne peut être suffisamment pourvu aux intérêts de la personne par l'application des règles du droit commun de la représentation, de celles relatives aux droits et devoirs respectifs des époux et des règles des régimes matrimoniaux, en particulier celles prévues aux articles 217, 219, 1426 et 1429, ou par les stipulations du mandat de protection future conclu par l'intéressé.* »	« *L'habilitation familiale ne peut être ordonnée par le juge qu'en cas de nécessité et lorsqu'il ne peut être suffisamment pourvu aux intérêts de la personne par l'application des règles du droit commun de la représentation, de celles relatives aux droits et devoirs respectifs des époux et des règles des régimes matrimoniaux, en particulier celles prévues aux articles 217, 219, 1426 et 1429, ou par les stipulations du mandat de protection future* ***ou d'une fiducie*** *conclus par l'intéressé.* »

Modification de l'article 494-6 du Code civil :

De lege lata	De lege ferenda
« *L'habilitation peut porter sur :* *– un ou plusieurs des actes que le tuteur a le pouvoir d'accomplir, seul ou avec une autorisation, sur les biens de l'intéressé ;* *– un ou plusieurs actes relatifs à la personne à protéger. Dans ce cas, l'habilitation s'exerce dans le respect des dispositions des articles 457-1 à 459-2 du code civil.* *La personne habilitée ne peut accomplir en représentation un acte de disposition à titre gratuit qu'avec l'autorisation du juge des tutelles.* *Si l'intérêt de la personne à protéger l'implique, le juge peut délivrer une habilitation générale portant sur l'ensemble des actes ou l'une des deux catégories d'actes mentionnés aux deuxième et troisième alinéas.* *La personne habilitée dans le cadre d'une habilitation générale ne peut accomplir un acte pour lequel elle serait en opposition d'intérêts avec la personne protégée. Toutefois, à titre exceptionnel et lorsque l'intérêt de celle-ci l'impose, le juge peut autoriser la personne habilitée à accomplir cet acte.* *En cas d'habilitation générale, le juge fixe une durée au dispositif sans que celle-ci puisse excéder dix ans. Statuant sur requête de l'une des personnes mentionnées à l'article 494-1 ou du procureur de la République saisi à la demande de l'une d'elles, il peut renouveler l'habilitation lorsque les conditions prévues aux articles 431 et 494-5 sont remplies.*	« *L'habilitation peut porter sur :* *– un ou plusieurs des actes que le tuteur a le pouvoir d'accomplir, seul ou avec une autorisation, sur les biens de l'intéressé ;* *– un ou plusieurs actes relatifs à la personne à protéger. Dans ce cas, l'habilitation s'exerce dans le respect des dispositions des articles 457-1 à 459-2 du code civil.* *La personne habilitée ne peut accomplir en représentation un acte de disposition à titre gratuit* ***ou transférer dans un patrimoine fiduciaire les biens ou droits de la personne protégée*** *qu'avec l'autorisation du juge des tutelles.* *Si l'intérêt de la personne à protéger l'implique, le juge peut délivrer une habilitation générale portant sur l'ensemble des actes ou l'une des deux catégories d'actes mentionnés aux deuxième et troisième alinéas.* *La personne habilitée dans le cadre d'une habilitation générale ne peut accomplir un acte pour lequel elle serait en opposition d'intérêts avec la personne protégée. Toutefois, à titre exceptionnel et lorsque l'intérêt de celle-ci l'impose, le juge peut autoriser la personne habilitée à accomplir cet acte.* *En cas d'habilitation générale, le juge fixe une durée au dispositif sans que celle-ci puisse excéder dix ans. Statuant sur requête de l'une des personnes mentionnées à l'article 494-1 ou du procureur de la République*

Le renouvellement peut-être prononcé pour la même durée ; toutefois, lorsque l'altération des facultés personnelles de la personne à l'égard de qui l'habilitation a été délivrée n'apparaît manifestement pas susceptible de connaître une amélioration selon les données acquises de la science, le juge peut, par décision spécialement motivée et sur avis conforme du médecin mentionné à l'article 431, renouveler le dispositif pour une durée plus longue qu'il détermine, n'excédant pas vingt ans. *Les jugements accordant, modifiant ou renouvelant une habilitation générale font l'objet d'une mention en marge de l'acte de naissance selon les conditions prévues à l'article 444. Il en est de même lorsqu'il est mis fin à l'habilitation pour l'une des causes prévues à l'article 494-11. »*	*saisi à la demande de l'une d'elles, il peut renouveler l'habilitation lorsque les conditions prévues aux articles 431 et 494-5 sont remplies.* *Le renouvellement peut-être prononcé pour la même durée ; toutefois, lorsque l'altération des facultés personnelles de la personne à l'égard de qui l'habilitation a été délivrée n'apparaît manifestement pas susceptible de connaître une amélioration selon les données acquises de la science, le juge peut, par décision spécialement motivée et sur avis conforme du médecin mentionné à l'article 431, renouveler le dispositif pour une durée plus longue qu'il détermine, n'excédant pas vingt ans.* *Les jugements accordant, modifiant ou renouvelant une habilitation générale font l'objet d'une mention en marge de l'acte de naissance selon les conditions prévues à l'article 444. Il en est de même lorsqu'il est mis fin à l'habilitation pour l'une des causes prévues à l'article 494-11. »*

EN CE QUI CONCERNE LE MANDAT DE PROTECTION FUTURE

Modification de l'article 490 du Code civil :

De lege lata	*De lege ferenda*
« Par dérogation à l'article 1988, le mandat, même conçu en termes généraux, inclut tous les actes patrimoniaux que le tuteur a le pouvoir d'accomplir seul ou avec une autorisation. Toutefois, le mandataire ne peut accomplir un acte de disposition à titre gratuit qu'avec l'autorisation du juge des tutelles. »	*« Par dérogation à l'article 1988, le mandat, même conçu en termes généraux, inclut tous les actes patrimoniaux que le tuteur a le pouvoir d'accomplir seul ou avec une autorisation. Toutefois, le mandataire ne peut accomplir un acte de disposition à titre gratuit qu'avec* ***l'autorisation du juge des tutelles. Celle-ci est également requise pour le transfert dans un patrimoine fiduciaire des biens ou droits de la personne protégée, à moins que le mandat ne l'ait prévu expressément****. »*

EN CE QUI CONCERNE LA TUTELLE

Modification de l'article 509 du Code civil :

De lege lata	*De lege ferenda*
« Le tuteur ne peut, même avec une autorisation : 1° Accomplir des actes qui emportent une aliénation gratuite des biens ou des droits de la personne protégée sauf ce qui est dit à propos des donations, tels que la remise de dette, la renonciation gratuite à un droit acquis, la renonciation anticipée à l'action en réduction visée aux articles 929 à 930-5, la mainlevée d'hypothèque ou de sûreté sans paiement ou la constitution gratuite d'une servitude ou d'une sûreté pour garantir la dette d'un tiers ; 2° Acquérir d'un tiers un droit ou une créance que ce dernier détient contre la personne protégée ; 3° Exercer le commerce ou une profession libérale au nom de la personne protégée ; 4° Acheter les biens de la personne protégée ainsi que les prendre à bail ou à ferme, sous réserve des dispositions de l'article 508 ; 5° Transférer dans un patrimoine fiduciaire les biens ou droits d'un majeur protégé. »	*« Le tuteur ne peut, même avec une autorisation : 1° Accomplir des actes qui emportent une aliénation gratuite des biens ou des droits de la personne protégée sauf ce qui est dit à propos des donations, tels que la remise de dette, la renonciation gratuite à un droit acquis, la renonciation anticipée à l'action en réduction visée aux articles 929 à 930-5, la mainlevée d'hypothèque ou de sûreté sans paiement ou la constitution gratuite d'une servitude ou d'une sûreté pour garantir la dette d'un tiers ; 2° Acquérir d'un tiers un droit ou une créance que ce dernier détient contre la personne protégée ; 3° Exercer le commerce ou une profession libérale au nom de la personne protégée ; 4° Acheter les biens de la personne protégée ainsi que les prendre à bail ou à ferme, sous réserve des dispositions de l'article 508. »*

Abrogation de l'article 408-1 du code civil :

De lege lata	*De lege ferenda*
« Les biens ou droits d'un mineur ne peuvent être transférés dans un patrimoine fiduciaire. »	*Néant*

EN CE QUI CONCERNE L'ADMINISTRATION LÉGALE

Modification de l'article 387-1 du Code civil :

De lege lata	*De lege ferenda*
« L'administrateur légal ne peut, sans l'autorisation préalable du juge des tutelles : 1° Vendre de gré à gré un immeuble ou un fonds de commerce appartenant au mineur ; 2° Apporter en société un immeuble ou un fonds de commerce appartenant au mineur ; 3° Contracter un emprunt au nom du mineur ;	*« L'administrateur légal ne peut, sans l'autorisation préalable du juge des tutelles : 1° Vendre de gré à gré un immeuble ou un fonds de commerce appartenant au mineur ; 2° Apporter en société un immeuble ou un fonds de commerce appartenant au mineur ; 3° Contracter un emprunt au nom du mineur ;*

4° Renoncer pour le mineur à un droit, transiger ou compromettre en son nom ; 5° Accepter purement et simplement une succession revenant au mineur ; 6° Acheter les biens du mineur, les prendre à bail ; pour la conclusion de l'acte, l'administrateur légal est réputé être en opposition d'intérêts avec le mineur ; 7° Constituer gratuitement une sûreté au nom du mineur pour garantir la dette d'un tiers ; 8° Procéder à la réalisation d'un acte portant sur des valeurs mobilières ou instruments financiers au sens de l'article L. 211-1 du code monétaire et financier, si celui-ci engage le patrimoine du mineur pour le présent ou l'avenir par une modification importante de son contenu, une dépréciation significative de sa valeur en capital ou une altération durable des prérogatives du mineur. L'autorisation détermine les conditions de l'acte et, s'il y a lieu, le prix ou la mise à prix pour lequel l'acte est passé. »	*4° Renoncer pour le mineur à un droit, transiger ou compromettre en son nom ; 5° Accepter purement et simplement une succession revenant au mineur ; 6° Acheter les biens du mineur, les prendre à bail ; pour la conclusion de l'acte, l'administrateur légal est réputé être en opposition d'intérêts avec le mineur ; 7° Constituer gratuitement une sûreté au nom du mineur pour garantir la dette d'un tiers ; 8° Procéder à la réalisation d'un acte portant sur des valeurs mobilières ou instruments financiers au sens de l'article L. 211-1 du code monétaire et financier, si celui-ci engage le patrimoine du mineur pour le présent ou l'avenir par une modification importante de son contenu, une dépréciation significative de sa valeur en capital ou une altération durable des prérogatives du mineur. 9° **Transférer dans un patrimoine fiduciaire les biens ou droits du mineur**. L'autorisation détermine les conditions de l'acte et, s'il y a lieu, le prix ou la mise à prix pour lequel l'acte est passé. »*

EN CE QUI CONCERNE L'ADMINISTRATION LÉGALE

Modification de l'article 387-2 du Code civil :

De lege lata	*De lege ferenda*
« L'administrateur légal ne peut, même avec une autorisation : 1° Aliéner gratuitement les biens ou les droits du mineur ; 2° Acquérir d'un tiers un droit ou une créance contre le mineur ; 3° Exercer le commerce ou une profession libérale au nom du mineur ; 4° Transférer dans un patrimoine fiduciaire les biens ou les droits du mineur. »	*« L'administrateur légal ne peut, même avec une autorisation : 1° Aliéner gratuitement les biens ou les droits du mineur ; 2° Acquérir d'un tiers un droit ou une créance contre le mineur ; 3° Exercer le commerce ou une profession libérale au nom du mineur. »*

EN CE QUI CONCERNE LES DISPOSITIONS SUR LA FIDUCIE

Modification de l'article 2012 du Code civil :

De lege lata	De lege ferenda
« *La fiducie est établie par la loi ou par contrat. Elle doit être expresse.* *Si les biens, droits ou sûretés transférés dans le patrimoine fiduciaire dépendent de la communauté existant entre les époux ou d'une indivision, le contrat de fiducie est établi par acte notarié à peine de nullité.* »	« *La fiducie est établie par la loi ou par contrat. Elle doit être expresse.* *Si les biens, droits ou sûretés transférés dans le patrimoine fiduciaire dépendent de la communauté existant entre les époux ou d'une indivision, le contrat de fiducie est établi par acte notarié à peine de nullité.* »

Modification de l'article 2013 du Code civil :

De lege lata	De lege ferenda
« *Le contrat de fiducie est nul s'il procède d'une intention libérale au profit du bénéficiaire. Cette nullité est d'ordre public.* »	***« Si les biens ou droits transférés dans le patrimoine fiduciaire dépendent du patrimoine d'une personne faisant l'objet d'une mesure de protection juridique dans les conditions prévues au titre XI du livre Ier, le contrat de fiducie est établi, à peine de nullité, par acte sous signature privée contresigné par les avocats de chacune des parties ou par l'avocat de toutes les parties ou par acte notarié. »***

Modification de l'article 2017 du Code civil :

De lege lata	De lege ferenda
« *Sauf stipulation contraire du contrat de fiducie, le constituant peut, à tout moment, désigner un tiers chargé de s'assurer de la préservation de ses intérêts dans le cadre de l'exécution du contrat et qui peut disposer des pouvoirs que la loi accorde au constituant.* *Lorsque le constituant est une personne physique, il ne peut renoncer à cette faculté.* »	« *Sauf stipulation contraire du contrat de fiducie, le constituant peut, à tout moment, désigner un tiers chargé de s'assurer de la préservation de ses intérêts dans le cadre de l'exécution du contrat et qui peut disposer des pouvoirs que la loi accorde au constituant.* *Lorsque le constituant est une personne physique, il ne peut renoncer à cette faculté.* ***Lorsqu'il fait l'objet d'une mesure de protection juridique dans les conditions prévues au titre XI du livre Ier, la désignation du tiers prévu au premier à l'alinéa a lieu dès la conclusion du contrat ou dès l'ouverture de la mesure de protection.*** »

Création d'un article 427-1

Création d'un article 427-1 (au sein des dispositions générales relatives aux mesures de protection juridique des majeurs) :

« ***Lorsqu'une fiducie est constituée par une personne protégée, la désignation prévue à l'article 2017 est obligatoire.***

Les tiers peuvent informer le juge des tutelles des actes ou omissions du fiduciaire qui leur paraissent de nature à porter préjudice aux intérêts de la personne protégée. S'ils ont connaissance d'actes ou omissions du fiduciaire qui, à l'occasion de la mission de celui-ci, compromettent manifestement l'intérêt de la personne protégée, ils en avisent la personne en charge de la mesure de protection juridique, la personne désignée en application de l'article 2017 et le juge des tutelles.

Ce dernier peut décider de mettre fin à la fiducie à la demande de tout intéressé lorsqu'elle est de nature à porter atteinte aux intérêts de la personne protégée ».

Annexes du décret n° 2008-1484 du 22 décembre 2008

Annexe 1 : LISTE DES ACTES REGARDÉS COMME ACTES D'ADMINISTRATION OU COMME ACTES DE DISPOSITION

Modifié par décret n° 2021-1888 du 29 décembre 2021 – art. 5

COLONNE 1 : ACTES D'ADMINISTRATION	COLONNE 2 : ACTES DE DISPOSITION
I. – Actes portant sur les immeubles : **– convention de jouissance précaire (art. 426, al. 2, du code civil) ;** **– conclusion et renouvellement d'un bail de neuf ans au plus en tant que bailleur (art. 595 et 1718 du code civil) ou preneur ;** **– bornage amiable de la propriété de la personne protégée ;** **– travaux d'améliorations utiles, aménagements, réparations d'entretien des immeubles de la personne protégée ;** **– résiliation du bail d'habitation en tant que bailleur ;** **– prêt à usage et autre convention de jouissance ou d'occupation précaire ;** **– déclaration d'insaisissabilité des immeubles non professionnels de l'entrepreneur individuel (art. 1526-1 du code de commerce) (1) ;** **– mainlevée d'une inscription d'hypothèque en contrepartie d'un paiement.**	**I. – Actes portant sur les immeubles :** **– disposition des droits relatifs au logement de la personne protégée, par aliénation, résiliation ou conclusion d'un bail (art. 426, al. 3, du code civil) ;** **– vente ou apport en société d'un immeuble (art. 505, al. 3, du code civil) ;** **– achat par le tuteur des biens de la personne protégée, ou prise à bail ou à ferme de ces biens par le tuteur (art. 508, al. 1, du code civil) ;** **– échange (art. 1707 du code civil) ;** **– acquisition d'immeuble en emploi ou remploi de sommes d'argent judiciairement prescrit (art. 501 du code civil) ;** **– acceptation par le vendeur d'une promesse d'acquisition (art. 1589 du code civil) ;** **– acceptation par l'acquéreur d'une promesse de vente (art. 1589 du code civil) ;** **– dation ;** **– tout acte grave, notamment la conclusion et le renouvellement du bail, relatif aux baux ruraux, commerciaux, industriels, artisanaux, professionnels et mixtes, grosses réparations sur l'immeuble ;**

COLONNE 1 : ACTES D'ADMINISTRATION	COLONNE 2 : ACTES DE DISPOSITION
	– constitution de droits réels principaux (usufruit, usage, servitude...) et de droits réels accessoires (hypothèques...) et autres sûretés réelles ; – consentement à une hypothèque (art. 2410 du code civil) ; – mainlevée d'une inscription d'hypothèque sans contrepartie d'un paiement.
II. – Actes portant sur les meubles corporels et incorporels : 1° Sommes d'argent : – ouverture d'un premier compte ou livret au nom ou pour le compte de la personne protégée (art. 427, al. 4, du code civil) ; – emploi et remploi de sommes d'argent qui ne sont ni des capitaux ni des excédents de revenus (art. 468 et 501 du code civil) ; – emploi et remploi des sommes d'argent non judiciairement prescrits par le juge des tutelles ou le conseil de famille (art. 501 du code civil) ; – perception des revenus ; – réception des capitaux ; – quittance d'un paiement ; – demande de délivrance d'une carte bancaire de retrait.	II. – Actes portant sur les meubles corporels et incorporels : 1° Sommes d'argent : – modification de tout compte ou livrets ouverts au nom de la personne protégée (art. 427, al. 1 et 2, du code civil) ; – ouverture de tout nouveau compte ou livret au nom ou pour le compte de la personne protégée (art. 427, al. 1 et 2, du code civil) ; – ouverture de tout compte, y compris d'un compte de gestion du patrimoine, auprès de la Caisse des dépôts et consignations (art. 427, al. 3, et art. 501, al. 4, du code civil) ; – lorsque la personne protégée a fait l'objet d'une interdiction d'émettre des chèques, fonctionnement de ses comptes sous la signature de la personne chargée de la mesure de protection et disposition par celle-ci de tous les moyens de paiement habituels (art. 427, al. 7, du code civil) ; – emploi et remploi des capitaux et des excédents de revenus (art. 468 et 501 du code civil) ; – contrat de fiducie par une personne sous curatelle ou tutelle (art. 468, al. 2, article 505 du code civil) ; – clôture d'un compte bancaire ; – ouverture d'un compte de gestion de patrimoine ; – demande de délivrance d'une carte bancaire de crédit.
2° Instruments financiers : – résiliation d'un contrat de gestion de valeurs mobilières et instruments financiers (art. 500, al. 3, du code civil).	2° Instruments financiers (au sens de l'article L. 211-1 du code monétaire et financier) : – conclusion d'un contrat de gestion de valeurs mobilières et instruments financiers (art. 500, al. 3, du code civil) ;

COLONNE 1 : ACTES D'ADMINISTRATION	COLONNE 2 : ACTES DE DISPOSITION
	– vente ou apport en société d'instruments financiers non admis à la négociation sur un marché réglementé (art. 505, al. 3, du code civil) ; – vente d'instruments financiers (art. 505, al. 4, du code civil).
3° Autres meubles, corporels et incorporels : – louage-prêt-emprunt-vente-échange-dation et acquisition de meubles d'usage courant ou de faible valeur ; – perception des fruits ; – location d'un coffre-fort.	**3° Autres meubles, corporels et incorporels : – aliénation des meubles meublant du logement ou résiliation ou conclusion d'un bail sur ces meubles (art. 426, al. 3, du code civil) ; – vente ou apport d'un fonds de commerce en société (art. 505, al. 3, du code civil) ; – louage-prêt-vente-échange-dation de meubles de valeur ou qui constituent, au regard de l'inventaire, une part importante du patrimoine du mineur ou du majeur protégé ; – vente-échange-dation d'un fonds de commerce ; – conclusion d'un contrat de location-gérance sur un fonds de commerce.**
III. – Actes relatifs aux groupements dotés de la personnalité morale :	**III. – Actes relatifs aux groupements dotés de la personnalité morale : – candidature aux fonctions de gérant et d'administrateur ; – copropriété des immeubles bâtis : actes visés aux art. 25 à 28-1, 30, 35 et 38 de la loi n° 65-557 du 10 juillet 1965.**
IV. – Actes relatifs aux groupements dénués de personnalité morale : – en cas d'indivision légale : vente d'un bien indivis pour payer les dettes de l'indivision (art. 815-3 [3°] du code civil).	**IV. – Actes relatifs aux groupements dénués de personnalité morale : – communauté conjugale : actes qu'un époux ne peut pas faire seul ; – indivision conventionnelle : actes que le gérant ou l'un des coïndivisaires ne peut pas faire seul ; – en cas de démembrement du droit de propriété : vente-échange-dation du droit démembré, actes auxquels les titulaires des droits démembrés doivent consentir conjointement, grosses réparations non urgentes.**
V. – Actes à titre gratuit : – inventaire (art. 503 du code civil) ; – acceptation d'une succession à concurrence de l'actif net (art. 507-1 du code civil) ; – acceptation d'un legs universel ou à titre universel à concurrence de l'actif net (art. 507-1 et 724-1 du code civil) ;	**V. – Actes à titre gratuit : – donation consentie par une personne protégée majeure (art. 470, al. 2 et 476, al. 1er du code civil) ; – partage amiable (art. 507 du code civil) ; – acceptation pure et simple d'une succession (art. 507-1, al. 1er, du code civil) ;**

COLONNE 1 : ACTES D'ADMINISTRATION	COLONNE 2 : ACTES DE DISPOSITION
– acte de notoriété (art. 730-1 du code civil) ; – action interrogatoire à l'encontre des héritiers taisants (art. 771, al. 2, du code civil) ; – mandat aux fins de partage (art. 837 du code civil) ; – acceptation de legs à titre particulier et de donation non grevés de charge ; – délivrance de legs ; – déclaration de succession ; – attestation de propriété.	**– révocation d'une renonciation à une succession ou à un legs universel ou à titre universel (art. 507-2 du code civil) ; – acceptation pure et simple d'un legs universel ou à titre universel (art. 724-1 du code civil) ; – révocation d'une renonciation à un legs (art. 724-1 du code civil) ; – choix par le donataire de rapporter en nature le bien donné (art. 859 du code civil) ; – renonciation à une succession (art. 507-1, al. 2, du code civil) ; – renonciation à un legs (art. 724-1 du code civil) ; – renonciation à une action en réduction des libéralités excessives après le décès du prémourant (art. 920 du code civil) ; – acceptation de legs à titre particulier et de donations grevés de charges ; – renonciation à un legs universel grevé de charges ; – révocation d'une donation entre époux (art. 953 du code civil) ; – consentement à exécution d'une donation entre époux.**
VI. – Actions en justice : – toute action en justice relative à un droit patrimonial de la personne sous tutelle (art. 504, al. 2, du code civil) ; – tout acte de procédure qui n'emporte pas perte du droit d'action.	**VI. – Actions en justice : – toute action en justice relative à un droit extrapatrimonial de la personne sous tutelle (art. 475, al. 2, du code civil) ; – toute action en justice relative à un droit patrimonial ou extrapatrimonial de la personne en curatelle (art. 468, al. 3, du code civil) ; – action par la personne chargée de la protection en nullité, rescision ou réduction, selon le cas, des actes accomplis par la personne protégée (art. 465, al. 6, du code civil) ; – tout acte de procédure qui emporte perte du droit d'action.**
VII. – Assurances : – conclusion ou renouvellement d'un contrat d'assurance de biens ou de responsabilité civile.	**VII. – Assurances : – demande d'avance sur contrat d'assurance (art. L. 132-21 du code des assurances). – l'exercice par le bénéficiaire d'un contrat de l'option irrévocable de remise en titres, parts ou actions (art. L. 131-1 du code des assurances)**

COLONNE 1 : ACTES D'ADMINISTRATION	COLONNE 2 : ACTES DE DISPOSITION
VIII. – Actes de poursuite et d'exécution : **– mesures conservatoires (art. 26, loi n° 91-650 du 9 juillet 1991) ;** **– procédures d'exécution mobilière (art. 26, loi n° 91-650 du 9 juillet 1991).**	**VIII. – Actes de poursuite et d'exécution :** **– saisie immobilière (art. 2206, al. 1, du code civil et 13 du décret n° 2006-236 du 27 juillet 2006).**
IX. – Actes divers : **– indivision légale : actes visés par l'article 815-3 (1° et 2°) du code civil (acte d'administration des biens indivis et mandat général d'administration) ;** **– tout acte relatif à l'animal domestique de la personne protégée.**	**IX. – Actes divers :** **– transaction et compromis et clause compromissoire au nom de la personne protégée (art. 506 du code civil) ;** **– changement ou modification du régime matrimonial (art. 1397 du code civil) ;** **– souscription ou rachat d'un contrat d'assurance-vie et désignation ou substitution du bénéficiaire (art. L. 132-4-1 du code des assurances et art. L. 223-7-1 du code de la mutualité) ;** **– révocation du bénéfice non accepté d'un contrat d'assurance-vie (art. L. 132-9 du code des assurances et art. L. 223-11 du code de la mutualité) ;** **– confirmation de l'acte nul pour insanité d'esprit (art. 414-2 du code civil) ;** **– confirmation d'un acte nul pour avoir été accompli par le tuteur ou le curateur seul (art. 465, al. 8, du code civil) ;** **– convention d'honoraires proportionnels en toute ou partie à un résultat, indéterminés ou aléatoires.**

Annexe 2 : LISTE DES ACTES REGARDÉS COMME DES ACTES D'ADMINISTRATION OU DE DISPOSITION SAUF CIRCONSTANCES D'ESPÈCE

COLONNE 1 : ACTES D'ADMINISTRATION	COLONNE 2 : ACTES DE DISPOSITION
I. – Actes portant sur les meubles corporels et incorporels : **1° Sommes d'argent :** – paiements des dettes y compris par prélèvement sur le capital ; – octroi de délai raisonnable en vue du recouvrement de créances.	**I. – Actes portant sur les meubles corporels et incorporels :** **1° Sommes d'argent :** – prélèvement sur le capital à l'exclusion du paiement des dettes ; – emprunt de sommes d'argent ; – prêt consenti par la personne protégée.
2° Instruments financiers (au sens de l'art. L. 211-1 du code monétaire et financier) : – actes de gestion d'un portefeuille, y compris les cessions de titres à condition qu'elles soient suivies de leur remplacement ; – exercice du droit de vote dans les assemblées, sauf ce qui est dit à propos des ordres du jour particuliers ; – demandes d'attribution, de regroupement ou d'échanges de titres ; – vente des droits ou des titres formant rompus ; – souscription à une augmentation de capital, sauf ce qui est dit sur le placement de fonds ; – conversion d'obligations convertibles en actions admises à la négociation sur un marché réglementé.	**2° Instruments financiers (au sens de l'art. L. 211-1 du code monétaire et financier) :** – cession du portefeuille en pleine propriété ou en nue-propriété ; – acquisition et cession d'instruments financiers non inclus dans un portefeuille ; – nantissement et mainlevée du nantissement d'instruments financiers.
3° Autres meubles, corporels et incorporels :	**3° Autres meubles, corporels et incorporels :** – cession de fruits ; – vente-échange-dation de droits incorporels ; – conclusion d'un contrat d'exploitation d'un droit ou d'un meuble incorporel.
II. – Actes relatifs aux groupements dotés de la personnalité morale : – engagement de conservation de parts ou d'actions.	**II. – Actes relatifs aux groupements dotés de la personnalité morale :** – tout apport en société non visé à l'annexe 1 ; – détermination du vote sur les ordres du jour suivants : Reprise des apports – Modification des statuts – prorogation et dissolution du groupement – fusion – scission – apport partiel d'actifs – agrément d'un associé – augmentation et réduction

COLONNE 1 : ACTES D'ADMINISTRATION	COLONNE 2 : ACTES DE DISPOSITION
	du capital – changement d'objet social – emprunt et constitution de sûreté – vente d'un élément d'actif immobilisé – aggravation des engagements des associés ; – maintien dans le groupement ; – cession et nantissement de titres.
III. – Actes relatifs à la vie professionnelle : – conclusion et rupture d'un contrat de travail en qualité d'employeur ; – conclusion et rupture d'un contrat de travail en qualité de salarié ; – adhésion à un contrat d'assurance de groupe en cas de vie dont les prestations sont liées à la cessation d'activité professionnelle ou adhésion à un contrat de prévoyance complémentaire (sauf en matière d'assurance-vie : art. L. 132-4-1 et L. 132-9 du code des assurances et art. L. 223-7-1 et L. 223-11 du code de la mutualité) ; – adhésion à un contrat d'assurance afférent au risque décès dans le cadre d'un contrat collectif (art. L. 141-5 du code des assurances et L. 233-6 du code de la mutualité).	**III. – Actes relatifs à la vie professionnelle :**
IV. – Assurances : – acceptation de la clause bénéficiaire d'un contrat d'assurance-vie sans charge.	**IV. – Assurances : – acceptation de la clause bénéficiaire d'un contrat d'assurance-vie avec charges ; – versement de nouvelles primes sur un contrat d'assurance-vie.**
V. – Actes divers :	**V. – Actes divers : – contrat de crédit**

Droit international privé

Le groupe de travail estime possible et souhaitable le rayonnement de la fiducie française à l'international. Il y a là un enjeu important pour la place du droit français sur le marché international de la gestion de patrimoine.

L'attractivité du droit français suppose une règle claire de conflit de lois en matière de fiducie.

Nécessité d'une règle de conflit de lois

Partant du constat de l'inexistence en France d'une règle, qu'elle soit légale ou jurisprudentielle, de conflit de lois en matière de fiducie, alors qu'une telle règle existe dans de nombreux autres pays, le groupe de travail a estimé nécessaire de clarifier et de sécuriser le droit applicable à une fiducie.

Sécuriser. L'objectif a été de conforter la validité d'une fiducie créée en France lorsqu'elle comporte un élément d'extranéité.

Clarifier. L'objectif a été de reconnaître les effets en France d'une fiducie constituée valablement à l'étranger.

Où introduire la règle

Le projet de codification du droit international privé contient des règles spécifiques pour la fiducie, par renvoi aux règles dégagées pour les *trusts*.

Compte tenu de l'incertitude actuelle sur l'avenir du projet, et, à supposer qu'il soit retenu, sur le moment où il sera adopté, il a semblé préférable de prévoir dans l'offre de loi sur la fiducie patrimoniale une disposition spécifique – et générale – pour la fiducie.

Ce qui n'interdit pas de reprendre, par souci de cohérence, et parce que le projet est satisfaisant, les règles qu'il propose.

Quelle règle ?

De fait, même si les deux mécanismes du *trust* et de la fiducie sont différents, le projet de codification ne crée pas de dispositions propres à chacun mais procède par renvoi pour la fiducie aux règles du *trust*.

Le groupe de travail a repris la même règle de conflit que le projet de codification avec les deux aménagements suivants liés au fait que la fiducie est connue du système français et qu'il faut garantir une certaine sécurité.

Pas de clause d'exception = pas de dérogation à la loi si la fiducie entretient des liens manifestement plus étroits avec un autre État que la loi du domicile du fiduciaire. Pour les mêmes raisons de sécurité, pas de possibilité de changement volontaire de loi.

La question de la reconnaissance ne se pose pas ici dans les mêmes termes que pour le *trust* puisque la fiducie est une catégorie du droit français.

Proposition de la règle de conflit de lois en matière de fiducie :

« *La fiducie est soumise à la loi désignée dans le contrat de fiducie. Le choix de loi doit être exprès ou résulter de façon certaine des termes du contrat.*

À défaut de choix de loi, la fiducie est soumise à la loi interne de l'État du domicile du fiduciaire au moment de sa constitution.

La loi applicable à la fiducie régit sa constitution, son administration, son interprétation, sa modification et sa dissolution.

Les dispositions précédentes ne font pas obstacle à ce que des dispositions impératives d'une loi désignée en application d'une autre règle de conflit limitent l'efficacité de la fiducie. »

Nota bene : rappel des articles prévus par le Projet de codification du droit international privé

Sous-section 1 – Droit applicable aux trusts

Article 107

Il y a trust lorsqu'une personne, le trustee, détient des biens dans l'intérêt d'un ou de plusieurs bénéficiaires ou dans un but déterminé. Ces biens constituent une masse distincte et ne font pas partie du patrimoine du trustee.

Article 108

Le trust est soumis à la loi désignée dans l'acte constitutif.

Le choix de loi doit être exprès ou résulter de façon certaine des termes de cet acte.

La loi désignée peut s'appliquer à la totalité ou à une partie seulement du trust.

À défaut de choix de loi, le trust est soumis à la loi interne de l'État du domicile du *trustee* au moment de sa constitution, à moins que le trust n'entretienne des liens manifestement plus étroits avec une autre loi.

Article 109

Elle régit les conditions du changement volontaire de loi.

Article 110

Un trust constitué conformément à la loi désignée à l'article 108 doit être reconnu en tant que tel.

La reconnaissance du trust implique notamment que le trustee qui désire faire inscrire dans un registre un bien meuble ou immeuble ou titre s'y rapportant soit habilité à requérir l'inscription en sa qualité de trustee. Les modalités d'inscription sont précisées par décret.

La reconnaissance du trust ne fait pas obstacle à ce que des dispositions impératives d'une loi désignée en application d'une autre règle de conflit en limite l'efficacité.

Article 111

Le trust ne produit aucun effet en France lorsque tous les éléments de la situation, à l'exception de la loi choisie ou du domicile du trustee, sont localisés dans un même État dont le droit ignore cette institution.

Article 112

Les règles édictées aux articles 108 à 111 s'appliquent aux trusts volontaires ou judiciaires.

Un trust volontaire est établi par acte entre vifs ou à cause de mort.

Sous-section 2 Droit applicable aux fiducies

Article 113

Les dispositions prévues aux articles 108 et 111 sont applicables à la fiducie.

Droit fiscal

En matière de droits d'enregistrement

Première Partie : Impôts d'État (Articles 1 A à 1378 nonies)
Titre IV : Enregistrement, publicité foncière, timbre, impôt sur la fortune, immobilière (Articles 635 à 1137)
Chapitre premier : Droits d'enregistrement et taxe de publicité foncière (Articles 635 à 881 O)
Section II : Les tarifs et leur application (Articles 677 à 848 bis)
Mutations à titre gratuit (Articles 750 ter à 808)
C : Tarif et liquidation (Articles 777 à 791 ter)
2 : Liquidation (Articles 779 à 791 ter)
a : Dispositions communes aux successions et aux donations (Articles 779 à 787 C)

Nouvel article 787 D

Proposition de texte

« La transmission à titre gratuit entre vifs ou à cause de mort de tout ou partie du patrimoine fiduciaire ou des droits du constituant représentatifs du patrimoine fiduciaire ainsi que des produits qui y sont capitalisés est, pour leur valeur vénale nette à la date de la transmission, soumise aux droits de mutation à titre gratuit en fonction du lien de parenté existant entre le constituant et le bénéficiaire.

L'impôt est exigible au décès du constituant, à moins qu'il ne le devienne antérieurement conformément aux dispositions de la présente section. »

Commentaire

Le transfert des biens, droits ou sûretés dans le patrimoine fiduciaire rend exigible le droit fixe de 125 Euros en application de l'article 635 du Code général des impôts.

Cette nouvelle disposition est inspirée de l'article 792-0 bis du Code général des impôts applicable en matière de *trust*. Elle rend exigibles les droits de mutation à titre gratuit au moment du décès du constituant ou à une date antérieure en présence d'un transfert à titre gratuit des biens placés dans le patrimoine fiduciaire.

La mise en fiducie sera neutre, pour l'application du droit commun des transmissions à titre gratuit, si les conditions imposées en sont respectées. Le constituant sera réputé fiscalement propriétaire des biens ou droits placés dans le patrimoine fiduciaire tant que le transfert à titre gratuit ne sera pas réalisé.

Modification de l'article 787 B

Proposition de texte

Sont exonérées de droits de mutation à titre gratuit, à concurrence de 75 % de leur valeur, les parts ou les actions d'une société ayant une activité industrielle, commerciale, artisanale, agricole ou libérale transmises par décès, entre vifs ou, en pleine propriété, à un fonds de pérennité mentionné à l'article 177 de la loi n° 2019-486 du

22 mai 2019 relative à la croissance et la transformation des entreprises si les conditions suivantes sont réunies :

(...)

j) « *Pour l'application du présent article, le constituant d'un contrat de fiducie est réputé détenir directement les parts ou actions mises en fiducie sous réserve qu'il conserve effectivement des droits politiques équivalents à ceux qu'il détenait avant la mise en fiducie.*

Les engagements de conservation visés au présent article seront réputés maintenus en cas de transfert des parts ou actions dans un patrimoine fiduciaire sous réserve de la poursuite des obligations prises du chef de son auteur par le fiduciaire et le cas échéant par les bénéficiaires après la transmission. »

Commentaire

Cette nouvelle disposition permet la pérennité d'un pacte Dutreil lorsque les titres de société sont mis en fiducie. Sous certaines conditions, le constituant est réputé détenir directement ses droits sur le patrimoine fiduciaire permettant ainsi de respecter les conditions de droit commun (principalement engagement de conservation et exercice des fonctions de direction) sans rupture (comme c'est le cas en matière d'impôt sur les sociétés pour les dispositifs d'allègement pour les revenus et gains de participation principalement).

Modification de l'article 750 ter

- **Code général des impôts**

Livre premier : Assiette et liquidation de l'impôt (Articles 1 A à 1656 quater)
Première Partie : Impôts d'État (Articles 1 A à 1378 nonies)
Titre IV : Enregistrement, publicité foncière, timbre, impôt sur la fortune, immobilière (Articles 635 à 1137)
Chapitre premier : Droits d'enregistrement et taxe de publicité foncière (Articles 635 à 881 O)
Section II : Les tarifs et leur application (Articles 677 à 848 bis)

Sont soumis aux droits de mutation à titre gratuit :

1° Les biens meubles et immeubles situés en France ou hors de France, et notamment les fonds publics, parts d'intérêts, biens ou droits composant un trust défini à l'article 792-0 bis ou une fiducie au sens de l'article 2011 du Code civil et produits qui y sont capitalisés, créances et généralement toutes les valeurs mobilières françaises ou étrangères de quelque nature qu'elles soient, lorsque le donateur ou le défunt a son domicile fiscal en France au sens de l'article 4 B ;

2° Les biens meubles et immeubles, que ces derniers soient possédés directement ou indirectement, situés en France, et notamment les fonds publics français, parts d'intérêts, biens ou droits composant un trust défini à l'article 792-0 bis ou une fiducie au sens de l'article 2011 du Code civil et produits qui y sont capitalisés, créances et valeurs mobilières françaises, lorsque le donateur ou le défunt n'a pas son domicile fiscal en France au sens de l'article précité.

Pour l'application du premier alinéa, tout immeuble ou droit immobilier est réputé possédé indirectement lorsqu'il appartient à des personnes morales ou des organismes dont le donateur ou le défunt, seul ou conjointement avec son conjoint, leurs ascendants ou descendants ou leurs frères et sœurs, détient plus de la moitié des actions, parts ou droits, directement ou par l'intermédiaire d'une chaîne de participations, au sens de l'article 990 D, quel que soit le nombre de personnes morales ou d'organismes interposés. La valeur des immeubles ou droits immobiliers possédés indirectement est déterminée par la proportion de la valeur de ces biens ou des actions, parts ou droits représentatifs de tels biens dans l'actif total des organismes ou personnes morales dont le donateur ou le défunt détient directement les actions, parts ou droits.

Sont considérées comme françaises les créances sur un débiteur qui est établi en France ou qui y a son domicile fiscal au sens du même article ainsi que les valeurs mobilières émises par l'État français, une personne morale de droit public française ou une société qui a en France son siège social statutaire ou le siège de sa direction effective, et ce quelle que soit la composition de son actif.

Sont également considérées comme françaises les actions et parts de sociétés ou personnes morales non cotées en bourse dont le siège est situé hors de France et dont l'actif est principalement constitué d'immeubles ou de droits immobiliers situés sur le territoire français, et ce à proportion de la valeur de ces biens par rapport à l'actif total de la société.

Pour l'application des deuxième et quatrième alinéas, les immeubles situés sur le territoire français, affectés par une personne morale, un organisme ou une société à sa propre exploitation industrielle, commerciale, agricole ou à l'exercice d'une profession non commerciale ne sont pas pris en considération.

3° Les biens meubles et immeubles situés en France ou hors de France, et notamment les fonds publics, parts d'intérêts, biens ou droits composant un trust défini à l'article 792-0 bis ou une fiducie au sens de l'article 2011 du Code civil et produits qui y sont capitalisés, créances et généralement toutes les valeurs mobilières françaises ou étrangères de quelque nature qu'elles soient, reçus par l'héritier, le donataire, le légataire ou le bénéficiaire d'un trust défini au même article 792-0 bis qui a son domicile fiscal en France au sens de l'article 4 B. Toutefois, cette disposition ne s'applique que lorsque l'héritier, le donataire ou le bénéficiaire d'un trust a eu son domicile fiscal en France pendant au moins six années au cours des dix dernières années précédant celle au cours de laquelle il reçoit les biens.

Modification de l'article 752

Sont présumés, jusqu'à preuve contraire, faire partie de la succession, pour la liquidation et le paiement des droits de mutation par décès, les actions, obligations, parts de fondateur ou bénéficiaires, biens ou droits placés dans un trust défini à l'article 792-0 bis ou dans une fiducie définie à l'article 2011 du Code civil, parts sociales et toutes autres créances dont le défunt a eu la propriété ou a perçu les revenus ou à raison desquelles il a effectué une opération quelconque moins d'un an avant son décès.

La preuve contraire ne peut résulter de la cession à titre onéreux consentie à l'un des héritiers présomptifs ou descendants d'eux, même exclu par testament, ou à des donataires ou légataires institués, même par testament postérieur, ou à des personnes interposées, telles qu'elles sont désignées par le deuxième alinéa de l'article 911 du code civil, à moins que cette cession ait acquis date certaine avant l'ouverture de la succession.

La présomption du premier alinéa n'est pas appliquée aux biens ayant fait l'objet d'une libéralité graduelle ou résiduelle, telle que visée aux articles 1048 à 1061 du code civil.

Les mesures destinées à l'application du présent article sont fixées par décret en Conseil d'État.

En matière de recouvrement

Code général des impôts

- Livre II : Recouvrement de l'impôt (Articles 1657 à 1965 L)
  Chapitre II : Pénalités (Articles 1727 à 1840 X)
    Section I : Dispositions communes (Articles 1727 à 1756)
      B : Sanctions fiscales (Articles 1728 à 1740 D)
        1 : Infractions relatives aux déclarations et actes comportant l'indication d'éléments à retenir pour l'assiette ou la liquidation de l'impôt (Articles 1728 à 1729 A bis)
          b : Insuffisance de déclaration (Articles 1729 à 1729-0 A)

Modification de l'article 1729

Les inexactitudes ou les omissions relevées dans une déclaration ou un acte comportant l'indication d'éléments à retenir pour l'assiette ou la liquidation de l'impôt ainsi que la restitution d'une créance de nature fiscale dont le versement a été indûment obtenu de l'État entraînent l'application d'une majoration de :

a. 40 % en cas de manquement délibéré ;

b. 80 % en cas d'abus de droit au sens de l'article L. 64 du livre des procédures fiscales ; elle est ramenée à 40 % lorsqu'il n'est pas établi que le contribuable a eu l'initiative principale du ou des actes constitutifs de l'abus de droit ou en a été le principal bénéficiaire ;

c. 80 % en cas de manœuvres frauduleuses ou de dissimulation d'une partie du prix stipulé dans un contrat ~~ou en cas d'application de l'article 792 bis.~~

En matière d'impôt sur la fortune immobilière (IFI.)

Code général des impôts

Livre premier : Assiette et liquidation de l'impôt (Articles 1 A à 1656 quater)
- Première Partie : Impôts d'État (Articles 1 A à 1378 nonies)
  – Titre premier : Impôts directs et taxes assimilées (Articles 1 A à 248 G)
  – Titre II : Taxes sur le chiffre d'affaires et taxes assimilées (Articles 256-0 à 302 bis ZO)
  – Titre II bis : Dispositions communes aux impôts directs et aux taxes sur le chiffre d'affaires (Articles 302 septies A à 302 decies)
  – Titre III : Contributions indirectes et taxes diverses (Articles 302 D à 633)
  – Titre IV : Enregistrement, publicité foncière, timbre, impôt sur la fortune, immobilière (Articles 635 à 1137)

Chapitre premier : Droits d'enregistrement et taxe de publicité foncière (Articles 635 à 881 O)
Chapitre II : Droits de timbre (Articles 886 à 963)
Chapitre II bis : Impôt sur la fortune immobilière (Articles 964 à 983)
Section I : Champ d'application (Article 964)
Section II : Assiette de l'impôt (Articles 965 à 972 ter)

Modification de l'article 969 du CGI

Proposition de texte

Les actifs mentionnés à l'article 965 transférés dans un patrimoine fiduciaire ou ceux éventuellement acquis en remploi sont compris dans le patrimoine du constituant pour leur valeur vénale nette.

« Lorsque le transfert mentionné à l'article précédent a lieu dans le cadre d'une fiducie-libéralité et que les droits sur les revenus des actifs précités sont attribués à une autre personne que le constituant, les actifs précités sont compris dans le patrimoine de cette autre personne. »

Commentaire

Ce nouveau texte a pour objet de modifier le régime actuel de l'impôt sur la fortune immobilière et de tirer les conséquences en matière de fiducie de l'arrêt du Conseil d'État du 7 février 2018 (CE, 7 févr. 2018, n° 412027). À cette occasion, les hauts magistrats avaient annulé pour excès de pouvoir la doctrine administrative (BOI-PAT-ISF-30-20-30, 6 60 et 70) qui prévoyait systématiquement le rattachement au patrimoine du constituant des avoirs placés en trust indépendamment du contenu de l'acte du trust ou de la nature de celui-ci.

Table des matières

TITRE 2

INCIDENCE DE L'OUVERTURE DE LA PROCÉDURE COLLECTIVE

TROISIÈME PARTIE

FIDUCIE PATRIMONIALE ET FIDUCIE-SURETÉ IMMOBILIÈRE

TITRE 1

FIDUCIE FAMILIALE

TITRE 2

FIDUCIE DE BIENS ET DROITS IMMOBILIERS

QUATRIÈME PARTIE

FIDUCIE : INTERNATIONAL ET STRATÉGIES

TITRE 1

EXPÉRIENCES ÉTRANGÈRES

TITRE 2

DÉMEMBREMENT/DROITS RÉELS DE JOUISSANCE SPÉCIALE/FIDUCIE

CONCLUSION

ANNEXE

Photocomposition Nord Compo Multimédia
59650 Villeneuve-d'Ascq

Achevé d'imprimer en juin 2023
dans les ateliers d'Evoluprint
31150 Bruguières